U0119348

臺灣史研究名家論集

（三編）

尹章義　林滿紅　林翠鳳

武之璋　孟祥瀚　洪健榮

張崑振　張勝彥　戚嘉林

許世融　連心豪　葉乃齊

趙祐志　賴志彰　闞正宗

蘭臺出版社

作者簡介（依姓氏筆劃排序）

尹章義　社團法人臺灣史研究會理事長、財團法人福祿基金會董事、財團法人兩岸關係文教基金會執行長。中國文化大學民國 106 年退休教授，輔仁大學民國 94 年退休教授，東吳、臺大兼課。出版專書 42 種（含地方志 16 種）論文 358 篇（含英文 54 篇），屢獲佳評凡四百餘則。

赫哲人，世居武昌小東門外營盤（駐防），六歲隨父母自海南島轉進來臺，住臺中水湳，空小肄業，四民國校、省二中、市一中畢業，輔仁大學學士，臺灣大學碩士，住臺北新店。

林滿紅　專攻歷史學，國立臺灣大學歷史學系學士與碩士、國立臺灣師範大學歷史研究所博士、美國哈佛大學歷史與東亞語文研究所博士；1990 年之後擔任中央研究院近代史研究所研究員與國立臺灣師範大學歷史學系教授，2008-2010 年間曾任中華民國國史館館長，2015 年迄今擔任中央研究院與陽明醫學大學合開人文講座課程兼任教授，2021 年轉任中央研究院近代史研究所兼任研究員；研究課題包括：近代中國或臺灣的口岸貿易與腹地變遷、晚清的鴉片觀與國內供應、十九世紀中國與世界的白銀牽繫、亞太商貿網絡與臺灣商人（1860—1961）、亞太歷史與條約：臺海，東海與南海等。

林翠鳳　臺灣彰化人。國立中山大學中文研究所博士，國立臺中科技大學應用中文系教授。曾任國立臺中科技大學應用中文系主任。主要研究方向：臺灣文學、民俗信仰等。著作：《陳肇興及其陶村詩稿之研究》《黃金川集》《鄭坤五及其文學研究》《施梅樵及其漢詩研究》等專書。主編《臺灣旅遊文學論文集》《宗教皈依科儀彙編》等十餘種。擔任《田中鎮志》《大里市史》《媽祖文化志》《登瀛書院簡史》等史志單元編纂。已發表期刊論文數百篇。

武之璋　河南孟縣（現孟州市）人，1942 年生，1949 年七歲隨父母赴台，淡江大學外文系畢業，曾經營紡織、營造業多年，從商期間自修經濟學，常發表財經論文，為當局重視，曾擔任台北市界貿易中心常務董事、行政院經濟改革委員會務顧問，多次參與台灣財經政策討論，後從商場退休，專心治學，範圍遍及中國近代史、台灣史及儒家學說，曾經出版《二二八真相解密》、《策馬入林》、《中庸研究》、《解剖民進黨》、《台灣光復日產接收研究》、《二二八真相與謊言》、《原來李敖騙了你》、《武之璋論史》、《外省人的故事》等書，近年

致力兩岸和平統一，強力反對民進黨文化台獨，並組織「藍天行動聯盟」，從文化、思想各方面與民進黨展激烈戰鬥。

孟祥瀚　國立中興大學歷史學系兼任副教授，國立臺灣師範大學歷史系博士，曾任臺灣古文書學會理事長。研究領域為臺灣區域史、臺灣原住民史、台灣方志學與台灣古文書研究等。主要關注議題在於清代與日治時期國家力量對於地方與族群發展的影響，如清末至日治初期，國家政策對於東台灣發展的形塑，清代封山禁令下番界政策對於中台灣東側番界開發的影響等。方志與古文書的研究，則是企圖透過在地生活的豐富紀錄，以思考與探討台灣基層社會運作的實際面貌。本書所收各篇，大致回應了上述的學思歷程。

洪健榮　臺灣臺南市人，籍貫澎湖縣。省立臺南一中畢業，輔仁大學歷史學系學士、清華大學歷史碩士、臺灣師範大學歷史博士。曾任僑生大學先修班、臺師大歷史學系、明志科大通識教育中心、中央大學歷史研究所、臺北科大通識教育中心、輔大歷史學系兼任教師、國立故宮博物院圖書文獻處助理研究員，現職國立臺北大學歷史學系教授兼海山學研究中心主任。主要研究領域為臺灣社會文化史、臺灣方志學、臺灣區域史、臺灣族群史，著有《龍渡滄海：清代臺灣社會的風水習俗》、《西學與儒學的交融：晚明士紳熊人霖《地緯》中的世界地理書寫》，發表相關學術論文五十餘篇，另曾主編《五股志》、《延平鄉志》、《新屋鄉志》、《續修五股鄉志》、《續修新竹縣志卷九‧人物志》。

張崑振　1970 年生於台北木柵，成大建築系畢業，成大建築博士，現任北科大建築系副教授，兼文化部、台北市及地方政府文資委員。曾擔任北科大創意設計學士班創班主任 2005-2008、北科大建築系主任 2016-2019。專長為建築史與理論、傳統建築與風土、遺產與都市保存，二十多年來一直從事台灣文化資產的保存、修復研究工作，主持六十餘件古蹟、聚落、文化景觀、產業遺產、遺址等類型文化資產調查研究計畫，近年也擔任古蹟修復設計及再利用策展工作。近年著有 2020《再尋冷戰軌跡-臺糖南北平行預備線文化資產價值研究》、2016《找尋曾經艱困的時代輪廓》、2015《傳家—新埔宗祠的故事》、2015《關渡宮—宮廟與文化景觀》等書。

張勝彥　臺灣大學歷史學學士、碩士，日本京都大學博士。先後任東海大學歷史系教授、日本京都大學文學部外國人招聘教授、中央大學歷史研究所教授兼所長、日本私立關西大學經濟學部外國人招聘教授、臺北大學歷史系教授兼民俗藝術研究所所長、及人文學院院長等教職。此外曾任臺灣歷史學會會長、內政部古蹟評鑑小組委員、臺中

縣志總編纂、續修臺中縣志總編纂、續修臺北縣志總編纂等職。現為臺北大學兼任教授、續修新竹縣志總編纂。已出版之學術著作有《南投開拓史》、《清代臺灣廳縣制度之研究》、《認識臺灣（歷史篇）》、《臺灣開發史》、《台中市史》、《臺灣史》等著作。

戚嘉林　Dr. Chi Chia-lin，中國統一聯盟前主席，1951 年生於台灣（原籍湖北沔陽/仙桃），輔仁大學商學士、中國文化大學經濟研究所碩士、南非首都比勒陀利亞大學（University of Pretoria）國際關係學博士。台灣外事人員特考及格，任職駐外單位、退休后曾任中國統一聯盟主席、並在世新大學授課。現為《祖國》雜誌發行人兼社長，社團法人台灣史研究會理事長，著有《台灣史》《台灣二二八大揭秘》《李登輝兩岸政策十二年》《台灣史問與答》《謝南光-從台灣民眾黨到中國共產黨》，及主編《坎坷復興路》等書。

許世融　雲林縣口湖鄉人，1966 年生，臺灣師範大學歷史學系博士，現任臺中教育大學區域與社會發展學系副教授兼系主任。先後於嘉義農專、國空大、建國科大、清華大學歷史研究所擔任兼任講師、助理教授；陸續進行過科技部諸多專題研究案。2011-2013 年並參與京都大學經濟學部堀和生教授主持的「東アジア高度成長の史的研究―連論から東アジア論へ―」跨國研究計畫。主要學術專長：臺灣經濟史、社會史、族群史等。博士論文〈關稅與兩岸貿易（1895-1945）〉曾獲得彭明敏文教基金會臺灣研究最佳博士論文獎。

連心豪　福建省仙遊縣人，1954 年 3 月生於安溪縣文廟廖厝館，旋移居泉州市區。廈門大學歷史學碩士，歷任廈門大學歷史學系教授，廈門大學中國海關史研究中心主任，福建省連橫文化研究院院長，福建省文史研究館研究館員，中國海關博物館顧問。專攻中國近代海關史，兼治閩臺關係史、閩南民間信仰與譜牒學。著有《近代中國的走私與海關緝私》、《水客走水》、《中國海關與對外貿易》，主編《閩南民間信仰》、《福建連氏志》、《仙遊鳳阿阿頭連氏譜牒》等書。

葉乃齊　1960 年出生於嘉義。1982 年自文化大學建築系畢業，1987-1989年曾就讀於台灣大學土木研究所交通乙組，1989 年曾於文化大學造園景觀系兼任執教，1990-1993 年服務於行政院文建會，從事古蹟保存業務。1993 年就讀台灣大學建築與城鄉研究所博士班，2002年 7 月獲台大城鄉所博士學位，曾擔任南亞技術學院建築系專任助理教授及華梵大學建築學系專任助理教授。2005 年 8 月接任華梵大學建築學系主任、所長，於 2008 年 1 月卸任。曾參與王鴻楷教授主持之研究案有《澎湖天后宮之彩繪》等五案。及夏鑄九教授主

持之研究案有《新竹縣三級古蹟新埔褒忠亭整修計畫》等七案。專業研究規劃案有近二十五本著作，個人代表著作有博士論文《台灣傳統營造技術的變遷初探--清代至日本殖民時期》，碩論《古蹟保存論述之形成—光復後台灣古蹟保存運動》及近百篇論文與著述。

趙佑志 1968 年，臺北人，臺灣師範大學歷史系學士、碩士、博士。現任新北高中教師兼任學務主任、清華大學歷史研究所兼任助理教授、真理大學人文與資訊學系兼任助理教授、淡江大學師培中心兼任助理教授，曾參與《沙鹿鎮志》、《梧棲鎮志》、《桃園市志》、《續修臺北縣志》、《高中歷史教科書》的編纂。著有：《日據時期臺灣商工會的發展(1895—1937)》、《日人在臺企業菁英的社會網絡(1895—1945)》、《續修臺北縣志》卷八文教志、〈躍上國際舞臺—清季中國參加萬國博覽會之研究〉等近百篇論文。

賴志彰 臺灣彰化人，逢甲建築系學士，國立臺灣大學建築與城鄉研究所碩、博士，長期參與文化資產保存工作，從最早的內政部到目前幾個市縣的文化資產諮詢委員，深入研究霧峰林家的歷史與建築，研究臺灣地方民居（包括新北、桃園、苗栗、臺中縣、彰化、嘉義市等），碩博士論文攢研臺中市的都市歷史，研究過新莊迴龍樂生療養院、臺灣古地圖、佳冬蕭宅、彰化縣志的公共藝術與工藝篇等。目前服務於國立臺南大學文化與自然資源學系臺灣文化碩士班，担任副教授，指導超過180篇以上的碩士論文。

闞正宗 1961 年出生於臺灣嘉義，成功大學歷史學博士。1985 年起年從事新聞編採工作，進而主持佛教出版社、雜誌社。長年從事佛教寺院及文物的田野調查，二十餘年間完成有關佛寺、人物田野調查專著、合著十餘冊。1996 年起先後出版《臺灣佛寺導遊》九冊、《臺灣佛教一百年》、《臺灣佛寺的信仰與文化》、《重讀臺灣佛教——戰後臺灣佛教（正續編）》、《臺灣佛教史論》、《中國佛教會在臺灣——漢傳佛教的延續與開展》、《臺灣日治時期佛教發展與皇民化運動——「皇國佛教」的歷史進程（1895-1945）》、《臺灣佛教的殖民與後殖民》、《臺灣觀音信仰的「本土」與「外來」》等學術著作。除臺灣佛教史研究之外，研究領域尚延伸至臺灣宗教、中、臺、日三邊佛教交涉、日本文化等研究領域。曾任法鼓佛教學院、玄奘大學宗教研究所兼任助理教授，現任佛光大學佛教學系副教授。

《臺灣史研究名家論集》——總序

　　《臺灣史研究名家論集》即將印行，忝為這套叢刊的主編，依出書慣例不得不說幾句應景話兒。

　　這十幾年我個人習慣於每學期末，打完成績上網登錄後，抱著輕鬆心情前往探訪學長杜潔祥兄，一則敘敘舊，問問半年近況，二則聊聊兩岸出版情況，三則學界動態及學思心得。聊著聊著，不覺日沉西下，興盡而歸，期待半年後再見。大約三年前的見面閒聊，偶然談出了一個新企劃。潔祥兄自從離開佛光大學教職後，「我從江湖來，重回江湖去」（潔祥自況），創辦花木蘭出版社，專門將臺灣近六十年的博碩士論文，有計畫的分類出版，洋洋灑灑已有數十套，近年出書量及速度，幾乎平均一日一本，全年高達三百本以上，煞是驚人。而其選書之嚴謹，校對之仔細，書刊之精美，更是博得學界、業界的稱讚，而海峽對岸也稱許他為「出版家」，而不是「出版商」。這一大套叢刊中有一套《臺灣歷史文化叢刊》，是我當初建議提出的構想，不料獲得彼首肯，出版以來，反應不惡。但是出書者均是時下的年輕一輩博、碩士生，而他們的老師，老一輩的名師呢？是否也該蒐集整理編輯出版？

　　看似偶然的想法，卻也是必然要去做的一件出版大事。臺灣史研究的發展過程，套句許雪姬教授的名言「由鮮學經顯學到險學」，她擔心的理由有三：一、大陸學界有關臺灣史的任務性研究，都有步步進逼本地臺灣史研究的趨勢，加上廈大培養一大批三年即可拿到博士學位的臺灣學生，人數眾多，會導致臺灣本土訓練的學生找工作更加雪上加霜；二、學門上歷史系有被社會科學、文學瓜分，入侵之虞；三、在研究上被跨界研究擠壓下，史家最重要的技藝——史料的考訂，最後受到影響，變成以理代証，被跨學科的專史研究壓迫得難以喘氣。另外，中研院臺史所林玉茹也有同樣憂慮，提出五大問題：一、是臺灣史研究受到統獨思想的影響；二、學術成熟度仍不夠，一批缺乏專業性的人可以跨行教授臺灣史，或是隨時轉戰研究臺灣史；三、是研究人力不足，尤其地方文史工作者，大多學術訓練不足，基礎條件有限，甚至有偽造史料或創

造歷史的情形，他們研究成果未受到學術檢驗，卻廣為流通；四、史料收集整理問題，文獻資料躍居成「市場商品」，竟成天價；五、方法問題，研究者對於田野訪查或口述歷史必須心存警覺和批判性。

十數年過去了，這些現象與憂慮仍然存在，臺灣史學界仍然充滿「焦慮與自信」，這些焦慮不是上文引用的表面問題，骨子裡頭真正怕的是生存危機、價值危機、信仰危機，除此外，還有一種「高平庸化」的危機。平心而論，臺灣史的研究，不論就主題、架構、觀點、書寫、理論、方法等等。整體而言，已達國際級高水準，整個研究已是爛熟，不免凝固形成一僵硬範式，很難創新突破而造成「高平庸化」的危機現象。而「高平庸化」的結果又導致格局小、瑣碎化、重複化的現象，君不見近十年博碩士論文題目多半類似，其中固然也有因不同學門有所創見者，也不乏有精闢的論述成果，但遺憾的是多數內容雷同，資料重複，學生作品如此；學者的著述也高明不到哪裡，調研案雖多，題材同，資料同，析論也大同小異。於是乎只有盡量挖掘更多史料，出版更多古文書，做為研究創新之新材料，不過似新實舊，對臺灣史學研究的深入化反而轉成格局小、理論重複、結論重疊，只是堆砌層累的套語陳腔，好友臺師大潘朝陽教授，曾諷喻地說：「早晚會出現一本研究羅斯福路水溝蓋的博士論文」，誠哉斯言，其言雖苛，卻是一句對這現象極佳註腳。至於受統獨意識形態影響下的著作，更不值得一提。這種種現狀，實在令人沮喪、悲觀，此即焦慮之由來。

職是之故，面對臺灣史這一「高平庸化」的瓶頸，要如何掙脫困境呢？個人的想法有二：一是嚴守學術規範予以審查評價，不必考慮史學之外的政治立場、意識形態、身分認同等；二是返回原點，重尋典範。於是個人動了念頭，很想將老一輩的著作重新整理，出版成套書，此一構想，獲得潔祥兄的支持，兩人初步商談，訂下幾條原則，一、收入此套叢書者以五十歲（含）以上為主；二、是史家、行家、專家，不必限制為學者，或在大專院校、研究機構者；三、論文集由個人自選代表作，求舊作不排除新作；四、此套書為長期計畫，篩選四、五十位名家代表

作，分成數輯分年出版，每輯以二十位為原則；五、每本書字數以二十萬字為原則，書刊排列起來，也整齊美觀。商談一有結論，我迅即初步擬定名單，一一聯絡邀稿，卻不料潔祥兄卻因某些原因而放棄出版，變成我極尷尬之局面，已向人約稿了，卻不出版了。之後拿著企劃書向兩家出版社商談，均被婉拒，在已絕望之下，幸得蘭臺出版社盧瑞琴女史遞出橄欖枝，願意出版，才解決困局。但又因財力、人力、市場的考慮，只能每輯以十人為主，這下又出現新困擾，已約的二十幾位名家如何交代如何篩選？兩人多次商討之下，盧女史不計盈虧，終於同意擴大為十五位，並不篩選，以來稿先後及編排作業為原則，後來者編入續輯。

我個人深信史學畢竟是一門成果和經驗累積的學科，只有不斷累積掌握前賢的著作，溫故知新，才可以引發更新的問題意識，拓展更新的方法、理論，才能使歷史有更寬宏更深入的研究。面對已成書的樣稿，我內心實有感發，充滿欣喜、熟悉、親切、遺憾、失落種種複雜感想。我個人只是斗膽出面邀請同道之師長友朋，共襄盛舉，任憑諸位自行選擇其可傳世、可存者，編輯成書，公諸同好。總之，這套叢書是名家半生著述精華所在，精彩可期，將是臺灣史研究的一座豐功碑及里程碑，可以藏諸名山，垂範後世，開啓門徑，臺灣史的未來新方向即孕育在這套叢書中。展視書稿，披卷流連，略綴數語以說明叢刊的成書經過，及對臺灣史的一些想法、期待與焦慮。

卓克華

2016.2.22 元宵　於三書樓

《臺灣史研究名家論集》——推薦序

　　《臺灣史研究名家論集》這套書本身就是一種臺灣史研究。其性質與意義，可以我擬編的另一套書來做說明。

　　相對於大陸，臺灣學界個性勝於群性，好處是彰顯個人興趣、自由精神；缺點是不夠關注該學科的整體發展，很少人去寫年鑑、綜述、概括、該學科的資料彙編或大型學人論著總集。

　　所以我們很容易掌握大陸各學科的研究發展狀況，對臺灣則不然。比如哲學、文學、社會學、政治學都各有哪些學派、名家、主要著作，研究史又如何等等，個中人也常弄不清楚，僅熟悉自己身邊幾個學校、機構或團體而已。

　　本來名家最該做這種事，但誰也不願意做綜述、概括這等沒甚創見的勞動；編名家論集嘛，既抬舉了別人，又掛一漏萬得罪人，何必呢？

　　我在學生書局時，編過一些學科綜述，頗嘗甘苦。到大陸以後，也曾想在人文與社會學科中，每學科選二十位名家，做成論文集，以整體呈現臺灣二十世紀下半葉的學術成果，遷延至今，終於未成。所以我看卓克華兄編成的這套《臺灣史研究名家論集》特有會心、特深感慨。

　　正如他所說，現在許多學科都面臨大陸同行的參與，事實上也是巨大的壓力。大陸人數眾多，自成脈絡。臺灣如果併入其數量統計中去，當然立刻被淹沒了。他們在許多研究成果綜述中，被視野和資料所限，也常不會特別關注臺灣。因此我們自己的當代學術史梳理就特別重要、格外迫切。

　　《臺灣史研究名家論集》從這個意義上說，本身就是一種臺灣學術史的建構。所選諸名家、各篇代表作，足以呈現臺灣史這個學科的具體內容與發展軌跡。

　　這些名家，與我同時代，其文章寫作之因緣和發表時之情境，讀來歷歷在目，尤深感慨。

　　因為「臺灣史」這個學科在臺灣頗有特殊性。

　　很多人說戒嚴時期如何如何打壓臺灣史研究，故臺灣史尟有人問津；

後來又如何如何以臺灣史、臺灣文學史為突破口，讓臺灣史研究變成了顯學。克華總序中提到有人說臺灣史從「鮮學變成顯學」，然後又受政治影響，成了險學，就是這個意思。

但其實，說早年打壓臺灣史，不是政治觀點影響下的說詞嗎？卷帙浩繁的《臺灣風物月刊》、《臺北文獻季刊》、《臺灣文獻季刊》、臺灣銀行《臺灣文獻叢刊》等等是什麼？《臺灣文獻季刊》底下，十六種縣市文獻，總計就有四億多字，怎麼顯示五十年代到八十年代中期政府打壓了臺灣史的資料與研究？我就讀的淡江大學，就有臺灣史課程，圖書館也有專門臺灣史料室，我們大學生每年參加臺灣史蹟源流會的夏令營，更是十分熱門。我大學以後參與鄉土調查、縣誌編撰、族譜研究，所感受的暖心與熱情，實在不能跟批評戒嚴時期如何如何打壓臺灣史研究的說詞對應起來。

反之，對於高談本土性、愛臺灣、反殖民的朋友所揭櫫的臺灣史研究，我卻常看到壓迫和不寬容。所以，他們談臺灣文學時，我發現他們想建立的只是「我們的文學史」。我辦大學時，要申辦任何一個系所都千難萬難，得提前一兩年準備師資課程資料及方向計畫去送審；可是教育部長卻一紙公文下來，大開後門，讓各校趕快開辦臺灣史系所。我們辦客家研討會，客家委員會甚至會直接告訴我某教授觀點與他們不合，不能讓他上臺。同樣，教師在報端發表了他們不喜歡的言論，各機關也常來文關切……。這時，我才知道有一個幽靈，在監看著臺灣史研究群體。

說這些，是要提醒本叢刊的讀者：無論臺灣史有沒有被政治化，克華所選的這些名家，大抵都表現了政治泥沼中難得的學術品格，勤懇平實地在做研究。論文中七邑不驚，而實際上外邊風雨交加。史學名家之所以是名家，原因正要由此體會。

但也由於如此，故其論文多以資料梳理、史實考證見長。從目前的史學潮流來看，這不免有點「古意盎然」。他們這一輩人，對現時臺灣史研究新風氣的不滿或擔憂，例如跨學科、理論麾指史料、臺灣史不盡

為史學系師生所從事之領域等等，其實就由於他們古意了。

　　古意，當然有過時的含義；但在臺灣，此語與老實、實在同意。用於臺灣史研究，更應做後者理解。實證性史學，在很多地方都顯得老舊，理論根基也已動搖，但在臺灣史這個研究典範還有待建立，假史料、亂解讀，政治干擾又無所不在的地方，卻還是基本功或學術底線。老一輩的名家論述，之所以常讀常新，仍值得後進取法，亦由於此，特予鄭重推薦。

龔鵬程

《臺灣史研究名家論集》──推薦序

　　臺灣，在許多大陸人看來是一個地域相對狹小、自然資源有限、物產不夠豐富、人口不夠眾多且孤懸於海外的一個島嶼之地。對於這座寶島的歷史文化、社會風貌、民間風俗以及人文地貌等方面的情況知之甚少。然而，當你靜下心來耐心地閱讀由臺灣蘭臺出版社出版的《臺灣史研究名家論集》（已出版三編）之後，你一定會改變你對臺灣這個神奇島嶼的認知。

　　《臺灣史研究名家論集》到目前為止，已經輯錄了近五十名研究臺灣史的專家近千萬字的有關臺灣史的研究成果。這些研究成果大都以臺灣這塊獨特的地域空間為載體，以發生在這塊神奇土地上的歷史事件、人物故事、社會變遷、宗教信仰、民間習俗、行政建制、地方史志、家族姓氏、外族入侵、殖民統治、風水習俗以及建築歷史等等為研究內容，幾乎囊括了臺灣的自然與社會生活的方方面面。例如，尹章義的《臺灣移民開發史上與客家人相關的幾個謎題》，林滿紅的《清末臺灣與我國大陸之貿易型態比較（1860-1894）》，林翠鳳教授的《臺灣傳統書院的興衰歷程》，武之璋先生的《從純史學的角度重新檢視二二八》，洪健榮的《明鄭治臺前後風水習俗在臺灣社會的傳佈》，張崑振的《清代臺灣地方誌所載官祀建築之時代意義》，張勝彥的《臺灣古名考》，戚嘉林的《荷人據台殖民真相及其本質之探討》，許世融的《日治時期彰化地區的港口變化與商貿網絡》，連心豪的《日本據臺時期對中國的毒品禍害》，葉乃齊的《臺灣古蹟保存技術發展的一個梗概》，趙佑志的《日治時期臺灣的商工會與商業經營手法的革新（1895─1937）》，賴志彰的《台灣客家研究概論─建築篇》，闞正宗的《清代治臺初期的佛教（1685-1717）──以《蓉洲詩文稿選集》、《東寧政事集》為中心……

　　上述各類具體的臺灣史研究，給讀者全面、深刻、細緻、準確地瞭解臺灣、認知臺灣、理解臺灣、並關注臺灣未來的發展，提供了「法國年鑑學派」所說的「全面的歷史」資料和「完整的歷史」座標。這套叢書給世人描摹出一幅幅臺灣社會、文化、經濟、生態以及島民心態變遷

的風俗畫。它們既是臺灣社會的編年史、也是臺灣的時代變遷史,還是臺灣社會風俗與政治文化的演變史。

《臺灣史研究名家論集》在史學研究方法上借鑒了法國年鑒學派以及其他現代史學流派的諸多新的研究方法,給讀者提供了新的研究視角,使得史學研究能夠從更加廣闊、更加豐富的空間與視角上獲取歷史對人類的啟示。《臺灣史研究名家論集》的許多研究成果,印證了中國大陸著名歷史學家章開沅先生對史學研究價值的一種「詩意化」的論斷,章開沅先生曾經說過,「**從某種意義上說,史學應當是一個沉思著的作者在追撫今夕、感慨人生時的心靈獨白。史學研究的學術的價值不僅在於它能夠舒緩地展示每一個民族精神的文化源流,還在於它達到一定境界時,能夠闡揚人類生存的終極意義,並超越時代、維繫人類精神與不墮……**」

閱讀《臺灣史研究名家論集》,能夠讓讀者深切感受到任何一個有限的物理空間都能夠創造出無限的精神世界,只要這塊空間上的主人永遠懷揣著不斷創造的理想與激情。我記得一位名叫唐諾(謝材俊)的臺灣作家曾經說過,由於中國近代歷史的風雲際會,使得臺灣成為一個十分獨特的歷史位置。「**在很長一段時間裡,臺灣是把一個大國的靈魂藏在臺灣這個小小的身體裡面……**」,的確,近代以來的臺灣,在某種程度上來講成就驚人。它誕生過許多一流的人文學者、一流的史學家、一流的詩人、一流的電影家、一流的科學家。它曾經是「亞洲四小龍」之一。

臺灣之所以能夠取得如此驚人的文化成就,離不開諸如《臺灣史研究名家論集》裡的這些史學研究名家和**臺灣蘭臺出版社**這樣的文化機構以及一大批「**睜眼看世界**」的仁人志士們持之以恆的辛勤耕耘和不畏艱辛的探索。是這些勇敢的探尋者**在看得見的地域有限物理空間拓展並創造出了豐富多彩的浩瀚精神宇宙。**

為此,我真誠地向廣大讀者推薦《臺灣史研究名家論集》這套叢書。

王國華 2021 年 6 月 7 日於北京

《臺灣史研究名家論集》——編後記

我在〈二編後記〉中曾慨嘆道，編此《論集》有三難：邀稿難、交稿難、成書難。在《三編》成書過程中依然如此，甚且更加嚴重，意外狀況頻頻發生，先是新冠肺炎疫情耽誤了近一年，而若干作者交稿、校稿拖拖拉拉，也有作者電腦檔案錯亂的種種問題，也有作者三校不足，而四校，五校，每次校對又增補一些資料，大費周章，一再重新整理，諸如此類狀況，整個編輯作業延誤了近一年，不得已情商《四編》的作者，將其著作提前補入《三編》出版，承蒙這些作者的同意，才解決部分問題。

如今面對著《三編》的清樣，心中無限感慨，原計畫在我個人退休前將《臺灣史研究名家論集》四輯編輯出版完成，而我將於今年（2021）七月底退休，才勉強出版了《三編》，看來又要耗費二年歲月才能出版《四編》，前後至少花了十年才能夠完成心願，十年，人生有多少個十年？！也只能自我安慰，至少我為臺灣史學界整理了乙套名家鉅作，留下一套經典。

卓克華　　于三書樓

2021.6.7

許世融

臺灣史研究名家論集

蘭臺出版社

目　錄

《臺灣史研究名家論集》自序

　　有關本論文集的內容，有必要稍加說明。文集收錄十篇文章，類型大致分兩部分：第一部分是有關臺灣經濟史方面的論著；第二部分則是近年來著墨較多的族群史與區域史。第一到五篇屬於第一部分，〈同化主義與日本治臺時期的關稅政策〉（原發表於《臺中教育大學學報·人文藝術類》，2013 年 12 月）、〈1928 年中國的排日運動及其對臺、中貿易的影響〉（原發表於《臺灣文獻》62：3，2011 年 9 月）、〈戰時體制下的兩岸貿易（1941-1945）〉（原發表於《國史館館刊》25，2010 年 9 月三篇是博士論文研究主題的延伸，探討議題著重在日治時期臺灣與中國分屬不同的兩個國家後，對於中臺貿易所造成的衝擊與影響。第四篇〈終戰前後的臺日貿易（1941-1961）〉則是一個跨國研究所造就的成果，2011 年由於業師林滿紅教授的推介，獲得日本京都大學經濟學部堀和生教授邀請，參加其所主持的跨國研究「東アジア高度経済成長の歴史的研究ー連続断絶論から東アジア経済圏論へー」，成員來自臺、日、韓三國共計八位學者，從 2011 到 2013 年間，每年父親節都在京都度過，三國學者齊聚京都大學法経東館旧法経綜合棟 8 樓召開研討會，報告各自的研究內容；同年且在計畫經費資助下前往位於華盛頓 DC 的「美國國家檔案館」蒐集戰後臺日貿易的相關史料；2013 年京都跨國研究三年期滿，完成最終論文，交由京都大學出版會，歷經年餘修校，在 2016 年出版《東アジア高度成長の歴史的起源》一書，本篇為其中第四章〈終戰前後の台日貿易（1941-1961）〉，本次論文則以中文形式付梓。第五篇〈日治時期彰化地區的港口變化與商貿網絡〉（原收在《彰化文獻》15 期，2010 年 12 月）可說是從經濟史跨到區域史研究的一個轉變過程；沒有想到由於這個區位選擇，日後延伸出數篇關於彰化的論文，也因緣際會參與了《大村鄉志》、《彰化縣志》等彰化地方史書的編寫工作。

　　2008 年起，筆者與語言學者洪惟仁、地理學者韋煙灶展開語言、歷史、地理的跨領域研究，在兩位亦師亦友的前輩提攜下，研究取向轉

往族群史，一方面從歷史文獻中爬梳族群、語言研究的史料，與研究夥伴展開跨領域對話，另一方面則試圖運用地理資訊系統（GIS），讓歷史研究更具空間意涵，第二部分研究即是運用歷史 GIS 進行族群研究議題相關的論著。第六篇〈日治時期「新」舊濁水溪間的族群分布與變遷（1901-1935）：公文類纂、國勢調查、鄉貫調查資料試析〉（收入《跨域青年學者臺灣史研究第四集》，2011 年 10 月）、第七篇〈20 世紀上半臺中地區閩客族群的分布——幾種日治時期種族祖籍調查的分析比較〉（原收入《興大人文學報》52 期，2014 年 3 月）研究對象聚焦中臺灣的族群；第九篇〈日治初期臺南大新營地區的族群與寺廟〉（收入《文化與區域研究學術研討會 2013-2014 年：臺南人文與環境論文集》，2015 年 12 月）則是以北部臺南為研究區域，嘗試將族群與宗教議題相結合；至於第八篇〈日治時期臺中盆地東北角的客家土地開墾〉（2016 年臺中客家文化學術研討會論文）、第十篇〈殖民政府的「第一客」——1897 年總督府初次客家調查與日治時期客家認識的關聯性〉（《時空流轉：文學景觀、文化翻譯與語言接觸》，2014 年 4 月）的議題取向，較側重在臺灣客家族群上。

　　謝謝叢書主編卓克華老師的錯愛，大學時代因為愛玩，進了「臺灣文化研究社」，和老師結下 30 餘年的師生緣，如果不是他的鼓勵，恐怕不會有勇氣把這些文章集結出版；助理賴筠婷小姐從當我的學生開始，在 924 協助多年，文中的 GIS 地圖，多半出自她手，整本論文的校對工作，也幾乎都是她幫忙分擔；責任編輯沈彥伶小姐對我多次延宕所展現的耐性與寬容，是我該致謝與致歉的。求學以來的諸多師友們，不論在陽明山或和平東路，都給我諸多的提點與協助；最感虧欠的還是家人，永遠是第一個被忽略卻又默默在背後支持我的力量。如果這本文集能算一個小小里程碑，希望在天上的媽媽能夠看到！

同化主義與日本治臺時期的關稅政策
Assimilating Doctrine and Tariff Policy of Japanese Occupation Period

摘要
Abstract

19 世紀末帝國主義者對殖民地所採行的關稅政策大致可分為兩種：一種是將殖民地納入本國關稅圈內，稱為「關稅同化主義」，可以法國為代表；另一種則是在殖民地採取獨立的關稅制度，可名之曰「關稅適應主義」，英國為其典範。日本作為帝國主義的後進，其殖民地關稅政策雖較傾向法國式的關稅同化主義，惟進一步細究，日、法間仍有相當程度的差異。透過本文的研究，可以對比出日、法關稅同化政策間的不同之處，也突顯出日本治臺時期的同化主義，在政治與經濟上的步調並不完全一致。

In the end of 19th century, imperialists' tariff policies to colonies: one was to include colonies in the national tariff circle which was named as Tariff Assimilating Doctrine and one of the representatives was France. The other was to establish independent tariff system in colonies which was named as Tariff Adapting Doctrine and one of the representatives was England. Japan was the follow of the imperialism. Its colony tariff policy was similar to the French Tariff Assimilating Doctrine. However, there is a quite difference between Japan and France. This author compares the differences of tariff assimilating policies between Japan and France. Based on the comparison, the author highlights the inconsistence on the pace of policy and economy during the assimilating doctrine of the Japanese occupation period.

關鍵詞：關稅同化主義、關稅適應主義、關稅自主
Key words:Tariff Assimilating Doctrine, Tariff Adapting Doctrine, Autonomous Tariff

一、前言

　　「同化主義」是指將本國文物制度直接施行於殖民地，以本國文化取代殖民地原有文化，全面消弭母國與殖民地間政治、經濟、軍事、社會等方面的鴻溝，讓母國與殖民地人民在公、私法的地位皆能完全平等為目的的主義。其理論大要是：由於人類具有共通的理想，如果其所建立的制度具有合理基礎，即便一時受到反抗，若能持續推行，被殖民者終究會了解其真意而樂於仿效，如此一來，便能漸漸導引人類社會向上發展。不過由於人類在許多場合，往往是根據其本能、習慣、環境、傳統、信仰等，而非根據理性來支配，這種傾向在理性批判力最缺乏的未開化種族尤其顯著。因此將同化主義推行到極致時，以新的文物制度取代殖民地人民的風俗習慣，使得殖民地人民甚感痛苦，因而不但不會被解讀為進化的手段，反視之為殖民母國的壓制，以致對其產生恨意。[1]

　　同化主義是以殖民地文化及社會制度較殖民母國低等為前提，因而將優秀的母國文物制度快速移植，使兩者齊一是身為殖民者的一大使命。[2]然而一旦母國本身的原始政策未必優於殖民地時，所欲執行的同化政策則有向外學習的必要，19世紀末期的日本即為如此。

　　作為帝國主義後進國家，日本的殖民地政策多半是參考先進殖民帝國，關稅政策亦不例外。明治維新前的日本，處境與當時治臺的清帝國頗類似，關稅皆受制於歐美列強。待取得臺灣時，其關稅自主交涉運動仍在進行，因而經營殖民地的關稅政策，唯有參酌先進殖民大國。爰19世紀末帝國主義者對殖民地所採行的關稅政策，大致可分兩種：一是將殖民地納入本國關稅圈內，稱為「關稅同化主義」，可以法國為代表；另一則是在殖民地採取獨立的關稅制度，可名之曰「關稅適應主

---

[1] 小島憲，《植民政策綱要》（東京：章華社，1934年），頁92-93。

[2] 這樣的前提其實不甚禁得起考驗，不僅沒有理論根據證明母國的文物制度必然全部優於殖民地，現存的任何國家文化也沒有完全完美無暇的，每一個文化體系皆都有許多缺陷，以具有瑕疵的文物制度強加於殖民地人民，不僅不道德，也忽視了所謂的「野蠻未開化」人種猶具有依據殖民者不認為正當的方法維持生活之權利。參見小島憲，《植民政策綱要》，頁93-95。

義」，英國為其典範；後者還可以再分為兩類：一類是在殖民地施行各自獨立的關稅政策；一類則是在本國與殖民地間採行一定的「特惠關稅」體制。至於日本所採行的，明顯偏向法國式的「關稅同化主義」。[3]

臺灣既是日本最先取得的殖民地，在此施行的政策對後續佔領的其他殖民地具有甚為重要的指標意義。事實上這種明顯偏向法國式的「關稅同化主義」，除在臺灣施行，其後也旁及其他殖民地。換言之，臺灣可以說是日本殖民帝國關稅同化政策的試煉所。本文的目的，即在探究這種見習於先進殖民帝國的關稅政策在臺推行過程，進而與其仿效對象法國相比較，了解兩國的關稅同化政策相異之處。

由於日本初治臺時，仍受制於列強的不平條約限制，故本文首先將針對 19 世紀末日本與列強進行關稅自主交涉的努力加以說明，其次則探究日、臺關稅政策同化的經過，繼則分別敘述日、法兩殖民帝國所採行的關稅同化政策實質內容與異同。

二、明治維新後的關稅自主交涉運動

明治維新以後，日本朝野積極推動條約改訂，從 1872 年起展開長達 23 年的條約修訂運動，歷任六位外務大臣，前後中斷三次才獲致成果。1894 年陸奧宗光成功與英國締結平等互惠的「日英通商航海條約」，迄 1898 年最後的「日奧條約」締結為止，陸續與美、義、德、法、荷、俄、祕、西、瑞、葡等國締結新約，努力多年的改訂新約總算初步達成；1911 年再度與各國進行條約修訂協商，逐一簽署互惠平等新約，至此才算獲得完整的關稅自主權，以下略述其經過。

（一）改稅約書——不平等協定關稅產生的源頭

近代日本與外國所締結條約，以 1854 年和美國間的和親條約最早，惟約中僅有和親修好的一般規定，並無輸出入貿易、關稅等的相關

---

[3] 山本有造，《日本植民地經濟史研究》（名古屋：名古屋大學出版會，1992 年），頁 77-78。

細則；1858 年與美、英、法、俄、荷五國締結修好通商條約，在附屬貿易章程中，規定船舶出入及貨物裝卸的相關手續，同時訂定輸出入稅率，開始對貿易品課稅，這可說是日本關稅制度的濫觴。1860 及 1863年又分別與葡萄牙、瑞士等國締結修好通商條約，最後則有一附屬稅率表。[4]按此稅表，輸出品除金銀貨幣外，一概課以 5%（從價）的稅率；輸入品稅率最高為 35%、最低為 5%，未登載貨物則課徵從價 20%；至於金銀貨幣、金塊銀塊及自用衣服、家具、書籍為免稅品，而米、麥等主要糧食及以往的重要輸出品銅則限制輸出。

　　這個稅率規定對日本未必不利，但當時朝廷與幕府意見對立，對外政策莫衷一是，導致條約規定的開港日期受到延宕，為了補償各國損失，不得不在關稅上讓步。由於 1858 年的條約曾規定，俟神奈川開港後五年再議定輸出入稅則，1865 年日本政府即據此與相關國家代表於大阪達成輸出入商品全部課徵關稅 5%的基本協定。隔年雙方在江戶簽署關稅改正相關條款 12 條，稱為「改稅約書」，[5]其附屬稅目中，不論輸出入品，一概以從價五分為基礎，分為從量稅（89 種）、從價稅（26種）、免稅品（29 種）、輸入禁制品（鴉片）等。當時日本稱關稅為「運上」，稅關為「運上所」，因而「改稅約書」的附屬稅表遂稱為「運上目錄」。[6]

　　其後適用「運上目錄」國家與日俱增，1868 年以後與各國締結的條約亦沿用之。但由於稅目採單一低稅，和先前的貿易章程附屬稅目相比，不但對日本顯著不利，且對英國的課稅價格，是採輸出港市價，和輸入港的價格相去甚遠；又「改稅約書」當中，除第二條外，根本沒有關於從量稅率的換算時期之相關規定，從而經過一段時間後，實質稅率已降至從價 1%左右。[7]無奈受制於條約，非透過協商無法修改，因此日

[4] 大藏省編，《明治大正財政史・第八卷》（東京：財政經濟學會，1938 年），頁 155-56。
[5] 大藏省編，《明治大正財政史・第八卷》，頁 158。
[6] 總督府財務局編，《臺灣の關稅》（臺北：臺灣總督府財務局，1935 年），頁 30。
[7] 大藏省編，《明治大正財政史・第八卷》，頁 169。

本政府決定展開一場漫長的修約努力。[8]

（二）關稅條約改正經過

1.條約修訂運動的第一期（1872 至 1879 年）

1872 年「安政條約」期滿，日本政府乃在前一年通告締約國欲另訂平等新約，並於 12 月 23 日派遣岩倉具視大使率團前往歐美考察。岩倉徵詢各國修約意見，雖遭英法等國拒絕，[9]惟政府相關部會依舊進行準備工作。

舊約中最令日人詬病為治外法權與關稅自主權二事，主導外交談判的外務省認為欲同時解決並不容易，1875 年 11 月 10 日，外務卿寺島宗建議，鑑於對外貿易日益蓬勃，應先投注全力在關稅權恢復上。內閣接納此提議，命駐外公使告知駐在國；同時大藏省也參考歐美各國課稅方針及標準，並斟酌本國實情而草擬新稅率，輸入品大致分為 16 種，平均稅率 17%強，較以往提高三倍半。

新稅則起草既畢，外務省首先與較友好的美國展開交涉，1878 年與美國簽署「日本國合眾國間現存條約改訂以及增進兩國通商合約書」，惟美國雖承認日本的沿海貿易統轄權，也聲明放棄前此訂立的「改稅約書」及貿易章程，但前提是日本必須先與他國訂立同等約定後才願付諸施行。其後由於英國公使巴夏禮極力反對，使得與美國的新約無法生效。此外，在野人士認為假使無法撤去治外法權，即便恢復稅權，一旦與通商國發生糾紛，對日本甚為不利，稅權恢復形同具文，因而對政府攻擊甚力。適逢日本稅關查獲英人走私鴉片，卻礙於治外法權而無法加以處分，英國領事竟依據領事裁判權宣告無罪，引起在野法官對政府更嚴厲攻擊，外務卿寺島宗遂於 1879 年 9 月辭職，由工部卿井上馨代

---

[8] 有關日本從明治時代以來對爭取關稅自主權、撤廢治外法權及領事裁判權的努力，在大藏省所編的《明治大正財政史・第八卷》第六編「關稅」中有甚為詳盡的記載，包含當時相關人士的意見書、改正案皆完整保留，本節以下所論，除另注明出處外，概出於該書。詳見大藏省編，《明治大正財政史・第八卷》，1-49。

[9] 呂理州，《明治維新》（臺北：遠流，1994 年），頁 248-249。

之，第一階段修約運動暫時中止。

2.條約修訂運動的第二期（1880 至 1887 年）

　　井上馨接任後，決定將稅權與法權恢復同步進行，英國體認到修約無法避免，遂提議在東京召開預備會議，以商議修訂基礎案。最初日本提出的稅目案具有強烈保護主義色彩，最高稅率達 30%，各國紛表反對，會議開始前日本主動將最高稅率降為 25%，且只針對數種奢侈品；其餘商品稅率則介於 5%至 10%之間。但各國依舊以本國利害關係要求降低稅率。日本乃提議以收入總額達 400 萬圓為目標，重新編訂細目，且由英、德兩位外國委員協助調查審議課稅方法。預備會議終了時，各國委員在領事裁判權、稅率、貿易及航海各方面達成數項共識，雖然日本的主張並未完全貫徹，卻也有不少提案被列入，惟接受與否，完全取決於各國政府，毫無約束力可言。

　　受衝擊最大的英、法兩國認為日本的審判制度並不周延，因而對撤除領事裁判權、最惠國條款變更以及締約期限甚有意見。同時日本政府也透過駐外使臣與駐在國政府接觸，研判法權問題要快速解決並不可能，但增稅與定期議定稅則則似有可為，決定在此方針下進行。

　　1886 年 4 月，日本政府任命外務大臣井上馨、次官青木周藏為全權代表，第一次會議進行後，英、德公使又另提新的談判基礎方案。主要內容包含內地開放、編纂法典、領事裁判權、日本對外國人的裁判權、外國法官的任用、日本對外國人的裁判所組織、法庭用語、條約施行期限等事項。各國公使討論結果，決議以本案為談判基礎，日本政府則聲明放棄異議；其後又歷經近廿回商議，終於在翌年 4 月 22 日的第廿六次會議中大致底定。

　　然而就在外交談判逐漸展現成果之際，內閣卻出現不少反對意見，民間在野法官、政論家對談判內容攻擊之聲四起，外務省不得不在 1887 年 7 月 18 日第廿七次會議中聲明談判中止。在輿論洶洶之下，井上馨於 9 月去職，將後續談判任務交由大隈重信。

3.條約修訂運動的第三期（1888 至 1891 年）

井上去職後，外務大臣暫由伊藤總理大臣兼代，旋以大隈任之。新閣組成後，大隈仍留任，花了近七個月另擬改正案，大體仍採用井上的方案為基本架構，並參酌過去的失敗經驗以及國內情勢稍加修正。主要是將裁判權與通商條約綜合成一個和親通商條約，條約實施五年內，外國人可在居留地持續享有領事裁判權；待五年期滿，領事裁判及附屬特權一概廢除，日本帝國的法權普遍施行全國。

為達成目的，大隈首先強行將最惠國條款擴張解釋，聲明依照正義公平原則，外國間相互許諾的特權亦應及於日本；並且嚴格執行現行條約規定，使外人深感不便，而自覺有修約必要。至於談判方法，他排除井上所採行的合議制，而以各個擊破方式，先從與日本較友善國家開始，漸次及於其他國家，終於獲致成果。不料與德國另訂新約將畢之際，修訂案內容突然出現在倫敦泰晤士報，經由東京日日新聞譯載，引起輿論界的軒然大波。反對者極力主張，修訂案中，高等法院任用外籍法官實屬違憲，大隈無視於這些批評，堅持繼續談判，6 月 11 日終於由西園寺公使與德國締結新約。然而朝野的反對意見日趨沸騰，甚至有暴徒襲擊大隈，導致黑田內閣總辭，條約修訂談判亦宣告中止。

接替的山縣內閣，以外交經驗豐富的青木周藏擔任外務大臣，不過青木在對英談判及廢止現行條約方面似乎束手無策；加上俄國皇太子訪日在大津發生意外，導致青木辭職，條約修訂三度中斷。

（三）條約修訂的成功

新組成的松方內閣，由於閣員間缺乏協調，1892 年 8 月再度總辭，由伊藤博文組閣，他任命陸奧宗光為外務大臣，1893 年 7 月 5 日的內閣會議上，議決通過陸奧所提出的對等條約案。

陸奧首先與英、美、德三國展開談判，在 1894 年 7 月 16 日，與英國締結了以平等互利為基礎的「日英通商航海條約」。該條約規定，兩締盟國相互間擁有通商航海自由，關於通商航海的稅金或徵收金，內國

臣民或最惠國臣民皆享有平等待遇;關於生產或製造物品的輸入及其稅金,與列國相同;其他通商航海相關事務,給予最惠國待遇。至於附屬輸入稅目,主要為從價 10%,最高為 15%,最低為 5%。稅目未登載物品,適用普通國定稅則。其餘諸國亦望風響應;迄 1898 年 9 月最後的「日奧條約」締結為止,日本成功與義大利、德國、法國、荷蘭、俄國、祕魯、西班牙、瑞士、葡萄牙等國締結新條約,努力多年的條約改正獲得初步成果。不過「日英通商航海條約」有締約五年後才開始實施的規定,且此期間,日本尚需完成兩事,即修改法典,並將攸關工業所有權及版權的保護加入各國同盟條約。1899 年 7 月起,終於撤廢了治外法權、恢復關稅自主,廿餘年來的努力終告完成。為此,日本政府特地於 1897 年 3 月制定並公佈第一次國定稅率──「關稅定率法」,宣佈從改正條約實施日期──1899 年 7 月前的六個月,亦即 1899 年 1 月 1 日起施行。

然而,「關稅定率法」的施行,並不意味著日本獲得完全的關稅自主權。由於當時日本與英、法、德、奧等國尚存有頗多協定稅率,不但是片面的,而且依照最惠國條款,其適用範圍頗為廣泛,日本的關稅依然受到拘束,蒙受不少損害。在這些殘存的協定稅則中,與奧國相關部分至 1903 年底終止;其餘諸國則在實施後十二年期滿,於是 1911 年,日本政府再度與各國協商,進行條約修訂,逐一簽訂互惠平等的新條約,至此才算獲得完整的關稅自主權。

三、日本治臺時期的關稅政策與日、臺關稅統合過程

在修約談判同時,日本也因馬關條約而獲取臺灣,於是新頒的國定稅率,也逐步在臺施行。不過 1911 年以前,基於特殊財政考量,臺、日關稅仍存有些許差異,1911 年以後才趨於一致。

（一）從清朝舊稅率到運上目錄

　　日本完成稅關接收工作後，對臺灣應適用何種關稅，大致有三種不同意見：一是暫時沿用清朝洋關的舊稅率；二是直接採用內地現行稅率；三是另外制定新稅率。[10]其中實際統治臺灣的總督府傾向採第一策，主要考量因素有三：

　　第一是為安定內外民心。鑑於「領臺之初，一方面兵馬倥傯之際，百般設施尚未就緒；另一方面本島島民及與本島通商往來已久之外國人，早已習於舊慣，突然更改，有所不便」。[11]

　　第二是考量國際法規定。1895 年 6 月 25 日，美國領事得魯乾巴在函覆樺山總督就職視事通知時，便提醒總督府，依照國際法規定，由於土地之讓與，致新舊政府產生變動時，其土地人民，在新制度頒布以前，仍按舊有慣用之例規來支配。總督府民政局長水野遵代答時也承諾有關輸出、入兩稅目錄會「暫時採用向來履行之規定」。[12]

　　第三則為鴉片問題。鴉片原是臺灣進口大宗，據海關統計，從 1868 到 1894 年，鴉片輸入約佔進口值的 60%。[13]然而按日本律法，鴉片早已列入輸入禁制品，若直接採用內地現行稅率，不但對臺灣嗜吸鴉片的人民影響甚大，更重要的是，鴉片輸入稅及釐金收入甚豐，一旦停收，恐對總督府財政造成更大衝擊。最後由總督府決議：「臺灣既入帝國版圖，將帝國現行關稅率施之臺灣，固屬至當；惟尚未向締約各國發佈統治臺灣宣言，則在臺灣施行帝國政府認為合宜之關稅政策，亦不須有條約上之顧慮；且一仍臺灣舊慣來徵收關稅，各國當無異議。」[14]所以除少數一、二稅目外，大體沿用清朝舊制，並由稅關長野村才二以口頭通

---

[10] 臺灣總督府稅關，《臺灣稅關十年史》（臺北：臺灣總督府淡水稅關，1907 年），頁 38-39。

[11] 臺灣總督府稅關，《臺灣稅關十年史》，頁 39。

[12] 「明治廿八年六到八月外事課事務報告」，臺灣省文獻委員會，《臺灣總督府檔案中譯本》（第四輯），頁 292-293。

[13] 林滿紅，〈清末臺灣與我國大陸之貿易型態比較〉，《師大歷史學報》期 6（民國 67 年 5 月），頁 224。

[14] 臺灣總督府稅關，《臺灣稅關十年史》，頁 39。

知英、德領事。[15]

　　迨 1896 年 2 月正式發表統治宣言，運上目錄也隨之施行於臺灣，取代清朝舊稅率。本目錄將輸出入品分為四大類，第一類採從量課稅（依照從價 5%稅率換算而得）；第二類為免稅品；第三類為管制輸出入品；第四類為從價課稅（按原價課徵 5%）。[16]至於鴉片則決定列入禁止輸入品，轉由臺灣總督府壟斷進口，行使專賣權，做為藥用賣給臺人。[17]

（二）第一次國定稅率的頒布與「臺灣輸出稅及出港稅規則」的施行

　　日英通商航海條約簽署後，英國允諾於 1899 年 7 月 17 日起廢止領事裁判權，並提高關稅率，除協定關稅外，國定稅率可望依照本國法令自由變更。[18]於是外務省致力於條約修訂時，大藏省也同步進行輸入稅則改訂工作，1897 年 3 月公布首次的國定稅率――「關稅定率法」。惟考慮到改正條約施行日期在 1899 年 7 月以後，因而直到 1898 年 9 月才公佈，並自翌年 1 月 1 日起實施。[19]

　　第一次國定稅率制定後，也在臺灣同日施行，不過考量到總督府財政上的需求，另外制定「臺灣輸出稅及出港稅規則」，對臺灣出口的產品徵收輸出稅（對外國）及出港稅（對日本）。先進國家除非發生戰亂、飢饉，或為了防止特殊商品輸出，否則幾乎不課徵輸出稅，不過在殖民地則甚為常見。例如非洲內地出產的象牙、駝鳥毛、野生橡膠等，皆課徵高額輸出稅，以防止自然產物的滅絕；馬來聯邦（位於馬來半島中部，由雪蘭莪、森美蘭、霹靂和彭亨四個接受英國保護的馬來王朝所組成）

---

[15]「明治廿八年十一月外事課事務報告」，臺灣省文獻委員會，《臺灣總督府檔案中譯本》（第四輯），頁 323。

[16] 臺灣總督府財務局，《臺灣の關稅》，頁 30-1；千住精一，《臺灣稅務史》（臺北：臺灣日日新報報社，1928 年），頁 597。

[17]「申民局字第 202 號」，臺灣省文獻委員會，《臺灣總督府檔案中譯本》（第一輯）（南投：臺灣省文獻委員會，民國 81 年），頁 486。

[18] 千住精一，《臺灣稅務史》，頁 625-6。

[19] 大藏省編，《明治大正財政史・第八卷》，頁 170。

對錫礦課高額稅賦，目的是為了抑制輸出，以圖本地煉製業的發達；又如交阯支那（南圻，越南南部）對生絲徵收輸出稅，是為了在當地加工的政策；至於印度及交阯支那對米課徵輸出稅，則是為了調節輸出，為當地人民保留食物。[20]而日本領臺前，為擴張海外銷路、振興輸出，已逐步減少輸出稅的徵課範圍。迄 1894 年 7 月為止，除生絲、茶、銅、椎茸、鮑、乾魷魚、昆布等幾項重要輸出品外，其餘悉加以免除；[21]至 1899 年 7 月第一次關稅定率法實施後，正式宣告廢除。然而臺灣則為確保殖民地經營的充分財源，乃決定對輸移出國外及內地商品分別課徵輸出稅及出港稅。1899 年 7 月，總督府發布「臺灣輸出稅及出港稅規則」，從 7 月 17 日起施行。[22]所課徵的物品限本島所產，稅率最低為每百斤 5 錢（油糟），最高為每百斤 2 圓 31 錢（魚翅），採從價課稅者一律 5%（乾筍等 9 項）。一般物品平均稅額尚屬合理，但是輸出量頗大的茶（每百斤 55 錢至 1 圓 60 錢）、糖（每百斤 15 至 21 錢）、龍眼（每百斤 39 至 54 錢）則明顯偏高，因而從事茶、砂糖交易的外國商人叫苦連天，當時香港外文報紙便常刊載商人抱怨之聲。[23]

　　此規則制定的主要目的是為增加歲入，施行十餘年後，總督府財政日益堅實，加上臺地產業不斷發展，在擴張製糖銷路與獎勵製茶輸出時，深切感受到其對產業發達的阻礙，總督府亦體認到其存在之不利，終於在 1910 年 11 月 1 日加以廢止。[24]總計從 1896 年至 1910 年的 15 年間，徵收的輸出稅總額達 486 萬 7,520 圓，每年平均稅額約 32、3 萬圓之間。[25]

---

20 稻田周之助，《植民政策通解》（東京：巖松堂書店，1924 年），頁 87-88。
21 臺灣總督府財務局，《臺灣の關稅》，頁 35。
22 《臺灣總督府報》第 576 號，明治 32 年 8 月 5 日，p.15。
23 井出季和太，〈領臺以來の貿易に關する法制〉（上），《臺灣時報》第 135 號，昭和 6 年 2 月，頁 23。
24 「律令第 9 號」，《臺灣總督府報》第 3087 號，明治 43 年 11 月 1 日，p.1。
25 臺灣總督府財務局編，《臺灣の關稅》，頁 38。

（三）第二次「關稅定率法」與「臺灣特別輸入稅」

　　日俄戰爭期間，日本政府曾頒布「非常特別稅法」修正案，輸入稅加徵達 191 項之多，除協定關稅商品外，幾乎無一倖免。於是在輸入稅方面，除了本稅外，尚須另外加徵「非常特別稅」，形成一物兩課的現象。[26]同時，這原是因應戰爭的臨時性措施，但因加徵的輸入稅額成績斐然，所以在戰後非但未取消，反削去「臨時」二字，成為常態性稅法。[27]於是輸入稅方面，既有第一次關稅定率法，復加上「非常特別稅法」，疊床架屋，使得稅率雜亂無章；且酒、砂糖、菸草、織物、米、穀、繭等民生用品的負擔過重；加以戰後經濟型態轉變，國內各項工業較前發達，轉而有本國製品輸出國外，於是商人紛紛要求能減免或退還原料品關稅，或提高外國製品稅率。為因應上述要求，大藏省決定重訂關稅定率法，並趁機大幅提高非協定關稅商品稅額。

　　新法由內閣在 1906 年第 22 次帝國會議中提出，自同年 10 月 1 日起施行。[28]與舊法相比，顯著增加「特惠關稅」、「報復關稅」以及獎勵貿易的政策意涵。先就「特惠關稅」來看，由於日俄戰後，日本取得關東州（大連），卻礙於租借地與自由港的性格，無法將其納入日本關稅圈中，於是為促進與當地間的貿易，新法第 3 條規定「未能適用『協定稅率』之商品，必要時得以敕令指定地區及產品，於協定關稅範圍內徵稅」。[29]該法通過之後，隨即在同年發佈「關東州生產物品之輸入稅率相關規定」、「韓國生產品及清國生產之銑鐵等之輸入稅相關規定」，讓關東州、韓國、清國部分商品享有特惠關稅。次就「報復關稅」而言，這是為了報復對日本船舶或商品不友善的國家所採取的措施。新法第 4 條：「對於將本國船舶或產品，以較他國船舶或產品不利的方式來處置

---

[26] 《臺灣總督府報》第 1671 號，明治 38 年 1 月 13 日，頁 39-49；臺灣總督府財務局編，《臺灣の關稅》，頁 45-47。

[27] 《臺灣總督府報》第 1925 號，明治 39 年 3 月 9 日，p.21。

[28] 臺灣總督府財務局編，《臺灣の關稅》，頁 47-48；千住精一，《臺灣稅務史》，頁 733；大藏省編，《明治大正財政史・第八卷》，頁 247。

[29] 《臺灣總督府報》第 2166 號，明治 40 年 4 月 9 日，p.31，以下所引關稅定率法條文出處同此。

之國家，得以敕令指定其國產品，若係應稅品，則課徵與本法所訂稅率同額以下的附加稅；若係免稅品，則課徵從價 50% 以下的輸入稅」。再者，為避免日本商品受到不公平競爭的待遇，遂採取「相抵關稅」的措施，對於受本國出口補貼的外國商品輸日時，課徵與獎勵金同額的附加稅（第 5 條）；同時更規定：「以輸入原料所製造的特定商品，當其輸出外國時，得依命令退還輸入稅的全部或一部分」（第 9 條），積極以退稅的方式獎勵商品出口。[30]不難看出，新法的保護關稅意味較前更濃，目的無非是希望可以對內保護國內產業，對外振興輸出，因而被認為是戰後相當重要的關稅貿易措施。[31]

本法雖同步在臺施行，[32]不過翌年 3 月鑒於臺灣的人情、習慣、嗜好與內地相異，從而所需物資多仰給於華南地方；且臺島自有特殊輸入品，若與內地一體適用，恐阻礙本島產業經濟發展。所以為因應臺地特殊需求，乃公佈「臺灣特別輸入稅法」，[33]降低魚苗、罐頭、蔬菜、中國麵類、人參、生綿及繰綿、舊黃麻布袋、粗製瓦、陶磁器破片及碎瓦、非書畫用唐紙等 10 項商品稅率。迨 1911 年 7 月第三次關稅定率法制定時，參酌了「臺灣特別輸入稅」的稅率，本法的施行乃告終止。[34]

（四）第三次關稅定率法

第二次國定稅率雖已較舊法大幅提高，但對於受條約保障的協定關稅商品仍不得不讓步，使得實質稅率提高相當有限。趁著 1899 年修約的 12 年期限將於 1911 年屆滿，日本政府決定將片面的協定稅率修改為互惠的協定關稅。[35]1905 年起，大藏省便著手關稅制度及稅率調查，內

---

[30] 《臺灣總督府報》第 2055 號，明治 39 年 10 月 6 日，p.26-7。

[31] 大藏省編，《明治大正財政史・第八卷》，頁 247-8。

[32] 「敕令 13 號」，《臺灣總督府報》第 1670 號，明治 38 年 1 月 12 日，p.30。

[33] 臺灣總督府編，《臺灣總督府事務成績提要》第十三編下「明治四十年度分」（《中國方志叢書》第 192 號）（臺北：成文出版社，民國 74 年），頁 318。

[34] 井出季和太，〈領臺以來の貿易に關する法制〉（上），頁 23；千住精一，《臺灣稅務史》，頁 910。

[35] 大藏省編，《明治大正財政史・第八卷》，頁 280-281。

閣也成立關稅調查委員會負責此事。1909 年 12 月 20 日在內閣會議中提出，於翌年送議會通過，從 1911 年 7 月 17 日起，亦即「協定關稅」期滿後開始施行。[36]透過此次稅率修訂，日本才真正達到關稅自主。

　　由於本法是真正達到關稅自主後頒布的新法，所以與舊法有頗多不同，先就本文來看。第一，以往課稅價格算定係採「發送地價格主義」，即以生產或輸入地原價，加計包裝費、運費、保費及其他到達輸入港為止的費用，容易招致申報不實的弊端，故新法改以到達輸入港時的價格課稅，採取「到達地價格主義」。第二，廢止以往常以敕令任意將從價稅變更為從量稅的規定，重要商品稅率皆以法律明定。第三，舊法雖已有「報復關稅」的處分，但稅率過輕，新法修正為得在關稅之外，課徵與課稅商品價格同額以下的特別關稅。第四，減低米穀輸入稅的相關規定。第五，免稅品的增加，總計免稅品數目多達 23 種。[37]

　　其次是關於附屬稅表改正方面。第一，類別減少、稅目細分。新稅表將性質相近類別盡量合併，種類從 19 減為 17 類；但儘管類別減少，稅目分類則依照商品性質及價格來細分，從舊法的 538 號 819 種（免稅者 47 種）增加為 647 號 1,566 種（免稅者 86 種），其目的除為了便於條約締結外，也為求從量稅公平。第二，從量稅數量增加。以往從價課稅的商品都盡量換算為從量課稅，其課稅額原則上以近一年平均輸入價格算出，但若因物價騰貴，導致稅率過高，則改以近 3 至 5 年的平均價格為基礎。第三，新法修正課稅貨物的秤量標準，避免使用英美度量衡，原則上重量使用日本的斤，其他方面則採用公制。第四，稅率標準大體採用舊稅率的編成方針，並參酌課稅品加工程度、內地生產消費狀況來制定。大致說來，未製品、半製品為輕，全製品較重；預期將來發達的商品給予適當保護，反之則採取輕稅；為保護農業，對於重要農產品採取保護策略；生活必需品及工業用原料品稅率較輕，奢侈品、嗜好品則課重稅以挹注國庫；至於條約改訂前仍受惠於協定關稅的輸入品，其稅

---

36 《臺灣總督府報》第 2941 號，明治 43 年 4 月 23 日，頁 98-99；第 3011 號，明治 43 年 7 月 27 日，p.65；大藏省編，《明治大正財政史‧第八卷》，頁 310-313。

37 大藏省編，《明治大正財政史‧第八卷》，頁 342-345。

率盡可能不大幅增加，以免引起通商各國反感及造成經濟上的遽變。換算為平均輸入稅率，若就全部輸入品來看約為 14%，若純就應稅品輸入額來看則為 22%，和受制於協定關稅的舊法相比，新法實際平均稅率僅增加 4%，仍較採用保護主義的歐美各國稅率偏低。[38]

要言之，新法最大特點是產業政策與社會政策並重。新稅表雖以增加國庫收入為主旨，但對於外國商品所課輸入稅，僅止於不阻礙內地產品輸出及不打擊本國商品生產；對於需要保護的產業，若預期將來發達，則採取保護關稅以助長之；且由於盡可能採用從量稅，故為求課稅公平，稅率訂定除須伴隨物價波動外，尚須考量國內供需狀態、外國品競爭之有無、生產技術難易、需要者的階級與價格關係、是否適合作為財政關稅等條件，可以說已經融入保護主義、收入主義及社會政策主義。[39]

本次國定稅率頒行前，「臺灣輸出稅及出港稅規則」與「臺灣特別輸入稅」已相繼在 1910、1911 年廢止。所以從第三次關稅定率法頒行起，日、臺真正實現無差別的關稅統一政策。

（五）第四次關稅定率法（1926 年 3 月 29 日起）

一次戰後世界經濟情勢激變，日本的產業與對外貿易也受到很大影響，1919 年 7 月，內閣成立臨時財政經濟調查會，並於其中設置關稅特別委員會以審議國定稅率改正的根本方針。[40]經過數年討論，於 1923 年 7 月 18 日提交內閣總理大臣加藤友三郎，惟適逢關東地區發生大地震，[41]遲至翌年 3 月才由新任內閣總理大臣清浦奎吾裁示通過。同年 6 月，新成立的加藤高明內閣對於關稅定率法的修訂更為積極，8 月在內閣設立關稅率改正委員會，進行關稅率修訂相關調查。[42]

---

[38] 大藏省編，《明治大正財政史・第八卷》，頁 345-350。

[39] 臺灣總督府財務局編，《臺灣の關稅》，頁 54-5。

[40] 大藏省編，《明治大正財政史・第八卷》，頁 449-451。

[41] 加藤下臺後，1923 年 9 月，山本權兵衛組閣，旋於 1924 年 1 月下臺，改由清浦奎吾擔任首相。見黃昭堂著、黃英哲譯，《臺灣總督府》，頁 263。

[42] 大藏省編，《明治大正財政史・第八卷》，頁 451-458。

委員會首先確立本次修訂並非以增加歲入為主要目的，將重心集中在塑造有利於內地產業的生產條件，同時對重要產業則視外國品的競爭程度加以保護；另一方面也考慮消費者利益，謀求國民生活安定，並對稅率加以適當安排。[43]

方針既定，財政部門即著手修訂新的關稅定率法及附屬輸入稅表。1926 年 1 月，內閣將修正案提交第 51 次帝國議會，於 3 月 29 日公佈施行。[44]新法本文涵蓋課稅標準、報復關稅、相抵關稅、反傾銷關稅、米穀關稅、免除關稅、原料退稅、輸入禁制品等各項相關規定。[45]相對舊法，其改正要點如下：第一，鑒於最近國際貿易趨勢，在報復關稅中增加「對本國輸出品及通過品，較對第三國不利時，則對其國輸出品及通過其國的商品，也在本國課徵報復的附加關稅」之規定；第二，配合國際禮節通例，適用自用品免稅的對象，除外國大使、公使外，加上「相等使節」，並追加兩國互惠的但書；第三，再輸出的免稅品增加製作樣品一項；第四，為獎勵輸出貿易而列入退稅的原料品項目，刪除亞鉛華，增加茶鉛及油」改變亞鉛薄板的厚度限制，並將肥料改為油糟。[46]

此次關稅定率法是日本在臺統治期間最後一次頒布的國定稅率，其後再無大規模更動。隨著 1930 年代的經濟大恐慌，各國關稅壁壘日益加深，為保護本國產業，日本也頒布不少特別法以取代之，所以許多輸入商品早已非原本表訂稅率。據統計，迄 1935 年為止，受制於關稅定率法之外的特別輸入稅法，本表稅率中，大約有 60%已經失效。[47]

綜上所述，透過國定稅率的修訂過程，可以具體觀察到日本領臺時期的關稅政策，大約歷經四個階段的演變：

第一階段屬於財政關稅階段，時間介於第一、二次關稅定率法頒布之間。第一次國定稅率關稅定率法訂立於新條約改訂之後，雖標榜以收入及國內產業保護為目的，但因協定稅率仍未廢除，關稅自主遙遙無

---

[43] 臺灣總督府財務局編，《臺灣の關稅》，頁 80-1。

[44] 大藏省編，《明治大正財政史・第八卷》，頁 461-464。

[45] 臺灣總督府財務局編，《臺灣の關稅》，頁 83。

[46] 大藏省編，《明治大正財政史・第八卷》，頁 459-460。

[47] 臺灣總督府財務局編，《臺灣の關稅》，頁 85。

期，故象徵意義大於實質意義，此時期日本政府的關稅政策是無所不用其極的增加稅收。例如藉由日俄戰爭徵收「非常特別稅」變相提高輸入稅；又如 1899 年日本既已廢除輸出稅，卻允許總督府在臺頒布「臺灣輸出稅及出港稅規則」，其著眼點正在增加歲入。

第二階段是在第二、三次關稅定率法頒布之間。日俄戰後，歐洲列強已不敢小覷日本國力，故日本政府趁著整理非常特別稅法之際，頒布第二次關稅定率法，逐步提高一般稅率。尤其對攸關本國工業發展的輸入商品更是如此，故其最大特色是開始具有「保護關稅」色彩，關稅政策的重點置於產業保護。同時獨存於臺灣的輸出稅和出港稅，則在財政獨立後廢止，此後日、臺關稅政策正式合一。

第三階段是從明治末期到大正末期。1911 年第三次關稅定率法的頒布，象徵日本正式擺脫不平等條約束縛，得以自主決定關稅稅率，從而此時期的關稅政策，開始由保護關稅、財政關稅趨向社會政策、產業政策的主張。

大正末期開始，日臺關稅政策進入第四個階段。政策重心從保護關稅、財政關稅進入到落實社會政策、產業政策的階段。其主要關鍵是一次戰後世界經濟情勢丕變，制定於明治末期的政策已無法適應新時代需求。1924 年加藤高明內閣成立後，積極從事稅法修訂，將重心集中在塑造有利於內地產業的生產條件；同時對重要產業，則視外國產品的競爭程度加以保護；另一方面也考慮消費者的利益，謀求國民生活的安定，並對稅率加以適當安排。

四、日本殖民帝國的「關稅同化政策」及日、法間的異同

（一）、臺灣以外的殖民地

臺灣之外，日本尚擁有其他殖民地，以下將分別簡述其關稅政策，以解明日本在殖民地經營上的共同特色。

1. 樺太

　　樺太是日俄戰後取得的庫頁島南半部地區。其統治的最大特徵便是直接以敕令將內地法律公佈施行於此處，所以較其他殖民地更早內地化。關稅制度亦不例外，1909 年 4 月 1 日起，日本的關稅法、關稅定率法、噸稅法全盤在此施行，而且指定開港場大泊港歸函館稅關所管轄，所以關稅制度與內地全然無異。[48]

2. 南洋群島

　　南洋群島是 1914 年日本利用一次大戰爆發出兵佔領，並在 1919 年凡爾賽和約中由國際聯盟委任統治之地。位於西太平洋赤道附近的密克羅尼西亞群島之內，包括現在的北馬里亞納群島、帛琉、馬紹爾群島、密克羅尼西亞聯邦。也稱為南洋諸島或內南洋。戰爭期間，日本曾先後在 1915 年 2 月及 10 月制定「南洋群島稅制」及「南洋群島關稅規則」，原則上輸出入當地貨物仍被視同外國課徵關稅，不過在 1915 年 10 月至 1916 年 10 月間曾免除日本輸入貨物的輸入稅。迨取得委任統治權後，為了永續支配，乃朝關稅統一的方向思考。1922 年 5 月 30 日公佈「南洋群島關稅遵行關稅法及關稅定率法」，除少數例外事項外，與內地施行同一關稅制度。[49]

3.朝鮮

　　朝鮮雖然早在併吞之前，日本即處心積慮要將其逐步納入本國關稅圈內，[50]不過到 1910 年合併時，卻為了應付列強而發表關稅不變宣言，因此最初十年，仍因襲以原朝鮮政府與列強所簽訂的不平等條約為基礎

---

[48] 山本有造，《日本植民地経済史研究》，頁 67-68。

[49] 所謂的例外事項，便是 1922 年 5 月 30 日公佈「南洋群島出港稅令」，對輸出日本及其他殖民地的酒類、砂糖課徵出港稅。參見山本有造，《日本植民地経済史研究》，頁 73。

[50] 如 1906 年 11 月以敕令 304 號公佈「韓國生產品及清國生產之銑鐵等之輸入稅相關規定」，對韓國生產的銑鐵、錫塊及錠、水銀等數種金屬之輸入稅率，給予和協定稅率同樣的優惠。參見《臺灣總督府報》第 2094 號，明治 39 年 12 月 11 日，p.34。

的關稅制度，朝鮮仍無異於關稅上的外國。儘管如此，日本政府還是做了些微變動：首先，原本與日本、臺灣、樺太往來貨物所課徵的輸出入稅改為移出入稅；其次，1913 年頒布「米及穀移入稅廢止相關法律」，對朝鮮生產品輸入日本採取優惠措施，這也是日本對殖民地採特惠關稅制度的一個特例。1920 年關稅不變期滿後，日本決定朝著內鮮關稅統一的方向改革，8 月 26 日將日本的關稅法及關稅定率法公佈於朝鮮，自 29 日起實現了與日本關稅統一。但是相對於臺灣大致未採行特例而實行完全統一，朝鮮則為了補強朝鮮總督府財政而採取兩項特別措施，形成不完全統一：第一是對於從外國輸入的部分物品，如金、銀、銅、煤的採掘或煉製器具、機械等，給予輸入稅減稅乃至免稅的措施；第二是對於從內地移入物品，仍保留移入稅，直到 1941 年才完全取消；同時對於部分移出日本的朝鮮商品，仍課徵出港稅以調節兩地物價，凡此都是為了補強朝鮮總督府財政而採取的措施。[51]

4.關東州

關東州也是日本殖民地統一關稅圈的另一個特例。此地是日俄戰役後取得的租借地，依國際法上的地位與自由港宣言的經營政策，並無法納入日本關稅圈內。但是為圖以日本資本來振興關東州產業，也為了有利於將來滿洲產品輸入日本，日本乃仿照英國及其殖民地間所採行的特惠稅率。[52]

為了替日、關之間的特惠關稅鋪路，1906 年所頒的第二次關稅定率法即規定：「未能依照條約享受特別協定方便與利益的地區之產品，必要時得以敕令給予不超過該協定限度的減稅或免稅利益」。新稅率實施後，同年 9 月隨即發布「關東州生產物品輸入稅率相關法令」，規定「關東州生產物品之輸入稅率比照協定稅率，但關稅定率法所定稅率較協定稅率為低時，則不在此限」。[53]如此一來，關東州產品遂享有較其他

---

[51] 山本有造，《日本植民地経済史研究》，頁 69-73。

[52] 山本有造，《日本植民地経済史研究》，頁 78。

[53] 「敕令 262 號」，《臺灣總督府報》第 2055 號，明治 39 年 10 月 6 日，p.26。

無約國家更優惠的待遇。大正末年，日本政府為了進一步撤去日、關間關稅壁壘，乃決定免除 30 種關東州產品關稅，遂在 1925 年 6 月公佈「關東州生產物品輸入稅免除相關法令」，並於 7 月施行於臺灣。[54]繼而滿洲國獨立後，將關東州納入，殖民地特惠關稅便不再適用，但因日本與滿洲國締結關稅協定，故仍可享受來自滿洲國的特惠。

　　總結上述，排除租借地關東州不論，除了朝鮮外，其餘的樺太、南洋群島，日本所採行的關稅政策都與臺灣一樣，將其與母國的關稅政策完全合而為一。然而，此類型的關稅政策，究竟是日本習自其他帝國主義國家？抑或有其獨特之處？以下將接著討論法國式的關稅同化政策，以明日、法兩國之異同。

（二）關稅同化主義的原型：法國殖民地的關稅政策

　　日本所採行的殖民地關稅政策雖與法國較為接近，然而法國本身也非一成不變，故以下擬先對法國殖民地關稅政策加以探討，繼而比較日、法政策，以明瞭日本與先進殖民國家間的差異。

1. 早期殖民地關稅政策的確立

　　法國對殖民地的關稅政策曾經過數度的變遷，迄 1883 年，逐漸朝向關稅統一，終於在 1892 年 1 月 11 日通過的關稅法，確立「關稅統一主義」的政策特徵，這個法律即成為日後殖民地關稅制度的骨幹。

　　關稅法參酌殖民地的地理、產業及民情，將其大別為兩種：一是「統一殖民地」或「同化殖民地」，原則上與法國施行同一種關稅制度；[55]另一則為「非統一殖民地」或「非同化殖民地」，保留其固有關稅制度，

---

[54] 大藏省編，《明治大正財政史・第八卷》，頁 529-531。

[55] 此部分計有：計有：馬提尼克島（Martinique 位於西印度群島）、哥德洛普（Guadeloupe 位於西印度群島）、圭亞那（Guiana 位於南美）、聖皮耳（Saint-Pierre 紐芬蘭南方小島）、密克隆（Miquelon 聖皮耳西方小島）、瑞歐尼（Reunion 馬達加斯加東方小島）、馬又脫（Mayotte 馬達加斯加西北小島）、加彭（Gabon 法領赤道非洲）、法領印度支那（越南、柬埔寨、寮國）、新喀里多利亞（New Caledonia 西南太平洋小島）。參見臺灣總督府財務局編，《南支南洋の關稅と內國稅》（臺北：臺灣總督府財務局，1935 年），頁 125。

而與法國本國關稅制度相異。[56]其後適用統一關稅制度的地區漸增，1897年馬達加斯加島合併諾需北、戴哥索雷、聖馬利等地加入「統一殖民地」；20世紀初期「統一殖民地」對外貿易額達6億法郎，而「非統一殖民地」則不過2億法郎。以下簡述兩者特徵。[57]

（1）統一殖民地的關稅政策

除了埠頭稅是不問生產地何處，只要輸入法領殖民地的貨物一律課徵外，統一殖民地的關稅可分輸入稅、輸出稅、從殖民地輸入法國本國時的輸入稅三部分來探討：

①輸入稅　統一殖民地的輸入稅課徵分三種情形：第一是法國產品及在法國已付稅的外國商品，若採取直航，可免稅輸入；第二是由其他殖民地輸入商品，原則上不課稅，起初並無例外，惟從1904年4月19日起，對法領印度支那產品課徵與最惠國相同的輸入稅；第三是外國輸入商品，原本課稅與法國本國相同，但1893年發布特別命令，給予數項民生相關商品特惠稅率，如動物、玉米、米、魚、鹽、豆莢等食品採取免稅或低稅率，咖啡、茶、香料比照殖民地降低輸入稅；生產砂糖的殖民地化學肥料免稅；馬達加斯加島煤炭免稅。

②輸出稅　1863年以後法國本國即撤廢輸出稅，但統一殖民地依舊保留，其輸出稅可分為三種：第一是財政性質的輸出稅，不問發送地何處，所有輸出品皆加以課稅，馬達加斯加、加彭、圭亞那、新喀里多利亞等即屬之；第二是只有在輸出外國時才加以徵收，如印度支那即是。第三是替代性質的輸出稅，亦即代替直接稅的課徵，主要在瑞歐尼施行。

③從殖民地輸入法國本國時的輸入稅　來自殖民地的商品，依殖民地生產及外國生產轉口，其徵稅方式也有所不同。殖民地生產的商品原

---

56 此部分計有：非洲海岸的法屬地（加彭除外）、大溪地（Tahiti）及其保護領、印度的法國經營地（French Establishment of India）、歐柏克（Obock 非洲阿比西尼亞東海岸）、戴哥索雷（Diego-Suarez 馬達加斯加北方小島）、諾需北（Nossi-Be 馬達加斯加西北小島）、聖馬利（Saint-Marie 馬達加斯加東北小島）。臺灣總督府財務局編，《南支南洋の關稅と內國稅》，頁125。

57 以下有關法國殖民關稅政策的演變，除文中另有註明出處者外，概請參閱日本商工會議所編，《佛國及佛領印度支那の關稅政策》，（東京：日本商工會議所，1930年），頁96-136。

則上不應課徵任何關稅，但因砂糖、咖啡、可可亞等的消費稅，係法國財政上的重要財源，基於財政觀點考量，在 1881 年及 1892 年的關稅法中，將兩類殖民地生產商品排除在免稅條件之外：第一類是咖啡、可可亞、茶、胡椒、牙買加甜胡椒、小荳蔻、肉桂、山扁豆、肉荳蔻、肉荳蔻華、丁香、香草等商品，課徵法國普通稅率之半，旋因法國調降外國商品輸入稅率，此類商品稅率亦隨之下降；[58]1900 年 2 月 14 日以後進一步適用最低稅率，1913 年 8 月 5 日再次修改法律，除胡椒外，其餘商品一律改為免稅。第二類是砂糖及其製品、糖蜜、餅乾、蜜餞等商品，課徵與甜菜糖、蔗糖同額的輸入稅，原因是為了保護法國的甜菜糖業與製糖業（以外國產蔗糖為原料），相當於是一種保護關稅，其後亦逐漸降低，1897 年 4 月 7 日起改按距離遠近來調降關稅。至於外國生產的轉口商品，理論上須先在殖民地支付輸入稅，並取得當地國籍，從而其輸入法國時，無須再付稅。然實際上法國政府對於從法領殖民地轉口商品，往往課徵普通稅率（最高稅率），引發商人重複課稅的抱怨，因而1900 年立法規定：在殖民地已付稅的外國商品輸入法國時，只要支付最高稅率與已付關稅的差額。然而仍較生產國直接輸入法國的關稅為重，因為這些生產國多半與法國訂有關稅協定，可以適用最低稅率；一旦經由法國殖民地輸入，反而要課徵最高稅率。而法國政府之所以如此規定，是為防止外國商品藉由走私進入殖民地後轉輸法國，獲取不當利益。

（2）非統一殖民地的關稅政策

非統一殖民地的關稅政策各地並不一致，現在依其情況概述如下：

①法領西非殖民地：西非的法領殖民地介於四個英領、一個荷領、一個德領殖民地之間，各國殖民地各採相異的關稅制度，導致法領西非的關稅制度統一至為困難，不得不保留當地特別關稅制度，不問法國或外國產品，一概在輸入之際，以地方命令課徵消費稅。直到 1904 年 10

---

[58] 例如外國咖啡的輸入稅最初每百公斤 156 法郎，殖民地咖啡的輸入稅則為 78 法郎（減少 78 法郎）；其後外國咖啡降為每百公斤 136 法郎，殖民地依舊減少 78 法郎，稅率僅為 58 法郎。見日本商工會議所編，《佛國及佛領印度支那の關稅政策》，頁 111。

月 18 日成立統一政府，廢除消費稅，轉而對通過西非的商品及船舶，在其輸出之際課徵關稅，以作為法領西非政府的收入，於是漸將當地的關稅制度統一，對於法國品與外國商品一視同仁加以課稅。

②法領赤道非洲：除了加彭係「統一殖民地」外，其他地方於 1885 年 3 月 26 日的柏林會議曾決定對各國船舶及商品採行平等待遇主義；然而由於財政收入的目的，1890 年的布魯塞爾會議宣示得課徵不超過從價 8% 的輸入稅；1892 年法、白、剛果的代表於里斯本簽署議定書，決定輸出入商品應課稅率，以十年為期，其後隨時延長更新。依據 1912 年法國佈告，當地關稅率為：不問原產地何處，對輸入商品課徵從價 10% 關稅；動物、米、水泥、磚、鐵、鋼課徵從價 5%；煤炭、機械、鐵路建設材料課徵從價 3%。

③法領索馬利蘭：當地並未課徵任何輸入稅，惟對若干物品，不問產地為何，在其輸入時課徵消費稅；同時對動物、生皮、蠟、咖啡、象牙等商品課徵輸出稅，成為最主要財源。

④法領印度：除法領印度支那屬「統一殖民地」外，其餘地區並無輸出入相關的關稅制度，僅對火酒（不問產地）課徵消費稅。

⑤大洋洲：從 1892 年 5 月 9 日起對外國輸入品課徵關稅，其後屢次改正；1906 年 2 月 17 日公告加重輸入稅，輸入品課徵從價 8% 至 15%，甚至少部分高達 30%；輸出稅方面，依據 1899 年 3 月 12 日佈告，對真珠貝課徵每千瓦 15 法郎的稅額；1906 年 6 月 12 日減輕為 6 法郎，不問發送地為何處皆須課徵。此外乾椰子肉、燐酸鹽也需課徵輸出稅。

至於非統一殖民地所產商品輸入法國本國時，原則上適用最低稅率，但有三種例外：第一是砂糖及其製品，課徵與統一殖民地相同的輸入稅；第二是法領印度支那製上等棉布原本免稅，但其後與法國紡織業產生競爭關係，1904 年 4 月 19 日起以法律限制免稅輸入的數量；第三，法領非洲所產棕梠油、木材、咖啡、香蕉、可可亞、牛等產品，每年僅特定數量得以免稅。

（3）特殊屬領地關稅政策

此外，尚有兩個「特別屬領地」，一是新海布里地群島（New

Hebrides），1906 年的倫敦條約將此地劃為英法共管，最初並無關稅制度，基於前述條約，由英法兩國最高委員對酒精、香料、咖啡等 15 種商品設置輸入稅，一律課徵從價 10%。另一個是突尼斯，依據 1881 年的波羅的海條約成為法國保護領，1897 年獲得關稅自由，1898 年發布兩個命令：第一，對 827 種商品課徵輸入稅，稅率為從量或從價 8%，但多數商品為免稅；也有部分基於衛生或治安的理由，列為禁止輸入商品；同時也徵收輸出稅，惟其後漸次減少。第二，從法國及阿爾及利亞輸入商品，原則上比照前述命令課徵輸入稅，不過動物、砂糖、鐵製品、絲織及紡織品、衣服類、機械類、金屬製品等免稅；生葡萄酒課徵從價 10%；已在法國及阿爾及利亞繳納關稅的外國產品，不得享有免稅或減稅優待。至於突尼斯生產品輸入法國本國時，最初比照外國商品處理，連最惠國待遇也不得享有。經過移居當地的法國人民再三請願，1890 年放寬穀物、橄欖油、家畜類、鳥類、動物得以免稅輸入法國；生葡萄酒稅率則大幅降低，至於其他商品仍未能受惠。

2.殖民地關稅政策的動搖與 1928 年的殖民地新關稅法

1892 年以來所確立的殖民地關稅政策，由於殖民地關稅獨立運動而有所改變。一次戰後激烈的經濟情勢變化，使得各殖民地的關稅獨立運動蓬勃發展。例如法領印度支那，長年反對法國強加的關稅制度，主張採用適合當地現狀的獨立關稅制度，戰後此願望更為強烈。而法國與統一殖民地的單向免稅規定，不但待遇不平等，且將以本國產業的需要與利益而制定的關稅政策強加在情況各異的殖民地上，更妨害了殖民地的開發。因此關稅獨立運動者便以此論點，強力要求允許制定適切的關稅制度。

鑒於各殖民地的反抗，法國在戰後所制定的關稅規則，並未強加在各殖民地上，遂導致殖民地關稅制度更趨複雜。因此，為統一整理殖民地的關稅法規，並回應統一殖民地的部分要求，1928 年 4 月 13 日遂發布殖民地新關稅法。新法變更重點主要有四：第一，以往當作「準本國」

處理的統一殖民地，減為六個地區，其餘則編入非統一殖民地。此意味著不再強迫納入本國關稅圈，而是考慮殖民地要求，採用促進當地開發的殖民地特有關稅制度。第二，統一殖民地的關稅與本國齊一。以往統一殖民地的部分商品輸入法國時，須課以輸入關稅，這也成為統一殖民地關稅制度崩壞的導火線，於是本次新法一概撤廢，以圖維持。第三，關稅率相關法令，自發佈日起四個月內，需公佈於統一殖民地。這是鑒於以往關稅率的法令常有延遲公佈，久未施行的情形。第四，允許統一殖民地設定特別關稅率。為了因應殖民地的需要與實況，新法允許統一殖民地的地方議會或經濟代表會等，有權提出申請制定與法國相異的特別關稅率，法國政府在接到申請後，需在三個月裁定同意與否，否則視同採納。此點對統一殖民地而言是最重要的關稅政策變更，其後法領印度支那即以此為依據，對日本商品設定特別稅率，阻止日本商品輸往該地，將殖民地方面的要求具體化。[59]

換言之，新頒布的關稅法雖仍維持關稅統一政策的基調，但也不得不正視殖民地此仆彼起的關稅獨立運動，而允許採取更彈性的關稅政策。

（三）日、法殖民政策的異同

矢內原忠雄曾經從地理上、財政上、經濟上、政治上及原住民政策五個方面來比較日、法兩國的殖民政策，綜合歸納其意見，兩國殖民政策相同之處如下：

首先從地理上來說，滿洲事變以後日本的大陸政策，是計畫從日本越過日本海到達朝鮮，再從朝鮮延續到滿洲、內蒙、華北，形成一個軍事上、政治上支配的大地理集團；同時將鐵道路線的鋪設當作急務，考量的不僅是物資集散及輸送的經濟條件，毋寧是軍隊輸送的最短距離路線之選擇。這種以地理上的集團觀念來支配殖民地，以及明顯由軍事觀點所指導的計畫，使得日本對滿蒙的進出與法國的非洲大陸政策有著極

---

[59] 臺灣總督府財務局編，《南支南洋の關稅と內國稅》，頁127-137。

為顯著的相似之處。尚有一點地理上的巧合是從滿洲西部橫亙蒙古的沙漠地帶，與法國殖民地也有撒哈拉沙漠的存在相類似。沙漠的存在雖僅僅是偶然，但是不論經濟的生產條件如何，面對接壤地區的軍事行動，如果根據以此為背景的政治工作，遂行國境線擴大的事實，絕不可說是偶然的類似。

其次就財政上而言，法國近年在摩洛哥及敘利亞的征服與統治相關軍事費用增加，與日本由於滿洲經營及統治所導致的軍事費用膨脹，是屬於同一性質、同一型態的財政問題，亦即廣義的殖民地相關財政，純軍事費用支出相較於純行政費用支出的總額，是不成比例的巨額；同時不論殖民地征服取得上必須的軍事費用，或統治開始後的軍隊駐紮費用都全由本國負擔。

第三，就經濟上而言，日本的殖民地經濟政策是以本國為中心的集團政策，與法國同樣實施關稅同化政策，而其程度則比法國更加徹底；而日本的對外貿易中，殖民地所佔的比例，輸入從大正 12（1923）年的 17% 提高到昭和 5（1930）年的 29%，輸出在同一時間則由 14% 增加為 26%。相較於外國貿易雖然不多，但其比重有提高的傾向，這個事實與法國相同，彰顯出帝國主義時代當中殖民地的意義；同時日、法兩國殖民地的重要產品，常與本國呈現競爭態勢（如阿爾及利亞的葡萄酒、朝鮮的米、滿洲的煤炭），且儘管瞭解世界市場的相對重要性在殖民地之上，但仍主張緊密的集團經濟政策，多半是考慮到帝國內軍需品資源的自給自足，因而日本在滿洲事變後高唱入雲的集團經濟論，特別是日鮮滿經濟集團政策，與法國的「開發計畫」實有異曲同工之妙。

第四，在政治上，兩國殖民地行政上的同化政策情形相仿，並未專為殖民地行政而有特別的官吏養成，或者另設國家考試制度，而是以與本國官吏相同的一般性資格來滿足，且承認彼此之間地位的融通性，不認可殖民地特殊的行政制度，自主的政治發展等；同時在強化殖民地行政的中央集權性一事，兩國的情形也極為類似（如滿洲經營的中央行政機關，除了拓務省、外務省之外，另設直屬內閣的對滿事務局）。

最後在原住者政策上，日本和法國相同，都是藉由教育，特別是語

言進行同化政策，即藉由教導殖民地人民日（法）語，將其轉化為日本（法國）人。

　　當然兩者也不乏相異之處，就地理上而言，日本的殖民地是以本國為中心呈輻射狀取得，雖然夾雜著海洋，相較於殖民地散佈五大洲的法國、英國、荷蘭諸國，顯得較為集中。同時在擁有殖民地集團之政治地理學的意義上，兩者之間也有顯著的差異。法國在 1830 年即已征服阿爾及利亞，為的是在此地恢復拿破崙戰爭中所失去的國威、王權、武力，而在普法戰爭後，正好作為亞爾薩斯州農民集團移住殖民的地點；1870年代以後相繼征服了安南（1874）、剛果（1875）、突尼斯（1881），一方面固然出於產業資本帝國主義的要求，另一方面則是將普法戰爭戰敗的憤怒發洩在征服殖民地上，基於國家的榮譽心，將歐洲戰場上被打倒的國旗在其他大陸上高高舉起。俾斯麥利用法國人此種心理，對於法國取得殖民地展現友好的態度，將法國人對政治及軍事的關心，轉向殖民地的取得，化解了對德國復仇戰爭的危險。然而近年日本大陸發展的地理方向，是朝著在東洋常年累月的軍事政治對立國俄國與中國的國境前進，其政治地位與受到法國征服時的阿爾及利亞、突尼斯、摩洛哥等不可同日而語。加上近年中國逐步實現民族國家的統一，國家意識變為強烈，從而日本在此地遂行領土或軍事的膨脹，從政治地理學來看，無法如同法國的情形，藉由殖民地的發展來消解朝向國際戰爭的危機，相反的，戰爭卻有一觸即發的危機。從誘發國際戰爭的危險性來看，日本比起法國更值得注意。

　　財政上兩國也有部分的差異，日本的殖民地當中，臺灣和南洋群島分別在明治38（1905）年及昭和7（1932）年以後，不需要本國的補助金支出，不過朝鮮、樺太、關東州則持續從本國接受財政上的補助。矢內原認為日本對朝鮮及其他殖民地持續財政上的補助，除了當地財源基礎相對薄弱、官僚的行政組織費用高昂等原因之外，也包含了以父權保護政策進行經濟及文化開發的意義。因而相較於法國的情況，以對殖民地財政持續補助的事實來推論日本殖民地相對的未開發並不恰當，事實上日本殖民地的經濟發達速度比法國殖民地大概還略勝一籌。

　　經濟方面，兩國的差異表現在人口問題上，人口自然增加率大的日本與增加率小的法國關於殖民地價值的認識是不可同日而語的，法國期待殖民地能作為人口供應地，日本則將其視為過剩人口的移住地；同時儘管兩國同是基於本國為中心的軍事觀點，但法國對殖民地原住者施以軍事訓練，以此補強本國的兵力，相對的，日本並未對殖民地原住者實施徵兵法，不給予擁有武器、軍事訓練的機會。

　　在政治上，日本的殖民地行政，從上級到下級官吏，多半由本國人充當，極少有給予原住者地位的情事，關於殖民地人民參政權的問題，更是屈指可數，僅具象徵意義，不似法國的作法是將殖民地選出的議員加入本國議會中，因而其本國中心的專制性統治性質，毋寧較法國更為明顯。[60]

　　由上述可知，日本在殖民地經營上所採行方式，有不少是參酌法國經驗，因而回歸到關稅政策上來觀察，其明顯偏向法國式的關稅同化主義便不足為奇。例如：日、法皆廢止本國輸出稅，但在殖民地則部分保留，只不過保留輸出稅的因素各異，法國殖民地徵收輸出稅，具有財政、主權宣示、替代直接稅徵收三種性質，而日本在臺灣徵收輸出稅（含出港稅）則純屬財政性質；又如日本也仿效法國徵收砂糖消費稅，惟法國一開始即由本國徵收，藉以挹注財政，日本起初視為變相輸入稅，任臺灣徵收，待見臺地砂糖業大盛，稅額可觀後，才加以奪取，殖民心態充分流露。

　　若進一步加以細究，日、法關稅同化主義仍有相當程度差異。首先，法國以特別頒布的殖民地關稅法來執行殖民地關稅政策，但日本並無類似法律，僅以敕令將國內法律同步施行於殖民地。其次，法國將殖民地依關稅差異區分為統一殖民地、非統一殖民地，以及少部分特殊屬領地，後二者固未加以同化，即使統一殖民地的關稅也非與母國全然一致，最顯著的便是法國基於財政與產業考量，針對部分殖民地特產課徵輸入半稅，以致統一並不完全；且 1928 年後，有鑑於殖民地關稅獨立

60　矢內原忠雄，〈軍事的と同化的‧日佛植民政策比較の一論〉，《國家學會雜誌》51：2，頁172-79。

運動此起彼落，乃主動修改殖民地關稅政策，減少統一殖民地數目，甚至允許該地區議會或經濟團體有權訂立適用當地的特殊稅率。換言之，法國式的關稅同化主義，不但非全面實施於所有殖民地，即使在實施地區，同化亦不完全，而且隨著時間不同，也稍稍染上英國關稅適應主義色彩。至於日本畢竟不如法國「家大業大」，領有的殖民地僅臺灣、樺太、朝鮮、南洋群島，以及租借地關東州，所以其殖民地關稅政策相對單純，同化程度也更為徹底，所有殖民地皆可視為統一殖民地，惟朝鮮稍有例外。

五、結論

　　殖民政策的兩大趨勢，即是以法國為典型的「同化劃一主義」和以英國為代表的「放任主義」或「適應主義」。英國雖非本文敘述主體，惟其既為十九世紀的殖民大國之一，在此略加贅述。英國從十九世紀以來，迄一次大戰之前，對殖民地皆採行「關稅適應主義」，自治殖民地加拿大、澳大利亞、紐西蘭、南亞聯邦等固然如此，直轄殖民地印度、新加坡、香港等，也各有其獨立的關稅制度，同時本國與殖民地間的特惠制度也加以廢止。然而一次戰後，世界貿易傾向保護主義，終於在 1919 年 7 月，透過財政法第八條的規定，重新恢復帝國境內的特惠待遇；繼而遭逢世界經濟大恐慌，乃藉由 1932 年 3 月的「一般關稅法」及同年夏天的渥太華會議，進一步強化英鎊區（sterling bloc）內的「特惠關稅」制度。[61]

　　而法國原先大致上是採行關稅同化主義，但 1928 年 4 月的法律修正後，除主要殖民地阿爾及利亞完全納入本國關稅圈外，其餘各殖民地依照其關稅制度及對本國關係可區分為兩種：第一種包含印度支那、馬達加斯加、哥德洛普、馬提尼克島、圭亞那、瑞歐尼等地區，與法國本國採取同樣關稅制度，且與本國（含阿爾及利亞）間的輸出入免稅，但是法國政府藉由殖民地總督府諮詢委員會的意見，得以對上述殖民地的特定商品給予

61　山本有造，《日本植民地経済史研究》，頁 77-78。

特別稅率；第二種殖民地係第一種以外的全部法領殖民地及屬於委任統治的非洲，其與法國本國雖採取相異的關稅制度，但是藉由總統命令，免除由本國輸往殖民地商品的關稅，藉以保護國內生產者。尤有進者，在 1928年的新殖民地關稅法中，更允許殖民地得以因應當地的需要與實況，經由地方議會或經濟代表會，申請制定與法國相異的特別關稅率，稍稍染上「關稅適應主義」的色彩。就關稅政策的角度來觀察，法國的事例正透顯出，殖民帝國所採行的政策並非一成不變，由於時代不同，其組合方式亦各異，甚難完全加以類型化。

　　至於後進殖民帝國日本，雖參酌法國模式，卻執行得更為徹底。第一個殖民地臺灣在領有之後，隨即納入其關稅圈中，尤其在 1911 年以後，臺灣的單行稅則皆失效，完全與日本合而為一。且這並非日本帝國統一關稅圈內唯一事例，除了朝鮮稍有不同外，其餘的樺太、南洋群島，莫不如此。就殖民地關稅政策來看，日本所表現出來的「同化主義」似較法國有過之而無不及，而與英國型的「適應主義」形成「侵略」與「開明」對比。其間的不同，套用山本有造的話來說，不外乎是「在全球構築『海洋型』帝國的最先進帝國主義國家英國，與附著在東亞中國圈，意圖構築『大陸型』帝國的最後進帝國主義國家日本之間所見到的一個差異」。[62]

---

[62] 山本有造，《日本植民地経済史研究》，頁 111。

參考文獻

1. 大藏省編，《明治大正財政史・第八卷》，東京：財政經濟學會，昭和13年。

2. 大藏省編，《明治大正財政史・第十九卷》，東京：財政經濟學會，昭和15年。

3. 小島憲，《植民政策綱要》，東京：章華社，1934年。

4. 山本有造，《日本植民地経済史研究》，名古屋：名古屋大學出版會，1992年。

5. 千住精一，《臺灣稅務史》，臺北：臺灣日日新報社，大正7年。

6. 井出季和太，〈領臺以來の貿易に關する法制（上）〉，《臺灣時報》第135號，昭和6年2月，頁20-25。

7. 井出季和太，〈領臺以來の貿易に關する法制（下）〉，《臺灣時報》第136號，昭和6年3月，頁40-45。

8. 日本商工會議所編，《佛國及佛領印度支那の關稅政策》，東京：日本商工會議所，昭和5年。

9. 平井廣一，《日本植民地財政史研究》，京都：ミネルヴァ書房，1997年。

10. 矢內原忠雄，〈軍事的と同化的・日佛植民政策比較の一論〉，《國家學會雜誌》第51卷第2號，頁172-79。

11. 呂理州，《明治維新》，臺北：遠流，1994年。

12. 林滿紅，〈清末臺灣與我國大陸之貿易型態比較〉，《師大歷史學報》期6（民國67年5月），頁209-243。

13. 黃昭堂著，黃英哲譯，《臺灣總督府》，臺北：前衛，1996年。

14. 稻田周之助，《植民政策通解》，東京：巖松堂書店，大正13年。

15. 臺灣省文獻委員會，《臺灣總督府檔案中譯本（第一輯）》，南投：臺灣省文獻委員會，民國81年。

16. 臺灣省文獻委員會，《臺灣總督府檔案中譯本（第四輯）》，南投：臺灣省文獻委員會，民國83年。

17.臺灣總督府編，《臺灣總督府報》，臺北：臺灣總督府，明治 29 至昭和 17 年。

18.臺灣總督府編，《臺灣總督府官報》，臺北：臺灣總督府，昭和 17 至 20 年。

19.臺灣總督府編，《臺灣總督府事務成績提要》第十三編下「明治四十年度分」（《中國方志叢書》第 192 號），臺北：成文出版社，民國 74 年。

21.臺灣總督府財務局編，《南支南洋の關稅と內國稅》，臺北：臺灣總督府財務局，昭和 10 年。

22.臺灣總督府財務局編，《臺灣の關稅》，臺北：臺灣總督府財務局，昭和 10 年。

23.臺灣總督府淡水稅關，《臺灣稅關十年史》，臺北：臺灣總督府淡水稅關，明治 40 年。

1928 年中國的排日運動及其對臺、中貿易的影響

Anti-Japanese campaign in China and its impact to the Taiwan-China trade during 1928

摘要
Abstract

本文利用 1928 至 1929 年臺、日兩地的相關文獻，來探究此時期中國的排貨運動對臺、中貿易的影響。大致說來，《日本外交文書》著重的是排日對日本整體的影響，難以得知臺、中貿易受創程度；而臺灣所留下的報紙或稅關統計資料，則對臺與對日影響兼具，顯示出殖民母國與殖民地間的差異性。

再就臺、中貿易關係來看，1920 年代末期這場排貨運動，也深刻道出兩地關係在廿世紀上半葉起了重大的變化。隨著中國民族情緒日漸高漲，1920 年代以後的日貨抵制運動，對臺、中貿易已轉為負面，及至 1928 至 1929 年的排貨運動，對於臺、中貿易的衝擊，又遠較歷次為甚，其最主要的因素，當與中國日益高漲的民族情緒有關。自 1919 年巴黎和會後，中國即積極循著參與國際體系進行集體協商、與個別國家進行雙邊談判，以實際行動強行收回租界等戰略來恢復主權。終於在 1928 年分別與美、英簽訂關稅條約，恢復關稅自主權。列強當中，唯有日本負隅頑抗，堅不承認中國的關稅自主，導致在本年的「濟南事件」中，遭到長達一年的排貨運動。

而臺灣此際由於和殖民母國的關係更形緊密，因此在對中國貿易上，與日本休戚與共，經常成為中國官民抵制的對象。因此，若從貿易角度來看，日治時期的臺灣與 1912 年建立的中華民國，不但是兩個不同的國家，而且是兩個經常處在對立面的國家。

This article used Taiwanese and Japanese related archives to inquiry the impact of the trade between Taiwan and Japan since Chinese's Japanese boycott campaign in this period. Generally speaking, "Japanese foreign instrument" is focus on the effect to all Japan of the Japanese boycott campaign. Instead, Taiwanese literatures have both Taiwan and Japan's impact. Again on the trade relationship between Taiwan and China, in the late 1920s, this time Japanese boycott campaign that assaulted the trade between Taiwan and China is strongly than previous. The most important factor might be related with the rising China's national emotions. In 1928, China, respectively, signed a customs treaty with the UK and the US to restore tariff autonomy. Only Japan firmly didn't recognize China's tariff autonomy, led Japan should face a year-long Japanese boycott campaign in this year's "Jinan event". But this time, in Taiwan, the relationship with the colonial mother country was ever more closely. Therefore, Taiwan is solidarity with Japan. On the trade with China, Taiwan frequently became the object of boycott. So if we from a trade point to view, Japanese colonial period's Taiwan and established in 1912's Republic of China, they were not only two different countries, but also often in the opposite two countries.

關鍵詞：排貨運動、日本外交文書、臺中貿易、濟南事件

Key words: Japanese cargo boycott campaign, Japanese foreign instrument, Taiwan-China trade, Jinan event

一、前言

　　中國自古來即以文明中心自居，常對周遭地區文化抱持鄙視態度，惟近代隨著一連串對外交涉、戰爭的失利，逐步在一般官民腦中醞釀出排外情結；特別是在甲午戰後，對鄰近日本更加嫉視，遂形成一股不可遏抑的排日思想。不過另一方面，由於目睹明治維新以來的日本，逐步躋身世界強國之林，使得學習日本的論調，也普遍在知識分子間流傳，因而排日思想與學習日本的論調遂交錯並存，隨著國內政情與需求互有消長。例如八國聯軍之役甫落幕之際，清廷力圖振作，一時興起學習日本的風潮，不斷派留學生赴日；嗣和議一成，列強壓迫痛苦漸淡去，排日之聲再起，尤其隨著西太后勢力與日俱增，排日風潮更形激烈；迨日本在日俄戰爭獲勝，學習日本的論調再度出現，不但增派留學生赴日，且從中央到地方，爭相招聘日籍顧問、教師，而皇族大員赴日考察更是絡繹不絕於途，行政組織、法律莫不取法日本；民國建立後，排日情緒再起，加上一戰後的山東問題，更加深對日本反感；同時由於報業興盛，致力鼓吹排日思想，排日風潮遂傳遍全國，形成一次比一次激烈的日貨抵制運動。[1]

　　總計 20 世紀上半，中國基於排日思想而來的經濟抵制運動不下九次，[2] 目的除用以發洩民族情感外，更為對抗與日本政治、軍事侵略並行的大規模經濟侵略。其中第一、二次是發生在清帝國時期；[3] 第三次以後則進入中華民國時代，因反對日本的「廿一條要求」，而於 1915 年 3 月以北京、上海等都市地區為中心所展開的日貨抵制運動（或稱「排

---

[1] 木村增太郎，〈排日思想と中國人氣質〉，《臺灣時報》第 70 號，大正 4 年 7 月，頁 7-8。

[2] 有關廿世紀上半中國歷次抵制日貨的經過，參見許世融，〈關稅與兩岸貿易 1895-1945〉（臺北：國立臺灣師範大學歷史學系博士論文，2005），頁 104-107。

[3] 松本武彥，〈對日ボイコットと在日華僑――第二辰丸事件をめぐって――〉，收錄於辛亥革命研究會編，《中國近現代史論集（菊池貴晴先生追悼論集）》（東京：汲古書院，1985年），頁 221-229；菊池貴晴，「第二辰丸事件」，收錄於外務省外交史料館日本外交史辭典編纂委員會編，《（新版）日本外交史辭典》（東京：山川出版社，1992 年），頁 510-11；角儀太郎，〈明治四十二年臺灣貿易の大勢〉，《臺灣時報》第 9 號，頁 43。

貨運動」）。[4] 由於實際推動者多為知識分子及少數藉機煽動圖利的商人，加上正逢一次大戰，運輸船隻減少，歐美產品輸中大減，而以中國本地薄弱的民族工業無法生產足夠的民生用品，一旦大規模排斥日本商品，將很難有其他代用品，故持續不久，範圍亦不見擴大。[5]

1920 年代是中國排貨運動最密集而頻繁的時期，從導因於「五四運動」的第四次排貨運動，以迄「濟南事件」（或稱「五三慘案」）的第八次排貨運動，不到十年間，中國各界，前後發動了五次杯葛日貨的行動，[6] 其強度也逐次增加，在 1928 至 1929 年間達到高峰，使得日本對中國貿易在這段期間遭到重大的打擊。

至於原本與華南地區關係密切的臺灣，在廿世紀上半的中日糾葛中，則隨著時間的演變而有不同程度的影響。日治初期，憑藉著與華南地區深厚的淵源，不但絲毫未受影響，甚至還因此從中獲利；但中期以後，每當中國發生排貨運動，臺灣也無法置身事外，以至於在 1920 年代末的第八次排貨運動時，臺、日同樣深受其害，對日治以來即已日漸疏離的臺、中貿易更是雪上加霜。

本文擬藉由日本外交文書以及當時臺灣的稅關統計、官私營報紙等文獻來探究本次中國所發生的日貨抵制運動對臺、中貿易所造成的影響。同時也將透過史料解讀，比較身為殖民母國的日本與身為殖民地的臺灣在排貨運動一事上觀察的著眼點之異同。

二、事件初起時日本駐華官員的觀點

本次排貨運動始於 1928 年 5 月，其直接動機固然是由於山東出兵及濟南事件，但因彼時國民軍的北伐即將完成，隨著而來的滿蒙問題、關稅增收、條約改正等，早已使得中、日之間的關係暗潮洶湧，潛藏排

---

[4] 木村增太郎，〈排日思想と中國人氣質〉，《臺灣時報》第 70 號，大正 4 年 7 月，頁 8-9；〈嚴禁排日貨事〉，《臺灣時報》第 71 號，「漢文時報」頁 18。

[5] 木村增太郎，〈排日思想と中國人氣質〉，《臺灣時報》第 70 號，大正 4 年 7 月，頁 8-10；〈大正四年臺灣貿易概況〉，《臺灣時報》第 87 號，頁 30。

[6] 菊池貴晴，《（增補）中國民族運動の基本構造》（東京：汲古書院，1974 年），頁 439-444。

日風潮的危機。由於在此之前已出現數次的排貨運動，因而事件初起時，日本駐華外交人員，至少有部分人是抱持相對樂觀的態度，認為此時的排日時機不對，加上中國的內政與經濟問題重重，不太可能成功。此可以從 1928 年 5 月 15 日在上海商務參事加藤日吉致田中外務大臣「關於中國的排日貨運動及其對策」一文中看出。加藤的樂觀，來自於四方面的觀察：一是以往排貨的過程、二是中國的政治問題、三是中國的經濟概況、四是中日貿易品的輸出入季節特性，茲分述如下：

（一）中國排貨運動的過程

加藤根據以往的經驗，將中國的排日運動分為四個階段：第一階段會有市民外交後援會、各路商界聯合會或其他種種團體出現，藉由召開大會或舉辦遊行以提振氣勢，此階段約二至三週；第二階段是組織經濟絕交委員會，派出日貨檢查員，強行檢查或登錄各商業團體的日貨存貨、預約及未到品，時間約兩週；第三階段會限期要求中國及日本汽船不載運通關業者的日本產品，各棧橋倉庫設置值班人員看守，沒收、扣留，甚至燒毀違反品，同時又強制實行組成不賣給當地日本人食品或日用品的同盟、紡織工廠工人與日籍家庭中的傭人罷工，市場商業交易完全停止，這是事態最惡化的階段，衝突事件隨時發生，大約會持續一至二個月；到了第四階段，險惡氣氛漸漸緩和，談判逐步開啟，此時期大約兩週至一個月。

總結上述過程，由最初排貨氣勢上揚起，到實際排貨的進行，大概需要一個月；再經過絕頂險惡期，到恢復期約需兩、三個月。如果從最初著手開始運動起算，則到恢復需要三、四個月。不過在第一及第二階段，大約半個月到一個月之間，日貨交易量會因為預期心理而激增，第三階段雖然會使得交易停止，不過等到第四階段以後，由於需求反彈，也會導致交易激增，結果排貨期中停頓的商務，大部分因為排貨前後的預期心理及需求反彈所產生的大量交易而補足。這是因為日貨大部分是生活必需品，而且在排貨期間，由於匯兌的關係，有利於輸入，所以敏

於商機的中國商人也會趁機輸入之故。

（二）中國的政治問題

　　有幾個問題，會使得南京的中國政府對排貨運動裹足不前：第一，隨著北伐軍持續較平順的進行，直搗軍閥所在的天津、北京，會使得南京方面，唯恐北伐功勞為閻軍或馮軍所奪，而對排貨運動感猶疑；第二，以往受到南京政府壓制的共產黨，可能會提出對外問題作為攻擊政府當局之利器，並趁此機會潛入民眾運動，冀望恢復昔日的勢力，這將給予南京政府當局極大的威脅；第三，鑒諸以往的排日運動，常常無法永續，總是虎頭蛇尾，特別是前一年（1927）6月以反對第一次山東出兵為動機所發生的上海地方排日風潮之際，紗布交易所的棉絲交易或砂糖交易，讓財界陷入大混亂，損及商民對政府當局的感情。而目前接近北伐完成之際，又有軍事公債、捲菸國庫券等發行計畫，煽動商民內心不喜好的排貨運動，並非得策。

　　換言之，本次的排貨運動，對中國當局而言，帶有幾分的危險性，特別是鑒於日本的態度強硬，任意煽動民眾的對外感情，反而有在外交上作繭自縛之虞，自然官憲的取締也表現了從來沒有的嚴厲。

（三）中國的經濟概況

　　有三個經濟問題會影響中國官方對排貨運動的態度：

　　第一，就上海而言，假使日本相關商品的輸出入完全停止的話，南京政府在附加稅收入方面，每個月將失去大約 48 萬美元，如果再加計漢口、廣東、福州、廈門等港口，每月損失的附加稅更達到 60 萬美元。而附加稅收入是所謂「二五國庫券」的擔保，這是北伐軍主要的資金，一旦附加稅收入銳減，將阻礙國庫券的償還，使其價值下跌，對國民政府的財政上有很大的打擊。

　　第二，就輸入品方面來看，如果斷絕日本產品輸入，紡織生絲工廠或其他主要工業會遭受打擊，難以和歐美外國品的輸入競爭；而輸出品

方面，上海的主要產品中，麩、棉實、菜種及粕類等幾乎以日本為唯一
銷售對象，一旦發起排貨，將造成這些東西銷售無門。同時如果杯葛與
日本相關的上海地方工業（如紡織製品），那麼上海棉絲布生產大約會
減少一半，中國紡織製品價格勢必異常高漲，此雖然有利於中國紡織業
者，但一般消費者則必須付出不必要的高價。

　　另一方面，在日本紡織工廠工作的中國工人約 6 萬，合計其關係者
約 20 萬人的生計會成為社會的大問題。縱令一時如同「五卅事件」當
時，付給休業津貼，但時日一久，工人方面究竟無法滿足，最恐怖的是
給予共產黨活動的機會。再者，服務於日本家庭中的中國傭人恐怕有萬
餘人以上，對於這些人如脅迫罷工，會比對紡織工人的處置更加困難。
其他如船公司、倉庫棧橋的罷工，也會造成數萬相關工人陷入失業的結
果，而在交通不便的中國，拒絕日本汽船，會造成其本身大大的不便。

　　要言之，在上海與日人相關的中國工人總數約數十萬，要讓這些人
在相當期間集體罷工，一個月大約需要百萬美元的資金，北伐以及其他
迫在眉睫的經費已捉襟見肘，現在還有辦法長期支付這樣巨額的資金
嗎？

　　第三，經濟絕交期中，會有各種製造工業以不正常的物價當作衡量
標準，企圖發展工業，但這終究非常態性的需求，無法遂行堅實的發達，
一旦破產，反而會冷卻持續勃興的企業熱，轉而在大局上，有阻礙國貨
健全發展之虞。

（四）中日貿易品的輸出入季節特性

　　先從輸出分布狀態來看，中國輸出到日本有 57% 是滿洲商品，如豆
粕、大豆、煤炭、柞蠶絲、鐵、雜穀類，其輸出季節在秋天，以 10 月
到翌年 4、5 月間最旺盛，夏季頗為清淡；其次是上海，佔總額的 21%，
其內容為棉花、菜種、苧麻、獸皮、繭、雞蛋、胡麻、粕類等，大約有
六成是長江上游各地的產品，以上海為中繼港，大體上也以秋季為其輸
出時期；由天津輸出主要為棉花，大約佔六成，其他有雞蛋、牛皮、雜

穀等；青島為落花生、雞蛋、牛皮等，由於大部分是農產品，其輸出的
旺季是 10 月到翌年上半期，夏季為淡季。

其次就輸入品來看，上海佔所有日本輸入品總額的 36%，居第一
位，主要內容中，棉絲、綿布、其他紡織品佔 50%，煤炭、砂糖、海產、
紙類等次之，輸入季節大致上從 9 月到翌年 4、5 月最盛；其次是滿洲，
佔 31%，主要商品中，棉製品佔 35%，其他有麥粉、機械、鐵製品、硝
子、砂糖、海產物及其他食品等；天津佔 10%，以棉製品、砂糖、麥粉、
紙、木材為主；青島佔 7%，以棉花、棉製品、麥粉、砂糖、藥品、紙
類等為主；其他如廣東、漢口也各佔 5%，主要是棉製品。要言之，輸
入品主要以棉布為主，其中以作為冬天衣著的加工棉布為最重要，其他
砂糖、木炭大體上從秋天到春天為需要的季節。

總結上述，不論是輸出或輸入，從晚春到夏季是所謂的夏枯閑散
期，由於季節不對，所以預期受到的影響甚為輕微。假設排貨運動從 5
月左右爆發，到 9 月左右結束的話，可以說是最佳時機，極富彈性的中
國商人，會在該時機之前預先交易，到了秋天，預期排貨終了前再下訂
單，從而，由於排貨使得一般民眾蒙受高價與不便，但是部份中國商人
卻因此博取暴利。而就大局而言，日本對中國貿易蒙受的打擊也格外輕
微，推測每個月平均輸出約減少 1,500~1,600 萬圓、輸入約 700~800 萬
圓左右。

綜合上述，加藤斷言：「如果考慮以上事情的話，放任一時情感的
經濟絕交的氣勢，雖可發揚，但是缺乏永續性，而且如果可以永久延續
的話，對中國方面其害可謂痛切。」[7]

三、中國各地的排貨運動——以臺灣相關貿易 對手地為探討對象

1928 年的排貨運動，雖起因於日本出兵山東與濟南事件，不過臺

---

[7] 「中国の排日運動とその対策について」，外務省『日本外交文書・昭和期 I（第一部第二
卷）』（外務省，平成 2 年），p. 840-846。

灣隨即報導了相關的事情。1928 年 8 月的《臺灣日日新報》提到：

> 據歸自對岸某氏談，最近對岸排日運動，稍有秩序的，殊如濟南事件突發以來，中國國民黨，計畫全國的排日運動，因此結果斷行排日者，有福州、廈門，而汕頭亦自六月一日起，而香港、廣東，初雖視為危險，然目下尚依舊買賣。查之本島，自本年一月至五月，輸出大宗品中之砂糖、石炭、棉布、酒精、干錫、鹹魚、貝柱、紅毛土等，除酒精、棉布增加而外，其他概減去。[8]

到了 9 月，排貨運動在華南及南洋地區如火如荼的展開：

> 根據最近給臺北某所的情報，南中國對岸一帶的排日漸形惡化，貨物的裝卸等完全斷絕。（中略）除了煤炭之外的日貨完全無法登陸。本次排貨聲明以來，輸入品驟減，漸次日本品的存貨減少。另一方面，物價也相當高。以上不獨福州、廈門、汕頭，在香港、廣東的日本商人也非常的受到影響。[9]

不過如果純就臺灣的相關文獻，並無法看出本次排貨運動的全貌，而必須藉助日本在華外交官的相關報告，這部分收錄在《日本外交文書》中。根據該文書所見，本次抵制日貨範圍包含了上海、漢口、廈門、廣東、汕頭、廣州、長沙、雲南、福州、南京、天津、濟南、北京、杭州、吉林、蘇州等地，幾乎遍及全國。不過本文主要探究事件對臺、中貿易所造成的衝擊，因而對於中國各地的排貨運動不擬一一詳述，唯鎖定在與臺灣關係較為密切的上海、廈門、廣東、汕頭、福州等幾個都市。茲分述如下：

（一）上海

前述加藤的樂觀估計似乎持續不久，6 月時上海就發生了變化。6

---

8 〈對岸排日及本島對支貿易〉，《臺灣日日新報》第 10138 號，（臺北：臺灣日日新報社，昭和 3 年 8 月 1 日），版 4。

9 〈南京一帶に深刻な排日〉，《臺灣日日新報》第 10192 號，（臺北：臺灣日日新報社，昭和 3 年 9 月 4 日），版 6。

月 21 日，上海矢田總領事給田中外務大臣的電報提到當地排貨運動最
近有惡化的傾向，原因之一是黨部方面暗暗的把學生民眾當成後盾；[10]這
使得上海 5、6 月份的海運載運量大受打擊。根據加藤副領事在 7 月 11
日的報告提到，由於排貨運動的影響，上海海運方面，沿岸以及長江航
路的日本汽船，中國人的載運量，5 月中運出貨物較平時減七成、運入
貨物減五成；6 月中運出貨物幾乎掛零，運入貨物減了七成，對各社打
擊甚大；對日本輸出貨物 6 月中約減少了三成左右，由日本輸入的貨物
5 月為 52,000 噸，與往年相當，但 6 月與去年同期相比，銳減 28,000
噸；南洋方面的載運量掛零，以致商船近日有停止南洋迴船的意向。[11]

　　到了 6 月底，上海當地的日本實業家終於按捺不住，各商業團體代
表 20 餘名，每週五集合，要求日本政府採取強硬措施，他們認為本次
的排日運動，在國民黨的指導下，逐步深刻化，當地總商會內組織「反
抗日軍暴行委員會」，恣意設立官民懲罰令，特別是對日貨強制徵收類
似關稅的稅金，稱之為「救國基金」。且頻頻沒收日貨，因而切望帝國
政府此刻對南京政府斷然要求即刻解散排日團體。[12]總計從 5 月到 8 月
底為止，當地日本商人受到的廣義打擊損失約 600 萬円以上，其中以棉
布商人最慘。[13]

　　11 月以後，上海地區的排日風波似乎較為平息，據 11 月 3 日加藤
副領事的電報提到：當地棉絲粗布類在地方的零售以及輸出都比較平
順，且 11 月以後救國基金撤廢。[14]但不久，上海特別市反日會發表對日
經濟斷交計畫大綱的修正，主要的重點是將持續期間延長到關稅自主實

---

[10] 「本邦綿糸布抑留事件に関する中国軍憲の態度について」，外務省『日本外交文書・昭和
　　期 I（第一部第二卷）』（外務省，平成 2 年），p.854。
[11] 「上海における排日貨運動の影響について」，外務省『日本外交文書・昭和期 I（第一部
　　第二卷）』（外務省，平成 2 年），p.855。
[12] 「今次排日貨の永続性に鑑みその対策上申について」，外務省『日本外交文書・昭和期 I
　　（第一部第二卷）』（外務省，平成 2 年），p.860-861。
[13] 「排日貨運動による邦商の閉店乃至破産続出の見込について」，外務省『日本外交文書・
　　昭和期 I（第一部第二卷）』（外務省，平成 2 年），p.868-870。
[14] 「上海最近の排日貨概況について」，外務省『日本外交文書・昭和期 I（第一部第二卷）』
　　（外務省，平成 2 年），p.882。

行平等互惠新條約實施為止。關於 11 月以後扣留的日貨，其處分方式是：對於商品價格 100 美元以下的物品課徵罰金六成做為救國基金，100 美元以上 500 美元以下七成，500 至 1000 美元八成、1000 至 1,500 美元九成，1,500 美元以上則加以沒收。[15]

（二）廈門

5 月 19 日，在廈門坂本領事的電報提到關於廈門對日經濟絕交的實際狀況：

> 當地官憲的取締依然嚴重，14 日入港的商船裝卸貨物時，由於部份排日團，使得苦力突然中止，（中略）一般民眾不知不覺間對日本抱持惡劣的感情，市黨部一派的排日運動（自發的經濟絕交）也暗地裡再興，商人也感受到四周不安的情勢。當地經濟界異常不景氣，日本商品的交易被控制，事實上持續實現對日經濟絕交。[16]

到了 9 月，日本商人方面已蒙受不小的損害，三井出張所的交易額減少了 200 萬美元，社員數減半；大阪商船從 3 月以後，當地的載運量只有往年 23 萬噸的四分之一；臺灣銀行分店的輸入票據交易額普通每月都在 30~40 萬美元以上，但 8 月底僅有 16,000 美元；其他從事棉絲布、海產物、雜貨類交易的內臺商人，從 3 月以後的交易量也較往年減少三分之一。[17]

10 月初，廈門當地排日貨狀況仍不見緩和，反日委員會日日增加糾察隊，日夜企圖押收日貨，另一方面持續決議沒收日貨的處分以及處罰交易者等。上月 26 日將一名購入日貨的中國商人拘禁在木製的籠子

---

[15] 「上海特別市反日会の対日経済交措置強化について」，外務省『日本外交文書・昭和期 I（第一部第二卷）』（外務省，平成 2 年），p.883-884。

[16] 「廈門において事実上対日経済絶交実現せられつつある状況について」，外務省『日本外交文書・昭和期 I（第一部第二卷）』（外務省，平成 2 年），p.849。

[17] 「排日貨運動による邦商の打撃深刻の状況について」，外務省『日本外交文書・昭和期 I（第一部第二卷）』（外務省，平成 2 年），p.873-874。

裡，上面插著書寫帝國主義走狗奸商之旗子，最近日本籍民為糾察隊押收日貨者頻頻出現，形勢更為惡化。不過日貨依然由內臺商人以化整為零的方式輸入。[18]

（三）廣東

本地的排日活動開始甚慢，到 5 月下旬時廣東森田領事的報告提到：

> 當地官憲持續嚴格取締未經許可的經濟絕交委員會及糾察隊組織的民眾之集會遊行及其他排日的越軌行動，因此日貨排斥並未具體化，不過市民的排日思想從濟南事件以來持續惡化，以市黨部、學生聯合會等為中心，持續慫恿中國商人自發性的經濟絕交，結果，由於中國商人的警戒，日本商品的交易訂購減少，臺灣糖、麥粉、金物、化學藥品、紡織品減少五成，海產物減少七成、硫安及麥酒減少二至三成、水泥、大豆豆粕完全控制買賣，煤炭反而出現好景。[19]

廣東的排貨運動之所以進展較慢，是因為廣東商會經濟絕交委員會從一開始就主張經濟絕交是依照商人的自由意志，排除學生、工人等的干涉之態度，委員會舉辦時，有代表者提出反對意見，以至內部陷入不統一的窘境。[20]

直到 7 月 16 日廣東經濟絕交委員會執行委員的第一次臨時會議，才做出七點決議：①本月 18 日以後禁止日本產品的新規訂購；②已經訂購完成的日本產品，到 20 日為止受理申告登記；③20 日以後禁止日本產品的輸入；④同日以後，禁止日本紙幣及票據的使用，並停止對日

---

[18] 「反日委員会による日貨押収および取扱者の処罰について」，外務省『日本外交文書・昭和期 I（第一部第二卷）』（外務省，平成 2 年），p.876。

[19] 「廣東における排日惡化の狀況について」，外務省『日本外交文書・昭和期 I（第一部第二卷）』（外務省，平成 2 年），p.849-850。

[20] 「対日経済絕交委員会の活動不能に陥れる原因について」，外務省『日本外交文書・昭和期 I（第一部第二卷）』（外務省，平成 2 年），p.852-853。

本的匯兌；⑤20 日以後禁止與日本籍銀行進行交易，存放在日本籍銀行
的存款速速提出；⑥日本品的庫存從 21 日迄 31 日間受理申告登記；
違反前述各項者，現品沒收之。[21]

　　7 月下旬，雖然由經濟絕交委員會所組織的日貨檢查隊，從 29 日
起預定以三日的期間開始檢查全市的日貨，但從檢查的實況來看，各檢
查隊儘管分別對日貨交易店進行家戶訪問，惟實際上並未對日貨的庫存
詳查，只對店員進行排日宣傳，然後便在入口處貼上日貨大檢查的貼
紙，從而絕交委員會宣稱從 8 月 1 日起為日貨掃蕩期，能否實行，不無
疑問。[22]

　　迄 9 月中旬，廣東的排貨運動才緊鑼密鼓的展開，矢野總領事提
到：以往的排日運動多半不過是工人學生等不良份子的職業性賺錢主義
者，從而糾察隊的收買甚為容易，但是本次的運動由於有省市黨部為後
援，標榜商人的自發性運動，其檢查較為嚴格。不只檢查隊的收買不易，
如果沒有日貨通過證的發行，搬運不自由時，還有被沒收之虞。再者，
由於省內地方數個所的對日經濟絕交委員會的活動，在地方零售也有困
難，對於日貨交易商人的打擊相當大。總計到此時，中國商人方面，由
於救國資金課徵從價三成，損失約兩百萬美元；日本人方面，從 5 月份
排日運動爆發以來，本國人所有貨物無法自由搬運，倉庫的租賃費以及
保險費、貨物破損等損害大約 109 萬美元。[23]

（四）汕頭

　　相關的排貨運動報導並不多，5 月 25 日汕頭總商會召集各商業團
體，正式成立汕頭商會反日委員會，同時決議依照下列方法實行排貨：
①已經訂購完成的日貨，在不損害中國方面商人的原則下歸還日本；②

---

[21] 「広東経済絕交委員会の日貨排斥実行方法決議について」，外務省『日本外交文書・昭和期 I（第一部第二卷）』（外務省，平成 2 年），p.856-857。

[22] 「経済絕交委員会による日貨檢查隊組織と其の活動状況について」，外務省『日本外交文書・昭和期 I（第一部第二卷）』（外務省，平成 2 年），p.859-860。

[23] 「広東における今回の排日貨運動の特徵について」，外務省『日本外交文書・昭和期 I（第一部第二卷）』（外務省，平成 2 年），p.874-875。

今後到達的超過日期的無效；③各商店報告庫存的商品名稱、商標、數量；④同業間互相取締；⑤煤炭、火柴、硫酸、藥劑是必需品，可以放在禁止之外。[24]

到了 8 月底，排貨運動仍持續進行，於是中國商人遂透過臺銀中介，偷偷向大阪方面小額訂購，並在大阪變換包裝，假裝成國貨的樣子，或者載到香港更換包裝，或者以當地外人的名義從香港寄來日本的棉布等雜貨類。9 月 1 日起，臺灣銀行也受到抵制，而當地籍民經營的旅館也受到抵制。[25]

（五）福州

排貨運動的進展也較華中地區為慢，8 月 24 日福州西澤總領事的電報提到：福州的反日執行委員會於本月 21 日召開第四次例會，決議：①設立仇貨檢查所，其實施設在海關以及馬尾，派遣檢查員，調查、扣留輸入日貨；②通達當地各工會及總工會，禁止中國勞動者從事日貨的輸送販賣；③編成六隊糾察隊，發現偷偷販賣日貨者加以沒收。從 23 日起，更強力施行，該會常務委員翁侃自己率領 3 名糾察隊員，將市內日貨販賣分店的店頭所陳列的臺灣產香蕉及罐頭類等產品加以沒收，投入火中。對此行為，中國官憲並未加以取締。[26]

其後，福州排日貨運動有深刻化的傾向，反日委員會公佈了各種激烈的排日辦法，諸如：①依照日貨登記辦法，實施手持日貨的檢查封印；②冒禁交易日貨者，沒收該貨並遊街處分（大書罪狀在市內繞行）；③禁止日本船隻裝卸貨物。至於執行的事例有：

①8 月 30 日，當地電燈會社以其所有的船隻新建號從基隆輸入大量的煤炭、砂糖、香蕉、雜貨等，對此，反日會強行將會社代表處以遊街

---

[24] 「汕頭總商会反日委員会の成立ならびに排貨実行決議について」，外務省『日本外交文書・昭和期 I（第一部第二卷）』（外務省，平成 2 年），p.850。

[25] 「日貨排斥の現状ならびに日本業者の窮状について」，外務省『日本外交文書・昭和期 I（第一部第二卷）』（外務省，平成 2 年），p.865-866。

[26] 「福州の反日執行委員会の排日貨決議ならびに実行振りについて」，外務省『日本外交文書・昭和期 I（第一部第二卷）』（外務省，平成 2 年），p.863-864。

處分。

㉒9 月 2 日入港的商船大球丸，由於前述排日禁止裝卸貨物，以致僅載運雜貨四噸以及少量的香蕉，而由於排日團的脅迫，搬運船不肯下水，不得已只好以商船「ランチ」載運，今後可以預見當地看不到從內地載運來的貨物。

③市內日貨檢查隊橫行，中國人商店內的日貨（主要為棉布類）持續被封印，使得當地排日貨運動有深刻化的傾向。[27]

10 月初，中國人店舖的日貨封印以及迫害中國顧客的事例雖有減少，[28]不過 25 日起，反日會的行動有再次死灰復燃的跡象。對於購買棉布、海產物、香蕉等的中國人頻頻傳出暴行。11 月初，反日會員 6 名突然侵入市門外居住的籍民吳服商林桂的店鋪，撕毀棉布約 15 匹（124美元）、破壞硝子 12 枚。[29] 12 月時，反日會成員甚至殺了一個從事日貨交易的中國人鄒行貴，引起中國商人的恐慌以及日本領事的不滿，經過福州當地的各國領事聯合交涉，省主席楊樹莊在 19 日逮捕了殺人犯，才讓當地的反日運動趨於沉寂。[30]

綜合上述，可以觀察到，與臺灣貿易關係較為密切的幾個地區，其排貨運動的進行程度及時間都不一致：上海的領事在 5 月份還抱持相對樂觀的態度，但 6 月時情況丕變，由於黨部的介入運作，使得排貨運動惡化，引起當地日本商人的不滿，紛紛要求日本政府採取強硬措施，而

[27] 「福州排日貨運動深刻化の傾向について」，外務省『日本外交文書・昭和期 I（第一部第二卷）』（外務省，平成 2 年），p.870-871。

[28] 「福州における最近の排日貨狀況について」，外務省『日本外交文書・昭和期 I（第一部第二卷）』（外務省，平成 2 年），p.877。

[29] 「反日会の行動再び露骨になりたる模樣について」，外務省『日本外交文書・昭和期 I（第一部第二卷）』（外務省，平成 2 年），p.883。

[30] 「反日会に拉制された日貨取扱い中国人鄒行貴銃殺について」、「鄒行貴銃殺事件のにめ中国商は恐慌に陥り取引杜絕の状態について」、「省党部は鄒行貴銃殺事件への干与を否定について」、「鄒行貴銃殺事件ならびに日貨排斥に関し楊省政府主席に警告申し入れについて」、「各国領事は楊省政府主席に連名にて鄒行貴銃殺事件責任追及の公文手交について」、「艀舟焼失ならびに鄒行貴銃殺事件の交渉振りについて」、「楊主席が鄒行貴銃殺事件犯人の一部逮捕を内告について」，外務省『日本外交文書・昭和期 I（第一部第二卷）』（外務省，平成 2 年），p.898-910。

7、8 月間更造成不少的損失，直到 11 月才趨於平息；廈門雖然 5 月已有排日氣氛，但似乎到 9、10 月才較為嚴重；廣東甚至到 7 月中才定出辦法，9 月中緊鑼密鼓展開排日運動；福州在 8 月底才強力施行，但屬於間歇性，10 月初時趨於緩和，惟 10 月下旬又再次激烈，甚至在 12 月時釀出命案，也導致排日運動趨於衰微；至於汕頭則相關報導並不多，似乎其排貨程度不如上述地區激烈。

四、排貨運動對臺、中貿易的影響

純就外交文書中的領事報告來觀察，與臺灣相關的貿易地區，在本次排貨運動展開的時間與強度，是從華中的上海，再到華南的福州、廈門，至於廣東及汕頭則相對較晚也似乎較輕微。不過詳情是否如此，可以從事件發生的另一方，也就是臺灣方面的文獻來加以考察。

（一）貿易品內容與貿易額的影響

事件發生 5 個月左右，日日新報報導了 1928 年前 9 個月的貿易統計結果，發現和去年同期相比，本年對外國（主要為中國）貿易方面，煤炭有 11 萬噸的減少；海產物如鹹魚乾從 250 萬圓激減為 95 萬圓；乾魷魚也從 154 萬圓減到僅剩 39 萬圓；至於棉布，雖然蒸汽船貿易幾乎斷絕，但是由於戎克貿易十分旺盛，所以金額略近於去年；在茶貿易方面，由於日貨排斥不僅僅在中國本土，即使在華僑掌握商權的南洋也同步進行，以致包種茶和烏龍茶都一樣不振，特別是烏龍茶前一年 9 月底為止累計達 624 萬斤、410 萬圓，但是 1928 年則只剩下 435 萬斤、285 萬圓。其他各項產品也幾乎都是減退的。[31]

---

[31]〈九月迄の本島貿易概觀〉，《臺灣日日新報》第 10234 號，（臺北：臺灣日日新報社，昭和 3 年 10 月 17 日），版 n01。

表 1　1928 年 1-9 月臺灣對外國貿易增減概況

品名	煤炭		鹹魚乾	
	數量	價額	數量	價額
1928 年 1~9 月	320,687 噸	3,366,598 圓	5,511,758 斤	951,587 圓
去年同期	430,733 噸	4,794,323 圓	20,165,525 斤	2,497,182 圓
品名	乾魷魚		棉布	
	數量	價額	數量	價額
1928 年 1~9 月	956,068 斤	392,861 圓	9,207,851 碼	2,121,339 圓
去年同期	3,860,594 斤	1,545,195 圓	9,125,950 碼	1,971,065 圓

資料來源：〈九月迄の本島貿易概觀〉，《臺灣日日新報》第 10234 號，（臺北：臺灣日日新報社，昭和 3 年 10 月 17 日），版 n01。

　　翌年稅關的統計報告指出：主要輸出品如砂糖、海產、煤炭及水泥皆因對岸排貨而受阻，整體輸出額因而銳減 38%，連帶使得總貿易額減少了 930 萬圓；直到隔（1929）年 5 月以後，日貨抵制運動逐漸衰微，貿易額才又回升 411 萬圓。甚至輸出香港的同類產品也受波及而減少 14%。[32]

　　為了進一步了解本次日貨抵制運動對兩岸貿易影響程度，以下列出排貨期間與前三年同時期平均值的比較（表 2）。

表 2　1928 年日貨抵制時期對中國輸出重要品與前三年平均對照表

項目	單位	1928.6~1929.5		前三年平均		增減額		減少比例
		數量	價格	數量	價格	數量	價格	
煤	噸	136,742	1,449,564	495,363	5,262,489	358,621	3,812,925	72
綿織	碼	14,469,534	3,538,427	15,282,755	4,041,938	813,221	503,511	12
酒精	升	4,693,625	1,181,423	3,756,863	1,207,995	＊936,762	26,572	2
魚乾	斤	15,195,605	1,872,432	22,451,351	2,894,552	7,255,746	1,022,120	35
砂糖	斤	3,389,833	335,804	23,560,363	3,275,459	20,170,530	2,943,655	90

---

[32] 西澤義徵，〈昭和三年本島移出入貿易概況〉，《臺灣時報》第 122 號，頁 50；島田茂，〈（昭和四年）上半期經濟界概況〉，《臺灣時報》第 119 號，頁 38；臺灣總督府稅關，《昭和三年臺灣貿易概覽》，頁 11；《昭和四年臺灣貿易概覽》，頁 10-11。

絹織	碼	783,657	500,952	968,829	614,293	185,172	113,341	18
水泥	斤	8,277,095	158,676	40,463,204	841,824	2,186,109	683,148	81
魷魚	斤	734,774	327,585	5,933,309	1,987,662	5,197,535	1660,077	84
燐寸	哥	542,366	354,186	546,988	384,436	4,622	30,250	8
貝柱	斤	263,593	319,584	398,664	493,994	135,071	174,360	35
苧麻	斤	800,060	267,860	1,357,639	497,371	557,579	219,511	46
板紙	斤	785,821	38,730	2,563,627	179,047	1,777,806	140,317	78
其他			3,338,573		5,281,076		1,942,503	37
計			13,683,796		26,966,086		13,282,290	49

註：增減額部分，除酒精『數量』為增加外，其餘物品之數量、價格皆減少。
資料來源：西澤義徵，〈昭和三年本島移出入貿易概況〉，《臺灣時報》第122號，
頁52。

　　如表中所示，在本次排貨期間（1928年6月迄翌年5月），減退最
多為砂糖（90%）、魷魚及水泥（80%）、煤及板紙（70%），其餘物品約
40%至 2%不等。砂糖輸出減少雖有部分原因是由於世界糖價低落，但
和煤炭一樣，主要都是受到日貨抵制運動所累，銷路逐漸為外國產品侵
蝕；水泥因島內需要而無暇顧及海外市場；板紙因商機關係，主要輸往
滿洲；海產物的減退則是漁獲減少與排貨問題各半；其他各品亦或多或
少受到抵制的打擊。總計貿易額較前三年平均減少 1,300 萬圓（49%），
其中真正受到日貨抵制影響的部分約 800 萬圓（30%）上下。[33]

　　日治時期臺灣對中國的貿易，初期仍以自身商品為主，領臺初期輸
出品主要有烏龍茶、包種茶、米、砂糖、苧麻、油糟、胡麻子、龍眼
等。[34]惟日本轉口的中繼輸出品則有後來居上之勢，明治末年起，日本
商品開始透過臺灣轉口輸出中國，至 1913 年大幅增加，漸取代本島產
品。最早輸出中國的日本商品是火柴，1911 年即有輸出記載，以往都
是作為戎克船回航時順道載運的東西，因中國本身亦有製造，故輸出額
尚不多；[35]接著海產（魷魚、乾魚、鹹魚等）也從 1911 年起開了經本島

---

[33] 西澤義徵，〈昭和三年本島移出入貿易概況〉，《臺灣時報》第122號，頁52。
[34] 井出季和太，〈臺灣改隸前後の貿易〉（下），《臺灣時報》第134號，昭和6年1月，頁
　　32。
[35] 角儀太郎，〈明治四十四年臺灣貿易概況〉（上），《臺灣時報》第31號，明治45年3月，

輸出對岸的端緒，翌年日本郵船會社在運送上進行改善，強調運費低廉及產品送達迅速，使得銷路更形擴大。[36]1913 年開始，藉由戎克船向福州、廈門、泉州地方輸出增加，連續三年位居輸出品第三位。[37]此外綿織物也是重要中繼品，1915 年火柴、綿織物、海產等內地品輸出金額達到 300 餘萬圓，佔當年對中國輸出額的 3/5 以上，相當值得注目。[38]昭和時期，輸出中國的前幾名，泰半是內地轉口產品（表 3）

表 3　臺灣對中國貿易歷年重要輸出品（1911-1930）

年代	一	二	三	四	五	六	七
1911	包種茶	砂糖	苧麻	龍眼	煤	糖蜜	燐寸
1912	包種茶	苧麻	龍眼	燐寸	煤	糖蜜	胡麻子
1913	包種茶	苧麻	乾鹹魚	綿織物	燐寸	煤	龍眼
1914	包種茶	苧麻	乾鹹魚	石油	燐寸	綿織物	煤
1915	燐寸	包種茶	乾鹹魚	綿織物	苧麻	石油	魷魚
1916	燐寸	砂糖	米	鹹魚	綿布	石油	苧麻
1917	砂糖	燐寸	綿布	穀粉及澱粉	鹹魚	石油	魷魚
1918	砂糖	燐寸	綿織物	煤	龍眼	苧麻	酒精
1922	砂糖	煤	綿織物	水產物	水泥	米	苧麻
1923	煤	砂糖	水產物	酒精	綿織物	龍眼	苧麻
1924	砂糖	水產物	煤	綿織物	酒精	燐寸	苧麻
1925	砂糖	水產物	煤	綿織物	酒精	水泥	燐寸
1926	煤	水產物	綿織物	砂糖	酒精	水泥	絹織物
1927	煤	綿織物	魷魚	砂糖	鹹魚	乾魚	酒精
1928	綿織物	煤	酒精	乾魚	鹹魚	絹織物	砂糖
1929	綿織物	煤	鹹魚	酒精	乾魚	魷魚	包種茶
1930	綿織物	煤	酒精	乾魚	包種茶	鹹魚	水泥

備註：依輸出額排序
資料來源：《明治四十五（大正元）年臺灣外國貿易年表》、《大正四年臺灣外國貿

頁 27。

36 〈昨（明治四十五）年中の臺灣貿易概況〉（下），《臺灣時報》第 45 號，大正 2 年 6 月，頁 36-37。

37 〈大正二年臺灣貿易概況〉，《臺灣時報》第 56 號，大正 3 年 5 月，頁 45。

38 〈昨年中（大正四年）の臺灣財界〉，《臺灣時報》第 78 號，大正 5 年 3 月，頁 52。

易年表》、《大正六年臺灣貿易概覽》、《大正七年臺灣貿易概覽》、《大正十二年臺灣貿易概覽》、《大正十三年臺灣貿易概覽》、《大正十四年、大正十五年、昭和元年臺灣貿易概覽》、《昭和二年臺灣貿易概覽》、《昭和三年臺灣貿易概覽》、《昭和四年臺灣貿易概覽》、《昭和五年臺灣貿易概覽》

甚至到了 1932 以後，內地中繼品幾乎都佔了一半以上。（表 4）

表 4 臺灣產品在對中國輸出所佔比例 （單位：千圓（%））

年份	本島產品	內地中繼品	輸出總額
1932	3,440（53）	3,094（47）	6,534
1933	1,995（42）	2,751（58）	4,746
1934	2,656（32）	5,719（68）	8,375
1935	6,021（46）	7,025（54）	13,046
1936	2,555（32）	5,324（68）	7,879

資料來源：保田次郎，〈事變と臺灣經濟界の動向〉，《臺灣時報》216 號，昭和 12 年 11 月，頁 38-39。

因此，這次排貨運動對臺、中貿易的衝擊，除了砂糖及煤炭產自臺灣之外，其他較大宗的魷魚、水泥、板紙等，等屬於來自日本的轉口品。

（二）地區別的衝擊

就本次排貨所造成的影響來看，似乎是遍及全中國，因而當年對中國整體貿易額減退不少。根據日日新報的報導，1928 年臺灣對中國地區的貿易，到 11 月末為止，輸出方面，對中國、關東州、香港都比去年減退；輸入方面，來自關東州、香港減少，來自中國則有 300 萬圓的增加，與日本內地大異其趣（表 5、表 6）。[39]

---

[39] 〈排日排貨裡の本邦前年度對支貿易（下）〉，《臺灣日日新報》第 10325 號，（臺北：臺灣日日新報社，昭和 4 年 1 月 17 日），版 3。

表5　1928 年 1-11 月臺灣對中國輸出概況（單位千圓）

	昭和 3 年（1928）	昭和 2 年（1927）
對中國	14,108	23,164
對關東州	752	814
對香港	4,745	5,475

資料來源：〈排日排貨裡の本邦前年度對支貿易（下）〉，《臺灣日日新報》第 10325 號，（臺北：臺灣日日新報社，昭和 4 年 1 月 17 日），版 3。

表6　1928 年 1-11 月臺灣從中國輸入概況（單位千圓）

	昭和 3 年（1928）	昭和 2 年（1927）
來自中國	25,879	20,696
來自關東州	2,049	4,201
來自香港	58	86

資料來源：〈排日排貨裡の本邦前年度對支貿易（下）〉，《臺灣日日新報》第 10325 號，（臺北：臺灣日日新報社，昭和 4 年 1 月 17 日），版 3。

　　再根據警務局的井出事務官關於基隆稅關的調查，本年 1 到 9 月的九個月間，僅僅是基隆港的對岸輸出貿易比起前年減半，比起去年，減少了六成多，不論本島或對岸的中國商人都感到深刻的痛苦，一般的消費者也因為沒有輸入銳減而飽受物資缺乏、物價暴漲之苦。進一步舉出過去三年間，基隆的對岸輸出貿易額，天津、上海、溫州、福州、廈門、汕頭、廣東及其他，大正 15 年度（1926）為 16,915,000 圓、昭和 2 年度（1927）為 13,432,000 圓，本年（前九個月）為 8,142,000 圓，其激減程度甚為明顯。[40]

　　如果從較長的時段來觀察，將本年與過去 5 年的累計比較的話，對中國輸出貿易的趨勢在 1926 年達到高峰之後逐漸減少，到了 1928 年，對中國的輸出將近只有 1926 年一半的慘狀，輸入貿易也有類似的情形（表7、表8），足見本次排貨確實對臺、中貿易造成了極大的衝擊。[41]

---

[40] 〈排日運動に祟られて　對岸輸出激減〉，《臺灣日日新報》第 10275 號，（臺北：臺灣日日新報社，昭和 3 年 11 月 27 日），版 2。

[41] 〈執拗な排日貨の祟り　本島の對中國南洋貿易の衰退〉，《臺灣日日新報》第 10284 號，（臺北：臺灣日日新報社，昭和 3 年 12 月 6 日），版 3。

表 7　1924~1928 年臺灣對外貿易輸出統計（單位：圓）

年度	大正 13 年（1924）	大正 14 年（1925）	大正 15 年（1926）	昭和 2 年（1927）	昭和 3 年（1928）
對中輸出	16,346,900	16,556,994	23,138,494	18,511,443	11,982,911
其他共計	24,721,528	24,899,654	30,228,476	26,618,612	19,777,979

資料來源：〈執拗な排日貨の祟り　本島の對中國南洋貿易の衰退〉，《臺灣日日新報》第 10284 號，（臺北：臺灣日日新報社，昭和 3 年 12 月 6 日），版 3。

表 8　1924~1928 年臺灣對外貿易輸入統計（單位：圓）

年度	大正 13 年（1924）	大正 14 年（1925）	大正 15 年（1926）	昭和 2 年（1927）	昭和 3 年（1928）
對中輸入	16,980,875	20,118,651	20,357,794	19,438,902	18,953,008
其他共計	23,973,330	28,215,182	37,204,182	40,466,669	27,257,042

資料來源：〈執拗な排日貨の祟り　本島の對中國南洋貿易の衰退〉，《臺灣日日新報》第 10284 號，（臺北：臺灣日日新報社，昭和 3 年 12 月 6 日），版 3。

如果進一步分析中國各地區受到衝擊的情形，可列表如下：

表 9　1928 年 1~9 月臺灣對中國及南洋輸出概況（單位：圓）

對中國輸出	本年	去年
華南	9,352,714	14,270,952
華中	1,539,612	3,013,314
華北	459,539	515,799
滿洲	631,046	711,378
對中國合計	11,982,911	18,511,443
對香港輸出	4,159,001	4,180,689
對澳門輸出	5,460	0
對南洋輸出	3,629,607	3,926,480
通計	19,779,979	26,618,612

資料來源：〈執拗な排日貨の祟り　本島の對中國南洋貿易の衰退〉，《臺灣日日新報》第 10284 號，（臺北：臺灣日日新報社，昭和 3 年 12 月 6 日），版 3。

表 10　1928 年 1~9 月臺灣對中國及南洋輸入概況（單位：圓）

對中國輸入	本年	去年
華南	3,436,626	4,067,182
華中	2,555,459	2,671,164
華北	216,810	125,911
滿洲	12,744,113	12,574,645
對中國合計	18,953,008	19,438,902
對香港輸入	4,928,063	5,372,304
對澳門輸入	0	9
對南洋輸入	3,375,971	15,655,454
通計	27,257,042	40,466,669

資料來源：〈執拗な排日貨の祟り　本島の對中國南洋貿易の衰退〉，《臺灣日日新報》第 10284 號，（臺北：臺灣日日新報社，昭和 3 年 12 月 6 日），版 3。

　　將 1928 年 1 到 9 月的貿易統計與前一年的同時期相比，對中國的輸出不論何地都呈現衰退，特別是對華中、華南尤為顯著。輸入方面，滿洲與華北稍好，但華中與華南依舊是減退的局面。足見本次排貨運動受傷最深刻的是臺灣與華南地區的貿易，其次則是華中地區，至於當時與臺灣貿易量較少的華北與滿洲地區則影響不大。

（三）城市別的衰退

　　由於地理位置的關係，臺灣對中國的貿易對象一直以華南及華中為主。根據臺灣的稅關統計，從 1911 到 1930 年，臺灣輸出到對岸前五名的統計為廈門、福州、汕頭、廣東，以及華中的上海（表 11）。至於輸入方面，與輸出的差異不大，唯有溫州略高於廣東。

表 11　臺灣與中國主要貿易城市貿易額統計及所佔比例（1911-1930）

年份	廈門		汕頭		福州		上海		廣東	
	円	百分比	円	百分比	円	百分比	円	百分比	円	百分比
1911	1,902,814	51.98%	454,100	12.40%	172,286	4.71%	511,419	13.97%	2,189	0.06%
1912	2,606,060	61.12%	615,780	14.44%	265,664	6.23%	211,403	4.96%	2,901	0.07%

1913	1,321,011	45.26%	552,876	18.94%	357,632	12.25%	153,061	5.24%	557	0.02%
1914	1,372,984	39.45%	539,961	15.51%	721,513	20.73%	200,853	5.77%	26,433	0.76%
1915	2,006,713	39.99%	1,107,903	22.08%	888,583	17.71%	210,252	4.19%	39,151	0.78%
1916	3,172,132	30.52%	2,773,064	26.68%	1,765,576	16.99%	1,575,224	15.16%	59,385	0.57%
1917	4,690,058	32.07%	2,949,250	20.17%	2,757,516	18.86%	1,867,771	12.77%	767,876	5.25%
1918	4,435,260	29.58%	2,933,545	19.56%	2,417,758	16.12%	3,076,004	20.51%	244,384	1.63%
1919	3,833,587	29.80%	1,480,957	11.51%	1,660,416	12.91%	2,959,499	23.00%	324,052	2.52%
1920	5,996,545	47.78%	296,579	2.36%	512,746	4.09%	3,228,814	25.73%	430,835	3.43%
1921	4,303,337	43.28%	241,300	2.43%	619,496	6.23%	2,254,524	22.67%	892,617	8.98%
1922	3,930,238	34.86%	741,970	6.58%	767,636	6.81%	2,444,248	21.68%	1,320,435	11.71%
1923	2,295,285	21.81%	1,371,986	13.03%	662,692	6.30%	2,635,463	25.04%	1,763,864	16.76%
1924	5,291,130	23.88%	3,277,750	14.80%	2,741,756	12.38%	5,855,661	26.43%	2,208,597	9.97%
1925	7,721,026	29.31%	3,745,624	14.22%	2,821,116	10.71%	5,146,769	19.53%	2,762,918	10.49%
1926	9,039,884	30.38%	5,580,846	18.75%	3,242,350	10.89%	4,365,354	14.67%	4,531,977	15.23%
1927	8,941,365	36.07%	4,029,341	16.25%	4,472,165	18.04%	3,120,185	12.59%	2,346,004	9.46%
1928	5,922,832	38.71%	1,437,170	9.39%	3,664,685	23.95%	1,088,244	7.11%	1,162,204	7.60%
1929	6,888,684	38.94%	1,779,695	10.06%	4,670,171	26.40%	1,300,094	7.35%	1,090,097	6.16%
1930	3,295,913	32.62%	1,652,749	16.36%	2,474,341	24.49%	726,703	7.19%	1,077,844	10.67%
平均	4,448,343	33.87%	1,878,122	14.30%	1,882,805	14.34%	2,146,577	16.34%	1,052,716	8.02%

資料來源：據臺灣總督府財務局，《臺灣貿易四十年表》（臺北：臺灣總督府財務局稅務課，1936），頁 393-395 計算而得。

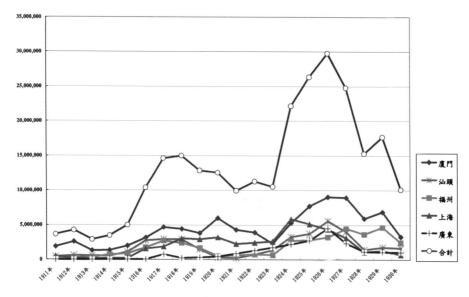

圖 1　臺灣對中國各地輸出貿易額統計（1911~1930）　　資料來源：同表 11

　　根據上面的表，1928 年臺灣對中國地區的輸出貿易額與前一年相比，廈門減少了 300 萬居首，其次是汕頭減少了 260 萬，再次是上海210 萬、廣東 120 萬，而福州則不滿百萬。這樣的結果與前一節日本在中國領事的觀察，有些許的出入。特別是汕頭的部份，在外交文書上關於當地排日的情況報告並不多，但是當年臺灣與該地貿易減少的數額卻高居第二名，除了有可能是當地領事的報告不夠周全外，也可能是對於殖民地臺灣的關注狀況畢竟不如其本國來得大。

（四）排貨的遺緒：臺灣與南洋的貿易

　　排貨運動固然起於中國境內，但不久即擴散到南洋。這可以從前面的表 9 及表 10 當中一窺究竟。事發後不久，日日新報提到，由於濟南事件的爆發，「伴隨而來的相等程度的排日貨的進行，現在南洋方面的華僑已經出現，當地的日貨商品減半。」[42]事件發生三個月後，航行海防航路的北海、海口等日本船都成了空船，作為命令船的商船所受打擊尤為深刻；更南方的西貢、曼谷、菲律賓等地的華僑，從華南的排日開始以前，就燃起了排貨之火，各地日本商人的交易形同完全斷絕。[43]受傷最重的，毋寧是臺灣銷往當地的包種茶。

　　臺灣的包種茶早在 1895-1919 年間，透過印尼華商的前導，臺灣本土商人的跟進，而在臺灣對東南亞（特別是印尼）貿易上佔有極重要的地位。甚至學者認為，論日治時期臺商的東南亞貿易，輸出包種茶至印尼是最具代表性的部份。[44] 1920 年代起，透過臺商在當地的努力，包種茶在新加坡、菲律賓、暹羅都有不錯的銷售成績。不過在事件爆發後，占本島包種茶輸出額三分之一的新加坡、暹羅、安南等地區，遭遇到當

42　〈上半期の貿易と對支貿易〉，《臺灣日日新報》第 10134 號，（臺北：臺灣日日新報社，昭和 3 年 7 月 8 日），版 2。

43　〈南京一帶に深刻な排日〉，《臺灣日日新報》第 10192 號，（臺北：臺灣日日新報社，昭和 3 年 9 月 4 日），版 6。

44　林滿紅，〈印尼華商、臺商與日本政府之間：臺茶東南亞貿易網絡的拓展（1895-1919）〉，收錄在湯熙勇主編，《中國海洋發展史論文集》第七集下冊（臺北：中央研究院人文社會科學研究中心，2005），頁 585-636。

地華僑與中國同步進行排日，從 1928 年秋天起變成完全無法輸出。這使得島內以輸出當地為主的潮州茶館蒙受重大打擊，甚至憂心包種茶的銷路有為他人所奪之虞。[45]幸而臺灣包種茶在當地的最大輸出地爪哇的包種茶則商況大好，昭和 4 年初的報導，包種茶的輸出地清一色是爪哇，也都在當地消費。[46]於是臺茶在南洋的銷售概況，受到中國排貨運動的連帶影響，又從分散轉為集中。（表 12）

表 12　臺灣包種茶輸出南洋各國連年比較表（1926-1929）

年份	新加坡		蘭領印度（印尼）		佛領印度（越南）		比律賓		暹羅		總額
	價額	%	價額	%	價額	%	價額	%	價額	%	
1926	564,458	10.32	3,981,018	72.77	1,679	0.03	110,211	2.01	813,295	14.87	5,470,661
1927	610,620	12.67	3,753,576	77.88	2,113	0.04	99,206	2.06	354,149	7.35	4,819,664
1928	106,076	2.39	4,208,675	94.84	0	0.00	86,809	1.96	35,874	0.81	4,437,434
1929	22,990	0.52	4,273,127	97.43	0	0.00	65,551	1.49	24,294	0.55	4,385,962

資料來源：臺灣總督府官房調查課，《臺灣と南支南洋》，頁 30-31。

（五）排貨運動的落幕

　　這個原先被樂觀估計的排貨運動，持續了長達一年方告落幕。透過稅關統計數字可以清楚看到排貨前後，臺、中貿易的轉變。根據當時經濟界人士以及稅關長西澤義徵的觀察，1929 年 6 月臺灣對中國貿易，較去年同期增加 77 萬圓，7 月雖略減，但 8、9 月又逐漸好轉。尤其適逢中國企圖以武力收回中東鐵路，因而導致中俄斷交，中國政府為免節外生枝，進一步嚴格取締日貨抵制運動，遂使中、臺兩地的交易漸恢復。[47]結果與去年同期相比，激增了 260 萬圓（80%）。[48]

---

[45] 〈南洋排貨打擊　茶商前途を憂慮〉，《臺灣日日新報》第 10324 號，（臺北：臺灣日日新報社，昭和 4 年 1 月 16 日），版 3。

[46] 〈新春の輸出茶　爪哇仕向旺盛〉，《臺灣日日新報》第 10325 號，（臺北：臺灣日日新報社，昭和 4 年 1 月 17 日），版 3。

[47] 島田茂（臺銀頭取），〈昭和四年下半期經濟界大勢〉，《臺灣時報》第 125 號，頁 37。

[48] 西澤義徵（稅關長），〈昭和三年本島移出入貿易概況〉，《臺灣時報》第 122 號，頁 55。

　　至於主要產品的實際增減情形方面，絹綿布、火柴、苧麻、板紙等四項呈現衰退情形，絹綿布係受中國的高關稅所阻，火柴因外國品的壓制，板紙依然大量銷往滿洲有以致之。至於受排貨打擊最深的煤炭，雖然數量增加，價額卻減少，因為排貨運動雖然停止，但久為外國煤炭所蠶食的市場挽回不易，故恢復有限。除此之外，主要輸出品莫不增加，尤以綿布（260%）、酒精（200%）、砂糖（180%）、乾鹹魚（100%）、水泥、魷魚（90%）最為顯著，足見本次空前的日貨抵制運動已告一段落。[49]（表 13）

表 13　1928 年日貨抵制運動前後臺灣對中國輸出重要品對照表

項目	單位	1929.6~1929.9		1928.6~1928.9		增減額		增減比例
		數量	價格	數量	價格	數量	價格	
煤	噸	65,235	593,196	55,406	597,853	9,829	＊4,657	0.1
綿織	碼	6,163,111	1,419,377	1,563,509	387,361	4,599,602	1,032,016	260
酒精	升	1,869,050	492,815	640,510	161,043	1,238,540	331,772	200
魚乾	斤	5,785,284	864,443	2,462,706	417,390	3,322,578	447,053	100
砂糖	斤	1,482,761	171,497	567,385	60,980	915,376	110,517	180
絹織	碼	262,730	124,097	337,105	214,063	＊74,425	＊89,966	＊40
水泥	斤	5,109,827	97,780	2,625,670	49,605	2,484,157	48,175	90
魷魚	斤	324,468	188,854	236,555	98,206	87,913	90,648	90
燐寸	哥	111,752	64,894	220,253	146,391	＊108,501	＊81,497	＊60
貝柱	斤	145,854	170,443	116,707	137,036	29,147	33,407	20
苧麻	斤	347,968	114,570	456,943	149,856	＊108,995	＊35,286	＊20
板紙	斤	235,440	10,940	265,356	14,483	＊29,916	＊3,543	＊20
其他			1,896,728		1,154,123		742,605	60
計			6,209,634		3,588,390		2,621,244	70

註：增減額部分，標『＊』號者為減少，其餘則為增加。
資料來源：西澤義徵，〈昭和三年本島移出入貿易概況〉，《臺灣時報》第 122 號，頁 55。

---

[49] 西澤義徵（稅關長），〈昭和三年本島移出入貿易概況〉，《臺灣時報》第 122 號，頁 53-4；〈本島對外貿易改善〉，《臺灣時報》第 118 號，頁 21。

此外，日日新報在 1929 年 8 月的報導中也提到，本島與華南方面的貿易顯著好轉，特別是顯示了輸出進展之跡象，從本島輸往華南方面，例如煤炭，本年 4、5、6 月間有 15,000 噸至 20,000 噸，7、8 月更顯著增加，幾乎呈倍數成長。其中如 8 月雖然尚沒有明確的數據，但是從現今的輸出狀態來看的話，恐怕不下 5 萬噸。7 月中的輸出 4 萬噸為輸往香港、廣東合計 3 萬噸，輸往上海、福州、廈門、汕頭合計 1 萬噸。輸出增加的原因是由於政變與中俄斷交，使得排日終熄，同時由於內閣實施緊縮政策，使得國家財政堅實，匯兌恢復，對美匯兌在 44 到 47 美元之間，更令人預期日圓價格看漲，促進輸出。

至於因為排貨停止而迅速增加的是雜貨。輸出雜貨主要是棉布、人造絲、海產（鹹魚）、火柴、水泥、砂糖、酒精、苧麻等。此外煤炭亦然，受惠於政府的緊縮政策，以及排日關係緩和的結果，一般車船運輸的貨流顯著良好。再者，先前由於排貨關係，日貨的庫存被一掃而空，因為產品不足，所以緊急補充，導致輸出好轉。且最近戎克貿易顯著增加，輸出入都旺盛。要言之，對岸中國方面的排日在各地都趨於緩和，加上現在內閣的緊縮，使得對中國貿易好轉。[50]

總結上述，這一場空前的排貨運動，從 1928 年 5 月以來，持續長達一年，直到翌年 6 月才告一段落，從臺、中貿易在這段時間的消長上，正可以看出時間上的變化。

五、結論

本文主要利用 1920 年代末期臺、日兩地的相關文獻，來探究此時期中國的排貨運動對臺、中貿易的影響。大致說來，《日本外交文書》著重的是排日對日本整體的影響，所以留下的記錄也較偏向中日貿

---

[50] 〈本島輸出貿易頓に好轉排日終熄と緊縮政策の影響〉，《臺灣日日新報》第 10542 號，（臺北：臺灣日日新報社，昭和 4 年 8 月 23 日），版 3；〈本島對外貿易改善〉，《臺灣日日新報》第 10542 號，（臺北：臺灣日日新報社，昭和 4 年 8 月 23 日），版 3。

易，[51]關於臺灣的報導僅有零星數則，[52]難以得知臺、中貿易受創程度；
而臺灣所留下的報紙或稅關統計資料，則對臺與對日影響兼具，[53]顯示

---

[51] 如 1928 年 12 月 6 日由在上海加藤副領事給田中外務大臣（電報）提到：關於上海排日貨運
動惡化的情況（一）我國商品的對上海輸出到五月為止都呈現佳境，六月以後有相當顯著
的影響。即郵船的裝載到五月為止，24 萬 5 千噸，比去年同期增加七成，前年增加三成；
但是從 6 月起到 12 月，這 6 個月間，21 萬 5 千噸，比起去年同期減少 12%，比起前年減
少 15%。（二）輸入品中影響顯著的是砂糖，到 5 月為止輸入 51 萬 8,000 俵，比起去年和
前年同期增加三成以上，但是後 6 個月大約 18,000 俵，比去年、前年同期銳減了九成五。
其次是海產物，如昆布、海參、鱈魚、貝柱等，總計四萬五千俵，比去年同期增加 4%，比
起前年減少了 45%；到 6 月以後，六個月間，22,000 俵，比去年同期銳減五分之一、比
前年同期減少十分之一；又鹽鱒今年預計進口 50 萬反，結果從 1 月到 11 月為止，進口不
過 20 萬反，尤其因為魚獲量的關係，比起去年同期增加兩成、比起前年減少 45%。棉絲到
5 月為止，輸入 3,600 俵，比起去年同期減半，後六個月輸入 1,800 俵，比起去年同期幾乎
減半；棉布到 5 月為止輸入 1,320 萬碼，價格約 3,700 萬圓，比起去年同期加倍的好景，但
是從 6 月到 11 月為 1,600 萬碼、3,100 萬圓，比起去年同期減少了 26%。參見外務省『日
本外交文書昭和期 I（第一部第二卷）』（外務省，平成 2 年），p.896-897。

[52] 整起排貨運動中，外交文書曾提及與臺灣有關的消息僅如下數則：廈門：「臺灣銀行分店的
輸入票據交易額普通每月都在三、四十萬美元以上，但 8 月底僅有 16,000 美元；其他從事
棉絲布、海產物、雜貨類交易的內臺商人，從 3 月以後的交易量也較往年減少三分之一」；
「最近日本籍民為糾察隊押收日貨者頻頻出現，形勢更為惡化。不過日貨依然由內臺商人
以化整為零的方式輸入」。廣東：「由於中國商人的警戒，日本商品的交易訂購減少，臺
灣糖、麥粉、金物、化學藥品、紡織品減少五成。」汕頭：「9 月 1 日起，臺灣銀行也受到
抵制，而當地籍民經營的旅館也受到抵制。」福州：「該會常務委員翁侃自己率領 3 名糾
察隊員，將市內日貨販賣分店的店頭所陳列的臺灣產香蕉及罐頭類等產品加以沒收，投入
火中」；「8 月 30 日，當地電燈會社以其所有的船隻新建號從基隆輸入大量的煤炭、砂糖、
香蕉、雜貨等，對此，反日會強行將會社代表處以遊街處分。」參見「排日貨運動による
邦商の打擊深刻の狀況について」，外務省『日本外交文書 昭和期 I（第一部第二卷）』
（以下同），p.873-874；「反日委員会による日貨押收および取扱者の處罰について」，
p.876；「廣東における排日惡化の狀況について」，p.849-850；「日貨排斥の現狀ならび
に日本業者の窮狀について」，p.865-866；「福州の反日執行委員会の排日貨決議ならび
に実行振りについて」，p.863-864；「福州排日貨運動深刻化の傾向について」，p.870-871。

[53] 日日新報在本次排貨運動發生不久，曾經推估過其對日、中貿易可能的影響：就排貨運動前
三年間日、中貿易的大勢來看，大正 14 年度（1925）的輸出入貿易總額為 10 億 3 千萬圓，
翌年（昭和元年）大約減少 8.3%、昭和 2 年度比前一年減少 10.4%，最近兩年間的日、中
貿易大約減退了 1 億 8 千 500 萬圓，其中，輸出方面來看，大正 14 年度總額 6 億 4 千萬圓，
昭和元年度減少了約 14.1%，昭和 2 年度比前一年減少了 11.2%，結果最近兩年間減少了 1
億 5 千萬圓，平均每年約減退了 7 千 600 萬圓。假如以此遞減率為基礎的話，本年度對中
的輸出貿易大致上會減少到 4 億 2 千萬元左右。此等對中輸出貿易的減退，雖然有種種原
因，但是主要是由於中國國內動亂的連續，導致購買力減退、中國本身的生產增加以及英、
美、德等漸漸在對外貿易方面傾倒力量。而且本年下半期，由於濟南事件的爆發，對中國
出兵，以及預想今後對山東方面帝國態度的硬化，伴隨而來的相等程度的排日貨的進行，
現在南洋方面的華僑已經出現了，當地的日貨商品減半。參見〈上半期の貿易と對支貿易〉，

出殖民母國與殖民地間的差異性。即使 1920 年代臺灣與日本的關係益形緊密，但臺灣畢竟只是日本諸多殖民地或租借地的其中之一，所以外交文書關於中日關係的記載，即便與臺灣關係密切的華南消息偶會知會臺灣總督，卻絕少將涉臺相關事件當成報告重點。反觀臺灣，則必須要時時留意母國的動態，這種資訊報導的不對稱，正是身為殖民地不得不然的宿命。

　　再就臺、中貿易關係來看，1920 年代末期這場排貨運動，也深刻道出兩地關係在廿世紀上半葉起了重大的變化。中國的排貨運動對於臺、中貿易所造成的衝擊，大致可以一次大戰為分界點而區分為兩個階段：在此之前，排貨運動對於中、臺貿易的影響不但不是負面，反而有推波助瀾之效。不過，隨著中國民族情緒日漸高漲，1920 年代以後的日貨抵制運動，對臺、中貿易已轉為負面居多。[54]及至本文所述的 1928 至 1929 年的排貨運動，對於臺灣與中國貿易的衝擊，又遠較歷次為甚，其最主要的因素，當與中國日益高漲的民族情緒有關。

　　1919 年巴黎和會關於山東問題的處置，激起當時中國人的強烈愛國心，在「外爭主權、內除國賊」的氛圍下，中國代表拒絕在凡爾賽和約上簽字。而山東問題則在 1922 年 2 月由中日兩國另行訂約解決，基本承認中國恢復對山東的主權。同時在 6 月還簽訂了包括中國關稅問題的九國公約，同意中國在廢除厘金之後提高關稅，而在過渡時期則可徵收一般商品 2.5%、奢侈品 5%的附加稅。此舉雖與完全恢復關稅自主權仍有相當大的距離，但對維持值百抽五關稅歷 70 年不變的中國而言，顯得意義非凡。此後中國即積極循著參與國際體系進行集體協商、與個別國家進行雙邊談判，以實際行動強行收回租界等戰略來恢復主權。[55]終於在 1928 年分別與美、英簽訂關稅條約，恢復關稅自主權。列強當中，唯有日本負隅頑抗，堅不承認中國的關稅自主，導致在本年的「濟南事

　　《臺灣日日新報》第 10134 號，（臺北：臺灣日日新報社，昭和 3 年 7 月 8 日），版 2。

[54] 許世融，〈關稅與兩岸貿易 1895-1945〉，頁 107-108。

[55] 久保亨著、王小嘉譯，《走向自立之路——兩次世界大戰之間中國的關稅通貨政策和經濟發展》（北京：中國社會科學出版社，2004），頁 3-9。

件」中，遭到長達一年的排貨運動。事件落幕後，日本亦不得不在翌（1930）年與中國另簽關稅協定。

反觀臺灣，此際由於日本統治的穩固，而與殖民母國的關係更形緊密，此從臺灣對中國的貿易品，逐漸由土產轉為中繼品亦可得知。因此在對中國的貿易上，可說與日本休戚與共，遂經常成為中國官民抵制的對象。不獨如此，本次的排貨運動，更造成日後臺、中間貿易的不良後果。以煤炭而言，1928 年因對岸日貨抵制日益嚴重，煤炭輸出更加不振，多年的地盤逐漸為撫順、開平煤炭及印度煤炭所侵蝕，全年銳減了 19 萬 5,000 噸；[56]迄 1931 年，由於日本的貨幣政策，使煤炭業者承受高工資與物價下跌的雙重打擊，煤炭的產量與輸出更形減少，加上撫順炭入侵，煤炭輸出自此一蹶不振（表 14）。[57]

表 14　臺灣煤炭輸出數量價額演變（1926-1935）

石炭（塊）		
年	噸	円
1926	374,538	4,602,263
1927	296,225	3,538,783
1928	213,793	2,572,168
1929	117,564	1,416,554
1930	66,198	785,050
1931	66,110	723,593
1932	49,634	573,360
1933	70,185	755,828
1934	67,239	728,439
1935	54,823	604,440

資料來源：臺灣總督府財務局，《臺灣貿易四十年表》（臺北：臺灣總督府財務局稅務課，1936），頁 149-150。

---

[56] 島田茂，〈昨（昭和三）年下半季經濟界の大勢〉，《臺灣時報》第 113 號，昭和 4 年 4 月，頁 6-7；西澤義徵，〈昭和三年本島貿易概況〉，《臺灣時報》第 121 號，昭和 4 年 12 月，頁 46。

[57] 島田茂，〈本島內外の經濟界〉，《臺灣時報》第 145 號，昭和 6 年 12 月，頁 126。

　　前面引述的福州領事報告曾提到本次排貨運動期間，當地中國人對於購買棉布、海產物、香蕉等的中國人頻頻傳出暴行，甚至將市內日貨販賣分店的店頭所陳列的臺灣產香蕉及罐頭類等產品加以沒收，投入火中。此不獨載於領事報告中，生在當時的臺灣商人，亦有相同記憶。據友人告知，其祖父於 1920 年代前往福州經商販賣香蕉時，由於遭逢排貨時期，當地人不敢整串購買，只敢趁四下無人時偷偷買一根當場吃完。[58]因此，若從貿易的角度來看，日治時期的臺灣與廿世紀上半的中國，特別是 1912 年之後建立的中華民國，已漸行漸遠，不但是兩個不同的國家，而且是兩個經常處在對立面的國家。

---

[58] 臺北市立教育大學史地系張弘毅教授口述，口述時間 2011.08.01。

參考文獻

（一）史料

1.外務省『日本外交文書‧昭和期 I（第一部第二卷）』（外務省，平成 2 年）

2.臺灣總督府民政部財務局稅務課，《明治四十五（大正元）年臺灣外國貿易年表》（臺北：臺灣總督府民政部財務局稅務課，大正 2 年）。

3.臺灣總督府民政部財務局稅務課，《大正四年臺灣外國貿易年表》（臺北：臺灣總督府民政部財務局稅務課，大正 5 年）。

4.臺灣總督府民政部財務局稅務課，《大正六年臺灣貿易概覽》（臺北：臺灣總督府民政部財務局稅務課，大正 8 年）。

5.臺灣總督府財務局稅務課，《大正七年臺灣貿易概覽》（臺北：臺灣總督府財務局稅務課，大正 10 年）。

6.臺灣總督府稅關，《大正十二年臺灣貿易概覽》（臺北：臺灣總督府稅關，大正 14 年）。

7.臺灣總督府稅關，《大正十三年臺灣貿易概覽》（臺北：臺灣總督府稅關，大正 15 年）。

8.臺灣總督府稅關，《大正十四年、大正十五年、昭和元年臺灣貿易概覽》（臺北：臺灣總督府稅關，昭和 2 年）。

9.臺灣總督府稅關，《昭和二年臺灣貿易概覽》（臺北：臺灣總督府稅關，昭和 3 年）。

10.臺灣總督府稅關，《昭和三年臺灣貿易概覽》（臺北：臺灣總督府稅關，昭和 4 年）。

11.臺灣總督府稅關，《昭和四年臺灣貿易概覽》（臺北：臺灣總督府稅關，昭和 5 年）。

12.臺灣總督府稅關，《昭和五年臺灣貿易概覽》（臺北：臺灣總督府稅關，昭和 6 年）。

13.臺灣總督府財務局，《臺灣貿易四十年表》（臺北：臺灣總督府財務

局稅務課，1936）

（二）專書

1.久保亨著、王小嘉譯，《走向自立之路——兩次世界大戰之間中國的
　關稅通貨政策和經濟發展》（北京：中國社會科學出版社，2004）。
2.辛亥革命研究會編，《中國近現代史論集（菊池貴晴先生追悼論集）》
　（東京：汲古書院，1985 年）。
3.菊池貴晴，《（增補）中國民族運動の基本構造》（東京：汲古書院，
　1974 年）。
4.臺灣總督府官房調查課，《臺灣と南支南洋》（臺北：臺灣總督官房調
　查課，昭和 10 年）

（三）論文

1.井出季和太，〈臺灣改隸前後の貿易〉（下），《臺灣時報》第 134 號，
　昭和 6 年 1 月，頁 28-39。
2.木村增太郎，〈排日思想と支那人氣質〉，《臺灣時報》第 70 號，大正
　4 年 7 月，頁 7-11。
3.西澤義徵，〈昭和三年本島移出入貿易概況〉，《臺灣時報》第 122 號，
　昭和 5 年 1 月，頁 38-55。
4.西澤義徵，〈昭和三年本島貿易概況〉，《臺灣時報》第 121 號，昭和 4
　年 12 月，頁 41-56。
5.角儀太郎，〈明治四十二年臺灣貿易の大勢〉，《臺灣時報》第 9 號，
　明治 43 年 3 月，頁 43-45。
6.角儀太郎，〈明治四十四年臺灣貿易概況〉（上），《臺灣時報》第 31
　號，明治 45 年 3 月，頁 22-29。
7.林滿紅，〈印尼華商、臺商與日本政府之間：臺茶東南亞貿易網絡的
　拓展（1895-1919）〉，收錄在湯熙勇主編，《中國海洋發展史論文集》
　第七集下冊（臺北：中央研究院人文社會科學研究中心，2005），

　　　頁 585-636。

8.保田次郎，〈事變と臺灣經濟界の動向〉，《臺灣時報》216 號，昭和
　　　12 年 11 月，頁 35-40。

9.島田茂，〈昨（昭和三）年下半季經濟界の大勢〉，《臺灣時報》第 113
　　　號，昭和 4 年 4 月，頁 1-8。

10.島田茂，〈（昭和四年）上半期經濟界概況〉，《臺灣時報》第 119 號，
　　　昭和 4 年 10 月，頁 35-42。

11.島田茂（臺銀頭取），〈昭和四年下半期經濟界大勢〉，《臺灣時報》
　　　第 125 號，頁 31-39。

12.島田茂，〈本島內外の經濟界〉，《臺灣時報》第 145 號，昭和 6 年 12
　　　月，頁 125-139。

13.許世融，〈關稅與兩岸貿易 1895-1945〉（臺北：國立臺灣師範大學歷
　　　史學系博士論文，2005）

14.不著撰人，〈昨（明治四十五）年中の臺灣貿易概況〉（下），《臺灣
　　　時報》第 45 號，大正 2 年 6 月，頁 33-38。

15.不著撰人，〈大正二年臺灣貿易概況〉（上），《臺灣時報》第 56 號，
　　　大正 3 年 5 月，頁 43-54。

16.不著撰人，〈嚴禁排日貨事〉，《臺灣時報》第 71 號，大正 4 年 8 月，
　　　「漢文時報」頁 18。

17.不著撰人，〈昨年中（大正四年）の臺灣財界〉，《臺灣時報》第 78
　　　號，大正 5 年 3 月，頁 44-53。

18.不著撰人，〈本島對外貿易改善〉，《臺灣時報》第 118 號，頁 21。

19.不著撰人，〈上半期の貿易と對支貿易〉，《臺灣日日新報》第 10134
　　　號，（臺北：臺灣日日新報社，昭和 3 年 7 月 8 日），版 2。

20.不著撰人，〈對岸排日及本島對支貿易〉，《臺灣日日新報》第 10138
　　　號，（臺北：臺灣日日新報社，昭和 3 年 8 月 1 日），版 4。

21.不著撰人，〈南京一帶に深刻な排日〉，《臺灣日日新報》第 10192 號，
　　　（臺北：臺灣日日新報社，昭和 3 年 9 月 4 日），版 6。

22.不著撰人，〈九月迄の本島貿易概觀〉，《臺灣日日新報》第 10234 號，

（臺北：臺灣日日新報社，昭和 3 年 10 月 17 日），版 n01。

23.不著撰人，〈排日運動に祟られて　對岸輸出激減〉，《臺灣日日新報》第 10275 號，（臺北：臺灣日日新報社，昭和 3 年 11 月 27 日），版 2。

24.不著撰人，〈執拗な排日貨の祟り　本島の對中國南洋貿易の衰退〉，《臺灣日日新報》第 10284 號，（臺北：臺灣日日新報社，昭和 3 年 12 月 6 日），版 3。

25.不著撰人，〈南洋排貨打擊　茶商前途を憂慮〉，《臺灣日日新報》第 10324 號，（臺北：臺灣日日新報社，昭和 4 年 1 月 16 日），版 3。

26.不著撰人，〈新春の輸出茶　爪哇仕向旺盛〉，《臺灣日日新報》第 10325 號，（臺北：臺灣日日新報社，昭和 4 年 1 月 17 日），版 3。

27.不著撰人，〈排日排貨裡の本邦前年度對支貿易（下）〉，《臺灣日日新報》第 10325 號，（臺北：臺灣日日新報社，昭和 4 年 1 月 17 日），版 3。

28.不著撰人，〈本島對外貿易改善〉，《臺灣日日新報》第 10542 號，（臺北：臺灣日日新報社，昭和 4 年 8 月 23 日），版 3。

29.不著撰人，〈本島輸出貿易頓に好轉　排日終熄と緊縮政策の影響〉，《臺灣日日新報》第 10542 號，（臺北：臺灣日日新報社，昭和 4 年 8 月 23 日），版 3。

戰時體制下的兩岸貿易（1941-1945）
Trade Across the Taiwan Strait under War-time System (1941-1945)

摘要
Abstract

舊志關於臺閩貿易的記載曾提及，由於日本對中國全面侵略，使得全部商事乃隨戰火爆發而告斷絕，遂令後來學者誤認中日戰爭爆發後，兩岸貿易全面中斷。本文發現戰爭時期的兩岸貿易，雖有 1937 年下半期的短暫下挫，但從翌年起再度增加，1941 年達到 14,000 萬圓的最高峰，為 1937 年的三倍。

造成本時期兩岸貿易額大幅增加之因，是由於日本在軍事侵略的同時，也在經濟上將日、臺與對岸大陸同納入「圓域貿易圈」。為因應戰爭需求，1932 年先整編關東州和滿洲國，形成「日滿集團」；三〇年代末期再將中國本土各地陸續納入，形成「日滿中集團」；太平洋戰爭爆發後，進一步擴大為「大東亞共榮圈」，於是臺灣與對岸貿易形同國內通商，大幅降低關稅的衝擊。

但即使如此，兩岸貿易仍須受制於日本帝國本身的貿易統制策略。大致說來，戰爭初期為避免對「圓域」過度輸出，阻礙外幣取得，導致入超過大，所以對圓域圈內貿易採取抑制手段；待「戰時體制」確立，對圓域內的貿易轉趨積極，遂使兩岸貿易以超乎前此的速度成長。

It was stated that the trade had been broken off between Taiwan and Fujian for the Japanese invasion on China since 1937. The misconception of interrupted trade caused by the war time control on economic figures was effected from 1937 to 1945 by the Governor-General of Taiwan. In this essay, the related commercial data showed the trade between Taiwan and China had increased continually during the wartime period.

The trade volume increased largely across Taiwan Strait was due to the economic measures taken by Japanese Government spontaneously　as its military aggression to Chinese. They had Japan, Taiwan and Mainland China encompassed into the Trade Area of Yen Bloc.

The trade across the Taiwan Strait was not always going smoothly although both were encompassed in the Trade Area of Yen Bloc during the war-time. It was actually ruled by the Japanese Empire's union strategy on trade. Generally speaking, at the beginning of the War, all the restrictions were set up to avoid over-exporting in Yen Bloc. After the war time system was set up, the trade was rapidly growing. In conclusion, whether the trade across the Taiwan Strait rose or fell in the late period of Japanese domination depended on the restrictions made in Yen Bloc.

關鍵詞：兩岸貿易、圓域貿易圈、戰時體制

Keywords：**Trade Across the Taiwan Strait**　、**Trade Area of Yen Bloc、War-time System.**

一、前言

以往有學者認為，由於日本全面發動對華侵略，遂使得兩岸的商事貿易隨戰火爆發而完全斷絕。[1]傳統的歷史研究，對汪精衛政權下的兩岸互動歷史常有所忽略，連帶也少注意「圓域貿易圈」在中日戰爭時期的型塑。「圓域貿易圈」指的是日本以日圓集團為中心所構築的亞洲經濟貿易體系。隨著「圓域貿易圈」的編成，日本帝國透過其所扶植的傀儡政權，掌握了全中國80%以上的收納關稅區域，於是臺灣與東北、華北、華中、華南等地，皆恢復實質貿易往來；藉由日本在戰時所執行的貿易統制政策，兩岸間的貿易其實是不斷在加強之中，特別是到了太平洋戰爭爆發後，日本遭到歐美國家的經濟封鎖，反而強化了「圓域貿易圈」內的貿易進行，使得兩岸間的貿易往來更形緊密。

本文的目的，是試圖以日治時期臺灣總督府所留下的統計資料，以及當時相關人員的論著，來探究日本在大東亞戰爭期間逐步建構戰時貿易體制的過程，以及在不同的戰爭時程與要求之下，此貿易體制的運作實況，進而了解1941年至1945年間臺灣與中國大陸地區之間的貿易往來情形。文中的大陸地區包含滿洲國、關東州以及華中、華北先後成立的所謂「偽政權」，至於此時仍為英國殖民地的香港以及與日本經濟絕交的重慶政府則不在討論範圍內。章節的安排，除前言、結論外，正文計分為三個部分：第一部分先討論影響本時期兩岸貿易發展的根本動因－－圓域貿易圈，特別是中國部分的編成經過；第二部分進一步探究日本在戰爭期間對圓域貿易圈的貿易統制政策；第三部分則試圖描繪出在圓域體系下兩岸貿易的發展狀況，以及所展現出異於前此的面貌。

---

[1] 林滿紅，〈經貿與政治、文化認同—日本領臺為兩岸長程關係投下的變數〉，收入於氏著，《晚近史學與兩岸思維》（臺北：麥田出版社，2002年），頁318-9。該文所引據為《臺灣省通志》的說法，而《通志》則僅就臺灣與福建的貿易加以論述，詳見臺灣省文獻委員會編，《臺灣省通誌》（臺北：臺灣省文獻委員會，民國59年），第4卷—經濟志‧商業篇，頁163。

二、圓域貿易圈的編成[2]

　　圓域貿易圈的形成，與日本在本國及其殖民地的貨幣使用習慣關係密切。日本把各殖民地約分為三種類型：第一種是樺太及南洋群島，完全使用內地發行的日本銀行券（日圓）；第二種為朝鮮及臺灣，適用內地貨幣法，且藉由殖民地中央銀行發行只在殖民地專用的日圓，同時日本透過所謂「圓匯兌本位制」，確保內地「圓」與殖民地「圓」等值；第三種為準殖民地關東州、滿鐵附屬地及滿洲，先維持銀本位，但最後使其貨幣面值亦與日圓等值。[3]

　　一言以蔽之，日本殖民地通貨政策的特徵，是徹底扶植殖民地「圓」的成長，並擴大以內地為核心的「圓通貨圈」。這樣的特徵，使得日本得以在三〇年代的集團經濟趨勢中，與英、美等國分庭抗禮，並在中日戰爭開戰後，將「圓通貨圈」強行編成「圓域貿易圈」，進而納入中國占領區，逐步往「大東亞共榮圈」的方向邁進，為遭到其他集團抵制的日本帝國提供經濟上的奧援。本節擬先針對圓域貿易圈的意涵、形成經過，特別是如何利用關稅及貨幣政策將中國占領區納編的過程加以說明。

（一）圓域的定義與編成

　　「圓域」或寫做「圓ブロック（bloc）」，意即「日圓集團」。「ブロック經濟」（集團經濟）一詞與概念產生於 1930 年代，[4]由於經濟大恐慌的發生，使得自由主義經濟思想遭遇空前的挑戰，世界經濟出現集團化的傾向：1930 年美國制定新關稅法，開啟了國際關稅戰爭；1932 年英國召開渥太華會議，以英帝國領域內的特惠關稅制度為主軸，形成排

---

[2] 圓域貿易圈的出現，雖較本文所欲討論的時間斷限為早，但由於圓域貿易圈始終存在於日治後期的兩岸貿易環境中，因此並不能視為時間以外的內容；再者，多數非研究本時期貿易者對此圓域圈的概念並不清楚，若未詳加解釋，恐難以鋪陳其後的貿易發展動因，因此本文擬先從圓域貿易圈形成背景討論起。

[3] 山本有造，《日本植民地經濟史研究》（名古屋：名古屋大學出版會，1992 年），頁 103-105。

[4] 林益謙，〈轉換期臺灣の新出路〉，《臺灣時報》第 236 號，昭和 14 年 7 月，頁 3。

他的「英鎊集團」經濟圈。「英鎊集團」的形成遂成了促使日本、德國各自建構獨立經濟集團的契機，此後世界被分割為數個集團，無法再維持圓融的貿易關係。[5]這種新經濟型態的特點，是以本國及其殖民地為一個集團，以關稅壁壘與貿易統制為手段，將殖民地當成是本國產業的獨占市場及原料供應地。[6]

　　關稅及貨幣是日本塑造圓域貿易圈的最重要工具，至於其形成過程，則有時間先後，南樺太、南洋群島、臺灣及朝鮮是圓域的最初舞臺。南樺太由於規模不大，遂省略殖民地幣制的創設，而以日圓為唯一法幣，且貿易統計合併在內地當中；臺灣及朝鮮各有扮演殖民地中央銀行角色的臺灣銀行及朝鮮銀行，分別以「臺灣銀行券」及「朝鮮銀行券」為法幣，惟兩者皆以「圓」為基本單位，對「日本銀行券」保證用 1:1 的固定匯率自由交換，遂與內地通貨強力結合；再者，兩地彼此間及其與內地間的貨物移出入不課徵輸出入稅，乃形成與對外貿易有所區別的內國貿易圈；南洋群島在 1915 年頒布「南洋群島貨幣令」，通用日本法幣，而當地移出入貨物原則上並不課稅，經濟制度的內地性十足強烈。至於 1905 年取得的關東州在經濟關係上則呈現極為濃厚的外地性色彩，當地係採行「複數通貨制」，原則上以「朝鮮銀行券」作為法幣及交易價值的基準，但滿洲乃至關內中國的通貨也同時流通，在日本貿易統計上，當地向來被視為外國。[7]

　　1932 年滿洲國成立而有「日滿經濟統合」。1933 年 4 月，滿洲國進行幣制改革，從以往的金單位及海關兩改為以滿洲國幣「元」（即滿洲中央銀行券）為基本貨幣單位，形成單一貨幣圈。最初是以銀為本位發行，1935 年為了實現「日滿通貨連結」，遂轉換為金本位制，貫徹國幣「元」對日「圓」的等值交換，從此大大強化了所謂日滿「圓」集團的結合，惟考慮到滿洲國的財政狀況，關稅面的「日滿同化」稍有遲

[5] 武田晴人，〈現代日本經濟史 12〉，收錄於東京大學大學院經濟學研究科、經濟學部網站，網址：http://www.e.u-tokyo.ac.jp/~takeda/gyoseki/GAKU00-12.htm。
[6] 三浦弘一，〈臺滿經濟提攜の基調と方向〉，《臺灣時報》235 號，昭和 14 年 6 月，頁 30。
[7] 山本有造，《日本植民地經濟史研究》，頁 119-120。

延。[8]

　　1937 年以後，中國各地陸續進入日本的支配範圍，開始出現將滿、中合併，以日、滿、中一體為經濟政策。[9]廣田內閣（1936.3-1937.2）成立後，由於軍事費用持續擴張，使得輸入激增，從 1936 年秋天起，日本遭逢急速的國際收支惡化，不得不實施更為嚴格的經濟統制，於是藉由中日戰爭的契機，逐步朝向包含中國本土在內的「日滿中集團」發展。[10]關於這個集團，日本政府宣稱是「日、滿、中各以其地理條件為基礎，在互助關聯的關係下，以共存共榮為原則而結合，與歐美各國以本國利益為本位的性質全然不同」。同時滿洲國及「中華民國」（指維新政府或汪政權）仍維持表面上的獨立，因此日本遂強調圓域經濟體是一種「經濟協同體」，各個國家相互尊重，隨著地理條件合理的展開有無相通的關係；其最終目的則是建設一個以日、滿、中為樞軸的東亞新秩序—東亞協同體。[11]

　　進入 1940 年後，日本甚至提出建設包含南方各地區在內的「大東亞共榮圈」。待太平洋戰爭爆發後，日本與英、美關係正式決裂，乃進一步占領歐美各國在東南亞各地的殖民地，遂將圓域貿易圈擴展到了極致。[12]

　　總結上述，圓域貿易圈可說是日本透過關稅與通貨的統合，歷經四個階段的經營、擴大而成型。同時，在每個階段皆有不同的名稱與涵蓋區域：最初階段的範圍只限於日本和南樺太、南洋群島、臺灣、朝鮮等殖民地，且無特定名稱；第二階段在 1930 年代加入中國東北，稱為「日

---

[8] 山本有造，《日本植民地經濟史研究》，頁 76、148。

[9] 太田修吉，〈事變と臺灣對內外貿易の現狀及將來〉，《臺灣時報》221 號，昭和 13 年 4 月，頁 68。

[10] 武田晴人，〈現代日本經濟史 12〉。

[11] 三浦弘一，〈臺滿經濟提攜の基調と方向〉，《臺灣時報》235 號，昭和 14 年 6 月，頁 30-1。

[12] 太平洋戰爭爆發後，「圓域貿易圈」由原本僅有四個貿易單位的「日滿中集團」擴展為十一個貿易統計單位的「大東亞共榮圈」，此十一個貿易統計單位包括：滿洲國、關東州、中華民國、香港、澳門、英領馬來、蘭印、緬甸、法印、菲律賓、泰國，見田淵實，〈臺灣貿易の構成變化〉，收入臺灣經濟年報刊行會編，《臺灣經濟年報》，第一輯（昭和 16 年版）（臺北：南天書局，1996 年），頁 608。

滿集團」；1937 年以後進到第三階段，逐步納入中國各地，形成日滿中集團，圓域貿易圈至此可謂定型；最後在 1940 年後更擴大發展為涵蓋東南亞在內的大東亞共榮圈。其中第三階段日滿中集團的形成，攸關戰爭期間兩岸貿易的發展，故本文接著要探討日本運用關稅及通貨將中國占領區編入圓域貿易圈的過程。

（二）圓域體制下的中國海關與關稅政策

日本全面發動侵華戰爭後，延續侵略滿洲、華北時所採取的以華制華政策，極力在中國扶持傀儡政權。[13]作為國家主權象徵的海關也不可避免地成為其染指的目標，這使得中國在三〇年代好不容易建立起來的關稅自主權遭到嚴厲考驗。不過有鑑於中國海關的國際性格，並擔負清償外債與賠款任務，因而日本採取三個步驟逐步掌控中國占領區海關：首先插手稅款保管權；繼而操縱傀儡政權修改稅則；最後則大量安插日籍關員，並在太平洋戰爭爆發時，全面進占海關。[14]

1.稅款保管權之爭與英日協定

日本之所以急於搶奪海關稅款管理權，一來是為了控制國民政府的

---

[13] 日本初於 1937 年 10 月 29 日在察、綏成立蒙古自治政府，以內蒙的德王為首；繼於 12 月 14 日在北平成立臨時政府，由湯爾和、王克敏、王揖唐、齊燮元等組成，統治河北、察哈爾、綏遠、河南、山西五省；旋又於 1938 年 3 月 28 日在南京成立「維新」政府，由梁鴻志、溫宗堯、陳錦濤等組成，統治江蘇、浙江、安徽；最後則積極與國民政府內部的妥協派接觸，成功的促使其分裂，於 1940 年 3 月 30 日在南京另以汪精衛為首的中央政府，同時合併了北平的王克敏和南京的梁鴻志政權。見張玉法，《中國現代史》（臺北：東華書局，1983 年），頁 628-631。

[14] 有關中國納入圓域圈的過程，主要是利用關稅與貨幣的手段，這兩者所象徵的正是國家主權的角力，因而筆者希望利用外交檔案來了解此過程，惟國內近史所檔案館所藏外交檔案僅到 1920 年代，故以下有關此兩部份的討論，主要是利用中國出版、由陳翰笙、千家駒主編的《一九三八年英日關於中國海關的非法協定》（北京：中華書局，1983 年），該書係從海關總稅務司梅樂和與英國大使館往來的機密文件中選譯，具有一定程度的參考價值。此外並盡量參酌其他相關著作，如貨幣方面，便多方參考國內近史所林美莉女士的著作。為免行文冗長，以下提及該書時，一律簡稱《非法協定》。

財政；二來則是留做侵略中國的軍事經費。[15]第一個覬覦的目標是 1934 年以來，國民政府在華北地區僅有的主權象徵－津海關和秦皇島海關。1937 年日軍進占華北後，津海關稅務司梅惟亮（W. R. Myers）即建議採取妥協方針以保全總稅務司署統轄下的海關，具體做法則是將津、秦兩關稅款全部扣留，暫不匯解，以換取日本放棄接收兩關的行政權，[16]迫於形勢，國民政府只得交由梅惟亮與日本總領事談判。[17]國民政府提議將海關全部稅款由中央銀行委託中、日以外的第三國銀行暫存，不過日方強烈反對，揚言除非同意將兩關稅款存入正金銀行，否則無妥協餘地。[18]眼見無力回天，國民政府只得「非正式特准該稅務司得自由斟酌」。[19] 10 月 22 日，梅惟亮在天津正金銀行開立帳戶，其後津、秦兩關的全部關稅，包含進口稅、進口附加稅、出口稅、出口附加稅、復進口半稅、復進口半稅附加稅在內，皆存入該行稅務司帳戶中。[20]

同年 11 月日軍占領上海後，向江海關稅務司提出仿照津、秦二關前例，將稅款存入日本銀行的要求。[21]由於上海是中國最大口岸，稅收最多，國際關係遠較津、秦二關複雜，日方要求隨即引發相關國家的嚴重關切，故日本深知欲達目的，勢必與英、法、美等國展開談判。

列強中介入最深的國家首推英國，其態度甚為明顯，即不惜犧牲中國海關權益，以保全自身利益－包括對淪陷區海關的統治、以及債賠等款項的償還，即使中國政府反對，也務必強迫其接受談判結果。[22]英國

---

[15] 蔡渭洲，《中國海關簡史》（北京：中國展望出版社，1989 年），頁 156。

[16] 「1937 年 8 月 11 日梅樂和致國民黨政府財政部關務署第 321 號代電」，陳翰笙、千家駒主編，《非法協定》，頁 2。

[17] 「1937 年 10 月 14 日梅樂和致關務署第 372 號代電」，陳翰笙、千家駒主編，《非法協定》，頁 11-12。

[18] 「1937 年 10 月 17 日梅樂和致關務署第 375 號代電」，陳翰笙、千家駒主編，《非法協定》，頁 14。

[19] 「1937 年 10 月 19 日梅樂和致梅惟亮第 678 號電原譯文」，陳翰笙、千家駒主編，《非法協定》，頁 16。

[20] 「1937 年 10 月 22 日梅惟亮致日本駐天津總領事堀內函」，陳翰笙、千家駒主編，《非法協定》，頁 16。

[21] 「1937 年 11 月 19 日梅樂和致關務署第 402 號代電」，陳翰笙、千家駒主編，《非法協定》，頁 50。

[22] 「1937 年 11 月 20 日英國外交部致英國駐華大使館第 485 號電」，陳翰笙、千家駒主編，《非

先由駐日大使克萊琪（R.Carigie）造訪日本外相，取得談判期間不以武力奪取海關的承諾；[23]繼而與美、法合謀對策，由英國外交部指示駐華和駐日使館分別在上海和東京與日本談判。上海的談判由於總稅務司梅樂和以有關列強反對為由，提議由當地日本當局直接與相關國家接洽，如有結果，且不為中國政府所反對，海關樂於合作。在他的強硬態度下，談判呈現膠著狀態，於是重心逐漸移到東京。[24]

英、美等國雖不願日本奪取他們在東方的利益，但因忙於應付希特勒，所以在太平洋戰爭爆發前，對日本極力採取妥協態度。東京談判集中在稅款保管、債賠的償付以及攤還外債所使用的貨幣上，到 1938 年 4 月下旬，雙方達成數項協議：將日本占領區各海關稅收以總稅務司名義存入正金銀行或雙方同意的銀行、償還債賠各款為關稅首要開支、各關應攤外債分額按所占稅收總額比例逐月核定、1937 年 9 月起停付日本的庚子賠款應即給付日本政府、以中國法幣支付攤還外債等。[25]至此，英、日私下協議正式完成，日本得到海關的實際控制權，而英、美各國也保住債賠各款持續償還。

國民政府的態度頗為舉棋不定，談判之初，堅不讓步；[26]待見到國際介入，財政部隨即要求梅樂和提出反建議：「由兩家或兩家以上的銀行，其中一家為正金銀行，組成保管委員會共同保管淪陷區的全部關稅」。[27]等到英日協定簽訂後，國民政府財政部為了避免承擔贊成或破壞協定的責任，並未明確表示態度。[28]惟有鑑於中國民眾憤怒的情緒高張，不得不對協定的簽訂提出異議，並凍結前此的兩筆款項。[29]儘管如此，

法協定》，頁 50。

[23] 「1937 年 11 月 28 日克萊琪致英國外交部第 729 號電」，陳翰笙、千家駒主編，《非法協定》，頁 51-52。

[24] 「1938 年 2 月 11 日梅樂和致賀武第 11684 號函」、「1938 年 2 月 11 日賀武致梅樂和函」、「1938 年 2 月 11 日那琪安致梅樂和函」，陳翰笙、千家駒主編，《非法協定》，頁 72-74。

[25] 「1938 年 5 月 2 日日本外務相廣田弘毅致克萊琪第 59/A1 號照會」，陳翰笙、千家駒主編，《非法協定》，頁 98-99。

[26] 「1938 年 1 月 26 日關務署致梅樂和代電」，陳翰笙、千家駒主編，《非法協定》，頁 60。

[27] 「1938 年 2 月 3 日孔祥熙致梅樂和電」，陳翰笙、千家駒主編，《非法協定》，頁 66。

[28] 「1938 年 5 月 4 日安斯邇致梅樂和電」，陳翰笙、千家駒主編，《非法協定》，頁 103。

[29] 兩筆款項分別為 1937 年 9 月起停付的日本部分庚子賠款 525,000 鎊，以及積存匯豐銀行的稅

但此後日本即將占領區的關稅收入存入正金銀行。1938 年 10 月下旬，日本占領華南前夕，梅樂和甚至事先致函華南各關稅務司，預告日本將會要求將稅款存入當地正金銀行分行，稅務司在脅迫下，最後都不得不同意照辦。[30]至 1939 年 7 月 20 為止，全國海關稅收的 87%是淪陷區口岸徵收的，也就是重慶政府只得到其餘 13%。[31]

2.淪陷區的稅則修訂

日方成功劫奪津、秦兩關稅款後，接著便唆使華北政權進行稅則修訂。當時海關統一實行的是 1934 年的稅則，津海關則打算以稅率最低，且對日本進口最有利的 1931 年稅則為藍本進行修改。1937 年 12 月下旬，津海關監督溫世珍向梅樂和預告，由於日本方面的催促，翌年的 1 月 1 日將發布命令，修改稅則五十個項目，並大幅減低出口稅，甚至鄭重考慮取消全部出口稅和轉口稅。[32]其後由於北京臨時政府主席王克敏和日本軍方關係不洽，與新任海關監督溫世珍又復不合；且王不同意日方對某些項目減稅的要求，使得原訂實施的稅則，遲至 1938 年 1 月 22 日始正式公布，津、秦兩關分別從 22 日及 24 日起施行新稅則。[33]本稅則規定出口稅以從價 2.5%為原則，棉花出口暫時免稅；進口人造絲每噸改徵 31 金單位；開礦機器、冶鍊機器、農業用種子免稅；電機及燈泡從價 25%。[34]

財政部得知後，隨即電告梅樂和，要其轉達津、秦各海關稅務司拒

款 26,700,000 元。見「1939 年 1 月 29 日梅樂和致寇爾、高斯和法國駐華大使館參贊諾貝爾（F. Knobel）函」，陳翰笙、千家駒主編，《非法協定》，頁 141。

[30]　「1938 年 10 月 21 日梅樂和致華南各關稅務司函」，陳翰笙、千家駒主編，《非法協定》，頁 136-37。

[31]　「1939 年 7 月 20 日梅樂和致高斯函」，附件 1「1939 年 7 月 20 日梅樂和致高斯備忘錄」，陳翰笙、千家駒主編，《非法協定》，頁 176。

[32]　「1937 年 11 月 10 日梅樂和致關務署第 396 號代電」，陳翰笙、千家駒主編，《非法協定》，頁 25。

[33]　「1938 年 1 月 18 日阿弗萊致英國駐華大使館電」、「1938 年 1 月 31 日阿弗萊致英國駐華大使館電」、「1938 年 2 月 1 日梅樂和致賀武函」，陳翰笙、千家駒主編，《非法協定》，頁 33、38。

[34]　「1938 年 1 月 24 日梅樂和致孔祥熙電」，陳翰笙、千家駒主編，《非法協定》，頁 34-35。

絕施行。[35]但此時梅樂和卻建議財政部批准將 1931 年稅則稍作修改後恢復實施，這樣既可抵銷華北淪陷區擅自修改稅則，又可以保證各國商人享受同等待遇；並警告如果政府拒絕，原從上海等地進口的貨物將從天津和青島進口，並通過鐵路和公路滲入淪陷區，使政府的威信和稅收受到損害。[36]當時國際間受到希特勒勢力的牽制，並未強力介入此事，[37]所以財政部雖然否決梅樂和的提議，卻也拿不出更好的對策，只能要求他轉知各地稅務司拒絕實施「偽稅則」，並聲明「凡按偽稅則繳納的關稅，中國政府概不承認」。[38]到了 3 月初，國民政府迫於形勢，不得不請英國駐華大使代為轉達給梅樂和的指示：「在未接到英國政府的答覆以前，請命令各關稅務司，偽稅則實施範圍不得擴大，已實施偽稅則的各關應儘可能恢復合法稅則」。[39]梅樂和也隨即轉發秦皇島、天津、煙臺、青島各關稅務司。[40]換言之，國民政府無疑已默認北京政權制定的新稅則在上述四關施行。

　　5 月底，新成立不久的「維新政府」派遣江海關監督李建南至江海關面交臨時政府公布的 1938 年進口稅則及出口稅則中改訂之項目數則，並轉達該政府命令，飭江海關將該項稅則於 6 月 1 日施行。由於此項稅則也是以 1931 年的稅率改訂，[41]等於是將華北新稅率推行到華中淪

---

[35] 「1938 年 1 月 23 日財政部致梅樂和電」，陳翰笙、千家駒主編，《非法協定》，頁 34。

[36] 1 月 18 日，阿弗萊致英國駐華大使館的電文提到：「在稅則問題上，最好中央政府能趁此機會主動地恢復 1931 年稅則，爽爽快快地減低一些出口稅率，在目前來說，這一措施一定會鼓勵貿易，增加稅收償付外債，而且先下手為強，還可以使日本陷於被動。實施一個大大減低的稅則，特別是以出口稅為重點，不論由誰下令實施，一定會迅速解除許多困難，大受歡迎。」可見得梅樂和的建議，與英國駐華外交官的看法如出一轍，明顯是站在英國商人的立場，而非真正為中國海關計。見「1938 年 1 月 25 日梅樂和致孔祥熙電」，陳翰笙、千家駒主編，《非法協定》，頁 34-35。

[37] 英國方面，駐華代辦賀武（R.G.Howe）雖以地方政權無權擅自修改稅則為由，向華北日本當局提出抗議，但也一面勸告國民政府財政部接納梅樂和有關施行 1931 年稅則的建議；至於美國國務院則表示「無意提出意見」。詳見「1938 年 1 月 28 日賀武致梅樂和函」、「1938 年 2 月 10 日高斯致梅樂和函」，陳翰笙、千家駒主編，《非法協定》，頁 37、41。

[38] 「1938 年 2 月 16 日梅樂和致梅惟亮電稿」，陳翰笙、千家駒主編，《非法協定》，頁 43。

[39] 「1938 年 3 月 2 日英國駐華大使寇爾（A. C. Kerr）致梅樂和函」，陳翰笙、千家駒主編，《非法協定》，頁 44。

[40] 「1938 年 3 月 4 日梅樂和致寇爾函」，陳翰笙、千家駒主編，《非法協定》，頁 46。

[41] 「1938 年 6 月 2 日梅樂和致關務署第 505 號代電」，陳翰笙、千家駒主編，《非法協定》，

陷區各口岸。1940 年汪政權成立後，雖有提高關稅率之意，並希望日方協助，但日方態度不甚積極，所以只流於紙上談兵。[42]

3.全面進占中國海關

日本對淪陷區海關的劫奪，大略可以 1941 年底的太平洋戰爭劃分為兩個階段。前期是委派親日的海關監督插手海關行政，強迫執行各種親日政策，實現對海關的間接統治，同時不斷安插日籍人員進入海關，將名義上仍隸屬於中國政府的海關，變成統治中國的工具；後期既與列強公然決裂，乃以武力占領淪陷區各海關。[43]

1937 年 11 月，日本宣布將國民政府任命的津、秦兩海關監督免職，改由溫世珍兼任。12 月北平王克敏政權成立後，為了逼迫津海關承認，遂由曾服務中國海關之日籍關員松原梅太郎，聚集多位滿洲國海關關員在津預備接收海關，稅務司梅惟亮被迫對新政府予以事實上的承認，並掛起了五色旗。[44]1938 年 5 月，日、英協定簽署後，日本進一步慫恿維新政府接管江海關，5 月 6 日，維新政府新任江海關監督李建南赴江海關接收，並以新政府代表任命羅福德續任稅務司，江海關從此易幟。[45]

接收海關同時，日本也有計劃在海關安插日人。中日戰爭爆發前，全國各口岸的日籍關員共 75 人，迄 1938 年底，日籍關員達 266 人，占全部海關外籍人員的 45.7%，同時更積極準備在漢口、廣州等口岸安插更多日人，全面擴大對海關的掌控。[46]1938 年 3 月時，青島和煙臺稅務

頁 114-5。

[42] 汪政權財政部長周佛海曾在 1940 年 11 月 4 日、1941 年 10 月 29 日、12 月 19 日分別提到「研究提高關稅率」、「明年擬舉辦油類、糖類及化妝品類特稅，及徵收海關附加稅，希望日方協助」「接見新任總稅務司岸本廣吉，談整頓稅務及增加關稅問題」等語，見周佛海著、蔡德金編註，《周佛海日記全編》（北京：中國文聯，2003 年），頁 374、533。

[43] 蔡渭洲，《中國海關簡史》，頁 158。

[44] 「1938 年 1 月 6 日梅惟亮致梅樂和關於 1937 年 7 月至 12 月底華北海關概況的節略」、「1938 年 2 月 19 日梅樂和致郝伯樞函」「1937 年 12 月 18 日梅樂和致關務署第 424 號代電」，陳翰笙、千家駒主編，《非法協定》，頁 29、32、146-147。

[45] 「1938 年 5 月 6 日羅德福致梅樂和函」，陳翰笙、千家駒主編，《非法協定》，頁 160-1。

[46] 「1939 年 2 月 11 日梅樂和致孔祥熙函」，陳翰笙、千家駒主編，《非法協定》，頁 169-70；蔡渭洲，《中國海關簡史》，頁 159。

司皆由日人出任，日本大使館甚至透過總務科稅務司表示，華北一切中外關員的調動都必須向他們和臨時政府報告，直接挑戰總稅務司的人事管理權。總稅務司雖未正式答應此要求，卻也不得不以事先將調任人員名單私下通知大使館的方式保全面子。[47]1938 年英日協定實施後，各占領區內的海關華員名義上雖奉稅務司之命而行，然各關均增加日籍內外勤關員控制一切關務，如無日籍高級職員簽准，不得辦理結關手續。總稅務司署所發通令，雖仍舊依照國民政府財政部或關務署，轉令各關遵照辦理，惟國民政府對淪陷區海關的主權，早已名存實亡。

　　1940 年 3 月南京汪精衛政府成立後，由於自認與原先的中國政府一脈相承，並未重新任命總稅務司，因而梅樂和得以續任其職。[48]截至1941 年為止，日本在中國控制了 80%以上的海關徵稅地區。處於日本占領區的海關計有 14 個，其中僅有 2 個海關由日人擔任主管，日本當局再三要求任命日籍稅務司主管津海關、江海關和粵海關等大關，卻一再遭到總稅務司拒絕。6 月起，日本政府決定以停付占領區海關所分擔的總稅務司署經費，逼迫梅樂和就範。[49]12 月 8 日太平洋戰爭爆發後，占領上海的日軍當即開進公共租界俘虜梅樂和，任命總理文案稅務司岸本廣吉接替，於是總稅務司署由日本勢力全面接管。轉進重慶的國民政府匆匆派遣雲南騰越的英籍稅務司周驪（C. H. B.Joly）在重慶另立總稅務司署，此後非淪陷區各關皆由其統轄。於是總稅務司署分裂為二：一是汪政權管理下的上海公共租界原總稅務司署；另一為重慶總稅務司署，直到 1945 年抗戰結束才再度合而為一。[50]

（三）從法幣到圓域貨幣

　　早在 1905 年 1 月，總督府即命令臺灣銀行在廈門發行貨幣，以整

---

[47] 「1938 年 3 月 31 日梅樂和致寇爾、那琪安和高斯關於日本干涉淪陷區各關人員任用問題的節略」，陳翰笙、千家駒主編，《非法協定》，頁 158-9。

[48] 「1940 年 4 月 6 日梅樂和致寇爾函」，陳翰笙、千家駒主編，《非法協定》，頁 185。

[49] 「1941 年 6 月 4 日梅樂和致寇爾和洛克哈德函」，陳翰笙、千家駒主編，《非法協定》，頁 187。

[50] 陳詩啟，《中國近代海關史——民國部份》（北京：人民出版社，1999 年），頁 442-4。

合中日間貿易關係。臺銀首先發行以日本銀圓為準備金的「銀票」，繼而普及到福州、汕頭等地。同時，在「銀票」流通較少的地區，則發行以福州通用銀兌換的「番票」和以汕頭通用銀兌換的「汕票」。[51]圓域貿易圈的概念在當時尚未出現，臺灣銀行此舉不見得有塑造日圓集團的積極企圖，但透過上述通貨的發行，不但謀日本商店交易上的方便，且使各界人士免除日常硬幣授受的不便，進而提高日本經濟的勢力與信用，所以其目的「不外扶植日本資本的勢力」。[52]

　　繼而組成日滿中集團的呼聲漸起，於是日本在華北進行頻繁的軍事行動時，也考慮到發動戰爭後的金融問題。最初日本試圖運用在華北已流通的朝鮮銀行券（以下稱「鮮銀券」），因為鮮銀券雖只是殖民地通貨，卻可與日圓等值換算，藉此可將華北建設成一個以日本、滿洲國和華北依存關係為中心的金匯本位通貨流通關係的金融地盤，一舉排除法幣在華北的流通勢力。因而在七七事變發生後，日軍在華北以大量鮮銀券支付各項費用。不意發行額大增的結果，造成鮮銀券的貶值，華北人民紛紛拒用鮮銀券交易，其幣值也由戰前的 100 元兌換法幣 103 元貶為 88 元；更由於鮮銀券與日圓等價兌換，連帶拖累了日圓的價值，日本政府不得不考慮在華北發行日圓體系的新貨幣。[53]

　　1938 年 3 月，華北王克敏政權宣布拒絕承認中央銀行，為了執行本身的通貨政策，遂設立「聯合準備銀行」以發行「聯銀券」，並指定河北省銀行代替中央銀行收稅。[54]同時強迫華北各關稅務司同意用日圓、聯銀券以及河北省銀行鈔票完稅，和法幣等值使用。由於貨幣短缺，且華北政府規定法幣按票面打折，秦皇島、天津、煙臺和青島等四關，在徵收旅客行李物品的關稅時，不得不同意用日圓完稅，日圓同聯銀券

---

[51] 梁華璜，〈臺灣總督府的福建政策〉，收入於氏著，《臺灣總督府的「對岸」政策研究》（臺北：稻鄉，2001 年），頁 49。

[52] 矢內原忠雄著，周憲文譯，《日本帝國主義下之臺灣》（臺北：帕米爾書店，1985 年），頁 62。

[53] 林美莉，〈抗戰時期的貨幣戰爭〉（臺北：國立臺灣師範大學歷史學研究所博士論文，1995 年 6 月），頁 114-5。

[54] 「1938 年 3 月 12 日梅樂和致寇爾函」，陳翰笙、千家駒主編，《非法協定》，頁 47。

和法幣等值使用，而一般民眾也極力釋出聯銀券，結果使得當地關稅幾乎全用聯銀券繳納。[55]

由於聯銀券無法兌換外幣，也不能用以償付外債，[56]因此即使華北已有日本扶植的政權，但當地對其他非日圓集團國家進行貿易時，仍舊以國民政府的法幣為媒介，外匯交易也由第三國銀行獨占，且以 1 法幣兌換英幣 8 便士的低匯率加以壟斷。1939 年起，日本決定進一步強化華北的貿易統制。3 月 11 日以後，華北政府下令禁止法幣流通，同時把華北的外匯市場公定市價提高到聯銀券 1 圓兌換英幣 14 便士，且統由聯合準備銀行負責輸出匯兌。同年 9 月，二戰爆發，英國為免在遠東地區與日本衝突，同意租界工部局聯銀券與法幣同在租界內流通，並且不顧中國政府的反對，將原本存於天津交通銀行內的銀元和銀塊，由日本和英國領事共同封存；1943 年日本銀行又貸款兩億元給聯銀，使聯銀券幣值因為準備金增加而日漸上漲。[57]於是，一方面統一了華北與日本的通貨；另一方面，也提供作為兩地間貿易的通用貨幣。透過聯銀券，日本在 1939 年大致將華北編入圓域貿易圈，即使以法幣勢力最強的租界地天津而言，到了 1941 年也在事實上成為純粹的聯銀券流通區，外地匯款人匯法幣至此後，必須兌換成聯銀券始能使用。[58]

華中華南地區的情形相對複雜，最初是以日圓為華中地區軍費支出的通貨，隨著戰事延長，為免日圓流通數額過多而影響幣值，乃師法日俄戰役時的故技，在華發行軍票。最初僅是日本軍方發出專供軍隊使用的徵發證券，並不具有通貨的法償性，其後改由大藏省發行，取得圓域貨幣的地位，與鮮銀券、臺銀券、聯銀券地位相當，均可等值兌換日圓。在強化軍票地位後，華中地區於 1938 年 11 月 1 日起實施軍票一元化政策，華南則在 9 日正式實施。到了 1939 年底，完成利用軍票將華中與

---

[55] 「1938 年 10 月 21 日梅樂和致華南各關稅務司函」，陳翰笙、千家駒主編，《非法協定》，頁 137。

[56] 「1938 年 3 月 17 日梅樂和致梅惟亮電」、「1938 年 3 月 20 日寇爾致英國外交部電」，陳翰笙、千家駒主編，《非法協定》，頁 48-49。

[57] 林美莉，〈抗戰時期的貨幣戰爭〉，頁 122。

[58] 林美莉，〈抗戰時期的貨幣戰爭〉，頁 123。

華南占領區納入圓域通貨範圍的工作。[59]

　　儘管如此，法幣仍是當地貿易清帳的主要通貨。為了改善對華中、華南的貿易，日本商工會議所及日本貿易振興協議會甚至還建議以承認法幣為現實通貨作為過渡對策，並利用法幣以獲取外幣。基於現實考量，日本當局認為只要能維持日圓對法幣的固定匯率（1：1.75），並不反對。[60]於是日本利用法幣的信用，授意維新政府發行華興券，與法幣等價聯繫，爭取與法幣相等的地位，藉以套換法幣。發行的單位華興商業銀行於 1939 年 5 月 1 日在上海設立，同時發行鈔票，日方利用它來取得法幣與物資，把貨物輸出以換取外匯，並以之作為海關納稅的關金單位。不過維新政府並未以任何法令規定華興券為法律上的償付媒介，因此僅能算是一種商業銀行的信用票據；加上其發行額並不大，流通數量遠遠不及軍票及法幣，迄 1940 年底在汪政權與日本達成協議之下停止發行，驅逐法幣的計畫並未成功。[61]

　　1940 年 3 月，汪政權建立不久，隨即設立「中央銀行籌備委員會」，準備發行新貨幣，此時日本軍部恐影響軍票流通而加以反對，直到 1940 年底，雙方達成協議，在承認既有的軍票與聯銀券的前提下，由日本顧問與資金協助設立中央銀行。[62]同時汪政權的行政院會議也通過「整理貨幣暫行辦法」，規定「中央儲備銀行」有發行、兌換貨幣的特權，其名稱亦稱法幣（以下稱「中儲券」），凡納稅、匯兌及一切公私往來，一律行使，與現行法幣等值流通，以後逐漸收換；取消華興銀行貨幣發行

---

[59] 林美莉，〈抗戰時期的貨幣戰爭〉，頁 155-8。

[60] 中井省三，《日本戰時貿易政策と輸出入リンク制度論》（東京：千倉書房，昭和 14 年），頁 35-37。

[61] 從 1939 年 5 月 15 日至 1940 年 12 月 9 日的發行期間，華興券總發行額只有 560 餘萬元，而當時華中地區流通的法幣則有 20 億元。參見林美莉，〈抗戰時期的貨幣戰爭〉，頁 168。

[62] 12 月 17 日，雙方簽署「關於設立中央儲備銀行之覺書」。要點為：一、資本由華興商業銀行借入（法幣）相當於五千萬元的美金；二、聘請日本顧問，凡有關中儲行之營業、理事會決議、國外匯兌與外國銀行的關係、國民黨法幣等舊通貨、軍票及日本通貨等項，以及與華北關係事項等，均需諮詢顧問；三、中儲行所保有外匯須存入日本銀行，由中日雙方組成外匯管理委員會負責管理及運用；四、確認軍票既成事實，將來亦應存入一定數額的通貨存款；五、確認聯銀券的事實，並使其不動搖。見周佛海著、蔡德金編注，《周佛海日記全編》，頁 394-5。

權（即前述華興券）；中儲券在特定區域暫不適用，軍票及聯銀券維持現狀。[63] 1941 年 1 月 6 日，「中央儲備銀行」在南京成立，開始發行中儲券。[64]

汪政權的中儲券初行時，與舊法幣等值流通，[65]遂不免受其幣值影響。10 月下旬，傳聞重慶有意放棄上海舊法幣市場，投機者復推波助瀾，使上海人心恐慌益甚，軍票日漲，舊法幣益跌，上海金融市場紊亂不堪。惟舊法幣發行權在重慶，軍票發行權則操於日方，汪政府不得不求助於日本當局。日本駐華大使館即召集陸、海軍及「興亞院」開會，主張新法幣（中儲券）脫離舊法幣，與軍票聯繫。[66]然而，財政部顧慮此時新、舊法幣脫離，勢必造成貨幣流通額不足，因此考慮將目前已發行之新法幣脫離舊法幣，使與日圓聯繫，以安定其價值；另行發行新幣，仍與舊法幣等值使用。如此雖為複本位，但一面可謀財政之安定，一面可樹立貨幣政策。[67]由於日籍顧問與財政部看法分歧，甚至日本政府與軍部的步調也不一致，使政策始終搖擺不定。

迄珍珠港事變爆發後，日軍隨即進占天津、上海方面的英租界及共同租界，將華中地區納入圓域貿易圈一事再無退路，停用舊法幣成了日本國策。1942 年 3 月 6 日，日本內閣通過「興亞院」擬定的「華中通貨暫行處理要綱」，決議剝奪舊法幣為貿易通貨的功能，將其逐向「敵區」；同時使中央儲備銀行成為日本軍費及其他必要資金的調劑銀行。[68]

---

[63] 周佛海著、蔡德金編注，《周佛海日記全編》，頁 394-5。

[64] 本段所述，係 1940-1942 年間，日本在華中建立日系通貨的過程，文中的「中華民國」係指南京汪政權。

[65] 所謂新舊法幣，係參照當時日人留下的文獻之習慣用語，意在區別國民政府發行的法幣與汪政權所發行的中儲券，為避免作者本身行文的混淆以及造成讀者的誤解，拙文此處仍保持此稱呼。

[66] 「興亞院」是日本侵華時期，打著所謂「建立東亞新秩序」的口號，1938 年 12 月 14 日於東京設立，主要目的在掌管與中國的政治、經濟、文化相關事務、政策的樹立，以及監督在中國各會社的業務，1939 年 3 月 7 日並在北京、張家口、上海、廈門、青島各地設置該院的現地機關聯絡部。見植田捷雄，《東洋外交史》，下（東京：東京大學出版會，1974 年），頁 617-618。

[67] 周佛海著，蔡德金編注，《周佛海日記全編》，頁 530-538。

[68] 「華中通貨暫行處理要綱」規定：一、對國民黨法幣進行壓迫，使其價值低落，在不構成對其支持的情況下，向敵區驅逐，並考慮禁止其流通的措施。二、立即廢止中儲券與法幣的

至 30 日正式發表新、舊法幣脫離聲明：自 31 日起，廢除中儲券與法幣等價流通，今後凡納稅、完糧及一切交易，一律使用中儲券；目前使用的法幣輔幣券，仍准暫時流通。[69]在日本蓄意驅逐舊法幣的政策下，其價格不斷貶值。1942 年初，軍票對舊法幣的市場尚以 26 又 1/2 圓賣出、27 圓買進；3 月 30 日公布停止新、舊法幣等價流通後，舊法幣兌換軍票降至 13 至 14 圓之間；5 月 20 日以後，舊法幣跌勢益顯，兌換市場僅剩 9 圓。在財政部公布「整理舊法幣條例」，命舊法幣限期兌換完畢後，終使舊法幣停止流通。[70] 7 月 24 日，周佛海在東京出席讀賣、朝日等新聞社的歡迎會上談如何實現全面和平時提到「增加生產，俾在物資上與日本協力，通過統一通貨，致力於生產事業，在戰時必要物資之範圍內，全部貢獻於保衛大東亞戰爭」。[71]日本將中國占領區納入圓域貿易圈的工作，至此宣告完成。[72]

　　總結上述，華北地區日本先後利用了鮮銀券、聯銀券來驅逐法幣，將之納入圓域貨幣體系當中；至於華中、華南地區則相繼發行了軍票、華興券、中儲券才完成相同的工作。在統合時程上，雖然日本以軍事占領的時間相去不遠，不過當華北在 1939 年逐步透過通貨統合、匯兌管理、貿易統制被納入「圓域貿易圈」時，華中、華南儘管已為日本所實質占領，卻仍被視為圓域之外的第三國。究其原因，國際利害關係的錯

等價兌換，限制法幣存款，並向中儲券存款轉變。三、廢除對法幣的牌價基礎。四、實行貿易和匯兌管理，剝奪法幣為貿易通貨的職能，強化中央儲備銀行，使其發揮中央銀行的職能。五、使中央儲備銀行成為日本軍費及其他必要資金的調劑銀行，整頓擴充顧問制度，採取圓滿而積極的方法獲得中儲券。見周佛海著、蔡德金編注，《周佛海日記全編》，頁 603。

[69] 周佛海著、蔡德金編注，《周佛海日記全編》，頁 581、585、588。

[70] 水津彌吉（臺銀頭取），〈東亞の經濟、臺灣の經濟〉，《臺灣時報》，第 274 號（昭和 17 年 10 月），頁 53-54。

[71] 周佛海著、蔡德金編注，《周佛海日記全編》，頁 629。

[72] 此時汪政權統治下的地區，仍是中儲券與軍票並行的局面。太平洋戰爭爆發後，日本興亞院即決定要停止發行新軍票，但因日本侵華軍當局反對及中儲券不足，一直未能實行。1943 年 3 月，因中儲券貶值等打擊，日本有關當局決定自 4 月 1 日起在華中、華南占領區停止發行新軍票，其軍費支出、銀行存款、借款、匯兌等，不再使用軍票，但已發行軍票也不收回，並承認軍票之流通及軍票之債權債務關係得繼續存在。見周佛海著、蔡德金編注，《周佛海日記全編》，頁 714、723。

綜複雜固然有影響，而最主要還是由於法幣在華中、華南的勢力依然根深蒂固，延緩統合時程，不但可以避開與列強間的正面衝突，也留下一個讓日本政府用來套取外匯的轉圜空間。

三、貿易政策與對圓域圈貿易的統制

中日戰爭時期日本的貿易政策，存在著一個根本的矛盾：一方面，它不斷透過關稅與貨幣政策，將滿洲、關東州以及中國占領區納入圓域貿易圈內；另一方面，在太平洋戰爭爆發以前，它又極力遏止臺、日對上述地區有過於密切的貿易關係。這種相互扞格的貿易方向，實來自於因應戰爭進程所採行的不同經濟政策所致。

1930 年代以後，由於世界性的經濟大恐慌，使得自由主義的經濟學說受到嚴厲挑戰。日本也不可避免的開始修正，在對外貿易上採取「輸出合理統制」；七七事變爆發後，軍國主義盛行，國家力量對經濟的控制更形深入。此後日本貿易政策，同時受到本國經濟結構的變化與世界政治經濟變革的影響，自由主義傳統逐步褪色，取而代之的是日甚一日的貿易統制政策。

1940 年 9 月 27 日德、義、日「三國同盟」的締結是重要分界點，日本貿易統制可以此劃分為「準戰時體制」（1937.9-1940.9）與「戰時體制」（1940.9-1945.8）。「準戰時體制」下，實施貿易統制的主要目的，是為了取得軍需資材，並設法獲取外匯以平衡國際收支；迨進入「戰時體制」後，平衡國際收支的可能性微乎其微，所以貿易統制目標轉為各殖民地或占領地的生活必需品自給，以期建立東亞共榮圈貿易。[73]

不同的經濟體制下，對待圓域貿易圈的態度亦有所差別。準戰時體

---

[73] 這個分期概念大致參照當時人的看法，如田淵實、大浦賢在〈臺灣貿易の統制〉一文中，將臺灣的貿易統制分為三個階段：從金輸出再禁止迄昭和 12 年輸出入品相關臨時措置法為第一期；從臨時措置法迄德、日、義同盟（昭和 15 年 9 月 27 日）為第二期；從三國同盟迄大東亞戰爭爆發為第三期。也有學者將第三期劃至昭和 16 年 7 月 26 日美、英、荷對日施行資產凍結為止，其後則稱為第四期。詳見田淵實、大浦賢，〈臺灣貿易の統制〉，收入於《臺灣經濟年報》，第二輯（昭和 17 年版）（臺北：南天書局，1996 年），頁 238-239。

制時期，為了避免對圓域過度輸出，阻礙英鎊或美元的取得，導致入超過大，所以對圓域內的區間貿易並不鼓勵，甚至加以抑制；相反的，戰時體制下，由於以英、美為首的反軸心陣營，確立了 ABCD 對日包圍圈，[74]特別是美國對日本經濟制裁日甚，1941 年 7 月 25 日凍結日本在美資產，以報復其對西貢的侵略；隨之英、印、緬、加等國也相繼斷絕對日通商，此時日本對外貿易被完全隔絕在美元、英鎊集團外，對圓域內的貿易遂轉趨積極，1941 年底的珍珠港事件後，美、日正式開戰，共榮圈貿易的建立更形具體化。

如此一來，二戰末期的臺灣與中國大陸，雖同在圓域貿易圈內，但兩地的貿易往來，除了受到日本將中國納入圓域的進程影響外，還需視日本在不同時期對圓域的不同政策而定。本節擬先敘述戰時體制下的貿易管制措施，繼而探討在此貿易體制下對圓域貿易的態度轉折。

（一）「戰時體制」下的貿易管制措施

早在經濟大恐慌發生之際，日本已開始對貿易採取有限度的管制；當中日戰爭全面擴大後，為因應長期戰爭的需求，於是將經濟結構強行改造為準戰時體制，生產力的擴充、國民生活的安定、貿易的振興並列為準戰時經濟三大方針，貿易部門亦隨之進展為高度的統制化。[75]等到「戰時體制」確立後，貿易統制範圍更從原先的輸出入商品擴及輸出入機構，「統制機關」和「配給機關」相繼出現，將輸出入及輸出入品用原物料的配給一手掌控。

1941 年 4 月 9 日，總督府公布「輸出品及輸出品用原物料配給統制規則」，規定特定的輸出品，非由臺灣總督所指定的機關（稱「統制機關」），或由統制機關委託輸出或承買，則不得輸往圓域以外的國家；

---

[74] 田淵實、大浦賢，〈臺灣貿易の統制〉，頁 238。作者並未對「ABCD」加以解釋；按當時的國際情勢，應為美國（America）、英國（British）、中國（重慶政府 China）、荷蘭（Dutch）四國。

[75] 田淵實、大浦賢，〈臺灣貿易の統制〉，頁 246；酒井澤喜，《日本貿易統制機構》（東京：修文館，昭和 17 年），頁 18。

向輸出統制機關承買指定輸出品或接受委託輸出業者，須遵從統制機關指示，從事該指定輸出品之輸出。同時，製造指定輸出品所需的原物料進口後，須經臺灣總督指定機關（稱「配給機關」）才有權販售。[76]受臺灣總督指定的「統制機關」和「配給機關」為「臺灣貿易振興株式會社」，總督府企圖透過本會社來壟斷貿易業務的用意至為明顯。[77]

隨著政治情勢緊張，國際貿易條件更形惡化。1941 年起，即使擁有外匯也不見得買到所需物資，載運船隻的缺乏更是一大問題。因此，政府要求業者在輸出的同時必須能運回重要物資，才得以通過統制機構審查，獲得配船。在此情形下，貿易活動必須由政府機關依據完整的情報擬定輸出計畫，不能再任由業者各自去判斷。[78]於是，日本帝國議會依據「國家總動員法」制定了「貿易統制令」，[79]內地自 1941 年 5 月 15日，朝鮮、臺灣、樺太及南洋群島則自 5 月 25 日起施行。[80]該令賦予臺灣總督更大的權力，因應戰時的需要，總督除了可以限制或禁止輸出入外，還可以對輸出入品的讓渡、持有、移轉進行處分；且可以國家安全之名，徵調輸出入品相關報告，甚至對公司行號、店舖、倉庫或其他場所進行臨檢，檢查其業務狀況、帳簿、文件等。9 月 13 日公布「貿易統制令施行規則」作為其施行細則，同時廢止了 1937 年以來的「臨時輸出入許可規則」。[81]在此之前，臺灣總督雖有權指定調整機關、限制輸出、入品的內容及輸出、入地區，對於依法提出申請的輸出、入事項，理論上不能加以拒絕。但是透過本規則的修訂，總督的權限擴大到可以取消或變更輸出及輸入命令，即使是調整機關，其輸出、入數量及金額

---

[76] 《臺灣總督府報》，第 4159 號（昭和 16 年 4 月 9 日），頁 41-42。

[77] 田淵實、大浦賢，〈臺灣貿易の統制〉，頁 256。

[78] 酒井澤喜，《日本貿易統制機構》（東京：修文館，昭和 17 年），頁 16。

[79] 「國家總動員法」（1938 年 4 月 1 日法律 55 號）第 8 條：「政府於戰爭之際，若於國家總動員上有必要時，得以敕令對物資的生產、修理、配給、讓渡及其他處分、使用、消費、持有、移動等頒布相關規定」；第 9 條：「政府於戰爭之際，若於國家總動員上有必要時，得以敕令限制或禁止輸出入、命令輸出入、課徵輸出入稅、或增課、減免輸出入稅。」見《臺灣總督府報》，第 4196 號（昭和 16 年 5 月 24 日），頁 117。

[80] 《臺灣總督府報》，第 4196 號（昭和 16 年 5 月 24 日），頁 117。

[81] 「府令第百七十一號」，《臺灣總督府報》，第 4291 號（昭和 16 年 9 月 13 日），頁 66-68。

也分別加以設限。至於輸出調整機關以及列為限制輸出及輸入的商品，則在稍後以告示 815、816、817 號公布。輸出調整機關為「臺灣貿易振興株式會社」及「臺灣罐詰共販株式會社」；受限制輸出及輸入商品種類之多，前所未見，除書畫骨董外，幾乎全部列入。[82]

值得注意的是，前一階段的貿易統制，主要是針對臺灣與第三國的貿易，亦即圓域貿易圈以外的國家，至本階段則擴及同屬圓域貿易圈的南洋，甚至殖民母國日本。對南洋貿易統制始於 1941 年初，由於 1940 年 6 月法國向德國投降，切斷了其與東方殖民地法領印度支那（越南）間的聯繫，日本趁此機會，將發展法領印度支那通商，視為南洋貿易的新方向。[83]由於擔心放任業者自由發展，會出現毫無遊戲規則的競爭，總督府遂於 1941 年 2 月 6 日依據「臨時措置法」，公布「南洋貿易調整規則」，對南洋貿易加以限制。[84]該項貿易所規定的特殊商品為麥芽、豆類、油脂類、綿絲等；指定區域為法領印度支那，隨著日本在南洋地區的進展，同年 11 月時，又增加了泰國；[85]負責的輸出「調整機關」為「臺灣南洋貿易聯合組合」。[86]

至於對內地的貿易統制，與對南洋約莫同時展開。這是鑑於決戰無可避免，遂希望臺灣至少能在生活必需品方面做到自給自足。1941 年 4 月 9 日公布「臨時移出入品調整規則」，賦予臺灣總督有權對臺、日間貿易作有系統的管制。管制方式則由臺灣總督指定移出入「調整機關」，凡受指定物品之移出入，皆須由該機關負責。其項目及調整機關如下：[87]

---

[82] 《臺灣總督府報》，第 4291 號（昭和 16 年 9 月 13 日），頁 70-79。

[83] 田淵實、大浦賢，前引文，頁 254。

[84] 「府令第卅二號」，《臺灣總督府報》，第 4108 號（昭和 16 年 2 月 6 日），頁 26-27。

[85] 「告示第千四十九號」、「告示第千五十號」，《臺灣總督府報》，第 4344 號（昭和 16 年 11 月 21 日），頁 95。

[86] 「告示第六十八號」、「告示第六十九號」、「告示第七十號」，《臺灣總督府報》，第 4108 號（昭和 16 年 2 月 6 日），頁 30-33。

[87] 對內地貿易的管制品以及管制機構，在本規則頒布後，屢有變更：同年 12 月又制定了「臺灣鮮魚介生產配給等統制規則」，將海產類的輸移出、入機關改由新設立的「臺灣水產物輸移出入組合」負責；1942 年 4 月將豆類、番薯簽、樹薯等項去除；1943 年 2 月移出管制

表 1　戰時體制下臺灣的移出調整機關（1941）

品名	移出調整機關
豆類、落花生、澱粉類、胡麻子、蔬菜、果實及核子、番薯簽、姜黃、樹薯	臺灣農會
生鮮魚介類	臺灣鮮魚輸移出組合
羽毛	臺灣羽毛輸出振興株式會社
獸骨、植物性揮發油、香茅油	臺灣香茅油輸移出組合
木炭（燃料用）	臺灣山林會

資料來源：「告示第二百四十六號」，《臺灣總督府報》，第 4159 號（昭和 16 年 4 月 9 日），頁 46。

　　隨著戰事緊迫與物資的缺乏，內地、臺灣間的物資移動受到更嚴格的規範。1944 年 3 月，「臨時移出入品調整規則」大幅減併，同時將原本不具強制性的移出、入調整機關改為強制設立，至此，非經由移出入「調整機關」或其委託者，則無法將指定品移往內地或由內地移進臺灣。[88]以往臺灣貿易統制對象是以對外國貿易為主，此時擴及對內地的貿易統制，實具有劃時代的意義。這也正彰顯出，臺灣雖是日本貿易政策的一環，但因身為孤島的特殊性，使得臺灣的戰時貿易統制不全然與日本的政策相同，臺灣總督仍具有相當的決定權。[89]

（二）「大東亞共榮圈」下的臺灣與圓域貿易

　　1930 年代，世界各地普遍出現集團化的共同傾向，日本國內對於確立「東亞集團」的聲浪也日益增強。不過，儘管政治部門有如此強烈要求，經濟部門卻不得不放慢腳步，採取相反的政策。1941 年以前的

　　品增加了石花菜，移出調整機關為「臺灣水產物輸移出入組合」；7 月又增加了香蕉、橡膠製品、藺草等管制品。參見「告示第千百三十五號」，《臺灣總督府報》，第 4363 號（昭和 16 年 12 月 12 日），頁 45；「告示第四百十號」，《臺灣總督府官報》，第 19 號（昭和 17 年 4 月 23 日），頁 131；「告示第百三十七號」，《臺灣總督府官報》，第 268 號（昭和 18 年 2 月 26 日），頁 99；「告示第六百六十六號」，《臺灣總督府官報》，第 382 號（昭和 18 年 7 月 13 日），頁 53。

[88] 「府令第七十一號」，《臺灣總督府官報》，第 575 號（昭和 19 年 3 月 4 日），頁 21。

[89] 田淵實、大浦賢，〈臺灣貿易の統制〉，頁 254-5。

「準戰時體制」時期,對外貿易的目標在輸入大量軍需材料與平衡國際收支,對黃金產量並不豐富的日本而言,促進輸出以獲取外幣無疑是最佳且是唯一的手段。不過由於滿、關、中等地區的貨幣制度是以日圓來連結,對當地的輸出貿易實與國內通商無異,不但無法獲取任何外幣,更無益於國際收支的改善。[90]因此,減少對當地的輸出,以便將多餘物資轉向第三國出口實有其必要性。最直接的表現,便是抑制具有政治一體化關係的圓域圈貿易。[91]

　　然而這種情形,到了 1941 年以後卻有了重大轉折。1941 年 7 月 25日,美國為抵制日本侵略西貢,下令凍結日本在美資產,包括現金、支票、票據、金塊、銀行存款、公債及股票等,並禁止汽油輸往日本,封存國內生絲;翌日,英國及其屬地加拿大、澳洲、南非、紐西蘭、印度、緬甸及荷屬東印度,也都採取凍結行動,並宣佈廢止與日本訂立的一切商約;繼而美、英等國還應中國(重慶)政府之請求,同時對中國在美資產實行凍結,以穩定中國金融,並打擊日本套購占領區外匯。[92]兩天後,日本大藏省隨即公布了報復性措施「關於外國人交易取締規則」加以反擊。適用本規則的國家有美國及其全部領地、菲律賓聯邦、加拿大、英國、香港、荷蘭以及蘭領印度等,臺灣亦於同日以府令公佈施行。[93]至此,日本的對外貿易完全被孤立在美元、英鎊區域之外。這個決定性的事件,讓日本不得不朝著「大東亞共榮圈」的建立而邁進;12 月 8 日,日本對英美宣戰,大東亞戰爭正式爆發,更確立了東亞貿易自給的必要性,貿易亦朝此方向進行調整,[94]對第三國貿易既已無望,如何加強圓域內的貿易便成了貿易統制的重心。

　　加強圓域間貿易的第一步,便是免除相互間的關稅。臺灣與關東州及滿洲國間原本即有特惠的協定稅率,美、英實施資產凍結令後,總督

---

[90] 酒井澤喜,《日本貿易統制機構》,頁 13。

[91] 中井省三,《日本戰時貿易政策と輸出入リンク制度論》,頁 24。

[92] 周佛海著、蔡德金編注,《周佛海日記全編》,頁 496。

[93] 中島一郎(總督府財務局長),〈外國人取引取締規則公布に就て〉,《臺灣時報》,第 261號(昭和 16 年 9 月),頁 3。

[94] 田淵實、大浦賢,〈臺灣貿易の統制〉,頁 256。

府隨即在 8 月 5 日頒布「輸入稅免除相關規定」，免除前述兩地產品的輸入稅。獲免除輸入稅的滿洲國產品，計有玉蜀黍、蕎麥、豆類、大豆油、炭化水素油（碳化氫油，一種燃料用油）、礬土、瀝青、纖維素紙漿、焦炭、鋁及鋁合金、鎂及鎂合金、木材、木炭等 13 項（附表甲號）；關東州產品則有玉蜀黍、蕎麥、豆類、大豆油等 38 項（附表乙號）；另外，關東州生產的禽畜肉類一項（丙號）則給予 1%的優惠稅率。[95] 1943年，滿洲國的免稅品增列了禽畜肉類、落花生油、棉子油、甘草越幾斯（「かんぞうエキス」之漢文寫法，亦即「甘草精」）、中藥（黃芩等）、船舶等 6 項；關東州則增列原本的特惠稅品禽畜肉類及棉子油；同時，免稅的優惠擴及到「中華民國」（南京汪政權），其免稅品計有玉蜀黍、豆類、菜子及芥子、禽畜肉類、鳥蛋、鳥蛋粉、落花生油、棉子油、獸脂、菜種油、甘草越幾斯、阿膠、中藥（黃芩等）、漆、船舶、木材、木炭等 17 項（丙號），與前述兩地的重疊性相當高；另外「中華民國」產的蔬菜、水果以及頭巾兩項則分別給予從價三成及從價四成的優惠稅率（丁號）。[96]

　　前述的免稅優惠期限原本僅有三年，1944 年期限將屆滿前，總督府再公布新的「輸入稅免除相關規定」，凡是關東州及滿洲國所生產的物品，一律免除其輸入稅；至於「中華民國」的產品則分免稅品（甲號）及優惠稅率（乙號），項目同前，有效期限至大東亞戰爭結束後一年。[97]

　　其次，為了鼓勵輸出，特別取消了數種重要輸出品的國內稅。日本雖早在 1899 年即廢除了輸出稅（臺灣則遲至 1910 年始廢除），但為了增加稅收，仍屢次對移出或輸出品附加各種稅賦，如酒類出港稅、砂糖消費稅、織物消費稅、揮發油稅、骨牌稅等，雖無關稅之名，卻有其實。為了鼓勵對圓域貿易圈的輸出，1943 年 3 月特別將用以輸出的酒類、清涼飲料、砂糖、糖蜜、糖水、糖果、揮發油、骨牌等物品之國內稅加

---

[95]　《臺灣總督府官報》，第 380 號（昭和 18 年 7 月 10 日），頁 45-46。
[96]　《臺灣總督府官報》，第 380 號（昭和 18 年 7 月 10 日），頁 46-47。
[97]　《臺灣總督府官報》，第 637 號（昭和 19 年 5 月 8 日），頁 34。

以免除;同時關東州生產並輸入的前述物品亦免除或減輕其輸入稅。[98]惟施行於臺灣及樺太時,則將酒類及清涼飲料排除在免稅之外。[99]

第三步的措施便是整併貿易統制法令。在此之前,臺灣對外國貿易的統制存在三種各不相同的法令,既有用來規範第三國貿易的「貿易統制令施行規則」,也有適用於南洋的「南洋貿易調整規則」,對關東州、滿洲及中國等圓域地區則另有「對關東州、滿洲及支那貿易調整相關規定」。此時的貿易對象既已無法越出圓域貿易圈外,為了確立「東亞共榮圈」的自給自足體制,並加速圈內物資交流,勢必要將貿易法規加以統一簡化。於是,1943 年 2 月將「南洋貿易調整規則」及「對關東州、滿洲及支那貿易調整相關規定」併入「貿易統制令施行規則」中,成為臺灣對外貿易統制的唯一法源。此後,凡是總督府所指定的輸出入品,不論輸往何方,若未經臺灣總督許可,且藉由調整機關承買、委託,則禁止輸出入。[100]至此,完成了戰時貿易統制的整編,臺灣的貿易亦往戰時的、且是最後階段的國家管理邁進。

隨著貿易法令的整併,貿易機構也同步整編。以往分別作為滿、關、中及南洋貿易調整機關的「臺灣東亞貿易聯合組合」與「臺灣南洋貿易聯合組合」解散,臺灣總督另行指定「臺灣貿易會」為調整機關。[101]該會最初僅為圓域貿易的專門調整機關,1943 年「貿易統制令施行規則」修改後,對南洋或內地的貿易,也都由其處理。組成會員共計 11 個,業者須依照項目別,經由會員向「臺灣貿易會」辦理手續,始可從事輸出、入業務。[102]不過「臺灣貿易會」成立後,即存在著缺乏法源依據、

---

98 《臺灣總督府官報》,第 294 號(昭和 18 年 3 月 28 日),頁 120-121。
99 「敕令第二百六號」,《臺灣總督府官報》,第 303 號(昭和 18 年 4 月 9 日),頁 49。
100 「府令第十九號」,《臺灣總督府官報》,第 255 號(昭和 18 年 2 月 10 日),頁 23-24。
101 「告示九十號」、「告示九十一號」、「告示九十二號」、「告示九十三號」,《臺灣總督府官報》,第 255 號(昭和 18 年 2 月 10 日),頁 25-31。
102 11 個會員分別為:「臺灣石炭會社」、「臺灣罐頭共販會社」、「臺灣茶輸移出統制會社」、「臺灣青果會社」、「臺灣貿易振興會社」、「臺灣專賣品交易組合」、「臺灣砂糖貿易組合」、「臺灣水產物輸移入出組合」、「臺灣雜穀配合組合」、「臺灣飼料輸移入組合」、「臺灣麻袋輸入組合」。此外,原隸屬於「臺灣東亞貿易聯合組合」的「臺灣棉花配給組合」、「臺灣藥品貿易組合」、「臺灣織品紙類貿易組合」、「臺灣木材貿易組合」、「臺灣食糧品貿易組合」、「臺灣雜貨貿易組合」、「臺灣薑黃輸移出組合」、「臺灣專賣品

經費短缺、以及組織功能重複等問題，所以不到一年便遭裁併。[103]

　　戰爭末期，為了加緊對重要物資的掌控，日本政府在東京設立「重要物資營團總事務所」，同時規定，如經政府許可，得在認為必要的地方設置從屬事務所。於是 1944 年 1 月，總督府以法律第一號公布「臺灣重要物資營團法」，[104]並於 3 月成立「臺灣物資重要營團」為新的調整機關，將原先的「臺灣貿易會」，以及 1941 年 4 月以來，一直擔任輸出品及輸出品用原、材料配給機關的「臺灣貿易振興株式會社」加以合併。[105]

　　「臺灣物資重要營團」負責業務主要有四項：其一，限制輸出入品的輸出入工作，由該營團承買，並直接輸出入（此時則從以往的相關業者中另選出實務擔當者，擔負實際輸出入工作），或委任相關輸出入業者從事輸出入；其二，以往由「臺灣貿易振興株式會社」負責的臨時軍事費特別會計之相關業務亦轉由營團執行；其三，交易上所產生的價格損益調整之相關業務，即依據「為替交易調整法」所設立的匯兌交易調整特別會計，向政府繳納或領取價格差額之業務；其四，輸出品用原材料的承買、販賣或配給事務。[106]換言之，原來分屬「臺灣貿易會」及「臺灣貿易振興株式會社」的輸出調整和原料配給工作，統由「臺灣物資重要營團」負責，完成了真正的一元化統制。這也意味著經濟統制的範圍，不但從貿易統制延伸到物資生產、配給部門的統制，甚至已擴大到消費統制。[107]

　　總結上述，戰時臺灣的貿易統制與對圓域地區貿易政策的演變關

事業用品貿易組合」、「臺灣シトロネフ油輸移出組合」、「臺灣珊瑚輸出組合」、「臺灣纖維製品輸出組合」等全部解散。見維摩居士，〈臺灣貿易會の諸課題〉，《臺灣時報》，第 281 號（昭和 18 年 5 月），頁 41-2。

[103] 維摩居士，〈臺灣貿易會の諸課題〉，頁 43-5。

[104] 臺灣省文獻委員會編，《臺灣省通誌》，第 4 卷—經濟志商業篇，頁 158。

[105] 「府令第九十三號」、「告示第三百二十一號」，《臺灣總督府官報》，第 591 號（昭和 19 年 3 月 20 日），頁 131-2。

[106] 藪下晴治（總督府外事部事務官），〈臺灣の戰時交易統制概要〉，《臺灣時報》，第 294 號（昭和 19 年 7 月），頁 26-7。

[107] 山口一夫，〈事變下臺灣に於ける物資統制〉，《臺灣經濟年報》，第一輯（臺北：南天書局，1996 年），頁 572-577。

係，可以簡單表列如下：

表2　戰時體制（1940.9-1945.8）下的臺灣貿易統制與圓域貿易政策演變

時間	目標	統制地區	貿易統制方式或法令	調整機關
三國同盟至美國凍結日本在美資產前（1940.9-1941.7.26）	確保軍需材料輸入平衡國際收支生活必需品自給	內地	臨時移出入品調整規則	臺灣農會、臺灣鮮魚輸移出組合等
		南洋（法印、泰國）	南洋貿易調整規則	臺灣南洋貿易聯合組合
		第三國	輸出品及輸出品用原材料配給統制規則貿易統制令貿易統制令施行規則	臺灣貿易振興株式會社臺灣罐詰共販株式會社
美國凍結日本在美資產（1941.7）後	建立東亞共榮圈貿易	大東亞共榮圈	貿易統制令施行規則輸入稅免除相關規定取消重要輸出品的內國稅	臺灣貿易會臺灣物資重要營團

資料來源：作者根據上文自行整理。

四、圓域體系下的兩岸貿易

　　透過前述的措施，日本強化了戰爭時期圓域貿易圈內的貿易活動，這也使得同在圈內的中、臺兩地間貿易往來更為密切。本節接著要從實際數據來探究 1940 年代兩岸貿易的發展狀況。由於戰爭的因素，日治後期的稅關統計資料甚少發佈，1940 年下半以後，更成為絕響，以致精確數據者不可得；[108]再者，本時期的兩岸貿易，無異是日本帝國內部分工的一環，[109]貿易政策制定時，常將中、關、滿視為一體。因此，儘管本時期的大陸地區至少包括四個「政治實體」，即中國本土（含 1912 年以來的中華民國及日本占領後在華北等地扶植的政權）、英國租借地

---

[108] 臺灣經濟年報刊行會編，《臺灣經濟年報》，第一輯，頁285。

[109] 堀和生，〈植民地帝国日本の経済構造──一九三〇年代を中心に──〉，《日本史研究》，第 462 號（2001 年 2 月），頁42。

香港、日本租借地關東州（1905 年以後），以及 1932 年宣布獨立的滿洲國。惟本節關於兩岸貿易狀況研究，將以臺灣對整體大陸地區（香港除外）為主，與個別地區的貿易狀況為輔。以下分別說明本時期兩岸貿易的變化及其動因、貿易收支與貿易所占比重、重要貿易品，以及其所展現出和戰前截然不同的面貌。

（一）貿易的變化及其動因

中日開戰後，臺灣對關、滿、中三地的貿易情況各不相同。對關東州的貿易在 1939 年曾高達 6,086 萬圓，遠勝同年對中國占領地的 3,534 萬圓。[110]對滿洲國的貿易從該國建立以來即不斷成長，絲毫未受戰爭影響，1939 年首度達到千萬圓，翌年起更超過 3,000 萬圓，逐步取代關東州地位。對中國方面，隨著日軍在華軍事行動的開展，兩地貿易逐漸恢復，1941 年達 7,949 萬圓， 1944 年更達到 10,346 萬圓，是日本統治時期兩地貿易額的最高峰。為瞭解 1940 年前後兩岸貿易擴張的情形，茲將 1937 年中日戰爭爆發後，臺灣與大陸地區的整體貿易演變趨勢圖示如下：

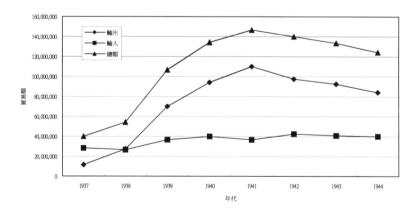

圖 1　臺灣與大陸地區（中關滿）貿易趨勢變化（1937-1944）

資料來源：1937-1939：《臺灣對南支南洋貿易表（昭和 14 年）》，頁 1；〈昭和 14 年の臺灣貿易狀況〉，《臺灣時報》，第 242 號，頁 54；1940-1944：《臺灣統治概

---

110 水津彌吉，〈本島內外の經濟情勢に就て〉，《臺灣時報》，第 262 號（昭和 16 年 10 月），頁 20。

要》，頁 459-460。

　　1937 年中日戰爭發生後，臺灣對大陸地區的貿易並不暢旺，該年度的貿易額為 4,722 萬圓，較前一年減少 540 萬圓。隨著日軍占領區的擴大，1939 年後快速增加，1940 年提高至 13,408 萬圓。1941 年起，日本在臺灣推行更嚴格的計劃經濟，不再以米穀、砂糖二大物產為重，而是朝向主要農作物的全面增產，除了「米穀管理令」、「糖業令」外，新頒布「臨時農地管理令」，實施雜作物的栽種限制，有計劃的進行全面性農業增產。貿易方面則將重點放在確保島內物資與必要物資的輸移入順暢，實施「貿易統制令」、「南洋貿易調整規則」、「臨時輸移入調整規則」，並設置相應統制機關。[111]至 1941 年下半季，更強化各種統制策略，如公布實施「物資統制令」、「重要產業團體令」、「企業許可令」、「臺灣米穀應急措置令」、整編統制機構、維持低物價、力求物資流動的順暢。[112]在有計劃的生產及交易下，貿易額達到 14,645 萬圓，是日治時期臺灣與大陸地區貿易的最高紀錄。同年底珍珠港事變爆發，日軍進占天津、上海方面的英租界及共同租界，獨攬租界行政權，華中地區正式成為圓域的一部分，整個中國（重慶政府除外）貿易全被納入大東亞共榮圈，在日本的計劃之下，實施重要物資移動許可制，原料配給的調整及生產販賣的協定。同時由於南洋供給物資與臺灣高度重疊，遂公布「農地作付統制規則」以調整臺灣農業；為了確立國防經濟的目標，砂糖的生產維持現狀，米及其他重要農產增產，至於茶、香水、香茅、水果、煙草等非必要物資的生產則受到抑制。[113]在有計劃減產之下，使得對大陸地區的貿易稍稍衰退，至 1944 年降至 12,739 萬圓。

（二）貿易收支與貿易所占比重

　　中日戰爭以前，臺灣對中國、關東州和滿洲的貿易，幾乎皆呈現入

---

[111] 水津彌吉，〈本島內外の經濟情勢に就て〉，頁 16。

[112] 水津彌吉，〈大東亞戰爭下の臺灣金融情勢—昭和十六年度下半期株主總會に於て〉，《臺灣時報》，第 268 號（昭和 17 年 4 月），頁 32。

[113] 水津彌吉，〈東亞の經濟、臺灣の經濟〉，頁 48、53。

超（參閱表 2，以下同），不過其後則有所轉變，1938 年對大陸地區首
度出現了 35 萬圓的出超，相較於前一年，貿易收支改善了 1,695 萬圓；
翌年起出超額年年增加，[114]1941 年更高達 7,343 萬圓，是日治五十年的
最高峰；其後三年雖有下降，仍維持在四、五千萬圓之間，1941-44 年
平均年出超額達 5,750 萬圓以上。反觀大陸地區以外的貿易，1938 年出
現了 269 萬圓的入超，與前一年相較，貿易收支惡化了 1,347 萬圓，此
後更年年減退，有賴新開拓的滿洲、華北、華中等圓域內市場來加以填
補。[115]

　　就個別地區來看，1938 年對中國貿易額僅有 800 餘萬圓，但出超
竟達 723 萬圓，[116]1940 及 41 年更達到 5,500 萬圓以上的高峰；[117]此後
隨著中國輸入增加而略為下降，但仍維持在 3,700 萬圓以上，1941-44
年平均年出超額達 4,600 萬圓以上，占圓域貿易出超額近九成；對滿貿
易仍以入超為主，顯示臺灣對滿洲仍有大量物資需求；至於關東州，在
臺、滿直接貿易路線開設後，滿洲所產物品不再由此輸臺，該地轉而以
輸入臺灣商品到華北為主，因而貿易收支遂從 1940 年起轉為出超，該
年度的出超額為 1,677 萬圓，翌年則高達 2,550 萬圓。

　　其次，貿易所占的比重方面，1940 年以前臺灣對大陸地區貿易總
額在整體對外國貿易（不含對日貿易，以下同）所占比重雖時有起伏，
平均則維持在 70%上下，顯見臺灣對該地貿易依存度雖高，但仍與其他
地區有相當的往來。其後對大陸地區的貿易依賴情形更為明顯，1941-44
年，臺灣對大陸地區貿易在對外國貿易所占比重分別為 88%、93%、
86%、89%，平均高達 89%，幾乎等於隔絕了與其他國家的貿易往來。

[114] 滿尾元志，〈昭和十四年の臺灣貿易狀況〉，《臺灣時報》，第 242 號（昭和 15 年 2 月），
　　頁 54；臺灣經濟年報刊行會編，《臺灣經濟年報》，第一輯（昭和 16 年版），頁 289。
[115] 青木武司，〈事變下の臺灣貿易と產業〉，《臺灣時報》，第 232 號（昭和 14 年 3 月），
　　頁 33-34。
[116] 1938 年對中華民國的貿易輸出為 7,971,638 圓、輸入為 746,396 圓、合計為 8,718,034 圓，
　　出超 7,225,242 圓，詳見臺灣總督府財務局編，《臺灣對南支南洋貿易表》（臺北：臺灣總
　　督府財務局稅務課，昭和 14 年），頁 1。
[117] 臺灣總督府編，《臺灣統治概要》（臺北：南天書局，1997 年），頁 459-60。

表 3   臺灣與大陸地區貿易額（1932-1944）單位：日圓

	輸出	輸入	總額	出入超	輸出所占比例%	輸入所占比例%	總額所占比例%
1932	8,533,494	18,775,857	27,309,351	-10,242,363	47.29	60.49	55.64
1933	6,725,365	22,713,554	29,438,919	-15,988,189	38.07	64.02	55.40
1934	11,709,110	23,354,601	35,063,711	-11,645,491	44.15	61.41	54.32
1935	17,538,506	29,293,214	46,831,720	-11,754,708	47.99	65.13	57.45
1936	12,737,835	33,826,417	46,564,252	-21,088,582	43.84	69.24	59.77
1937	11,834,000	28,425,617	40,259,617	-16,591,617	39.56	64.27	54.30
1938	27,295,197	26,940,996	54,236,193	354,201	75.09	69.60	72.26
1939	69,960,658	36,401,408	106,362,066	33,559,250	84.09	71.32	79.24
1940	94,154,000	39,921,000	134,075,000	54,233,000	88.19	71.21	82.34
1941	109,937,000	36,508,000	146,445,000	73,429,000	96.34	69.32	87.81
1942	97,283,000	42,897,000	140,180,000	54,386,000	93.98	91.47	93.20
1943	92,590,000	40,882,000	133,472,000	51,708,000	85.58	87.35	86.12
1944	83,825,000	40,280,000	124,105,000	43,545,000	87.76	92.73	89.32

資料來源：1932-1935 據《臺灣貿易四十年表》頁 408-9 計算而得；1935-1939 據《臺灣對南支南洋貿易表（昭和 14 年）》頁 1 計算而得；1940-1944 據臺灣總督府編，《臺灣統治概要》，頁 459-60 計算而得。

（三）重要貿易商品

1.重要輸出品：中日戰爭爆發之前，臺灣對大陸地區的重要輸出品，除了海產、紡織品、火柴等內地轉口商品外，主要為茶、砂糖、煤、酒精以及香蕉、柑橘、鳳梨罐頭、蔬菜等本地商品。戰爭爆發之初，隨著中國的抵制日貨，轉口輸出不再，同時原本輸出華中、華南的茶、糖或蔬果也幾乎全面停止。其後由於政治情勢穩定，總督府有計劃的增產

及品種改良，砂糖、包種茶、煤炭、鳳梨罐頭再度成為輸出大陸地區的主要產品。尤其砂糖，以往多半輸往華南，但此期間則逐漸向滿洲國及關東州開拓新市場，輸出額的激增與價格高漲的程度頗為令人注目。[118] 臺茶也是本時期輸出大陸地區，特別是東北的重要產品。為了促進臺茶的銷售，1940 年 8 月，總督府特別派遣特產課長前往滿洲國，與該國商務司長簽署關於臺灣茶的輸出入諒解事項，最後雙方且針對臺茶輸滿的統制機關、輸出數量、輸出價格方面達成了數項決議。[119]

2.重要輸入品：戰前來自對岸的主要輸入品，計有木材、稻穀、包蓆、大豆油糟、大豆、黃麻布袋、硫安、鐵、煤、水泥以及為數不少的雜品。[120]其中肥料（特別是屬於滿洲國特產的大豆油糟）尤為輸入品的大宗，幾乎占了輸入總額的一半。事變發生後，輸入品並未有太大變化，肥料依然獨占鰲頭，其次為大豆（食品、飼料）及麥糠，1939 年時，輸入額分別為 650 萬圓及 270 萬圓。除了麥糠由上海輸入外，其餘產品皆產自滿洲、關東州，多半由大連輸入。黃麻布袋為砂糖、米的包裝材料，1935 年曾達 350 餘萬圓的最高紀錄，但事變發生後，由於極力回收舊袋再利用，輸入額遂降至 300 萬圓以下。包蓆則因屬性與黃麻布袋雷同，事變後銳減為 40 萬圓至 60 萬圓。[121]至於其他雜品（特別是奢侈品），也由於輸入管制而紛紛減退乃至消失。[122]

（四）兩岸貿易的新風貌

在整編圓域貿易圈政策與實施貿易統制的交互影響下，臺灣對大陸地區的貿易展現了三種和戰前截然不同的面貌：

首先是貿易地區的轉向。先就對中國地區而言，中日戰爭爆發以前，臺灣主要貿易地區集中在華南，至本時期則已轉往華中、華北。日

---

[118] 青木武司，〈事變下の臺灣貿易と產業〉，頁 35-36。

[119] 「臺灣茶貿易に關し 滿洲國と假調印」，《臺灣時報》，第 249 號（昭和 15 年 9 月），頁 188-189。

[120] 青木武司，〈事變下の臺灣貿易と產業〉，頁 36。

[121] 臺灣經濟年報刊行會編，《臺灣經濟年報》，第一輯，頁 290。

[122] 青木武司，〈事變下の臺灣貿易と產業〉，頁 36。

治初期，臺灣在中國大陸的貿易對象以福建為主。1902 至 1912 年間，
臺灣對閩貿易值占臺灣對中國貿易值的比例，平均為 72.73%，1913 年
以後較為減少，至 1931 年之間，平均為 51.3%，1932 至 1937 年間平均
為 50.6%；[123]對整體華南的貿易值，輸入和輸出方面分別在 1916 年和
1932 年開始急遽減少，[124]到了中日戰爭之後則完全改觀。不僅對閩貿
易頓時中止，[125]對華南貿易更降至四成以下，1942-44 年對華南貿易平
均僅占全中國的 28%。反觀華中及華北則明顯增加，特別是華北輸出增
加情形，越到後來越為明顯（參見表 3）。華中、華北貿易增加固然與
同在圓域貿易圈，享受到關稅降低的好處有關，但華南的同時減退，卻
也反映了日本帝國內分工的特性。[126]

表 4　臺灣對「中華民國」貿易額（1937-44）單位：千圓（%）

年代		華北	華中	華南	全中國
1937	輸出	751（13）	764（14）	4,060（73）	5,575（100）
	輸入	188（4）	2,837（67）	1,229（29）	4,253（100）
	總額	938（10）	3,601（37）	5,289（53）	9,828（100）
1938	輸出	2,380（30）	4,838（61）	754（9）	7,972（100）
	輸入	93（12）	482（65）	172（23）	746（100）
	總額	2,473（28）	5,319（61）	926（11）	8,718（100）
1939	輸出	11,949（35）	9,445（28）	12,446（37）	33,840（100）
	輸入	244（16）	852（57）	404（27）	1,499（100）
	總額	12,193（35）	10,297（29）	12,850（36）	35,340（100）
1942	輸出	26,926（42）	23,373（36）	14,493（22）	64,792（100）
	輸入	2,376（14）	10,180（61）	4,082（25）	16,639（100）

[123] 林滿紅，〈臺灣與東北間的貿易（1932-1941）〉，《中央研究院近代史研究所集刊》，第 24 期，頁 657-660。

[124] 堀和生，《東アジア資本主義史論 I——形成・構造・展開》（京都：ミネルヴァ書房，2009 年），頁 84。

[125] 《臺灣省通志》卷四〈經濟志・商業篇〉，頁 163。

[126] 堀和生，〈植民地帝国日本の経済構造—一九三〇年代を中心に—〉，頁 40。

	總額	29,302（36）	33,553（41）	18,575（23）	81,431（100）
	輸出	32,579（55）	14,212（24）	12,134（21）	58,925（100）
1943	輸入	542（4）	6,046（43）	7,636（53）	14,224（100）
	總額	33,121（45）	20,258（28）	19,770（27）	73,149（100）
	輸出	36,657（52）	15,771（22）	18,096（26）	70,524（100）
1944	輸入	417（1）	15,311（46）	17,211（53）	32,939（100）
	總額	37,074（36）	31,082（30）	35,307（34）	103,463（100）

資料來源：**1937-1939** 據《**臺灣對南支南洋貿易表（昭和 14 年）**》，**頁 2-7 計算而得**；**1942-1944 據臺灣總督府編，《臺灣統治概要》，頁 459-60 計算而得（1940，1941 無相關資料）**。

再就臺灣整體對外國貿易而言，已明顯侷限在中國大陸地區。如將 1932 年滿洲建國以後臺灣對大陸地區（含中、關、滿）的貿易總額相對照，即可看出其間的差異（參閱前述表 2）。中日戰前臺灣對大陸地區貿易總額占外國貿易比重平均維持在 67%上下，顯見臺灣對該地貿易依存度雖高，但仍與其他地區有相當的往來；不過到了 1941-44 年，同貿易所占比重平均高達 89%；尤其輸出更為明顯，除了日本以外，滿、關、中幾乎成了當時臺灣唯一輸出市場，這意味著臺灣等於隔絕與其他國家的貿易往來。儘管太平洋戰爭爆發後，圓域貿易圈由原本僅有四個貿易單位的「日滿中集團」擴展為十一個貿易統計單位的「大東亞共榮圈」，但臺灣的主要貿易對象仍固守在上三地。

第二是貿易額突飛猛進與貿易收支大幅改善。中日戰前臺灣與大陸地區貿易雖有起伏，大體上是呈現長期下跌的趨勢。[127]不過從 1939 年起，對大陸地區的貿易額卻是急速增加，由前述表 2 觀察得知，1944 年的貿易額是 1937 年的三倍多，對中國及滿洲的增加更為明顯。若分就輸出、入來看，中日戰前數年，大陸地區輸入便占了臺灣進口總額的 65%以上，遙遙領先第三國；其後迄太平洋戰爭爆發前，此比率依舊不變，絕對值也幾乎與事變前相去不遠，顯然受到嚴密限制的第三國輸

---

[127] 許世融，〈關稅與兩岸貿易（1895-1945）〉，臺北：國立臺灣師範大學歷史學系博士論文，2005 年，頁 14-18。

入，隨著軍需品及其他重要物資的輸入增加，並未見大幅減退。至於輸出則明顯逆轉，1937 年以前，對大陸地區輸出皆少於第三國，當年不過占總輸出額的 39.6%。但 38 年起則急速增加到 75%以上。事變後圓域輸出之所以顯著增加，雖由於需求增加，但與當地物價高漲，以及臺灣被迫採取日本的低物價政策亦有不可分的關係。臺灣的主要輸出品，如香蕉、砂糖、茶、橘子、海產等的價格，從 1936 到 1939 年，在對岸約上漲了 70%，因而圓域輸出額的增加，應有相當程度是由於當地的物價上升，而非全然是實際的輸出增加。不過圓域輸出貿易在臺灣對外國貿易的比重高居不下則是不爭的事實。

由於輸入不變、輸出驟增，連帶使得臺灣對大陸地區的貿易收支情形改善不少。中日戰前對大陸地區整體貿易多為入超，特別是對關東州及滿洲國更是少有例外（參見表 2）；相反的，第三國貿易則多半出超。但 1939 年則反轉，對大陸地區出超了 3,300 萬圓，第三國則入超 117 萬圓。最多的出超額甚至高達 7,300 萬圓，其中對中國的出超明顯增加乃為主因。不過正如前述，在國際收支上，同樣使用日圓的圓域貿易其實與內地貿易無多大差別，故其出超對於日本念茲在茲的國際收支平衡上並無多大助益；相反地，第三國貿易轉為入超，正意味著包含臺灣在內，整個日本帝國的貿易收支皆趨於惡化。[128]

第三是臺灣本地物產再度躍居輸出貿易品主流。事變前後，輸入商品內容變化不大，惟有奢侈品受限於輸入管制幾乎消失；肥料則在排除其他國家的輸入後，由東北持續獨占鰲頭。輸出方面，砂糖、米、包種茶、煤炭、鳳梨罐頭等本島產品成為輸出大陸地區的主要產品。

五、結論

日本取得海外殖民地後，除了將其納入本國關稅圈外，在貨幣政策上，採取類似法國的「通貨共通主義」，將各殖民地以和日圓等值的通貨加以聯

---

[128] 田淵實，〈臺灣貿易の構成變化〉，《臺灣經濟年報》，第一輯，頁 611-616。

結，形成日圓集團，這種背景使得 1930 年代世界走向集團化傾向時，得以迅速形成圓域貿易圈，與英鎊、美元的貿易圈分庭抗禮。

所謂的圓域貿易圈具有如下兩個特色。首先，其範圍與內涵，是隨著日本帝國的不斷膨脹而改變：1930 年代初期進占中國東北，此時可名之為「日滿集團」；30 年代末期華北、華中陸續納入，而有「日滿中集團」之呼聲；迄 40 年代太平洋戰爭爆發後，歐美在東南亞的殖民地遭日本掠奪，遂改稱「大東亞共榮圈」。其次，「日滿中集團」時代的圓域貿易圈範圍，並不必然取決於日軍的軍事行動速度，一方面也有日軍整體戰略考量。至 1938 年底為止，華北、華中的大都市，及部分華南地區皆處在日本掌控之下，然而當華北在 1938 年至 1939 年間，透過稅款管理權的掠奪、稅則的修訂，乃至聯銀券的強勢推行、法幣流通的禁止而納入圓域區域時，華中方面即使已有一億以上的日圓流通，[129]卻依然被視為圓域圈外的地區，且遲至太平洋戰爭爆發後，日本才加快腳步將華中整編完成。最主要的關鍵，即在當地的國際關係複雜，同時日本也想利用此地套取外匯。

圓域貿易圈擴大的進程，固然影響著兩岸間的貿易發展，但另一重要因素也不容忽略，此即日本的戰時經濟政策。德、義、日三國同盟締結以前，日本採取所謂的準戰時體制，一方面要確保軍需材料輸入，另一方面也要顧及國際收支平衡，所以必須儘可能獲取外匯，對同屬日圓流通地區的圓域貿易加以管制，毋寧是相當自然的思考。既已締結同盟，隨即進入戰時體制，前兩項目標固然仍存在，但也必須漸漸思索退路，生活必需品自給成了當務之急。尤其在美、英凍結日本資產後，獲取外幣無望，唯有務實加強本身所能主宰的圓域貿易，於是對圓域貿易採取積極提倡的作為，具體做法則有免除關稅、取消輸出品的國內稅、整編貿易法令等。

總之，由於日本整體貿易統制政策的轉向，以及圓域貿易圈的不斷擴大，兩岸間的貿易往來，不僅未因戰爭造成中斷，反而在中日戰爭後期達到前所未見的高峰。

---

[129] 中井省三，《日本戰時貿易政策と輸出入リンク制度論》，頁 24-25。

參考文獻

（一）日文舊報紙與總督府財務局、稅關統計資料

1. 臺灣總督府編，《臺灣總督府報》。臺北：臺灣總督府，明治 29 年至昭和 17 年。

2. 臺灣總督府編，《臺灣總督府官報》。臺北：昭和 17 年至 20 年。

3. 臺灣總督府財務局編，《臺灣貿易四十年表》。臺北：臺灣總督府財務局，昭和 11 年。

4. 臺灣總督府財務局稅務課，《臺灣對南支南洋貿易表（昭和 14 年）》。臺北：臺灣總督府財務局稅務課，昭和 15 年。

（二）專書

1. 中文

（1）臺灣省文獻委員會編，《臺灣省通誌》。臺北：臺灣省文獻委員會，民國 59 年。

（2）矢內原忠雄著、周憲文譯，《日本帝國主義下之臺灣》。臺北：帕米爾書店，1985 年。

（3）周佛海著、蔡德金編註，《周佛海日記全編》。北京：中國文聯，2003 年。

（4）張玉法，《中國現代史》。臺北：東華書局，1983 年。

（5）陳詩啟，《中國近代海關史—民國部分》。北京：人民出版社，1999 年。

（6）陳翰笙、千家駒主編，《一九三八年英日關於中國海關的非法協定》。北京：中華書局，1983 年。

（7）蔡渭洲，《中國海關簡史》。北京：中國展望出版社，1989 年。

（8）濱下武志著、馬宋芝譯，《香港大視野》。臺北：故鄉，1997 年。

2. 日文

（1）山本有造，《日本植民地經濟史研究》。名古屋：名古屋大學出版

會，1992 年。

（2）中井省三，《日本戰時貿易政策と輸出入リンク制度論》。東京：
千倉書房，昭和 14 年。

（3）臺灣經濟年報刊行會編，《臺灣經濟年報第一輯》（昭和 16 年版）。
臺北：南天書局，1996 年。

（4）臺灣總督府編，《臺灣統治概要》。臺北：南天書局，1997 年。

（5）平尾彌五郎，《最近の貿易及貿易政策》。東京：一元社，昭和 12 年。

（6）矢內原忠雄，《帝国主義下の臺湾》。東京：岩波書局，1988 年。

（7）酒井澤喜，《日本貿易統制機構》。東京：修文館，昭和 17 年。

（8）植田捷雄，《東洋外交史》。東京：東京大學出版會，1974 年。

（9）堀和生，《東アジア資本主義史論 I──形成・構造・展開》京都：
ミネルヴァ書房，2009 年。

（三）期刊論文

1.中文

（1）林滿紅，〈經貿與政治文化認同─日本領臺為兩岸長程關係投下的
變數〉，《晚近史學與兩岸思維》（臺北：麥田出版社，2002 年），
頁 271-353。

（2）林滿紅，〈臺灣與東北間的貿易（1932-1941）〉，《中央研究院近代
史研究所集刊》，第 24 期，頁 653-696。

（3）林美莉，〈抗戰時期的貨幣戰爭〉。臺北：國立臺灣師範大學歷史
學研究所博士論文，1995 年 6 月。

（4）許世融，〈關稅與兩岸貿易（1895-1945）〉。臺北：國立臺灣師範
大學歷史學系博士論文，2005 年。

（5）梁華璜，〈臺灣總督府的福建政策〉，收入於《臺灣總督府的「對
岸」政策研究》（臺北：稻鄉出版社，2001 年），頁 37-61。

2.日文

（1）三浦弘一，〈臺滿經濟提攜の基調と方向〉，《臺灣時報》，第 235

號（昭和 14 年 6 月），頁 30-39。

（2）山口一夫，〈事變下臺灣に於ける物資統制〉，收入於臺灣經濟年
報刊行會編，《臺灣經濟年報》，第一輯（昭和 16 年版）（臺北：南
天書局，1996 年），頁 569-598。

（3）水津彌吉，〈本島內外の經濟情勢に就て〉，《臺灣時報》，第 262
號（昭和 16 年 10 月），頁 16-23。

（4）水津彌吉，〈大東亞戰爭下の臺灣金融情勢─昭和十六年度下半期
株主總會に於て〉，《臺灣時報》，第 268 號（昭和 17 年 4 月），頁
32-36。

（5）水津彌吉，〈東亞の經濟、臺灣の經濟〉，《臺灣時報》，第 274 號
（昭和 17 年 10 月），頁 48-55。

（6）太田修吉，〈事變と臺灣對內外貿易の現狀及將來〉，《臺灣時報》，
第 221 號（昭和 13 年 4 月），頁 60-69。

（7）中島一郎（總督府財務局長），〈外國人取引取締規則公布に就て〉，
《臺灣時報》，第 261 號（昭和 16 年 9 月），頁 3-4。

（8）田中國一（殖產局商工課），〈最近の貿易統制の行き方に就て〉，
收入於《臺灣經濟法令講座》，第三輯（臺北：臺灣時報公司，昭
和 16 年），頁 138-160。

（9）田淵實，〈臺灣貿易の構成變化〉，收入於《臺灣經濟年報》，第一
輯（昭和 16 年版）（臺北：南天書局，1996 年），頁 599-626。

（10）田淵實、大浦賢，〈臺灣貿易の統制〉，收入於《臺灣經濟年報》，
第二輯（昭和 17 年版）（臺北：南天書局，1996 年），頁 235-258。

（11）青木武司，〈事變下の臺灣貿易と產業〉，《臺灣時報》，第 232 號
（昭和 14 年 3 月），頁 28-41。

（12）林益謙，〈轉換期臺灣の新出路〉，《臺灣時報》，第 236 號（昭和
14 年 7 月），頁 2-16。

（13）岸澤東一，〈貿易構成に觀る臺滿關係〉，《臺灣時報》，第 236 號
（昭和 14 年 7、8 月），頁 24-25。

（14）後藤清，〈統制經濟確保のための新立法─貿易調整法、貿易組

合法、工業組合法中改正法の解說〉，《法律時報》，第 9 卷第 9 號
（東京：日本評論社，昭和 12 年），頁 13-16。

（15）堀和生，〈植民地帝国日本の経済構造——一九三〇年代を中心に
——〉，《日本史研究》，第 462 號（2001 年 2 月），頁 26-54。

（16）滿尾元志，〈昭和十四年の臺灣貿易狀況〉，《臺灣時報》，第 242
號（昭和 15 年 2 月），頁 53。

（17）臺灣銀行調查課，〈貿易〉，收入於《臺灣經濟年報》，第一輯（昭
和 16 年版）（臺北：南天書局，1996 年），頁 283-292。

（18）維摩居士，〈臺灣貿易會の諸課題〉，《臺灣時報》，第 281 號（昭
和 18 年 5 月），頁 40-45。

（19）橫田道三，〈長期戰下の貿易問題と臺灣輸出貿易對策〉，《臺灣
時報》，第 226 號（昭和 13 年 9 月），頁 38。

（20）藪下晴治（總督府外事部事務官），〈臺灣の戰時交易統制概要〉，
《臺灣時報》，第 294 號（昭和 19 年 7 月），頁 19-29。

（四）臺灣時報未署名彙報（按時間順序排列）

1.「臺灣茶貿易に關し　滿洲國と假調印」，《臺灣時報》，第 249 號（昭
和 15 年 9 月），頁 188-189。

2.「圓域交流物資統制に付き殖產局長談」，《臺灣時報》，第 251 號（昭
和 15 年 11 月），頁 175-176。

3.〈本年度輸出糖約為去年度一半〉，《臺灣時報》，第 252 號（昭和 15
年 12 月），頁 156-157。

（五）其他

1.武田晴人，〈現代日本經濟史 12〉，收入於東京大學大學院經濟學研究
科、經濟學部網站，網址：
http://www.e.u-tokyo.ac.jp/~takeda/gyoseki/GAKU00-12.htm。

終戰前後的臺日貿易（1941~1961）

一、前言

　　日本領臺以後，臺灣的貿易結構產生了重大變化。在此之前，中國大陸一直是臺灣的主要貿易對象。即使 1860 年開港之後，外商高度介入，使得臺灣貿易的國際性格濃厚，兩岸貿易仍然重要，不論是來往兩地的戎克船數量，或者主導兩岸貿易的郊商，臺灣輸往對岸的米、糖數量，絲毫不遜於清領前期。[1]1896 年臺灣對中國貿易仍佔全部對外貿易的 64%，1899 年已降至 39%；1901 年日本首度超越中國，成為臺灣最大貿易對象。此後對日貿易年年獨占鰲頭，其比重逐年加大，1909 年超過 70%，1930 年以後甚至高達八成以上（圖1）。[2]至於原本密切的兩岸貿易不但由「國內貿易」轉成「國際貿易」，其重要性也被另一種「國內貿易」－－臺日貿易所取代。

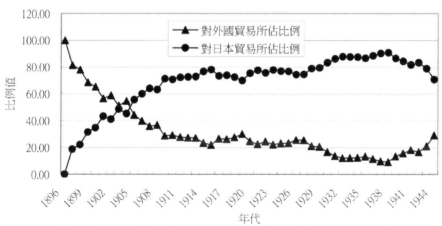

圖 1　臺灣對日本貿易所佔比例逐年趨勢（1896－1944）

資料來源：據《臺灣省通志》卷四經濟志商業篇，頁 182—186；《臺灣貿易四十年表》，頁 1、467；《臺灣統治概要》，頁 459-460 等資料統計繪製而成。

---

[1] 林滿紅，《晚近史學與兩岸思維》（臺北：麥田，2002 年），頁 308-318。

[2] 許世融，〈關稅與兩岸貿易 1895-1945〉（臺北：國立臺灣師範大學歷史學系博士論文，2005），頁 3。

　　戰後初期，臺灣重回中國經濟圈，對日貿易出現短暫中斷，不過隨著中華民國政府敗退來臺，再次開啟臺日間貿易的契機。

　　換言之，二十世紀的臺灣，雖有政權易手的情形，但絕大部分時間，日本都是臺灣最重要的貿易夥伴，政治上的轉變未必會即刻帶動經濟上的轉變。

　　而在這長達將近一世紀的臺日貿易中，1940 年代到 1960 年代，更精確的說法，是 1941 年到 1961 年之間，有不同於其他時段的表現或者關鍵性的發展。首先是臺灣的貿易從「日本關稅圈」轉為「中國關稅圈」，臺日間的貿易關係由移出入（國內貿易）轉為輸出入（國際貿易）；其次是臺日貿易額由戰前的出超為主，轉為戰後入超居多（1947、1948、1953、1955 除外）。

　　然則也有從戰前持續到戰後的發展。例如臺灣對日本的輸移出品，不論在日治或者戰後，始終以米、糖為主，只是聚歛米糖的方式已不相同；又如本時期內的臺日貿易，同為統制貿易，同在管制行動下進行。日治末期，不論臺日同受日本帝國基於戰爭需求而採取的統制經濟制約；戰後則分別受到中華民國政府與盟總管制。

　　本文的目的，即希望探究這段同處在管制階段的臺日貿易，在戰前戰後雖分屬兩個不同的政權，但有何延續與斷裂。起於 1941 年，是因為本年臺灣配合日本帝國進入戰時體制；終於 1961 年則因兩國政府主導的計畫性貿易形態在同年的貿易談判會議上決議廢止，此後臺日貿易改由商人主導，不再遵由貿易計畫行事。至於本文所用文獻，以臺灣所藏當時主管貿易相關部會檔案以及海關統計資料為主。

二、各階段的貿易管制

　　如同前面所述，本時期臺日貿易的最重要特徵，是在政府的高度管制下進行，不過管制的理由與方式則有相當的差異：戰前的管制，主要基於戰時體制的需求，由總督府以配合日本母國政策的方式，頒布相關規則來進行管制；戰後的部分則略有分歧，國民黨政府在大陸時期，臺

灣對外貿易由來臺接收的陳儀政府統籌，到了 1949 年底中央政府遷臺後，管制工作則由省方及中央聯手進行，惟其後中央逐步取得主導權。以下分階段敘述各時期的貿易管制概況。

（一）戰前的貿易管制（1941-1945）

臺灣被納入日本殖民地後，對日貿易原則上視同國內往來，稱為「移出入貿易」，並未多加管制；直到 1937 年進入「準戰時體制」後，情況開始改觀。

最初日本開始對貿易採取有限度管制，是基於因應經濟大恐慌發生之需要，當時尚未及於臺灣。當中日戰爭全面擴大後，為因應長期戰爭需求，於是將經濟結構改造為「準戰時體制」，此時實施貿易統制的主要目的，是為了取得軍需資材，並設法賺取外匯以平衡國際收支，故「擴充生產力」、「安定國民生活」、「振興貿易」並列為準戰時經濟三大方針，[3]此時貿易統制主要在管制輸出入商品項目，其方式是由臺灣總督逕行公告限制或禁止輸出入商品，主要對象是針對日本帝國所掌控的「圓域貿易圈」以外的第三國貿易。到了 1940 年 9 月德、義、日三國締結同盟後，確立「戰時體制」，遂進一步強化統制的內容；貿易統制範圍從原先的輸出入商品擴及輸出入機構，其方式則是由臺灣總督設立所謂的「統制機關」和「配給機關」來負責輸出入事宜，將輸出入及輸出入品所用原物料的配給一手掌控；而管制對象則擴大到對南洋及殖民母國日本。

1941 年 4 月 9 日，總督府公布「輸出品及輸出品用原物料配給統制規則」，規定特定輸出品，非由臺灣總督指定機關（稱「統制機關」），或由統制機關委託輸出或承買，則不得輸往圓域以外國家；向輸出統制機關承買指定輸出品或接受委託輸出業者，須遵從統制機關指示，從事該指定輸出品之輸出。同時，製造指定輸出品所需原物料進口後，須經

---

3 田淵實、大浦賢，〈臺灣貿易の統制〉，頁 246；酒井澤喜，《日本貿易統制機構》（東京：修文館，昭和 17 年），頁 18。

臺灣總督指定機關（稱「配給機關」）才有權販售。[4]臺灣總督所指定的
「統制機關」和「配給機關」為「臺灣貿易振興株式會社」，總督府企
圖透過本會社來壟斷貿易業務的用意至為明顯。[5]

　　同時，鑑於決戰無可避免，希望臺灣至少能在生活必需品方面做到
自給自足，在同日總督府還公布了「臨時移出入品調整規則」，賦予總
督有權對臺、日間貿易作有系統管制。管制方式則由臺灣總督指定移出
入「調整機關」，凡受指定物品之移出入，皆須由該機關負責。其項目
及調整機關如下：[6]

表 1　戰時體制下的移出調整機關及管制項目

品名	移出調整機關
豆類、落花生、澱粉類、胡麻子、蔬菜、果實及核子、番薯簽、姜黃、樹薯	臺灣農會
生鮮魚介類	臺灣鮮魚輸移出組合
羽毛	臺灣羽毛輸出振興株式會社
獸骨、植物性揮發油、香茅油	臺灣香茅油輸移出組合
木炭（燃料用）	臺灣山林會

資料來源：「告示第二百四十六號」，《臺灣總督府報》，第 4159 號（昭和 16 年 4
月 9 日），頁 46。

　　隨著政治情勢緊張，國際貿易條件更形惡化。1941 年起，載運船
隻的缺乏更是一大問題。因此，政府要求業者在輸出的同時必須能運回
重要物資，才得以通過統制機構審查，獲得配船。在此情形下，貿易活

---

[4] 《臺灣總督府報》，第 4159 號（昭和 16 年 4 月 9 日），頁 41-42。

[5] 田淵實、大浦賢，〈臺灣貿易の統制〉，頁 256。

[6] 對內地貿易的管制品以及管制機構，在本規則頒布後，屢有變更：同年 12 月又制定了「臺灣
鮮魚介生產配給等統制規則」，將海產類的輸移出、入機關改由新設立的「臺灣水產物輸
移出入組合」負責；1942 年 4 月將豆類、番薯簽、樹薯等項去除；1943 年 2 月移出管制品
增加了石花菜，移出調整機關為「臺灣水產物輸移出入組合」；7 月又增加了香蕉、橡膠製
品、藺草等管制品。參見「告示第千百三十五號」，《臺灣總督府報》，第 4363 號（昭和
16 年 12 月 12 日），頁 45；「告示第四百十號」，《臺灣總督府官報》，第 19 號（昭和
17 年 4 月 23 日），頁 131；「告示第百三十七號」，《臺灣總督府官報》，第 268 號（昭
和 18 年 2 月 26 日），頁 99；「告示第六百六十六號」，《臺灣總督府官報》，第 382 號
（昭和 18 年 7 月 13 日），頁 53。

動必須由政府機關依據完整的情報擬定輸出計畫，不能再任由業者各自去判斷。[7]於是，日本帝國議會依據「國家總動員法」制定「貿易統制令」，[8]內地自 1941 年 5 月 15 日，朝鮮、臺灣、樺太及南洋群島則自 5 月 25 日起施行。[9]該令賦予臺灣總督的權力更大，因應戰時需要，總督除了可以限制或禁止輸出入外，還可以對輸出入品讓渡、持有、移轉進行處分；且可以國家安全之名，徵調輸出入品相關報告，甚至對公司行號、店舖、倉庫或其他場所進行臨檢，檢查其業務狀況、帳簿、文件等。9 月 13 日公布「貿易統制令施行規則」作為其施行細則，[10]輸出調整機關則為「臺灣貿易振興株式會社」及「臺灣罐詰共販株式會社」。[11] 1943 年 2 月，「貿易統制令」的適用範圍擴大到臺灣對南洋以及日本本國的貿易，總督府另行指定「臺灣貿易會」為調整機關。[12]該會初為圓域貿易的專門調整機關，隨著「貿易統制令施行規則」的修改，將所有貿易統制整併後，不論是與南洋或日本內地的貿易，也都由其處理。組成會員共計 11 個，業者須依照項目別，經由會員向「臺灣貿易會」辦理手續，始可從事輸出、入業務。[13]

---

[7] 酒井澤喜，《日本貿易統制機構》（東京：修文館，昭和 17 年），頁 16。

[8] 「國家總動員法」（1938 年 4 月 1 日法律 55 號）第 8 條：「政府於戰爭之際，若於國家總動員上有必要時，得以敕令對物資的生產、修理、配給、讓渡及其他處分、使用、消費、持有、移動等頒布相關規定」；第 9 條：「政府於戰爭之際，若於國家總動員上有必要時，得以敕令限制或禁止輸出入、命令輸出入、課徵輸出入稅、或增課、減免輸出入稅。」見《臺灣總督府報》，第 4196 號（昭和 16 年 5 月 24 日），頁 117。

[9] 《臺灣總督府報》，第 4196 號（昭和 16 年 5 月 24 日），頁 117。

[10] 「府令第百七十一號」，《臺灣總督府報》，第 4291 號（昭和 16 年 9 月 13 日），頁 66-68。

[11] 《臺灣總督府報》，第 4291 號（昭和 16 年 9 月 13 日），頁 70-79。

[12] 「告示九十號」、「告示九十一號」、「告示九十二號」、「告示九十三號」，《臺灣總督府官報》第 255 號，昭和 18 年 2 月 10 日，頁 25-31。

[13] 11 個會員分別為：「臺灣石炭會社」、「臺灣罐頭共販會社」、「臺灣茶輸移出統制會社」、「臺灣青果會社」、「臺灣貿易振興會社」、「臺灣專賣品交易組合」、「臺灣砂糖貿易組合」、「臺灣水產物輸移出入組合」、「臺灣雜穀配合組合」、「臺灣飼料輸移入組合」、「臺灣麻袋輸入組合」。此外，原隸屬於「臺灣東亞貿易聯合組合」的「臺灣棉花配給組合」、「臺灣藥品貿易組合」、「臺灣織品紙類貿易組合」、「臺灣木材貿易組合」、「臺灣食糧品貿易組合」、「臺灣雜貨貿易組合」、「臺灣薑黃輸移出組合」、「臺灣專賣品事業用品貿易組合」、「臺灣シトロネフ油輸移出組合」、「臺灣珊瑚輸出組合」、「臺灣纖維製品輸出組合」等全部解散。見維摩居士，〈臺灣貿易會の諸課題〉，《臺灣時報》第 281 號，昭和 18 年 5 月，頁 41-2。

戰爭末期，日本政府為加緊掌控重要物資，在東京設立「重要物資營團總事務所」，同時規定，如經政府許可，得在認為必要的地方設置從屬事務所。於是 1944 年 1 月，總督府再公布「臺灣重要物資營團法」，[14]並於 3 月宣佈成立「臺灣物資重要營團」為新的調整機關，將原先的「臺灣貿易會」，以及 1941 年 4 月以來，一直擔任輸出品及輸出品用原、材料配給機關的「臺灣貿易振興株式會社」加以合併。[15]原來分屬兩會的輸出調整和原料配給工作，統由「臺灣物資重要營團」負責，完成了真正的一元化統制。這也意味著經濟統制範圍，不但從貿易統制延伸到物資生產、配給部門，甚至擴大到消費統制。[16]

隨著戰事緊迫與物資的缺乏，臺、日間的貿易往來受到更嚴格規範。1944 年 3 月，將原本不具強制性的移出、入調整機關改為強制設立；至此，非經由移出入調整機關或其委託者，則無法將指定品移往日本或由日本移進臺灣。[17]原本臺灣貿易統制對象是以對外國貿易為主，但在戰爭末期擴大到對日本貿易上，實具有劃時代的意義。這也正彰顯出，臺灣雖是日本貿易政策的一環，但因身為孤島的特殊性，使得臺灣的戰時貿易統制不全然與日本的政策相同，臺灣總督仍具有相當的決定權。[18]

（二）戰後初期（1945-1949）

戰後臺灣方面的貿易管制始於陳儀主政之後。陳儀於 1945 年 10 月 25 日接收臺灣後，10 月 30 日宣布糧食禁止出口，11 月 30 日即公布禁止食砂糖私運出省；翌年元月，長官公署進一步管制專賣品的進出口，包括煙、酒、鹽、火柴、樟腦、度量衡等，規定非有臺灣省專賣局許可，

---

[14] 臺灣省文獻委員會編，《臺灣省通誌》卷四「經濟志商業篇」（臺北：臺灣省文獻會，民國 59 年），頁 158。

[15] 「府令第九十三號」、「告示第三百二十一號」，《臺灣總督府官報》第 591 號，昭和 19 年 3 月 20 日，頁 131-2。

[16] 山口一夫，〈事變下臺灣に於ける物資統制〉，《臺灣經濟年報第一輯》，頁 572-577。

[17] 「府令第七十一號」，《臺灣總督府官報》，第 575 號（昭和 19 年 3 月 4 日），頁 21。

[18] 田淵實、大浦賢，〈臺灣貿易の統制〉，頁 254-5。

一律禁止進出口。[19]砂糖雖於管制出口不久後，旋於 1946 年 8 月 5 日開放出口，但實際上，臺灣砂糖業在此之前已完全爲官營的臺糖公司所掌控，是否開放自由出口，已失去實質意義。[20]

同時，為掌控貿易資源，長官公署將日治末期所成立的「臺灣物資重要營團」改組為「臺灣省貿易局」，控制臺灣龐大貿易資源。「二二八事件」後來臺接替省政的魏道明，雖裁撤貿易局，另外成立「臺灣省物資調節委員會」，但仍沿襲陳儀的貿易管制政策，尤其是糧食方面。1948年 1 月 1 日發布「臺灣省限制進出口物資一覽表」，責成海關執行。從物資管制表來看，臺灣主要農產品，包括糧食雜糧及一切糧食加工品，均已被列爲管制出省物資。[21]

1.臺灣省貿易局（1945.10－1947.5）

「臺灣省貿易局」（以下簡稱「貿易局」）成立於 1945 年 10 月底，隸屬於臺灣省行政長官公署，初成立時名爲「臺灣省貿易公司」，1946年 2 月 11 日更名爲「臺灣省貿易局」；1947 年 5 月 30 日裁撤，另行成立「臺灣省物資調節委員會」。當時的行政公署長官陳儀認爲，貿易局設立主要有三項目的：充裕國庫、調節物資以平抑物價、協助生產。當時一般人多認爲貿易局是「統制機構」，或爲一營利之獨占性壟斷組織」，但貿易局將自身定位爲「名雖爲省公營業務機構，但其性質純爲一商業組織」。由於貿易局統制進出口業務，而官員又涉及貪污，對當時臺灣經濟實際上帶來相當多負面影響。[22]

貿易局成立之後的首要工作，便是 1945 年 11 月 5 日接收日治時期作爲戰時統制臺灣貿易的最高機構「臺灣重要物資營團」。之後並陸續接收日本官商貿易機構，其中最主要有：三井物產株式會社、三菱商事

---

[19] 李文環，〈戰後初期臺灣關貿政策之分析（1945-1949）（上）〉，《臺灣風物》49：4（臺北：臺灣風物雜誌社，1999.12），頁 153-155。

[20] 李文環，〈戰後初期臺灣關貿政策之分析（1945-1949）（上）〉，頁 160-1。

[21] 李文環，〈戰後初期臺灣關貿政策之分析（1945-1949）（上）〉，頁 160-1。

[22] 薛化元總編輯，《臺灣貿易史》（臺北：外貿協會，2008），頁 202。

株式會社、南興公司、菊元商行、臺灣纖維製品統制株式會社、臺灣織物雜貨卸賣組合、臺灣貿易振興會社等。從這點來看，貿易局本身的實力已超過其他一般貿易商的地位，其壟斷的歷史色彩是相當強的。[23]同時，貿易局更廣設分支機構，以辦理對外貿易或物資交換事宜。先後於上海、基隆、臺中、嘉義、臺南、高雄及香港、東京等地設辦事處；並於天津派員會同中國植物油廠、於福州派員會同福建省銀行，專門辦理臺灣省貿易公司的進出口業務。貿易局與政府機構的交易，多採取物物交換或委託方式辦理，例如將食糖、煤炭運往中國大陸，用以交換進口物資到臺灣。其後，隨著戰後公營的臺糖公司、糧食局、鹽管局的成立與開始營運，糖改由臺糖公司負責外銷，米改由糧食局、鹽改由鹽管局專管。[24]

　　貿易局主要的業務為出口、進口及配銷三方面。依據行政長官公署統計，1946 年全年，貿易局經辦進口物資總額為 4.03 億元，佔臺灣全年進口額（10.85 億元）之 37.1%；出口方面，貿易局經辦的出口物資總額為臺幣 8.47 億元，佔全年出口總額（24.82 億元）的 34.1%。[25]在陳儀政府的主導下，主要物資如糖、樟腦、水泥、鹽等的出口及對外貿易全歸該局辦理。公營貿易的結果，不但造成管理不善，導致大批物資在倉庫內腐壞或偷漏耗費；又因缺乏效率，使當時臺灣的對外貿易成效不彰。以 1946 年 9 月至 1947 年 4 月省營工礦產銷為例，紡織生產值有 38%滯銷，煤礦有 17%滯銷，鋼鐵機械有 13%滯銷，油脂有 21%滯銷，窯業有 13%滯銷，印刷紙業有 35%滯銷，電工業有 25%滯銷，化學製品有 11%滯銷，造成 3 億 2 千 937 萬元（約生產總值 20%）滯銷。[26]

[23] 薛化元總編輯，《臺灣貿易史》，頁 203。

[24] 薛化元總編輯，《臺灣貿易史》，頁 204。

[25] 李文環，〈戰後初期臺灣關貿政策之分析（1945-1949）（下）〉，《臺灣風物》50：1（臺北：臺灣風物雜誌社，2000.3），頁 69-70。

[26] 朱高影，〈行政長官公署時期臺灣經濟之探討〉，《臺灣風物》42：1（臺北：臺灣風物雜誌社，1992.3），頁 65。

2.臺灣省物資調節委員會（1947.5－1950）

1947 年 2 月的「二二八事件」之後，同年 5 月魏道明接任首長，爲首任臺灣省主席，隨即著手修改有關專賣與貿易的規定，5 月 30 日於第三次省政府委員會議，通過裁撤貿易局，另外成立「臺灣省物資調節委員會」（以下簡稱「物調會」），做爲省營貿易機構。成立之時臺灣正處於物資缺乏、經濟混亂的時期，故物調會併同其他機構負責管制臺灣貿易；及至 1950 年，省政府於建設廳下設立貿易科，專掌貿易行政，物調會才調整成專司貿易經營之機構。[27]

物調會成立後，臺灣的經濟狀況持續二二八事件發生之前的惡性通貨膨脹，臺灣省政府爲解決物價問題，繼續對進出口物資加以管制。物調會辦理的進出口物資情況，總計 1947 年 6 月到 1948 年 6 月期間，辦理出口的物資共計 15 類，出口總值爲臺幣 10 億 7,328 萬餘元。此外，尚有美元 337 萬餘元的購買美國肥料的物資價款（樟腦、茶葉、鳳梨罐頭等）並未列入出口總值。各項主要出口物資的比率爲：糖 29.45%、煤 26.08%、鳳梨罐頭 16.29%、樟腦 13.95%、墨灰 6.78%、其他 7.45%。出口主要由物調會的上海、天津與青島三辦事處經銷；惟運銷到國外者則因中央管理外匯政策之限制，未曾依照計劃運銷。

至於物資調節委員會辦理進口物資方面，計有 13 類，約臺幣 36 億 9,029 萬元。其中，各項主要進口物資比率爲：肥料類 30.45%、交通工具及主要零件類 19.37%、衣著用品類 16.23%、食用品類 9.03%、機械類 8.97%、電氣器材類 2.32%、化工原料及礦油類 2.29%、金屬類 2.90%、其它 8.43%。進口物資主要購自上海、青島與天津。自國外進口之物資，須經輸出入管理委員會之許可，數量相當少。[28]

1945 年 10 月起，臺灣被併入中國大陸的政經體系，適用中國高關稅的稅制，反倒是臺灣與中國沿海各省貿易視同國內貿易而不課徵關稅，於是對外貿易市場自然由日本轉向中國大陸。不過戰後臺灣對外貿

---

[27] 薛化元總編輯，《臺灣貿易史》，頁 206。
[28] 薛化元總編輯，《臺灣貿易史》，頁 214。

易市場從日本轉向中國大陸的因素，除關稅制度外，還有上述兩個局會的貿易管制措施。只是這些物資之進出口管制，雖然一方面阻斷了對日貿易，但另一方面也阻擋了對中國大陸的貿易，而這對當時國民政府的中央財政稅收而言是一大障礙。因此，臺灣省長官公署的貿易管制措施，似乎並未受到國民政府的大力支持，相反地國民政府還透過在臺的海關稅務司署抵制這些貿易管制措施，直到 1948 年初海關與省府在貿易管制上的歧見才逐漸達成共識。[29]

（三）中央政府遷臺後（1950-）

　　1949 年底中央政府遷臺後，中央與省的規模近乎重疊，臺灣的對日貿易，無異於中華民國的對日貿易，於是臺日貿易的主導權，逐步由省政府上移至中央的財經單位。在此期間，先後有「臺灣區生產管理事業委員會」、「產業金融小組」、「外匯貿易審議委員會」等臨時編制曾主導臺、日間的貿易往來；此外，隨著「臺日和約」的簽訂，兩國間從1953 年起援用「『中』日貿易辦法」，展開逐年的貿易談判。

1.「臺灣區生產管理事業委員會」（1949.6~1953.7）

　　「臺灣區生產管理事業委員會」（以下簡稱「生管會」）成立於 1949年 6 月，1953 年 7 月併入新成立之「經濟安定委員會」下之工業委員會，該會的成立實由繼任魏道明為省主席的陳誠所主導，最初係基於財政上的考量，為能充分滿足當時臺灣軍政經費激增的需求。

　　按當時臺灣最主要的公營生產事業或歸「資源委員會」（簡稱「資委會」）管轄，或以「會六省四」的股權比例由會省合營，故生產事業的盈餘大都歸入資委會。但各生產事業復原生產所需資金又多向省府週轉，不僅造成資金排擠效應，也造成通貨膨脹的後果。陳誠因此以整頓為名，力主將在臺生產事業移歸省府管理，以增加省府財政的收入，作

---

[29] 李文環，〈戰後初期臺灣關貿政策之分析（1945-1949）（上）〉，頁 153-160。

爲經濟發展基礎。又當時資委會委員長孫越崎在 1948 年 10 月已決定投共，並且阻止資源委員會所屬工廠設備撤遷臺灣，爲了避免孫越崎投共效應的擴大，在臺之生產事業自然也未便再由資委會管理，應由省府另設組織管理，即生管會的出現。1949 年 5 月 30 日，臺灣省政府公佈「臺灣區生產事業管理委員會組織規程」與「臺灣省中央在臺物資處理委員會組織規程」，並向「中央在臺物資處理委員會」與物調會商請撥借各項辦公公物，生管會正式成立。

同年 12 月，中央政府撤遷來臺，爲了支持中央政府龐大的軍政開銷，臺灣公營生產事業的角色益形重要，生管會的角色也隨之調整，除了力籌增加生產之外，舉凡進出口貿易、外匯資金管理與物價調節等業務也歸其統籌調度，並且開始協助擬定金融貿易政策，其角色遂由技術性的增加生產轉變而爲財經決策者的地位。[30]

1950 年，美國恢復對臺經濟援助，對於美援的運用甚爲關切，翌年 3 月，政府應經合署（ECA）之建議，在行政院下設置「財政經濟小組」（Economic Stabilization Board，簡稱「財經小組」），由財政部長嚴家淦與臺灣省政府主席吳國楨共同主持。其功能在於檢討與協調政府的貿易、支出、貨幣與財政等政策，目的在於穩定物價。性質上以諮詢協調爲主，並不負行政權。如財經小組下 A 組主管金融貿易外匯，惟其決議仍需生管會之配合執行。[31]

財經小組於 1952 年 3 月奉陳誠命改名爲「經濟安定委員會」，以與該會英文名稱相符，但性質並未改變。惟當時臺灣物價上揚的趨勢逐漸趨緩，農工生產總值已超過戰前水準，當初成立生管會的目的，諸如增加生產，拓展貿易，以穩固新臺幣幣信的政策目標可謂已達成。臺灣的經濟已具有更上層樓的條件，而且中央政府在臺灣的統治亦日趨穩固，許多原爲政府遷臺前後所設置的臨時聯絡組織，已失其功效，並造成與權責單位功能疊床架屋等現象。因此，無論就行政效率或經濟發展而

---

[30] 孟祥瀚，〈臺灣區生產事業管理委員會與政府遷臺初期的經濟發展，1949-1953〉（臺北：國立臺灣師範大學歷史學系博士論文，2001），頁 20-23。

[31] 孟祥瀚，〈臺灣區生產事業管理委員會與政府遷臺初期的經濟發展,1949-1953〉，頁 43-44。

言，均到了另一個整合的階段。故 1953 年由財經小組擴大改組之經濟安定委員會，整合生管會、美援會、農復會與金融貿易主管單位等，制定經濟發展計劃，以期將各項財經資源作最有效之分配與利用。生管會遂而併入經安會之工業委員會內，1953 年 7 月 18 日召開最後一次常務委員會議後便正式結束。[32]

　　該會檔案最初移交給臺灣省政府秘書處保管，1994 年 3 月省府秘書處再轉交臺灣省文獻委員會保存整理，[33]1997 年中研院與臺灣省文獻會合作，將該批檔案數位化處理製成光碟供學界使用。該批檔案之歸類整理，以時間來分，可以分成四個部分：一為 1949 年至 1951 年的檔案，二為 1952 年的檔案，三為 1953 年尚未歸類的檔案，四為各專案小組或會議記錄。其中第一、二部分，按公文性質分為總務、民政、財政、經建、產銷等 5 大類，[34]各類之下再分綱目，目之下再彙集相關個案往來之公文等。此外各專案小組之檔案或會議記錄則另外存放。總計存放 4446 個匣子，在目錄上分為 5 類，33 個綱，加上各種會議記錄總計 4737 個案目。[35]

　　生管會的運作，以每週召開一次之常務委員會議為核心，所有案件均須提交常務委員會核備或討論方得定案。而目前歷次會議記錄之保存尚稱完整，會議中每個案件為便於討論，在內容上必詳其始末，往往收錄往來公文、相關單位討論經過或召開專案檢討會記錄，生管會內部審查意見與常會最後的決議等，均詳加敘及。如此嚴謹對待每個案件的態度，使得生管會「雖然沒有執行的權力，但因常能將問題作周詳的討論並提出負責的建議，常為當局所採納實行。」在政府部門中的影響力也迅速增加。因此生管會常務委員會的會議記錄不僅是生管會四年來的工作記錄，同時也是當時臺灣各種財經面向的縮影，更是觀察政府部門運

---

[32] 孟祥瀚，〈臺灣區生產事業管理委員會與政府遷臺初期的經濟發展,1949-1953〉，頁 47、253。

[33] 林滿紅，《臺灣所藏中華民國經濟檔案》（臺北：中研院近史所，1995），頁 129。

[34] 劉素芬、莊樹華、蔡淑瑄，〈簡介中研院近史所檔案館有關戰後臺灣經濟之數位化檔案〉，《近代中國史研究通訊》，第 27 期（1999.3），頁 157。又 1949-1951 年之分類類目與 1952 年之分類類目有所差異。

[35] 孟祥瀚，〈臺灣區生產事業管理委員會與政府遷臺初期的經濟發展,1949-1953〉，頁 4。

作的窗口。

　　自 1949 年 6 月至 1953 年 7 月的 4 年間，生管會共計召開 213 次常務委員會議，經過會中核備或討論的案件總計有 9639 件。除了由生管會的常會會議記錄著手外，生管會之其他各種專案會議記錄、各種專案小組記錄與調查報告等，亦能對各項問題提出深入的檢討意見或具體的解決辦法，使得這些資料成爲瞭解某項產業狀況或某項特定問題的珍貴材料，具有高度的史料價值。此外，爲數龐大的公文往來函件則提供政府運作的一個側面，成爲了解這段時期政府運作或政策過程的窗口。[36]

　　有關對日貿易小組之籌設，經省府第 169 次委員會議同意設置，作為臺日貿易之企劃單位。據此生管會常務委員會決議由尹仲容擔任召集人，參加人員為生管會全體常務委員，包括任顯群、陳尚文、錢昌祚、王崇植、楊陶、張峻、杜殿英，另外再聘請楊繼曾（臺糖公司）、張茲闓（財政部）、侯家源（省交通處）、瞿荊州（臺灣銀行）、冉鵬（經濟部）、張申福（財政部臺北關）、溫崇信（物調會）、周賢頌（中央信託局）、周友端（財政廳）、張仁滔（建設廳）等人參加。

　　由上述之名單來看，全部為政府單位的成員，民營事業完全被屏除，其由政府主導的意圖十分明顯，但每次開會時仍然邀請各商會代表出席，以收直接溝通之效。

　　貿易小組成立之後，省府方面並核定原屬建設廳貿易科預算，除經常費外，所列各項用途之事業費在動支前應先送生管會審核。按建設廳貿易科成立於 1950 年 4 月，專責貿易行政工作，次月並接辦原屬物調會之對日易貨貿易事務。而今將該科所有事業費之動支歸生管會控制，亦即將該科所經管之業務移轉歸貿易小組管轄。就負責對日貿易的業務而言，生管會的職權十足反映出其作為貿易政策決策者的角色，在功能與職權上則凌駕於建設廳與財政廳。[37]

---

[36] 孟祥瀚，〈臺灣區生產事業管理委員會與政府遷臺初期的經濟發展,1949-1953〉，頁 5-6。
[37] 孟祥瀚，〈臺灣區生產事業管理委員會與政府遷臺初期的經濟發展,1949-1953〉，頁 128-9。

2.從「外匯貿易審議小組」到「外匯貿易審議委員會」（1953.7－1968.9）

「生管會」結束運作之後，接替其主導臺日貿易的重要單位為「外匯貿易審議小組」及其後改組的「外匯貿易審議委員會」；而「外匯貿易審議小組」的前身則為「產業金融小組」（簡稱「產金小組」）。

1949 年 6 月 15 日臺灣頒布「臺灣省幣制改革方案」，改用新臺幣；同時頒布「臺灣省進出口貿易及匯兌金銀管理辦法」，從此臺灣的金融與外匯貿易，乃脫離大陸而有獨立的制度。管理辦法將進口物品分為准許進口、暫停進口、管制進口及禁止進口四種；出口分為准許出口、管制出口及禁止出口三種。出口商出口貨物，須將所得外匯的 20%按新臺幣對外匯率，結售於臺灣銀行，發給出口證明書，其餘 80%由臺銀給予等值之結匯證明書。[38]

為了審定進口請匯的優先程序，1950 年 1 月，由生管會設立「產金小組」。這個小組成立的目的，起初是為了審議公營事業機構的外匯申請與分配，但為防止黑市不法炒作外匯，因此產金小組的職權更擴大到民間產業的進出口結匯業務的審議，並排定進口外匯申請的優先順序：第一優先為生產所需的原料、肥料、器材，第二優先為生活重要必需品，第三優先為次要必需品，第四為其他物品。同時並規定公營事業所得外匯須集中存儲於臺灣銀行，其結匯證買賣及價格由產金小組決定，不得自行處理，藉以充裕外匯，加強運用。[39] 1953 年 7 月，產金小組改為「臺灣省外匯貿易審議小組」，施行實績制度，規定每兩個月為一期，根據進口情形，國內存貨及消費情形，及生產需要情形等，編訂進口物資預算。貿易商進口貨物，以其登記之營業範圍為限；申請金額不得超過某一時期之進出口實績乘規定之百分比。9 月，規定進口節匯，加徵防衛捐 20%；1954 年 1 月，辦理貿易商更新登記，提高登記

---

[38] 尹仲容，〈政府遷臺後的對外貿易制度〉，收錄在孫震主編，《臺灣對外貿易論文集》（臺北：聯經，1986），頁 1。

[39] 尹仲容，〈政府遷臺後的對外貿易制度〉，頁 2。

條件，使貿易商從原來的 2,100 家減併為 1,700 家。[40] 1955 年 3 月，外匯貿易審議小組再改組為「外匯貿易審議委員會」，直屬行政院，主導50 及 60 年代臺灣的對外貿易。

　　1950 年以降，美援成為臺灣經濟不可或缺的一環，而美國一直希望臺灣能擬定經濟計畫以配合經援，並提醒政府注意財經機構的調整問題，使政府體認到財經機構調整的迫切性。1952 年，臺灣省政府為簡化作業程序，將建設廳之貿易、商業二科移交財政廳管轄，生管會的權力逐漸被架空；1954 年，行政院正式公布「調整各項財政經濟審議機構實施辦法」，於行政院下設「經濟安定委員會」，其下設四組一委員會，生管會併入工業委員會內。辦法中特別提到一般進出口貿易及外匯管理業務，由行政院授權臺灣省政府設置外匯貿易審議小組辦理，直接對經安會負責，惟須受到財經二部指導。因而自 1954 年起，臺灣外貿機構實際上已形成一個以臺灣省外匯貿易審議小組為核心的獨立專責單位。但因隸屬於省府底下，層級不高，1955 年，行政院長俞鴻鈞更進一步宣布將外匯貿易管理業務全部移回中央主辦，改組為「行政院外匯貿易審議委員會」，包辦了臺灣所有外貿事務的決策與執行。

　　依據外貿會的記載：1954 年秋，臺灣省政府曾簽報行政院，建議撤銷授權，將外匯貿易管理業務移回中央辦理。1955 年 2 月 11 日，財政部簽呈行政院：「因臺美簽訂共同防禦條例，今後美援款項與本國外匯資源的配合運用，自將更趨密切。外匯貿易管理機構，宜調整簡化，重新部署，以資適應。」經行政院決定，外匯貿易管理業務，即移歸中央辦理。自設置外匯貿易管理機構以來，主持人雖屢有更易，但均係由財經首長兼任。[41]

　　外貿審議委員會的職權包括外匯貿易方案及外匯用途之審議、美援運用之配合、聯繫各機關間與外匯貿易業務有關之工作、行政院交辦其他有關事項等。委員會是最高權力中樞，下設多類小組或委員會從事有

---

[40] 尹仲容，〈政府遷臺後的對外貿易制度〉，頁 3-4。
[41] 薛化元總編輯，《臺灣貿易史》，頁 290。

關業務初審。[42]

1958 年 2 月，行政院依照精簡機構實施方案規定，裁撤臺灣省財政廳貿易科，其現有業務屬於商業行政者，交回建設廳商業科辦理，屬於外匯審核者，劃歸臺灣銀行辦理，屬於政策性者，移歸外匯貿易審議委員會辦理。財政廳貿易科所掌業務計有：管制進口及管制出口物資發證、代經濟部核發輸美產地證明書、代經濟部核發外國管制出口物資輸入證明書、對於無邦交關係之國家簽發輸入證明書、輸往外島（金馬）物資發證、貿易商管理、貿易商申請赴日貿易之審核、參加國際商品展覽會等。經過秘書室、輸出組、專案輸入組會商，接管辦法如下：管制進口及管制出口物資發證，改為由本會核定後通知臺灣銀行併入進出口一併簽證，不另發許可證；輸美產地證明書及外國管制出口物資輸入證明書建議由經濟部委託海關接辦；對於無邦交關係之國家簽發輸入證明書，因不能使用經濟部名義，建議由臺灣省政府財政廳委託海關接辦；輸往外島（金馬）物資，建議由海關逕行驗放，不另發證；貿易商申請赴日貿易之審核，擬遵照 46 年 9 月院令指示，由經濟部併入農鑛工商人員申請出國辦法辦理；貿易商登記及參加國際商展，照臺灣省政府意見，交由建設廳接辦。[43]

「外匯貿易審議委員會」對於進口物品之管制，仍採用進口物資預算的辦法，貿易商由每期進口物資預算申請外匯時，以申請一類貨品為限，又在各類貨品之配額中，每類規定一個最高申請百分比，不得超過。如申請的總金額超過配額，則按比例攤配，這就是所謂配額制度。[44]

外貿審議委員會階段，臺灣貿易最突破性的發展，是 1958 年的貿易方案，將複式匯率改為單一匯率，使臺灣恢復了市場價格機能、出口激增，並促成新興出口工業，帶動經濟的快速成長。1968 年 9 月，行

---

[42] 陳兆偉，〈行政院外匯貿易審議委員會（1956-1968）的決議案〉，收錄在林滿紅主編，《臺灣所藏中華民國經濟檔案》（臺北：中研院近史所，1995），頁 150-155。

[43] 「奉院令裁撤臺灣省財政廳貿易科，所屬業務經本會秘書室等會擬接管辦法提請核議」，《行政院外匯貿易審議委員會第 159 次會議》，1958 年 4 月，近史所檔案館館藏號 50-159-031，頁 1-5。

[44] 尹仲容，〈政府遷臺後的對外貿易制度〉，頁 4-5。

政院通過「調整外匯貿易業務及機構案」，將外貿審議委員會裁撤，職權回復建制，由財政、經濟二部及中央銀行會同辦理，對外貿易以經濟部國貿局為之，外貿審議委員會的階段性任務乃告結束。

　　外貿審議委員會每周開會一次，設立期間應有 680 次的會議紀錄，但保存在省議會圖書資料館所藏為第 60 次會議起至 680 次會議止，檔案起迄時間為 1956 至 1968 年，1980 年代由經濟部移轉近史所典藏。[45]

3.中日貿易辦法（1953－1961）

　　儘管 1947 年起，在盟總掌控下的日本，已逐漸恢復對臺貿易，1949 年以後盟總更同意本省商人與日本簽訂易貨貿易合約（詳後述），但兩國間始終欠缺明文法條或制度性的規範。1950 年 5 月，生管會副主委尹仲容以經濟部顧問名義赴日與駐日盟軍總部商洽「中日貿易協定」，希望擴展臺灣與日本的貿易，於同年 9 月 6 日簽訂「關於臺灣與被占領的日本間之貿易協定」，以臺灣為貿易範圍，由中華民國政府與駐日盟軍總部簽訂。[46]

　　1952 年 4 月 28 日舊金山和約生效，日本重獲獨立自主；翌年 2 月，中華民國與日本政府的代表在東京舉行貿易談判，6 月簽訂「中日貿易辦法」。辦法中規定，臺日雙方須制訂以一年為基礎的貿易計畫，因此自 1953 年起，臺日每年均召開貿易會議，決定貿易計畫，臺日貿易外交的逐年貿易談判方式更加確立。[47]

　　1950 年簽訂的「臺日貿易協定」及 1953 年簽訂的「中日貿易辦法」，雙方採行專戶記帳制度與年度貿易計畫，不論是公營或民營貿易商皆依據貿易計畫與對方相關單位進行交涉，買賣的有形與無形的貿易金額皆

---

[45] 「近史所檔案館館藏檢索系統」，網址：
http://archdtsu.mh.sinica.edu.tw/filekmc/ttsfile3?@4:443843648:8:::002B50 @@424238335。下載日期：2013/08/10。

[46] 陳思宇，〈臺灣區生產事業管理委員會與經濟發展策略（1949-1953）—以公營事業為中心的探討〉（臺北：政治大學歷史系碩士論文，2002），頁 159。

[47] 廖鴻綺，〈貿易與政治：臺日間的貿易外交（1950-1961）—以臺灣所藏外交部檔案等為中心之探討〉（臺北：國立臺灣師範大學歷史研究所碩士論文，2000），頁 9。

記入專戶內，用記帳抵銷的辦法。因貿易計畫具有年度性，所以雙方政府每年再派遣代表舉行貿易談判來商訂新計畫。這種由政府主導的計畫性貿易形態在 1961 年的貿易談判會議上決議廢止，自此之後，臺日貿易改由商人主導，不再遵由貿易計畫行事。[48]

綜上所述，本時期的貿易管制可以歸納如下：

（1）就管制主體而言，雖然戰前戰後分屬日本及中華民國兩國，但大體而言，1950 年以前，臺日貿易管制的主控權操縱在管理臺灣的政府，亦即戰前的臺灣總督府以及戰後初期的行政長官公署，乃至於由長官公署改制而來的臺灣省政府；1950 年以後則由遷臺的中華民國政府接手，管制的位階相對提升到中央層級。

（2）就管制手段而言，戰前主要使用法令頒布的方式，戰後則以臨時性的組織或措施；即使「中日貿易辦法」訂定，也是採取逐年談判方式，手段雖有不同，但戰前是因應戰爭需要，戰後則為滿足經濟發展，同樣充滿權宜的性格。

（3）就管制目的而言，不但戰前與戰後有所不同，即使戰後的初期與 1950 年以後也不一樣：戰前的管制，是為了配合殖民母國日本的整體作戰需要，希望臺灣能自足，雖然管制，並非蓄意降低臺日間的貿易往來；但是戰後初期，行政長官公署的措施，明顯是要切斷臺日間的貿易關係，將臺灣的主要貿易對象轉向中國大陸；1950 年之後，在臺灣的中華民國政府雖願意恢復與日本的貿易關係，但有鑑於外匯短缺，故仍不免要進行貿易管制以減少外匯流出，同時也力圖阻止日本的工業品進口以免打擊臺灣剛剛起步的工業。

---

[48] 廖鴻綺，〈貿易與政治：臺日間的貿易外交（1950-1961）—以臺灣所藏外交部檔案等為中心之探討〉，頁 3。

三、各時期的臺日貿易發展概況

（一）1941－1945

　　日本治臺後，透過投資、金融、海運、總督府政策（特別是具有決定性影響的關稅制度）及日本人的往來等，[49]使得臺灣的主要貿易對象轉向日本。1896 年臺灣對中國貿易仍佔全部對外貿易的 64%，1899 年已降至 39%；1901 年日本首度超越中國，成為臺灣最大貿易對象。此後對日貿易年年獨占鰲頭，其比重逐年加大，1909 年超過 70%，1930 年以後甚至高達八成以上。[50] 1939 年，臺灣的整體貿易額突破 10 圓，翌年更達到 10 億 4,700 萬圓，為日治時期的最高額；同時期的臺日貿易，也達到 8 億 8,500 萬圓的最高點。[51]此後受到戰爭的影響，對外貿易額逐年下降，連帶也影響了臺日間的貿易，1944 年僅有 3 億 3,697 萬圓，尚不及最高點的一半。再就貿易差額來看，1939 年時達到 1 億 5,216 萬圓，1940 年則降至 3,353 萬圓，1941 至 44 年則分別為 795、8,200、786、9,440 萬圓，不但未能突破億圓，同時起伏頗大。

表 2　戰時體制下臺灣對日貿易統計（1941-1944）單位：千圓

年份	對日移出	輸移出合計	移出/輸移出	自日移入	輸移入合計	移入/輸移入	移出入合計	移出入差額	移出入/總貿易額
1941	379,795	493,904	76.90%	371,842	424,507	87.59%	751,637	7,953	81.84%
1942	419,628	523,139	80.21%	337,620	384,519	87.80%	757,248	82,008	83.43%
1943	292,713	400,903	73.01%	291,927	338,727	86.18%	584,640	786	79.05%
1944	215,691	311,204	69.31%	121,285	164,722	73.63%	336,976	94,406	70.80%
1945	14,324	24,110	59.41%	16,698	22,313	74.84%	31,023	-2,374	66.82%

備註：1945 年為 1-8 月統計數字
資料來源：1941-1944 據臺灣總督府編，《臺灣統治概要》（臺北：南天，1997），

---

[49] 矢內原忠雄，《帝国主義下の臺灣》（東京：岩波書店，1988 年），頁 124-125。

[50] 據《臺灣貿易四十年表》，頁 1、2、467、468；《臺灣省通志》卷四經濟志商業篇，頁 182—186 等數據計算而得。

[51] 臺灣總督府編，《臺灣統治概要》（臺北：南天，1997），頁 449-451。

頁 454 計算而得；1945 據臺灣省政府主計處編，《臺灣貿易五十三年表》（臺灣省政府主計處，1949），頁 1-3 計算而得。

　　戰前臺灣對日本貿易的輸出入品及其所佔比例如下：

表 3　臺灣移出日本主要物產及貿易額（單位：千圓）

年份	1941		1942		1943	
		百分比		百分比		百分比
米	70,735	18.62%	76,155	18.15%	66,028	22.56%
切乾薯	399	0.11%	0	0.00%	0	0.00%
芭蕉實	17,766	4.68%	11,029	2.63%	5,402	1.85%
砂糖	156,510	41.21%	184,524	43.97%	97,451	33.29%
糖蜜	0	0.00%	217	0.05%	274	0.09%
鮮魚	3,333	0.88%	0	0.00%	0	0.00%
鹽	856	0.23%	2,047	0.49%	2,734	0.93%
鳳梨罐詰	3,711	0.98%	6,176	1.47%	2,249	0.77%
樟腦油	1,302	0.34%	633	0.15%	20	0.01%
樟腦	3,377	0.89%	614	0.15%	1,474	0.50%
酒精	13,213	3.48%	14,732	3.51%	16,016	5.47%
帽子	3,334	0.88%	2,947	0.70%	5,643	1.93%
石炭	1,525	0.40%	2,420	0.58%	581	0.20%
鑛	15,037	3.96%	15,387	3.67%	17,621	6.02%
木材	3,994	1.05%	2,050	0.49%	656	0.22%
洋紙	7,421	1.95%	5,050	1.20%	906	0.31%
總計	379,795	100.00%	419,628	100.00%	292,713	100.00%

資料來源：據臺灣總督府編，《臺灣統治概要》（臺北：南天，1997），頁 456-7 計算而得。

表 4　臺灣自日本移入主要物產及貿易額（單位：千圓）

年份	1941		1942		1943	
		百分比		百分比		百分比
小麥	1,949	0.52%	1,240	0.37%	1,696	0.58%
小麥粉	9,096	2.45%	3,724	1.10%	4,075	1.40%
菓子類	1,265	0.34%	339	0.10%	36	0.01%
味素類	3,611	0.97%	1,637	0.48%	464	0.16%
鹽乾魚	12,965	3.49%	6,076	1.80%	1,346	0.46%
煉乳	1,404	0.38%	1,281	0.38%	1,272	0.44%
罐詰食物	6,830	1.84%	2,043	0.61%	458	0.16%
麥油	3,347	0.90%	2,621	0.78%	2,081	0.71%
紙捲煙草	4,276	1.15%	3,306	0.98%	3,966	1.36%
清酒	2,626	0.71%	2,214	0.66%	3,015	1.03%
石鹼	4,327	1.16%	1,733	0.51%	901	0.31%
燐寸	1,732	0.47%	3,346	0.99%	2,313	0.79%
絲類	2,932	0.79%	5,016	1.49%	6,511	2.23%
綿織物絹織物及スフ織物	15,951	4.29%	40,387	11.96%	29,452	10.09%
毛織物	3,232	0.87%	5,583	1.65%	3,091	1.06%
がんに嚢	9,916	2.67%	9,884	2.93%	5,401	1.85%
めりやす肌衣	2,965	0.80%	4,923	1.46%	1,926	0.66%
紙	7,839	2.11%	5,822	1.72%	4,355	1.49%
せめんと	2,524	0.68%	1,258	0.37%	414	0.14%
陶磁器	3,986	1.07%	3,079	0.91%	2,127	0.73%
鐵材	21,549	5.80%	10,086	2.99%	9,211	3.16%
家屋橋梁船舶渠等ノ建築材料	2,013	0.54%	877	0.26%	592	0.20%
鐵製品	11,121	2.99%	8,876	2.63%	9,299	3.19%
自轉車同部分品	2,657	0.71%	2,580	0.76%	1,521	0.52%

自動車同部分品	4,894	1.32%	5,096	1.51%	3,725	1.28%
電器機械同部分品	6,152	1.65%	4,312	1.28%	4,025	1.38%
木材	16,816	4.52%	5,463	1.62%	5,490	1.88%
肥料	36,500	9.82%	25,486	7.55%	10,282	3.52%
總計	371,842	100.00%	337,620	100.00%	291,927	100.00%

資料來源：據臺灣總督府編，《臺灣統治概要》（臺北：南天，1997），頁 457-9 計算而得。

　　戰前臺灣對日貿易，出口方面，主要出口品雖有 16 項，但仍以米、砂糖為兩大主要出口品，合計佔出口總額的半數以上，特別是砂糖，始終高居首位，出口額超過三成；此外香蕉、酒精、礦產也各有一定的重要性。進口方面，不像出口般的集中，主要產品多達 28 項，長期居於重要地位的有小麥粉、鹽乾魚、清酒、紙捲菸草、火柴、絹棉織品、がんに囊、紙類、鐵、機械類、木材、肥料等。而近年伴隨著臺灣工業化的進步，電器用炭、焦炭、其他含有硫磺的工業藥品等也逐漸登場。

（二）1946-1949

　　1945 年以後，臺灣對外貿易受到下述因素的制約：首先是國民政府派員接收臺灣，切斷了臺灣與日本的經濟關係，欲使臺灣經濟轉而與中國產生聯繫。在這過程中，臺灣原有經濟機構與經濟制度面臨必須重新整編的複雜問題；其次，第二次世界大戰期間，臺灣受到盟軍轟炸，生產力受到相當嚴重的損失，也就是說臺灣的主要貿易商品米與砂糖等產出低落，幾乎沒有出口的餘地；第三，受到戰後中國大陸的影響，戰後中國大陸情勢不穩，國共衝突加劇，物價與貨幣價值不穩定，再加上財政困難，通貨膨脹加速惡化等，中國大陸的經濟問題，亦衝擊到戰後臺灣經濟；第四，戰後初期臺灣缺乏船隻與沒有定期的航行路線，使得臺灣的貿易商品輸出困難。特別是農產品如香蕉、鳳梨等，由於容易腐敗，若沒有準確與定時的航行路線，極易影響貨物到港時的品質，進而影響交易；第五，臺灣的匯兌管制措施、支援貿易的金融機構或海外分

支機構不足；[52]第六，國民政府大舉提高關稅，特別是在進口稅方面，先是 1945 年 9 月宣布恢復戰前的全額徵收，1948 年更大舉提高一倍以上的進口關稅稅率。[53]

基於這些原因，臺日間的貿易遭逢暫時的中挫，1946-49 年臺灣對外總貿易中，1946 年有 94.1%，1947 年有 90.8%，1948 年有 86.5%的進出口物資是在臺灣與大陸二地間進行。不過在進口物資上，自大陸方面的進口主要集中於紡織品，顯然無法替代日本提供臺灣大量的肥料，以生產工業原料及糧食，維持殖民經濟的運作，這也給了往後日本及其他國家得以重新進入臺灣進口市場的空間。隨著中央政府自大陸撤退，進口市場逐漸轉向，後來取代大陸而為進口主要來源地是美國。扣除大陸進口數額後，國外進口貿易情形，1946 年臺灣從國外所進口的物資中，荷屬東印度（今印尼）佔 28.81%爲首位，其次爲美國佔 18.8%，再其次爲香港，佔 17.7%，日本才佔 6.6%居第五位；1947 年美國躍升爲第一位，佔進口貿易額的 44.6%，日本僅 5.25%居第四位；1948 年美國爲 32.52%，日本更降爲 1.16%；1949 年美國爲 35.8%，日本爲 7.54%。因此，此階段臺灣進口市場截然不同於日治時期，而在往後的發展上，事實上美國一直扮演主要角色，尤其 1950 年下半年美援開始後，美國成爲臺灣主要進口來源地。[54]

出口市場亦如進口市場以大陸爲主。1946 年臺灣對大陸的出口貿易額佔出口總額之 93%，1947 年亦爲 92.5%，至 1948 年仍維持 82.7%的高比率；1949 年因海上封鎖線的擴大，對大陸出口貿易則快速消退。值得注意的是，出口市場中，日本爲僅次於大陸的臺灣出口第二大市場，若僅就出口國外的貿易額而言，日本則爲第一位。1946 年對日出口額佔出口國外總額的 82.4%，1947 年爲 40.92%，1948 年爲 46.2%；1949 年相對於大陸市場的快速萎縮，是年對日本貿易反而提高，佔出口國外部分的 55.75%。因此，1949 年起臺灣的出口市場已由大陸轉向

[52] 薛化元總編輯，《臺灣貿易史》，頁 199-200。

[53] 李文環，〈戰後初期臺灣關貿政策之分析（1945-1949）（上）〉，頁 132-135。

[54] 李文環，〈戰後初期臺灣關貿政策之分析（1945-1949）（下）〉，頁 71-83。

日本。這種現象至 1950 年更爲顯著，1950 年臺灣出口市場的前五名分別爲日本（36.14%）、埃及（17.58%）、香港（17.07%）、新加坡（6.79%）、美國（5.56%）。這意味著，日本市場對臺灣出口仍存續日治時期殖民地出口經濟的依賴性。至於主要的出口品仍以日治時期以來的砂糖爲主，其次則是茶、鹽等。換言之，1945-1948 年間，大陸市場基於政治、關貿政策優勢的因素，乃取代原來的日本市場，而爲此階段臺灣主要出口市場。然而，當大陸市場於 1949 年間逐漸失去後，日本市場馬上浮現而佔有臺灣出口貿易市場的首要地位。同時日治時期以米、砂糖出口爲主軸，日本爲主要出口消費市場的經貿結構，大抵上，戰後的臺灣仍承襲之。至於稻米在此階段處於非常態現象，其輸出量極少。[55]

表 5　1946-1949 年臺灣對日貿易額統計

年代	進口總額	比例	出口總額	比例
1946	87,688	6.60%	4,966,879	82.4%
1947	11,247,049	5.25%	67,942,824	40.92%
1948	193,670,842	1.16%	18,090,933,373	46.2%
1949	13,418,242	7.54%	160,010,671	55.75%

備註：進口部分，1946-1947 年為法幣、1948 年為舊臺幣、1949 為新臺幣；出口部分，1946-1947 為國幣千元、1948、1949 同進口部分。
資料來源：李文環，〈戰後初期臺灣關貿政策之分析（1945-1949）（下）〉，《臺灣風物》50：1（臺北：臺灣風物雜誌社，2000.3），頁 77-85。

（三）1950 年以後

1949 年以後，由於新臺幣發行、切斷與大陸通匯、對外匯採取管制制度，且不再增加通貨發行來墊付款項，臺灣與大陸貿易告終。[56]稍後國民黨敗退來臺，以紡織業為主體的財團也隨之進入臺灣，因而臺日貿易隨之加強。[57]

---

[55] 李文環，〈戰後初期臺灣關貿政策之分析（1945-1949）（下）〉，頁 83-92。

[56] 薛化元總編輯，《臺灣貿易史》，頁 221-222。

[57] 薛化元總編輯，《臺灣貿易史》，頁 224。

　　1949 年間隨著大陸情勢的變化，臺灣與大陸之間貿易相繼阻絕，如何打開對外貿易管道實為增加經濟收入的重要關鍵。日本方面，戰後初期由於生產遭受戰爭之破壞，外匯資金嚴重短缺，與盟軍之封鎖管制，對外貿易幾乎完全停頓。其中糧食、鹽、糖等項之需求則提供了臺灣相關產品對日出口之機會。1947 年 3 月，盟總與中央信託局簽訂 25,000 公噸之臺糖銷日合約，每公噸以 200 美元計，共值 5,000,000 美元。其後臺鹽亦陸續運銷日本，臺灣對日本貿易之途徑因而逐漸開展；1948 年 12 月 1 日，盟總開放日本之出口貿易，次年 4 月，本省商人即經盟總同意與日本簽訂易貨貿易合約，以本省魚藤 80 公噸，價值 54,000 美元交換等值之瓦斯管、馬達、鍍鉛鐵板、卡車零件與人造絲等；以香蕉 6,000 簍，價值 57,000 美元換取等值之醫藥品與漁具等。9 月，臺灣省青果運銷聯合社鑒於當年香蕉產量達 150 萬簍，除供省內消費外，尚可外銷 100 萬簍，特別請求政府允許以香蕉輸日易貨。對此生管會決議先以 50 萬簍為限，換回貨品中 8 成應為蔬菜、鹹魚與醬菜等一般食品，2 成則准輸入所列貨品。11 月，臺灣省物資調節委員會邀集財政廳、建設廳、生管會、臺灣銀行與青果合作社等單位，舉行青果小組會議，討論香蕉輸日易貨貿易辦法，旋經省府於 12 月核准施行，本省對日易貨貿易遂正式開始辦理。[58]

　　除了鹽、糖、香蕉等大宗物資銷往日本外，政府部門亦希望能將對日貿易建立起制度性的規範。1949 年春，臺灣省政府責成物資調節委員會組成專案小組，著手計劃並研究辦法，草擬對日貿易計劃大綱與貿易辦法大綱等，提供省府裁定。1950 年 5 月 24 日，臺灣銀行總經理瞿荊州與經濟部顧問尹仲容赴日與盟軍總部洽談「中」日貿易協定，9 月 2 日終於與盟總議定協定內容，計分財務協定、貿易協定、貿易計劃與償欠換文四個部分；6 日，「中」日貿易協定簽字。[59]

　　根據貿易協定及相關的財務協定與貿易計劃之內容來看，仍然不脫易貨貿易的性質，所不同的是易貨貿易係先以某項貨品輸日再換取等值

[58] 孟祥瀚，〈臺灣區生產事業管理委員會與政府遷臺初期的經濟發展，1949-1953〉，頁 120-121。
[59] 孟祥瀚，〈臺灣區生產事業管理委員會與政府遷臺初期的經濟發展，1949-1953〉，頁 123。

之貨品回來，而貿易協定則以總量管制為前提，在計劃的貨品範圍內允許商人從事輸出入貿易，這種計劃性的貿易方式使臺、日雙方所需之貨品因數量與種類上的管制而獲得適當的供應，資金運用與貨品供需不致浪費與重複。而且貿易往來因係採取記帳的方式，使資金外匯的管理運用更具有彈性，而且允許可以有 4,000,000 美元之透支額，對當時外匯並不豐裕的臺、日雙方而言，提供各取所需之便利性。[60]在對日和約尚未簽訂之前，貿易協定雖然是一個臨時性辦法，但對於兩國關係而言，卻藉此維持了某種程度的穩定性。[61]臺日貿易協定訂定之後，本省對日貿易增加，1951、1952 二年，日本貨品佔臺灣全年進口金額之 48.4%與 44.7%，出口金額之 48.3%與 52.6%。對於臺灣外匯收入的重要性，特別是在出口結匯部分，即佔 41.6%與 51.9%，在當時臺灣外匯奇缺的狀況下，鼓勵對日貿易自有其重要的地位。[62]

　　惟 1951 年 9 月 8 日，臺日貿易協定的有效性因舊金山對日和約簽字而產生問題，如何與日方重定貿易協定便成為延續對外貿易成效的主要課題。按臺日貿易的時效原係一年，1951 年 6 月經我方與盟總同意作無限期之延長，直至另訂新約為止。按照貿易協定第 4 條之規定：「本協定應於盟國或任一盟國對日和約宣佈時，即行終止。」因此臺日貿易協定的有效性立刻便成為問題。[63]為此，盟總數度召開臺日貿易相關會議，到 1952 年 4 月，因我方與日本之和約即將簽字生效，且盟總亦將於月中撤離，故催促我方為避免因和約簽字而造成貿易協定失效，應先辦理延長手續為宜。臺日雙方卒於 4 月 24 日簽字換文，暫時延長了貿易協定的有效性。

　　與貿易協定換文的同時，「中」日和約亦於當日簽字，為顧及雙方實際上的貿易狀況，雙方同時簽訂一有關貿易之「議定書」（protocol），給予對方最惠國待遇。6 月 23 日，雙方訂立「『中』日貿易辦法」，以

[60] 孟祥瀚，〈臺灣區生產事業管理委員會與政府遷臺初期的經濟發展,1949-1953〉，頁 124。

[61] 孟祥瀚，〈臺灣區生產事業管理委員會與政府遷臺初期的經濟發展,1949-1953〉，頁 128。

[62] 袁穎生，《光復前後的臺灣經濟》，頁 138；瞿荊州，〈臺灣之對日貿易〉，頁 60-62。

[63] 孟祥瀚，〈臺灣區生產事業管理委員會與政府遷臺初期的經濟發展,1949-1953〉，頁 135-6。

原有之貿易協定為藍本，使得對日貿易之正式條約終得建立，以迄於
1961 年 9 月 30 日再度修改為止。[64]

隨著貿易談判與貿易辦法的簽訂，臺日兩國間在雙方政府的計畫管
制下，逐步恢復正常貿易往來，此時期的逐年貿易額統計如下：

表 6　1950-1962 年臺灣對日貿易額統計（單位：新臺幣）

年代	進口總值	復出口	進口淨值	%	出口總值	%	出入超
1950	253,213,818	21,709	253,192,109	31.89	216,510,807	36.14	-36,681,302
1951	574,611,065	46,051	574,565,014	48.38	523,666,425	48.31	-50,898,589
1952	790,346,187	100,078	790,246,109	44.69	771,647,012	52.57	-18,599,097
1953	843,919,083	390,683	843,528,400	30.63	903,869,019	45.55	60,340,619
1954	1,105,186,694	166,588	1,105,020,106	33.45	737,489,520	50.83	-367,530,586
1955	958,519,204	197,617	958,321,587	30.46	1,140,153,311	59.48	181,831,724
1956	1,741,817,420	244,913	1,741,572,507	36.28	1,090,487,925	37.20	-651,084,582
1957	1,744,817,549	66,788	1,744,750,761	33.17	1,294,900,681	35.24	-449,850,080
1958	2,216,767,752	139,442	2,216,628,310	39.55	1,618,377,502	41.92	-598,250,808
1959	3,398,440,906	1,811,854	3,396,629,052	40.34	2,369,131,288	41.50	-1,027,497,764
1960	3,819,783,607	5,172,438	3,814,611,169	35.33	2,247,037,790	37.67	-1,567,573,379
1961	3,995,960,520	2,816,255	3,993,144,265	30.96	2,262,035,253	28.96	-1,731,109,012
1962	4,157,660,882	696,248	4,156,964,634	34.17	2,083,498,846	23	-2,073,465,788

資料來源：據海關總稅務司署統計處編，《中國進出口貿易統計年刊（臺灣區）》
1951-1963 年資料整理計算而成。

從整體貿易額來看，本時期日本始終是臺灣的最大出口國，每年的
出口比重至少都維持在三成以上或接近三成，1952、1954、1955 三個
年度對日出口甚至占臺灣整體出口的一半以上；再就進口而言，雖然從
初恢復以來，比重有略微下降的趨勢，但整體也都維持在三成以上，
1952、1958、1959 三個年度進出口皆以日本獨佔鰲頭，其餘年度的進

---

[64] 孟祥瀚，〈臺灣區生產事業管理委員會與政府遷臺初期的經濟發展,1949-1953〉，頁 138。

口也維持在第二名，僅次於美國。不過就貿易差額來看，與戰前臺日貿易略有不同，戰前的臺日貿易，臺灣以出超為主，但戰後本時期，除了1953 與 1955 兩年之外，臺灣對日貿易已形成入超的局面，且入超金額有逐漸擴大趨勢，迄 1962 年竟突破 20 億臺幣。

再以進出口分別觀察：出口部分，1950 到 1960 年之間，臺灣對日本出口的產品，以糖、雜糧、糖果三類為主，三者合計佔了九成左右的出口額，尤其是糖，更是臺灣出口日本的大宗，1950 年曾高達 80.77%，比重雖有逐年減少的傾向，但始終是高居臺灣出口日本的首位。1961年的出口品分組與 1960 年以前不同，難以統計在同一個表格上。依照當年度的統計類別，較重要的出口品依次為糖（1,016,600,634 元、45.14%）、子仁、菓品、菜蔬（506,937,479 元、22.51%）、雜糧及雜糧製品（374,781,073 元、16.64%）、植木及其產品製品（71,366,556 元、3.17%）、煤，石料，泥土及其他礦物產品製品（70,917,935 元、3.15%）、雜貨（66,949,271 元、2.97%）、化學產品及製藥（43,734,760 元、1.94%）、燭，皂，油，脂，蠟，膠，樹脂（36,206,950 元、1.61%）等八大類，其餘項目皆不及 1%。[65]可以看到，仍是以糖、雜糧、糖果為主要出口品。換言之，本時期的臺日貿易，臺灣對日本的出口，具有高度的穩定性。

表 7 臺灣對日本主要出口品價額統計（1950-1960）單位：新臺幣元

年代	雜糧及其製品	鮮菓乾菓製菓	糖	菜蔬	木材木及木製品	紡織纖維	礦砂金屬及金屬製品	化學品化學產品
1950	4,818,172	14,529,591	174,796,061	919,937	0	681,328	790,000	15,367,069
%	2.23%	6.71%	80.77%	0.43%	0.00%	0.31%	0.37%	7.10%
1951	101,462,620	52,098,706	319,470,577	3,388,038	0	2,871,320	0	26,564,956
%	19.70%	10.12%	62.04%	0.66%	0.00%	0.56%	0.00%	5.16%
1952	134,335,448	90,529,422	493,869,883	6,320,659	0	4,595,037	0	22,350,627

---

65 據海關總稅務司署統計處編，《中國進出口貿易統計年刊（臺灣區）》1961 年資料整理計算而成。

%	17.67%	11.91%	64.98%	0.83%	0.00%	0.60%	0.00%	2.94%
1953	203,013,637	64,487,844	544,879,650	11,083,815	0	3,974,996	9,702,627	12,806,006
%	23.57%	7.49%	63.25%	1.29%	0.00%	0.46%	1.13%	1.49%
1954	112,995,537	81,859,395	482,304,260	9,145,564	0	0	14,770,547	11,086,421
%	15.48%	11.22%	66.08%	1.25%	0.00%	0.00%	2.02%	1.52%
1955	447,572,877	69,206,493	533,740,042	7,349,126	6,007,735	3,351,339	14,991,592	22,487,182
%	39.26%	6.07%	46.81%	0.64%	0.53%	0.29%	1.31%	1.97%
1956	412,805,286	107,225,149	404,135,895	13,275,897	9,580,164	4,064,043	52,107,430	36,535,735
%	37.86%	9.83%	37.06%	1.22%	0.88%	0.37%	4.78%	3.35%
1957	333,214,233	123,337,635	714,279,279	10,579,378	7,597,065	2,259,539	15,282,891	26,126,864
%	25.73%	9.52%	55.16%	0.82%	0.59%	0.17%	1.18%	2.02%
1958	645,847,207	181,623,369	676,734,518	13,290,461	7,313,204	3,782,891	13,566,038	41,523,745
%	39.91%	11.22%	41.82%	0.82%	0.45%	0.23%	0.84%	2.57%
1959	817,758,917	270,086,078	1,031,606,678	18,305,996	27,332,185	22,463,743	22,346,924	77,793,377
%	34.52%	11.40%	43.54%	0.77%	1.15%	0.95%	0.94%	3.28%
1960	183,643,330	260,847,886	1,477,850,624	20,413,764	43,667,171	40,212,555	7,670,724	103,330,447
%	8.17%	11.61%	65.77%	0.91%	1.94%	1.79%	0.34%	4.60%

資料來源：據海關總稅務司署統計處編，《中國進出口貿易統計年刊（臺灣區）》
1951-1961 年資料整理計算而成。

　　進口方面，不似出口般以特定的大宗商品（糖）為主。以大分類來
看，此時期來自日本的主要進口品有化學產品、機器及工具、金屬及礦
砂、金屬製品等類。其中化學產品尤其重要，在 12 個年度中，除了 1950、
1953、1960、1961 四個年度之外，皆高居第一，雖然 1960-61 連續兩年
為機器及工具所超越，但 1962 年隨即又重返最重要進口項目，其比重
大致維持在 20-30%之間，最高甚至將近四成（1958 年）；次於化學產品
為機器及工具，在 1953、1960、1961 三個年度曾獨佔進口項目鰲頭，
其餘年度也多半維持在二、三名之間，進口額比重約在 10-20%；至於
金屬及礦砂、金屬製品則大致分居三、四名，車輛、船艇及雜貨等也各
有其重要性。此外，戰後初恢復兩國貿易時，印花棉布、魚介、海產品
也曾盛極一時，但越到後來其重要性越低。

表 8　臺灣對日本主要進口品項目及價額統計（1950-1962）

單位：新臺幣元

1950	印花棉布 19.86%	車輛，船艇 19.77%	機器及工具 12.47%	漂白或染色棉布 11.17%	金屬及礦砂 9.29%	雜類棉布 7.37%	化學產品及製藥 6.75%	本色棉布 5.58%
1951	化學產品及製藥 24.64%	印花棉布 10.70%	棉花，棉紗，棉線 9.25%	機器及工具 8.59%	漂白或染色棉布 8.53%	魚介，海產品 7.97%	金屬及礦砂 6.49%	車輛，船艇 5.45%
1952	化學產品及製藥 18.39%	機器及工具 17.50%	雜糧及雜糧粉 13.59%	金屬及礦砂 11.84%	魚介，海產品 7.80%	車輛，船艇 6.28%	雜貨 5.33%	雜類金屬製品 3.75%
1953	機器及工具 24.02%	金屬及礦砂 14.38%	雜糧及雜糧粉 13.41%	化學產品及製藥 12.04%	車輛，船艇 7.57%	魚介，海產品 6.62%	雜貨 4.67%	雜類金屬製品 4.44%
1954	化學產品及製藥 37.60%	機器及工具 19.24%	金屬及礦砂 14.07%	魚介，海產品 5.64%	車輛，船艇 4.51%	雜貨 3.59%	雜類金屬製品 3.18%	葷食，罐頭食物，日用雜貨 3.02%
1955	化學產品及製藥 32.70%	金屬及礦砂 17.63%	機器及工具 16.32%	雜類金屬製品 6.50%	車輛，船艇 4.66%	雜貨 3.93%	石料，泥土，及其製品 3.67%	魚介，海產品 2.36%
1956	化學產品及製藥 32.82%	機器及工具 19.43%	金屬及礦砂 17.92%	雜類金屬製品 6.03%	雜貨 3.98%	車輛，船艇 3.95%	絲（人造絲在內及其製品） 3.10%	石料，泥土，及其製品 2.86%

1957	化學產品及製藥 23.86%	機器及工具 22.13%	金屬及礦砂 17.60%	雜類金屬製品 6.86%	車輛，船艇 6.20%	石料，泥土，及其製品 5.56%	雜貨 5.00%	絲（人造絲在內及其製品） 3.07%
1958	化學產品及製藥 39.21%	金屬及礦砂 18.82%	機器及工具 14.40%	車輛，船艇 6.90%	雜類金屬製品 6.16%	雜貨 3.78%	書籍，地圖，紙，及木造紙質 3.01%	石料，泥土，及其製品 1.41%
1959	化學產品及製藥 35.52%	金屬及礦砂 19.86%	機器及工具 16.17%	車輛，船艇 7.39%	雜類金屬製品 7.29%	雜貨 5.07%	絲（人造絲在內及其製品） 1.50%	書籍，地圖，紙，及木造紙質 1.48%
1960	機器及工具 25.86%	化學產品及製藥 24.04%	鋼鐵及其他金屬 16.91%	飛機，船艇，車輛 6.63%	金屬製品 6.21%	雜貨 5.89%	人造纖維，合成纖維，及其製品 3.78%	金屬 2.19%
1961	機器及工具 21.70%	化學產品及製藥 18.85%	鋼鐵及其他金屬 14.62%	金屬製品 9.81%	人造纖維，合成纖維，及其製品 7.70%	飛機，船艇，車輛 7.53%	雜貨 6.68%	葷食，日用雜貨品 2.59%
1962	化學產品及製藥 22.46%	機器及工具 19.16%	鋼鐵及其他金屬 17.21%	金屬製品 8.02%	人造纖維，合成纖維，及其製品 7.52%	雜貨 6.19%	飛機，船艇，車輛 5.43%	金屬 2.36%

　　若以個別細項觀察，1950 年從日本進口的前三名為印花棉布（19.86%）、腳踏車（14.34%）、漂白或染色、棉布（11.17%）；1951 年為硫酸錏（肥料）（18.29%）、印花棉布（10.70%）、未製本色棉紗（9.25%）；1952 年為小麥粉（13.59%）、硫酸錏（肥料）（10.33%）、紡織機器（7.00%）；1953 年為小麥粉（13.41%）、紡織機器（8.58%）、未列名機器（5.03%）；1954 年為硫酸錏（肥料）（29.86%）、紡織機器（4.33%）、未列名機器（3.54%），此後各年與 1954 年大致相仿，即主要的進口品為肥料及機器。戰後進口肥料遠多於戰前，與當時美軍占領下的日本爲解決米糧及外匯不足的困境有關。1950 年 9 月，在盟軍總部的安排下臺灣和日本簽定了貿易協定，採「以貨易貨」的方式，要求臺灣對日本輸出稻米並交換肥料進口，且規定 1965 年以前肥料到臺灣的進口稅固定爲 5%，這是所有進口項目中的最低稅率。[66]

　　綜上所述，1940 至 60 年代，受國家力量高度管制下的臺日貿易，即使歷經 1945 年戰爭結束後的政權更迭，但就貿易品內容來看，有來自戰前的延續，也有戰後因應各自經濟條件而產生的變化。以本時期臺灣的出口品而言，始終以糖、米為兩大出口品，除了 1945-1949 之間被大量運往中國大陸之外，糖在臺日貿易中的重要性，從戰前到戰後始終維持不墜；至於米同樣在國共內戰時期被大量運往中國大陸；1949 年之後，隨著國民黨政府撤退來臺，大量移入的軍民，使得島內的米糧供應更是雪上加霜，已無餘力出口日本。不過隨著 50 年代初期國民黨政府一連串的土地改革，加上採取「田賦徵實」、「肥料換穀」等榨取式農業政策以扶植工業發展，使得米糧產銷迅速恢復。1950 年對日的米穀外銷價額僅 4,818,172 元臺幣，佔當年對日出口總額的 2.23%，翌年隨即提高到千萬臺幣以上，1951 至 1954 年米穀對日輸出價額與比重分別為 101,462,620 元（19.70%）、134,335,448 元（17.67%）、203,013,637元（23.57%）、112,995,537 元（15.48%）。

　　進口方面，有不少在戰前即經常由日本輸往臺灣的進口品，並未隨

---

[66] 文馨瑩，《經濟奇蹟的背後——臺灣美援經驗的政經分析（1951-1965）》（臺北：自立晚報，1990)， 頁 174。

著政權更迭而在臺日貿易中消失，戰後兩國貿易中依舊可以見到這些貿易品的身影，如肥料、小麥粉、鹽乾魚、清酒、絹棉織品、がんに囊、紙類、鐵、機械類、木材等。不過不同於戰前的品項紛雜，1950 年代臺灣對日的輸入品種類雖多，卻逐漸固定以化學產品及製藥（主要為肥料）、機器及工具（主要為紡織機器）兩大類居首。

從戰前到戰後，出口商品的米、糖，進口商品的肥料持續興盛，說明當時臺灣猶是典型的農業經濟；不過進口品的逐步變化，機器、金屬製品逐步取代棉布、魚介海產類，也反映出臺灣的經濟形態正朝向工業化轉型。

四、戰前到戰後臺日貿易的動因

（一）日治以來的延續

如前所述，1940 到 1960 年代之間，雖然跨越了二次大戰，臺日的國籍歸屬由同而異，不過兩國間的貿易往來，卻有其一貫的持續性。例如同樣受到戰爭因素的影響而採取高度的貿易管制措施；貿易品中最重要的始終為米、糖（出口）、肥料（進口）等。

臺日兩國在戰後得以迅速恢復貿易往來，且日本始終是本時期臺灣最重要的貿易夥伴，導因於日治時期所建構出的臺日相互依賴之經濟關係。1950 年設於花蓮的永盛木工場提到日治時代，日人建築日式房屋，慣用瓦板敷鋪於屋頂，然後蓋瓦，以避暴風雨來襲時，無漏雨之虞。不過在戰後這種日式建築減少，以致製品銷路停滯。該廠便是利用當年中日貿易恢復的機會，重整舊業，重新生產，奉准大量製造瓦板輸日。[67]

又如 1951 年 9 月 21 日，在臺北市康定路經營三泰行的黃談根，寫信給尹仲容提到臺灣人從日治時期開始普遍採用味素，戰後雖有小規模味精製造工廠五、六家，數量方面，實不足供本省需要，此所以日本味素大量向臺灣走私。因此他建議在不影響本省味精工業生產範圍下，允

---

[67] 生管會檔案，經建類/商業綱/易貨貿易目，「本省檜木輸日易杉木」，頁 44-45。

准輸出額外之香蕉，與日本換回部份味素原料。如此，既可補添需求不足之額，又可供應味精工廠之生產原料，節省國家外匯，並可刺激本省產品之改良，同時政府得增加稅收，又得打擊走私，復可促進臺日間邦交之感情，更可輸出額外香蕉，對國家經濟，可算無損。[68]

在日治時期已具有對日經驗的商人，在戰後的臺日貿易上，也扮演了相當舉足輕重的角色。根據統計，1950 年代的臺灣民營企業，可就來歷分為「日治時代留下」、「大陸遷臺」、「自公營事業開放而來」、「美援計劃成立」、「民間自行籌組而成」五類；其中日治時代留下的民營企業，大多數在戰後被政府接收成為公營事業，只有少數屬臺灣人所有，但規模不大，礦業方面有顏欽賢的臺陽礦業、李建興的煤礦及其他若干小礦；機械方面有唐傳宗的唐榮、林挺生的大同、李清枝的臺北、劉阿禎的臺灣齒輪、翁金護的臺南、張騰飛的興亞、鄭芳勝的大成、黃土英的大豐等；紙業方面有何傳、何義等兄弟之永豐，後成為永豐餘。[69]這些日治時代留下的民間企業在臺日貿易恢復上所扮演的角色，可以施合發來說明。

1950 年 10 月，生管會決定開放檜木與日本杉木的易貨交易時，位於臺北市華亭街 19 號的施合發股份有限公司董事長邱秀城便提出申請。其申請理由提到該公司素以經營日杉進口，自大正 14 年經營以來，歷二十餘年之歷史，最盛時期，每年進口量達三十萬石，佔全省日杉進口量 50%，戰後該公司仍與日本商人經常保持聯繫，依據兩國政府進出口貿易法令，接洽臺檜與日杉易貨。[70]其後施合發果然以此得到本項易貨貿易權利。

（二）臺灣方面的管制考量

戰後臺日兩國，同樣面臨外匯不足的窘境，為此而紛紛實施有計畫的貿易管制，這是阻礙兩國貿易自由往來的背景。此外，由於臺日已分

[68] 生管會檔案，經建類/商業綱/易貨貿易目，「本省香蕉輸日易味精」，頁 7-8。

[69] 薛化元總編輯，《臺灣貿易史》，頁 284。

[70] 生管會檔案，經建類/商業綱/易貨貿易目，「施合發等商號承辦檜木輸日易杉木」，頁 14。

屬不同國家，在考量各自國家的整體利益之下，自然受到限制。以臺灣方面而言，對臺日間貿易加以管制主要出於以下幾個動機：

1.因應國共戰爭的高度政治性

（1）香蕉的事例

戰前到戰後臺日間貿易受管制的原始出發點同樣為了因應戰爭，差別只在戰前的日本是因應國際戰爭，戰後的國民黨政府則可視為國共內戰的延長。基於這樣的出發點，有不少貿易管制考量，其實是把對日貿易視為與中共間的外交戰場，一個明顯的事例是香蕉。

前述輸出品中，香蕉雖非最重要，不過其受重視程度並不亞於米糖，甚至猶有過之。本時期外貿會檔案中，對日貿易總件數有 111 筆，其中有 32 筆討論的是對日貿易的辦法或規定修正，非關輸出；其餘涉及輸出項目的類別大致如下表：

表 9　外貿會檔案中與臺日貿易相關件數統計

項目	香蕉	檜木	梧桐木	鹽	鳳梨	砂糖	煤	其他
筆數	42	12	5	4	3	3	2	9
備註	其他部分，米、鋼筋、酒、花生仁、海草、影片、廢舊蔴袋布、黃銅屑、廢彈殼各一筆。							

資料來源：據《行政院外匯貿易審議委員會》歷次會議整理而成。

香蕉被提出討論的總件數超過其他出口品的總和。此外，還可以從兩個事例看香蕉對臺日貿易的重要性。1959 年因八七水災，中南部受損嚴重，香蕉減產，致連續數期輸日香蕉班輪均未達到預定裝量，在未獲得確實損害程度前，為充分供應輸日香蕉，以免影響日方今後購蕉外匯配額，外貿會決議暫停出口香蕉到韓國、琉球、香港等地區。[71]翌年（1960）再因八一雪莉颱風災害，蕉產損失 50%以上，對該期之供應發生嚴重影響，據青果運銷合作社查報估計短差約 18 萬籠；而同年日方

---

[71] 「輸出組為供應輸日香蕉暫行停止韓、琉、港地區出口案報請公鑒」，《行政院外匯貿易審議委員會第 234 次會議》，1959 年 10 月，近史所檔案館館藏號 50-234-018，頁 1。

試辦採購菲律賓及中南美洲國家香蕉，為恐以往為臺蕉獨佔之日本市場動搖，外貿會除簽請繼續停止對香港、琉球、南韓等地的香蕉出口外，并將輸日腐損應行補運香蕉，展期俟翌年 4 月起再行裝運，俾在 3 月底前儘先趕運日方信用狀購蕉部份。[72]

　　而在有關香蕉貿易的臺日談判上，主其事者也從不諱言利用香蕉進行反共角力。例如 1958 年香蕉盛產，農林廳估計全年可供外銷香蕉達 130 萬籠，外貿會要求貿易談判代表團爭取本年輸日香蕉配額，日方則提出減低底價要求，作為增加配額之相對條件，結果日方如約接受增加配額美金一百萬元，臺灣政府也配合將輸日香蕉底價減低五角，使日本人民得以普遍享受較廉價格之臺產香蕉，增強抵制中共香蕉輸日力量。[73]

　　1954 年，大阪華僑總會會長陳廷岳請在本省價購香蕉二萬簍，以免結匯方式運銷日本，所得盈利撥充大阪中華學校校舍建築；[74] 1957 年，東京中華學校及橫濱中華學校負責人也分別以東京中華學校添設高中部學舍及建設禮堂、橫濱中華學校修理校舍等需款，要求臺灣政府准許免結匯額外輸日香蕉三萬五千簍，[75]外貿會最後決議兩案合計五萬五千簍以贈送名義辦理，請由駐日大使館指定之承辦單位逕洽青果聯營會依照規定辦理。[76]大使館之所以如此積極奔走，主因正是由於當地僑校

---

[72] 「為謀香蕉如限足額輸日擬定『加強外銷香蕉供應實行統一集貨運銷臨時措施』一案提請核議」，《行政院外匯貿易審議委員會第 280 次會議》，1960 年 9 月，近史所檔案館館藏號 50-280-022，頁 1-5。

[73] 「輸日香蕉底價應否調整提請核議」，《行政院外匯貿易審議委員會第 169 次會議》，1958 年 6 月，近史所檔案館館藏號 50-169-031，頁 1-2。

[74] 「大阪僑校申請免結匯輸日香蕉 2 萬簍及駐日美軍擬向本省直接採購香蕉兩案併請核議」，《行政院外匯貿易審議委員會第 95 次會議》，1956 年 12 月，近史所檔案館館藏號 50-095-015，頁 1-4；「關於日本大阪僑校申請免結匯輸日香蕉 2 萬簍以盈利撥充經費一案茲參照本會 108 次會核定東京及橫濱僑校輸日香蕉案擬具處理辦法再提請核議」，《行政院外匯貿易審議委員會第 109 次會議》，1957 年 4 月，近史所檔案館館藏號 50-109-011，頁 1-3。

[75] 「日本東京橫濱等僑校請准輸日香蕉 3 萬 5 千簍以盈利撥充經費案提請核議」，《行政院外匯貿易審議委員會第 108 次會議》，1957 年 3 月，近史所檔案館館藏號 50-108-009，頁 1-4。

[76] 「（密）輸出組為大阪以外留日僑校請准輸日香蕉 3 萬 5 千簍以盈利撥充經費一案提請核議」，《行政院外匯貿易審議委員會第 106 次會議》，1957 年 3 月，近史所檔案館館藏號 50-106-009，頁 1-3。

為中共爭取之目標，希望能利用香蕉籌措建築經費以安撫之。[77]

（2）1958 年的逐年談判

1958 年 3 月，由於日本與中共簽定貿易協定，被國民黨政府視為已逾民間貿易範圍，嚴重危害臺日邦交，為促使日本政府對日貿易協定不予批准起見，除決定停止臺日貿易談判會議進行外，并經外交部邀集有關機關首長會商決定，為配合外交政策，外貿會應自即日起中止對日一切採購，所有申請對日匯款及採購貨物各案，除依照契約到期應付之債款，仍按約核配外匯以資付款外，其餘各申請案一律暫停討論。[78]到了 4 月，日本首相岸信介聲明保證尊重與我國之關係，且根據外交部公報報導，日本內閣官房長官愛知於其解釋聲明中說明該項協定係由民間團體所簽訂，并非官方性質，日本政府無意承認中共政權，故對其所擬派駐日本之民間通商機構無意承認其具有官方地位或任何特權。由於日本政府對其態度暫已澄清，所以經行政院 4 月 10 日院會決定，臺日貿易恢復正常狀態。[79]

2.平衡重於一切

戰後臺日貿易最初既然起因於兩國外匯的缺乏，加上戰後臺灣對日貿易逆差逐年加劇，那麼如何在貿易當中求取平衡，是臺灣政府相當關切之事。1958 年度臺日貿易會議時，曾討論兩國貿易平衡問題，雙方同意在任何一方貿易欠款超過規定淨差額一千萬美金時，應互相諮詢檢討，債權國一方應考慮設法增加購買，以資平衡；如經設法不能解決或仍超過淨差額時，債權國得要求付現。同年 7 月，日本以當時臺灣對日欠款已達美金一千五百萬元，不久將達二千萬美元，考慮增加購買糖、米，以抵充此項超額欠款，希望臺灣考慮能在短時期內促成此項增加

---

[77] 「日本東京橫濱等僑校請准輸日香蕉 3 萬 5 千簍以盈利撥充經費案提請核議」，《行政院外匯貿易審議委員會第 108 次會議》，1957 年 3 月，近史所檔案館館藏號 50-108-009，頁 1-4。

[78] 「普通輸入審核組為對日採購案處理情形報請公鑒」，《行政院外匯貿易審議委員會第 159 次會議》，1958 年 4 月，近史所檔案館館藏號 50-159-029，頁 1。

[79] 「准外交部葉部長函為中日貿易恢復正常狀態報請公鑒」，《行政院外匯貿易審議委員會第 159 次會議》，1958 年 4 月，近史所檔案館館藏號 50-159-030，頁 1。

糖、米輸日。其後日方希望我方於 9 月底前將糖米各五萬噸運出，否則將由我方準備付現。經糖價談判案獲得協議，我方砂糖在 9 月運出 2 萬噸，11 月運出 3 萬噸；食米一項，約於 9 月間運出，超額問題，自可部份解決，但為免差額超出過鉅，特建議於糖、米未能大量輸日，超差額未能解決前，暫予減少向日購買貨品。[80]

其後臺日貿易的差額愈大，根據日本駐臺大使主管商務之一等秘書花村信平送來一份非正式估計，臺日貿易至當年 11 月底對日記賬戶，約計差欠美金 30,596,080 元，因而外審會提出三個意見：1.我方以後進口肥料，可採公開標購方式，不必限由日本以易貨外匯購入，即使日方價格低廉，儘可以自由外匯付款，俾節省政府易貨外匯之支出。2.對日欠額中，輪船運費一項為數甚鉅，此後臺日貨運，應儘量由國輪承載。3.由於對日欠款日漸增加，凡對外採購，今後均以向世界其他國家市場洽購為主，不宜指定日本，以免增加外匯調度上之困難。[81]

3.阻擋日貨進入，以發展臺灣本土工業

前述黃談根請求生管會允許輸出額外之香蕉，與日本換回部份味素原料一案，其後生管會將此案轉送臺灣省工業會表示意見時，卻遭到工業會的否決，其否決理由是「政府向來禁止日本味之素進口，不外為節省外匯，儘量開源節流，並挾助民族工業，力求自足。由此原則觀之，則黃君所請輸入味之素一事，本會認為不當」。而且「如准予輸入日貨則本省工廠之生產必受打擊自必影響數千員工就業問題至鉅」。[82]

另外，1949 年 8 月，生管會委員尹仲容曾建議以本省棉紗交換日

[80] 「經濟部函為平衡中日貿易賬戶在糖米未能大量輸出前建議暫予減少向日購買貨品一案提請核議」，《行政院外匯貿易審議委員會第 175 次會議》，1958 年 8 月，近史所檔案館館藏號 50-175-028，頁 1-2。

[81] 「關於中日貿易對日欠款日漸增加凡屬外購物資不得指定日本以免增加外匯調度上之困難案提請核議」，《行政院外匯貿易審議委員會第 186 次會議》，1958 年 10 月，近史所檔案館館藏號 50-186-046，頁 1-2。

[82] 「省工業總字 第一四四號臺灣省工業會代電」，生管會檔案，經建類/商業綱/易貨貿易目，「本省香蕉輸日易味精」，頁 10-11。

本人造絲，結果並未通過。建設廳回覆的理由是因為本省的棉紗存量不足，尚且需要從省外進口；而且在日治時代，強迫臺民購用人造絲品，「所製綢料，既不耐用，價格亦較棉布高約二倍，至於設備方面，本省尚無綢織機，如以棉織機代用，其工本需增加五成，據悉各廠因技術上之困難，亦不欲織製綢品」。[83]早在 1905 年起，臺灣紡織品輸入即以日本為主，1911 年日本紡織品運銷臺灣的價值，約佔臺灣輸入紡織品的三分之二，無疑已是臺灣消費市場的主要來源；[84]即使到了 1940 年代仍是相當重要的輸入品（參見前表）。但是戰後初期，國民政府先是用高額關稅阻絕，使臺灣的需求轉向大陸紡織業；1949 年 12 月，黨政軍大量進入臺灣，以紡織業為主體的的大陸財團也隨著入臺，[85]成為戰後臺灣輕工業發展的重要項目之一，所以在易貨貿易中，日本的相關紡織品當然不便列入。

4.防止重要物資外流或調節過剩物資

在對日貿易中，除了賺取外匯之外，防止重要物資外流也是當時管制臺日貿易的委員會考量之一。1950 年 9 月，設立於臺北市仁愛路二段 67 號的「掬水軒」糖果行申請以糖果輸日易貨，結果也遭到「現時糖價飛漲，將影響民食」為由而加以拒絕。[86]而日方的管制措施方面也有同樣的考量，戰後由於重建需要，木材需求孔急，1950 年 4 月，臺灣方面計劃以較為昂貴的檜木交換價廉的日本杉木，原先計畫的交換比例是 1：2.5，也就是用一單位的檜木交換 2.5 單位的杉木。[87]不過當時日方不願本身的木材流出過鉅，影響重建，因而盟總與日本通商省皆表示反對。[88]以致 1951 年 4 月中信局試辦時，比例降至 1：1，當年以一千立方公尺的黃檜與日本齊藤會社交易一千立方公尺的杉木，其超價部

---

83 生管會檔案，經建類/商業綱/易貨貿易目，「本省棉紗輸日易貨」，頁 8-9。

84 李文環，〈戰後初期臺灣關貿政策之分析（1945-1949）（上）〉，頁 141。

85 李文環，〈戰後初期臺灣關貿政策之分析（1945-1949）（上）〉，頁 142。

86 生管會檔案，經建類/商業綱/易貨貿易目，「本省糖果輸易貨」，頁 1-16。

87 生管會檔案，經建類/商業綱/易貨貿易目，「本省檜木輸日易杉木」，頁 3。

88 生管會檔案，經建類/商業綱/易貨貿易目，「本省檜木輸日易杉木」，頁 35-37。

份，則購回省內必須物資。[89]

　　反之，若省內有生產過剩物資，也經常求助於兩國易貨貿易來調節。1952 年由於香蕉豐收，扣除外銷數量後，還剩餘 25 萬簍，預估隔年會剩下 120 萬簍香蕉無出路，因而臺灣區青果輸出業同業公會乃致函生管會，希望能開放香蕉輸出易貨。[90]同年 5 月 1 日，苗栗縣議會要求生管會開放香茅油出口日本易貨，因為當年「香茅油價慘跌，本縣十餘萬茅農嗷嗷待哺，非求出口易貨無法挽救危機。」所以該縣香茅油產銷合作社「業經擬具計畫，將本年四、五、六三個月間各社員所產香茅油，先行撥出二千桶（計 36 萬公斤）統籌輸出日本、香港，易換各社員需要布匹」。[91]

（三）美國的因素

　　戰前由於美、日間的敵對關係，美國因素對於臺日間貿易不見得是正面。不過戰後臺、日兩國同樣成為美國的盟友，美國對兩國的政治與外交皆有深刻影響，遂使得美國成為推動臺日間貿易的正面力量。

　　除了盟總所安排的易貨貿易之外，臺灣非自美國進口的美援物資幾乎全部轉向日本採購，主要原因是美國為了扶助東亞最大盟邦日本的經濟早日復甦。[92]美援對於臺灣自日本進口所做出之貢獻可以其在臺灣進口總值中所佔比重看出：

表 10　1953-1962 **美援佔臺日進口貿易額比重（單位：新臺幣元）**

年代	進口總值	商貨進口	%	美援進口	%
1953	843,919,083	734,814,374	87.07%	109,104,709	12.93%
1954	1,105,186,694	1,007,339,663	91.15%	97,847,031	8.85%
1955	958,519,204	896,790,642	93.56%	61,728,562	6.44%

---

[89] 生管會檔案，經建類/商業綱/易貨貿易目，「中信局承辦檜木輸日交換杉木」，頁 1-11。
[90] 生管會檔案，經建類/商業綱/易貨貿易目，「香蕉輸出易貨」，頁 1-6。
[91] 生管會檔案，經建類/商業綱/易貨貿易目，「本省香茅油輸出易貨」，頁 1-16。
[92] 文馨瑩，《經濟奇蹟的背後——臺灣美援經驗的政經分析（1951-1965）》，頁 206-207。

1956	1,741,817,420	1,595,128,483	91.58%	146,688,937	8.42%
1957	1,744,817,549	1,520,198,954	87.13%	224,618,595	12.87%
1958	2,216,767,752	2,104,537,562	94.94%	112,230,190	5.06%
1959	3,398,440,906	3,038,650,534	89.41%	359,790,372	10.59%
1960	3,819,783,607	2,910,047,722	76.18%	909,735,885	23.82%
1961	3,995,960,520	3,141,025,883	78.61%	854,934,637	21.39%
1962	4,157,660,882	3,962,309,200	95.30%	195,351,682	4.70%

資料來源：據海關總稅務司署統計處編，《中國進出口貿易統計年刊（臺灣區）》
1953-1963 年資料整理計算而成。

　　由上表可以看出，美援進口佔臺灣自日進口的比重，少則 5%
（1958），多則將近四分之一（1960）。不過後來由於限購美貨的政策，
1960 年開始禁止受援國向日本等 18 個國家地區採購美援，導致 1962
年美援進口的比重驟減。由於日本是美國各項援助計畫之海外採購的最
大受益者，此政策也使其成為受打擊最大的國家。[93]

五、結論

　　從戰後的臺日貿易發展來看，即使歷經戰後政治上的斷絕——由一
國而分屬兩國，但也不乏來自戰前日治時期的延續。

　　連續面的部分，就貿易實質內容來看，從 1941 到 1961 年之間（甚
至延續更長的時間），日本始終是臺灣最重要的貿易夥伴，進出口內容
也維持著臺灣出口米、糖以換取日本的肥料。1956 年的易貨貿易中，
臺灣政府便曾用減少向日訂購肥料之數量來壓迫日本政府購足協定中
規定的食米數量。[94]再就貿易管制來看，從戰前到戰後臺灣對日本的貿
易管制，在 1941-1961 年間始終存在，而存在的主要背景，都是源自於
戰爭，以及戰爭所造成的外匯短缺。再就貿易動因來看，戰後臺日間的

---

[93] 文馨瑩，《經濟奇蹟的背後——臺灣美援經驗的政經分析（1951-1965）》，頁 207。
[94] 「關於臺米輸日問題與日本交涉經過現經糧食局李局長連春與日本政府商獲結果報請公鑒」，
　　《行政院外匯貿易審議委員會第 81 次會議》，1956 年 9 月，近史所檔案館館藏號 50-081-011，
　　頁 1-2。

貿易得以持續，與日治時期臺人所養成的生活習慣、所建構出的臺日相互依賴之經濟關係有關；此外在日治時期已具有對日經驗的商人，在戰後的臺日貿易上，也扮演了相當舉足輕重的角色。

就斷絕面來看，貿易內容方面，戰前戰後也又了些許不同，如戰前日本包辦了臺灣最重要的進出口對象，戰後臺灣的出口已轉為美、日並重，有數個年度出口美國更甚於日本；貿易差額方面，戰前臺灣對日本始終為出超，但戰後則轉以入超居多；貿易品上，除了前述的米糖交換肥料外，隨著臺灣工業發展，紡織機器的重要性日甚一日。再就貿易管制來看，儘管從戰前到戰後臺日貿易皆起因於戰爭，但戰前是因為國際戰爭，戰後則由於國內戰爭（國共內戰）；在管制主體上，戰前的總督府擁有相對較高的自主性，但戰後的臺灣省政府則逐漸為遷臺的中央政府財政部會所凌駕；在管制手段上，戰前的總督府多半以明文的法律規定來施行，戰後的國民黨政府則常用臨時的跨部會編制，甚至不乏便宜行事的事例。如 1958 年外貿會主導修訂臺灣青果聯合運銷辦法及輸日香蕉配運細則，修法完畢後，按正常程序應當經省主席批准，省府委員核議通過，並送省臨時議會審查通過後始得公布。不過省農林廳認為該案急需實施，倘輾轉呈遞，勢將拖延甚久，事關國家經濟政策，遂逕請經濟部另行公布實施。[95]最後就貿易動因來看，儘管有不少戰前的遺留，加強推動戰後臺日間的貿易往來，但臺灣方面政府的考量，諸如因應國共戰爭的高度政治性、講求平衡重於一切、阻擋日貨進入以發展臺灣本土工業、防止重要物資外流等，則是另一些不利臺日貿易的動因。

最後，無論是佔領日本時由盟總主導採購臺灣產品，或者援臺期間每年用以採購日本產品而增加的進口額，戰後臺日間得以持續密切的貿易往來，美國實為不容忽視的一個因素。

---

95 「輸出組為修訂臺灣青果聯合運銷辦法及輸日香蕉配運細則應否由本會逕行公佈施行提請核議」，《行政院外匯貿易審議委員會第 203 次會議》，1959 年 3 月，近史所檔案館館藏號 50-203-009，頁 1-9；「奉行政院令為『臺灣青果聯合運銷辦法』及『輸日香蕉配運細則』兩種准予備查報請公鑒」，《行政院外匯貿易審議委員會第 209 次會議》，1959 年 4 月，近史所檔案館館藏號 50-209-004，頁 1。

日治時期彰化地區的港口變化與商貿網絡

摘要

　　由於臺灣、中國大陸間長期形成的區域分工，加上傳統漢人生活習慣，使得日本治臺時期，兩岸間仍有持續的貿易往來。總督府也不敢貿然切斷這樣的貿易紐帶，因而在條約港之外，又開設了八個對中國大陸進行戎克貿易的特別開港。不過四個條約港偏於本島南北，因此位於中部地區的特別開港鹿港，其重要性便不言可喻。即便有港口年年淤塞的情況，但仍是日治初期臺灣中部地區商貿網絡的最重要核心，整個彰化縣境的商業活動，便是由鹿港所構築的商業網絡。此網絡以臺中、彰化、南投、雲林等地最為密切，但並不以此為侷限，島內地區北部可達基隆、淡水，南部可達安平、布袋嘴；藉由特別開港的身分，更可以直通中國大陸沿海的泉州、汕頭、柘林、廈門、溫州、福州等地；甚至經由轉口貿易，在鹿港也可見到美國、朝鮮、英國、露領亞細亞（俄屬中亞）、英領印度、香港、德國、荷蘭等國家的產品。至於番挖港則因重要性不如鹿港，在隨後被指定為不開港，並設立稅關監視署，從事緝私的任務，完全喪失清末以來進行兩岸戎克貿易的功能，只能依附於以鹿港為中心的商貿網絡。

　　根據舊慣調查，日治初期鹿港價值尚未立刻消失，可歸納為以下兩大原因：第一，集散市場的確定不可動搖；第二，位於對岸航路的最短距離。1897 年時，對日本以外國家的輸出入貿易額，總計 2,500 餘萬圓，而鹿港（169 萬圓）僅次於淡水（1,570 萬圓）、安平（440 餘萬圓）；不過隨著臺灣人民生活習性的轉變、島內交通條件的改變、中日局勢的惡化，以及港口本身難以克服的淤塞問題，其貿易功能日漸萎縮，終至和其他特別輸出入港一樣，走入衰微的歷史。而清代以來彰化地區依賴沿海港口進行的商業活動，也明顯的在日治時期產生轉變，由原來的百花齊放式轉為一枝獨秀；再由港口船舶帶動改為陸上交通帶動，在山海線

鐵路交會的優勢下，彰化街的重要性逐步取代了鹿港。

關鍵詞：舊慣調查、鹿港、特別開港、戎克貿易

一、前言

　　清代文獻中，對於港、澳有如下的定義：「閩、越間水源自山匯流揚波謂之溪，溪漸於海，潮汐應焉，謂之港；海汊無源，潮流而潴，隨其所到，以為遠近，亦謂之港。（中略）約略計之，以溪名者三十有八、以港名者三十有五、港與溪合者十有九、海汊自為港者十有六」；[1]「由山發源，縈洄不息者，為溪、為溝；沿海出口，舟楫可通者，為港、為澳」；[2]「澳者，就可泊船之處而言。」[3]日治初期從事港灣調查時，根據上述，將其解釋為「溪尾入海之處」，「海水彎曲之處」兩種，而不論港與澳都是用來停泊船隻，兩者常常合用，也常常混用，直到日治時期才統稱為港灣。[4]近人對於港口的解釋則是「海岸、河岸上的一地點，運載客貨的船隻，可在此停留轉運」。[5]

　　清朝統治時期，官方在臺灣港口的管理政策方面，基本上對南北間的沿岸貿易管制較不嚴格，但是對於臺灣與中國大陸或日本、南洋的貿易往來，則繼承明代「貢舶貿易」中對渡口岸的傳統，以特定口岸為登陸地點，以利稽查和徵稅，而採取限制政策；[6]不過從道光到咸豐時期，海防之稽查漸形廢弛，中國本土之船舶不僅得以自由私航，道光 18（1838）年 3 月，甚至有歐洲商船企圖載運鴉片向臺灣偷渡私販之事；[7]到了 1860 年開港之後，打破臺防廳、鹿港廳及淡防廳等三廳管轄海口政策，轉由各廳縣於縣境要口設置文武口，以掛驗內地出入船隻，

[1] 周鍾瑄，《諸羅縣志》卷一「封域志」，收錄於《臺灣全誌》第二卷，臺北：臺灣經世新報社，大正 11（1922）年刊行，頁 636。

[2] 盧德嘉，《鳳山縣采訪冊》丙部「地輿(三)」，收錄於《臺灣文獻叢刊》第 73 種，臺北：臺灣銀行經濟研究室，1960 年，頁 45。

[3] 范咸，《重修臺灣府志》卷一「封域志」，收錄於《臺灣全誌》第一卷，臺北：臺灣經世新報社，大正 11（1922）年刊行，頁 108。

[4] 臨時臺灣舊慣調查會，《臨時臺灣舊慣調查會第二部調查經濟資料報告下卷》，東京：三秀舍，明治 38（1905）年 5 月發行，頁 64。

[5] 孫宕越，《地理學辭典》，臺北：正中，1982 年，頁 308。

[6] 林玉茹，《清代臺灣港口的空間結構》，臺北：知書房，1996 年 12 月，頁 71。

[7] 伊能嘉矩原著，臺灣省文獻委員會編譯，《臺灣文化志（中譯本）》中卷，南投：臺灣省文獻委員會，1991 年 6 月，頁 407。

於是各地域的主要港口，至此得以合法與大陸往來貿易，並且成為中國戎克船貿易中心。[8]

日本接收臺灣後，總督府即依照通商條約規定，並仿日本稅關成例，將清末臺灣所設海關加以改造。不過為了兼顧臺人貿易習性，收關兩岸戎克船來往停泊的舊港口並未全然閉絕，而是以所謂「特別輸出入港」或「特別開港」的名稱有限度開放，僅允許戎克船進出，至於其他未受指定的港口，則禁止一般人民自由進出；相應於此的管理機構則有「稅關」、「稅關出張所」（支署）及「稅關監視署」，前兩者負有關稅徵收、檢疫等任務，後者則純作為防杜走私之用途。

這樣的制度設計，勢必對清末以來西部海岸百花齊放式的港口發展造成巨大衝擊。本文的目的，即是在利用日治時期的調查資料來探究不同政權的制度轉換下，對於彰化地區沿海的港口，乃至內陸的商貿往來，究竟造成怎樣的影響。由於日治時期臺灣的港口變化主要源自日本統治後所採行的開港制度與稅關管理政策，故本文將先就此部分加以說明；其次將探討在這樣的制度下，彰化地區所留下的唯一合法港口——鹿港對於整個中部地區商貿網絡建立的重要性；最後則以鹿港為例，探究在日治以後舊港口以及臺灣對中國傳統戎克船貿易的變化及其衰微原因。

二、日治時期的港口變化

（一）日本領臺後的海關接收與港灣開放

由於清代海關委由外人經營的模式，[9]加上日、清兩國特殊的海上

8　林玉茹，《清代臺灣港口的空間結構》，頁 323。

9　1853 年發生的「小刀會」之亂，破壞了全中國最大的對外貿易口岸——上海港的海關，使該海關無法正常課稅。當時中國政府正須此項關稅，以挹注隨太平天國戰事而來的軍事需求；而英、美、法等國也希望能對海關加以改革，以改善中外通商以來，清國官吏昧於外語、外務對外商所造成的不便；加以南京條約曾規定英國方面得派遣海關稅務司監督中國海關，以確保關稅徵課，中外雙方遂同意改由外國稅務司監督中國海關稅收，並將此項安排納入1858 年中英、中美、中法通商章程第十條中。詳見林滿紅，〈清末臺灣海關歷年資料的史

交接儀式，[10]使得日本接收臺灣海關的工作一波三折。北部的基隆海關面臨無人交接的窘境；[11]淡水海關則有稅務司官舍產權移交的僵局；[12]南部的安平及打狗，更因臺灣民主國的抗日行動，遲至 1895（明治 28）年 10 月始接收完成。[13]

　　完成海關接收後，總督府進一步規範港灣開放事宜。為了避免引起外人對於日人治臺的疑慮，以及激起臺人更大的反抗，總督府以承認清朝既有條約港，並兼顧兩岸人民貿易往來的長久習慣，將臺灣的港口分為開港、特別開港、不開港三類。開港是指 1860 年依中英、中法條約而開放的淡水、安平，以及 1863 年作為淡水、安平附屬港的基隆、打狗等四個條約港；特別開港是專為因應兩岸貿易往來的戎克船進出所需而開放的港口，最初僅鹿港一地，未幾增至八處，其後逐漸減少，至1943（昭和 18）年完全廢除；至於不開港則是指前兩者以外的一般港灣，不得作為貿易用途，且除了臺（日）籍船隻外，其餘國家（包括清國）除非為了避難或經特別允許，否則不得進入。以下分別加以敘述。

1.開港

　　日本接收臺灣後，並不打算承認清廷原有不平等條約中所包含的通商口岸、領事裁判權、協定關稅、外國人的居住及擁有不動產等特權；不過為使在臺外國人安心，進而與列國維持和諧關係，決定讓外國人繼續享有部份權利。日本政府解釋說，這並不是繼承清國對外條約，而是

　料價值〉，收錄於黃富三、林滿紅、翁佳音主編，《清末臺灣海關歷年資料（Maritime customs annual returns and reports of Taiwan,1867-1895）》，臺北：中央研究院臺灣史研究所籌備處，1997 年，頁 7。

[10] 黃昭堂著、黃英哲譯，《臺灣總督府》，臺北：前衛，1996 年 10 月，頁 49-51。

[11] 臺灣總督府財務局編，《臺灣の關稅》，臺北：臺灣總督府財務局，1935 年，頁 14-5。

[12] 「明治廿八年六月至八月外事課事務報告第九號附件」，臺灣省文獻委員會，《臺灣總督府檔案中譯本》（第四輯），南投：臺灣省文獻委員會，民國 83 年，頁 308。

[13] 有關總督府接收清末臺灣四個海關的糾葛，並非本文主題，在此不擬贅述，參見陳文添，〈日據初期臺灣總督府的對外交涉——以收回四處通商港口之交涉為例〉，《臺灣文獻》50 卷 2 期，南投：臺灣省文獻委員會，民國 88 年，頁 89-116；臺灣總督府財務局編，《臺灣の關稅》，頁 15；臺灣總督府淡水稅關編，《臺灣稅關十年史》，臺北：臺灣總督府淡水稅關，明治 40 年，頁 38。

出自日本的「好意」。[14] 1896 年 1 月 29 日，日本政府透過外務大臣及
駐外公使，向各締約國家發表宣言，[15]將淡水、基隆、安平、臺南府及
打狗開放為外人通商居住的區域，同時明令自 2 月 23 日以後，撤廢清
國舊海關制度，適用日本現行稅目表，並施行「關稅法」及「稅關規則」。
至於宣言中對外開放的通商港口，較清領時期增加臺南府，並非著眼於
貿易功能。事實上，臺南與安平係同一港，貿易品進出口報關手續也同
在安平稅關處理，將臺南列入開港宣言，純粹是為提供外國人居住，以
便約束管理，因而名義上開放五港，實際上仍維持原本清國時代的四
港。清領後期，經由與清廷締約而允許來臺通商國家不過 17 國，但在
日本領臺後，透過上述宣言，允許來臺通商國家則多達 20 餘國，除清、
韓兩國外，餘皆可享受與日本國內同等的協定稅率優惠。[16]

　　這四個開港的存在期間與日本統治臺灣的政權相終始，不過，隨著
日本刻意經營基隆與高雄港，使得淡水、安平的重要性日漸下降，迄日
治末期，絕大多數的貨物皆由基隆、高雄兩港進出，僅剩機帆船仍往來
淡水、安平，往日的風光已不復再現。[17]

2.特別開港

　　1895 年 11 月 1 日，總督府發布「清國人登陸臺灣條例」，將清國
人登陸地點限於四個條約港，自翌年 1 月 1 日起施行。[18]換言之，原本

---

14 黃昭堂著，黃英哲譯，《臺灣總督府》，頁 63。

15 宣言如下：臺地既歸平定，日本帝國政府特許居住及往來臺地各締約國臣民、人民及船舶以
　下的特別待遇及便利：第一，與日本帝國締結有通商及航海條約之各國臣民及人民，得於
　淡水、基隆、安平、臺南府及打狗居住並經商，其船舶得於淡水、基隆、安平、打狗諸港
　寄港及輸出貨物；第二，臺灣為特殊地區，雖日本帝國與各締約國間現存之通商及航海條
　約及其他規定，亦適用於居住及往來臺灣之各締約國臣民、人民及船舶，惟享受上述特典
　便益者，亦須遵守施行於臺灣之法令。參見臺灣總督府財務局編，《臺灣の關稅》，頁 17-8。

16 日治時期與臺灣有通商關係的國家包括了韓國、墨西哥、英國、美國、布哇（夏威夷）、義
　大利、俄國、清國、德國、祕魯、巴西、瑞典、挪威、荷蘭、瑞士、西班牙、葡萄牙、法
　國、匈牙利、暹羅、奧地利、剛果、希臘等，參見臺灣總督府淡水稅關編，《臺灣稅關十
　年史》，頁 180-181。

17 臺灣總督府編，《臺灣統治概要》，臺北：南天書局，1997 年，頁 434。

18 「廿八年十一月中民政事務報告」，臺灣省文獻委員會，《臺灣總督府檔案中譯本》（第三

航行兩岸間的中國船隻限定由四港報關納稅,再分赴原先固定出入的港口起卸貨物。鑑於四港分居南北,無法兼顧中部地區的需求,為權宜起見,同年 10 月先行開放鹿港供戎克貿易船出入;翌年 3 月再應新竹支廳長之請而加開舊港。迄 1896 年 8 月,雖然「特別開港」尚未完成立法,但總督府仍依據「臺灣總督府稅關官制」第二條,公告將於蘇澳、舊港、後壠、梧棲、鹿港、東港、媽宮、布袋嘴等處設立稅關出張所,等於間接宣佈將上述地區列為特別開港。[19]未獲指定的大安及中港,曾透過地方官員士紳陳情,但始終未曾闢為特別開港,反而在 1902 年設立稅關監視署以防止當地百姓的走私活動。[20]

　　1897 年 1 月,總督府正式公佈「特別輸出入港章程」,同日並指定特別輸出入港的位置,計有臺北縣管下蘇澳、舊港、臺中縣管下後壠、梧棲、鹿港、臺南縣管下東石港、東港、澎湖島廳管下媽宮。[21]不過原本預計開放的布袋嘴,則因缺乏經濟價值,改由東石港入替。[22]翌年 8

輯),南投:臺灣省文獻委員會,民國 83 年,頁 755。

[19] 《臺灣總督府報》第 449 號,明治 32 年 1 月 25 日,頁 41。

[20] 日本接收後將大安港加以封閉,帆船欲至大安港,須先到鹿港海關完納稅金,方可轉入。當地商人為了舖貨,需遠赴新竹或鹿港,由於挑運艱辛,使得物價加倍,商民同感生計困難。1896 年 12 月 17 日,由當地紳商黃本上書苗栗支廳長橫堀三子,疾呼開港對本地商業的重要性。負責中港地區中港、頭份、南莊、獅潭、北埔等處貨物出入的塭仔頭港也同樣遭到封港命運,當地居民委請竹南一堡參事陳汝厚暨街莊長等上書向臺北縣知事請命。不過,總督府考量經濟價值以及人力、財力的缺乏,並未應允。參見《臺灣總督府公文類纂》第十九號第十四門「雜類」(明治 30 年)。轉引自戴寶村,〈近代臺灣港口市鎮之發展與變遷〉,收錄於《臺灣史論文精選(上)》,臺北:玉山社,1996 年,頁 442。

[21] 特別輸出入港章程內容如下:出示曉諭事:照得特別輸出入港,即係額外通商口岸,其章程業經臺灣總督府評議會議決在案。茲奉諭旨准行,所有新定章程開列於左,以便遵照,合行曉諭。為此示仰各色人等一體知悉毋違特諭計開
第一條　現定通商口岸之外,新設特別輸出入港,特准帝國臣民及臺灣住民等船隻貨物,隨時進出,以便外國貿易;至於港名,應出府令,另示遵行。
第二條　前條所有船隻及貨物等進出口岸,均應遵照稅關法度並稅關章程辦理;其日本式及清國式船隻,應完口費,另以府令示遵。
第三條　臺灣總督因時制宜,即第一條所定特別之口岸,係屬從權特設,不論何時得以廢撤。
參見「律令第一號」、「府令第四號」,《臺灣總督府報》第 12 號,明治 30 年 1 月 20 日,頁 17。

[22] 千住精一,《臺灣稅務史》下冊,臺北:臺灣日日新報社,大正 7 年,頁 798;臺灣總督府淡水稅關編,《臺灣稅關十年史》,頁 73。

月，總督府進一步限制特別開港僅限戎克船出入；[23]由於戎克船除臺灣及清國外，甚少其他國家使用，此舉無異宣告特別開港係專為本島與清國間貿易而設，所以其與開港最大的不同在於：後者是所謂的「條約港」，並未對入港船舶或國籍做特別限制；至於特別開港則只允許戎克船出入，可以說是兩岸貿易的專屬港口。[24]

特別開港的數量與開設地點，在日治時期時有變遷，直到 1943 年隨著港務局制度的建立，特別開港制度正式走入歷史，百年來進出無數戎克船的沿岸港口，終成絕響。[25]總計曾被指定為「特別開港」的港口，前後共有 10 個，其中存在最久為後龍及鹿港（47 年），其餘依次為東石港（45 年）、媽宮（40 年）、舊港（36 年）、梧棲（36 年）、東港（21年）、下湖口（8 年）、蘇澳（3 年）、花蓮港（3 年）、布袋嘴（1 年）。花蓮港是日治後期才興築完成的新港口，廢除特別開港後，仍維持「基隆港務局花蓮支局」的地位；蘇澳與布袋嘴原本就不具貿易價值。此外，除下湖口、東港開港時間較短，其餘 6 個港口，無一不是存在 30 年以上。足見即使日本統治臺灣後，企圖切斷兩岸間的貿易往來，但兩岸的貿易關係仍在大多數的日本統治期間進行著。而總督府大規模裁撤特別開港的 1930 年代，正是兩岸貿易走向沒落的階段，[26]多少透露出日本在決定臺灣的關稅政策時，也不能完全無視於兩岸貿易的實際情形。

3.不開港

臺、澎沿岸港口，原不限於上述 12 個，[27]但總督府考量人員與經濟效益，除前述條約港及特別開港外，其他未指定港口，則名之為不開港。

---

[23] 「府令 87 號」，《臺灣總督府報》第 574 號，明治 32 年 8 月 3 日，頁 5。

[24] 特別開港中，惟有梧棲（1897 年）及馬公（1898、1933 年）各曾有過一般汽船入港的紀錄。見總督府財務局編，《臺灣貿易四十年表》，臺北：臺灣總督府財務局，昭和 11 年，頁 368。

[25] 「府令 258 號」，《臺灣總督府官報》第 497 號，昭和 18 年 11 月 28 日，頁 81。

[26] 許世融，〈關稅與兩岸貿易（1895-1945）〉，臺北：國立臺灣師範大學歷史學系博士論文，2005 年 1 月，頁 16-18。

[27] 根據林玉茹統計，第七期（1861-1895）的港口數量約有 138 個，參見林玉茹，《清代臺灣港口的空間結構》，頁 339-344。

此類港口雖然缺乏設關徵稅的經濟效益，並不表示無法從事貿易活動，有些不開港尚且被用來做為將臺灣物資移出日本內地的專屬港口。例如布袋、北門專門將鹽移往日本；花蓮港、大板埒則分別是木材、鯨魚的移出港。[28]

（二）稅關機構的設立與變遷

除了將臺灣原有港口性質加以分類外，總督府也建立起不同於清代的海關機構。清末的港口監督管理系統甚為混亂，既有徵收關稅的洋關，也有徵收釐金的局卡，另外尚有負責緝私的文武口。日本統治後，則明確區分為「稅關」、「稅關出張所」（後改稱「稅關支署」）、「稅關監視署」三級。除「稅關監視署」專責緝私外，「稅關」及「出張所」皆是徵稅與緝私兼具，符合現代海關應有的功能。

1.稅關

就實際稅關數目的增減來看，日治時期臺灣的稅關設置經歷了七個階段：

1896 年 3 月總督府修改組織條例，將徵收關稅的事務由關稅課分離，轉交稅關掌管，並於淡水、基隆、安平、臺南、打狗五地設立稅關；惟臺南開放為通商港口僅為提供外人居住，實際關稅事務仍由安平處理，設稅關可說有名無實，故僅止於稅關長的派任，並未實際運作，旋於同年 12 月依敕令 386 號廢止，真正設立的稅關僅有四個。[29] 1900 年 8 月，擔任安平稅關長的宮尾舜治提出北部廢基隆稅關，併入淡水；南部廢打狗稅關，併入安平，並由一人擔任稅關長，兼攝南北兩稅關的意見，翌年 4 月官制改正參酌此項意見，將本島四稅關整併為淡水、安平

---

28 井出季和太（臺灣總督府稅關事務官），〈領臺以來の臺灣貿易大觀〉，《臺灣時報》第 68 號，頁 120-1。

29 《臺灣總督府報》第 65 號，明治 29 年 12 月 25 日，頁 1；臺灣總督府財務局編，《臺灣の關稅》，頁 74-5；千住精一，《臺灣稅務史》下冊，頁 835-843。

兩稅關，原本的基隆、打狗稅關則分別成了淡水、安平稅關的支署。[30]
1909 年再將兩關合併為一，總稱「臺灣總督府稅關」，本關置於淡水，
安平稅關則與先前的基隆、打狗同樣成了支署，至此全臺進入單一淡水
稅關時期。[31]不過在基隆港築港工事逐年完成後，基隆貿易額大幅超越
淡水，1921 年稅關遷往基隆，進入單一基隆稅關時期。[32]

隨著高雄港日漸完善，在南進的地位更形重要，1934 年 7 月 1 日，
總督府再度改正稅關官制，將高雄支署獨立為高雄稅關，此後遂成南、
北兩稅關並列局面；[33]及至大東亞戰爭爆發，船舶工資及港灣裝卸貨的
需求大為增加，1943 年廢止稅關制度，於基隆、高雄分別成立「港務
局」，將以往的稅關與新設的州港務部交通局海事出張所、築港及埠頭
事務所整合，實行港灣行政統一政策。[34]

總計這七個階段可概分為三個時期：從 1896 年到 1909 年是整併
期，總督府的目標是希望能將全臺稅關統一，所以在 1896 年先裁撤有
名無實的臺南關，至於基隆及打狗關則以兼任方式暫時留存；俟 1901
年正式將此兩關降為支署，為稅關統一邁進一大步；迄 1909 年再將安
平降為支署，完成稅關統一理想，從 1909 年迄 1934 年為單一稅關時期，
全臺統稱為「臺灣總督府稅關」，本關初設淡水，1921 年起由基隆取代；
1934 年以後進入南、北兩關並立期，反映出高雄港在日治後期所具有
的舉足輕重地位。

2.出張所、支署、港務支局

1896 年臺灣總督府稅關官制頒布時，賦予稅關出張所設置的法
源；[35]預計成立的出張所有：蘇澳、舊港、後壠、梧棲、鹿港、東港、

---

[30] 臺灣總督府淡水稅關編，《臺灣稅關十年史》，頁 49。
[31] 臺灣總督府淡水稅關編，《臺灣稅關十年史》，頁 66。
[32] 臺灣總督府財務局編，《臺灣の關稅》，頁 74-5。
[33] 《臺灣總督府報》第 2135 號，昭和 9 年 6 月 26 日，頁 54。
[34] 臺灣總督府編，《臺灣統治概要》，頁 433。
[35] 臺灣總督府淡水稅關編，《臺灣稅關十年史》，頁 55。

媽宮、布袋嘴等八處。[36]不過為因應布袋嘴開港場關閉，乃將出張所設於較北方的東石港。[37] 1899 年配合特別開港調整，增設下湖口，並廢止蘇澳。[38] 1901 年隨著稅關官制的改正，為與內地稅關稱呼一致，乃將稅關出張所名稱改為「稅關支署」，原本設立稅關的基隆、打狗降格為支署。[39]其後稅關支署的設立地點屢有興廢，1943 年「港務局」制度實施的同時，也廢除了特別開港，次級機關名稱由稅關支署改為港務支局，實際上已與特別開港毫無關聯。其中臺北、淡水及花蓮港支局隸屬於基隆港務局；安平支局則歸高雄港務局所管轄，直到日本戰敗投降，此架構並未變動。

　　總計稅關次級機構（含出張所、支署、港務支局）的設置，在日治時期經過了 18 次的變動，其中以 1901 年前後的轉變最為明顯：在此之前稱為「稅關出張所」，其設置地點清一色是為兩岸貿易而開放的特別開港；以後雖為與日本國內稅關制度統一而將名稱改為支署，但一則為簡化稅關數目，將原本基隆、打狗兩稅關也廢關設署；再則考量到實際港口的興衰變遷，支署未必與港口相符（如下湖口特別港的支署實際設在北港溪）。如此一來，所謂的稅關支署，即不盡然是特別開港所在，即使透過條約開放的通商港口，也有設立支署的可能（1909 年全島稅關統一後，安平也加入支署行列）。此後支署設立即不受特別開港限制，如 1929 年設立臺北支署便與特別開港變動毫無關聯。換言之，1901 年以後，凡是特別開港所在地皆有稅關支署的設立，但設立稅關支署的地區卻不盡然是特別開港所在。1943 年廢除「特別開港」制度，此後的次級機關更與特別開港毫無關聯，港務支局若非新闢建的港口（花蓮港），便是已日趨沒落的條約港（淡水、安平）。

---

36 「府令廿五號」，《臺灣總督府報》第 449 號，明治 32 年 1 月 25 日，頁 41；臺灣總督府淡水稅關編，《臺灣稅關十年史》，頁 72-73；井出季和太，〈領臺以來の貿易に關する法制〉，《臺灣時報》第 135 號，頁 44。

37 《臺灣總督府報》第 8 號，明治 30 年 1 月 14 日，頁 11。

38 《臺灣總督府報》第 450 號，明治 32 年 1 月 26 日，頁 43；第 490 號，明治 32 年 3 月 30 日，頁 77。

39 臺灣總督府淡水稅關編，《臺灣稅關十年史》，頁 77；千住精一《臺灣稅務史》下冊，頁 801。

3.稅關監視署

開港之初，稅關本關及出張所既是徵收關稅、管理進出船舶的所在，也肩負緝私的任務，蘇澳更是專為查緝兵器走私所設的特別開港。然而，臺灣四面環海，以僅有的 12 個稅關機構，實無法有效遏止走私猖獗的情形。總督府為嚴格取締沿岸交通，乃在南北兩稅關購入汽船四艘以供港外海上巡邏之用，此為臺灣稅關海上巡邏的濫觴。[40]至於陸上設立專司取締的稅關監視署則始於 1899 年，[41]最多時曾有 27 個（1917年）。除了部份缺乏經濟效益而從特別開港被降級成不開港者之外，尚有東港（位於宜蘭，後改為清水港）、金包里（後改名金山）、大稻埕、許厝港、中港、通霄、大安港、蕃挖（後為沙山取代）、八罩島、漁翁島、五條港（後為海口取代）、布袋嘴、國聖港（後為七股取代）、灣裡港、大林埔（後改為紅毛港）、枋寮、車城、舊社（後為社里取代，再後改名澳底）、香山、苑裡、北門嶼、赤崁（後移至桃仔園）、大板埒、卑南（後遷至臺東）、下湖口（後為口湖取代）等港口。這些設在不開港的稅關監視署，數目逐年增加，構成一道綿密的監視網，有效遏止了臺灣海峽的走私活動，直到 1943 年港務局制度實施後才加以廢除。

設置稅關機構主要用意是管理貿易或限制走私，與清末開設洋關、釐金局卡、文武口等港口管制單位大同小異；日治時期所設立的稅關機構，幾乎涵蓋清末的前述港口管制單位的所在地。[42]換言之，清代以來被利用來從事貿易或走私的地點，日治時期仍有相當程度的延續。學者提到，臺灣的商業經營，既有來自中國的傳承，也有市場與國家促成的蛻變。蛻變之一便是：日本領臺後，轉移了臺灣的市場，而關稅制度正是日本用來轉移臺灣市場的手段之一。不過從管理走私或貿易的地點與清代高度重疊來看，說明了即使是日本統治後，企圖使臺灣海關加以「創

---

[40] 臺灣總督府淡水稅關編，《臺灣稅關十年史》，頁 42-43。

[41] 當年 8 月的稅關官制修正，增列「稅關得於其管轄區域內之必要場所，設置稅關出張所及稅關監視署」的規定。參見《臺灣總督府報》第 588 號，明治 32 年 8 月 23 日，頁 45。

[42] 李文環，《高雄海關史》，高雄：財政部高雄關稅局，1999 年，頁 131。

新」，但在考量設立地點時，仍不免受到「傳統」的制約。[43]

（三）彰化地區的港口變遷

根據林玉茹的研究，清代統治臺灣時期，分布在今天彰化縣沿岸的港口，先後曾出現過的約有 10 個（含內河的二林港）。為便於參考，茲列表如下：

表 1　1895 年以前彰化地區的港口變遷

時間	港口名稱	港口數
1683 年以前	鹿港、二林港	2
1683-1710	鹿港、三林港、二林港	3
1711-1730	草港、鹿港、三林港、二林港	4
1731-1783	番仔橋港、草港、鹿港、王功港、三林港、二林港	6
1784-1830	草港、鹿港、王功港、三林港、番挖港、二林港	6
1831-1860	草港、鹿港、王功港、三林港、番挖港、二林港	6
1861-1870	草港、沖西港、鹿港、王功港、番挖港、二林港	6
1871-1895	新港、草港、沖西港、鹿港、王功港、番挖港、西港	7

資料來源：林玉茹，《清代臺灣港口的空間結構》，臺北：知書房，1996 年 12 月，頁 37、38、41、46、49、53、57、59。

到了日治初期，舊慣調查資料所列出的港灣，位於今日彰化境內的有沖西港（馬芝堡）、福安港（線西堡）、新盤港（深耕堡）、舊港（深耕堡）。其中以馬芝堡的沖西港（鹿港）、深耕堡的番挖港最重要。[44]關於鹿港的記載尤多，例如：「古來與對岸的交通頗為繁盛，成為對彰化集散場的對岸或本島南部的吞吐口，別稱沖西港」；「大船出入不便，然而戎克船屬集，今尚不見減少。且此港是南、北臺灣的中路之衝，從古來即開港，所以其繁盛程度，可說僅次於四大開港場」；「從往昔開始，經濟上掌握了中部臺灣的鎖鑰，所以現在並未立刻失去其港灣的價

---

[43] 參見林滿紅，〈臺灣商業經營的中國傳承與蛻變——以近四十年臺灣相關研究為基礎之省察〉，收錄於《臺灣商業傳統論文集》，臺北：中央研究院臺灣史研究所籌備處，1999 年，頁 1-44。

[44] 臨時臺灣舊慣調查會，《臨時臺灣舊慣調查會第二部調查經濟資料報告下卷》，頁 79、207。

值」；「與本港有密切關係的集散地，首推彰化、北斗、西螺（中略）；又與本港有密切關係的市場範圍甚為確定，亦即：東邊到山，北邊以大肚溪為界，南邊迄西螺溪為止。其中與本港進行直接交易的重要地方有彰化、員林、北投、溪湖、蕃挖、北斗、沙子崙、社頭、永靖、南投、林圯埔、斗六、他里霧、西螺、麥寮等，從這些地方，再分配到各個小的市場」；「由於當時由泉州地方移住而來的有錢商戶，爭相集於本港，本港遂凌駕彰化的繁榮，成為中路第一要港。延至今日，可稱為次於安平、打狗的大口」。[45]

相形之下，關於番挖港的記載便顯得簡略：「因為不是地學上的所謂河口港，相對的運砂埋沒的程度不嚴重，往時其名久不聞，成為新開的濱港」；「本港的北方四里餘之地有鹿港的大吞吐場，雖然沿岸船的輻輳幾乎不讓鹿港，然而立於不仰鹿港供給不可的地位」。[46]

上述的觀察驗證學者關於開港通商對兩岸間長期建立的「區域分工」，以及賴以維生的郊商並未造成太大影響，因而戎克船賴以進出停泊的西部沿岸舊港口，在日治初期繁華依舊。故鹿港仍是「人煙稠密、商賈輻輳」。[47]其次，也透露出日人觀察到鹿港與番挖這兩個港口貿易功能的懸殊差距，於是在領臺初期，百廢待舉之下，鹿港被指定為全島第一個特別開港，1895 年 10 月 22 日便在鹿港成立全臺第一個稅關出張所。[48]當年 6 月總督府民政局關稅課成立後，首任關稅課長野村才二為執行戎克船管理計畫，乃著手研議在沿岸開辦出張所。野村參照地圖，發覺全島沿岸應設置出張所之重要口岸約有 16 處之多，礙於經費及人員缺乏，無法在一朝一夕間完成，乃決定從最為重要的鹿港先行設置。9 月 21 日，野村任命田路基胤等三人為鹿港出張所人員，搭乘「千島

45 臨時臺灣舊慣調查會，《臨時臺灣舊慣調查會第二部調查經濟資料報告下卷》，頁83、169-170、174-5。

46 臨時臺灣舊慣調查會，《臨時臺灣舊慣調查會第二部調查經濟資料報告下卷》，頁 83、205。

47 林滿紅，〈清末大陸來臺郊商的興衰〉，《國家科學委員會研究彙刊：人文及社會科學》4 卷 2 期，民國 83 年 7 月，頁 178-183。

48 「開辦鹿港稅關出張所業務」，臺灣省文獻委員會，《臺灣總督府檔案中譯本》（第三輯），頁 109。

號」前往該地就任，但因連日暴風，為洶湧波浪所困，無法進港，甚至一度避難澎湖，終因沙淺浪高，無法靠岸，於 10 月 4 日頹然而返。9 日，田路基胤一行人改由陸路轉往，終於 19 日抵達鹿港，22 日開始處理稅關各項業務。[49]

至於番挖，既未喪失貿易功能，又無法設關徵稅，於是便在 1899 年 11 月成了首批選定成立稅關監視署的港口。[50]

於是清末以來戎克船自由進出的景象，被侷限到鹿港一地，也使得日治初期彰化地區形成了以鹿港為中心的商貿網絡。

三、以鹿港為中心的商貿網絡

（一）彰化境內重要街市的經濟概況

日本治臺後，行政體系有感於對臺灣人日常發生的各項事件之處理根據的理解稀薄，而臺灣住民也缺乏申訴自己權利的管道，遂招來誤解與不信任感，此與對日本人的反感相連結，形成施政上的一大障礙。為圖解決，乃決定設置特別機關從事臺灣人舊慣的相關調查。在 1900 年以前，暫以民政部及臨時土地調查局的部份經費挹注，迄 1901 年 10 月 25 日乃以敕令 196 號公布「臨時臺灣舊慣調查規則」，正式展開有關農業、工業、商業以及經濟的舊慣調查。[51]舊慣調查可分為兩部份：第一部分是關於法制方面的舊慣調查，第二部份則是關於農工商經濟方面的調查。關於農工商經濟方面的負責人原為愛久澤直哉，其後由宮尾舜治、持地六三郎先後接任，於 1905 年完成了《臨時臺灣舊慣調查會第二部調查經濟資料報告》上、下卷。其中產業方面由筒井繼男、平野師

---

[49]「明治廿八年十二月份民政事務報告」，臺灣省文獻委員會，《臺灣總督府檔案中譯本》（第四輯），頁 21-22。

[50] 據稅關的說法，是因為大安港、蕃挖二地動輒以入港避難及取水名義從事走私活動而聞名，故首先設立監視署，參見《臺灣總督府報》第 643 號，明治 32 年 11 月 19 日，頁 22；千住精一，《臺灣稅務史》頁 804；臺灣總督府淡水稅關編，《臺灣稅關十年史》，頁 78。

[51] 末光欣也，《日本統治時代の臺灣》，臺北：致良，2004 年，頁 105-6。

應、黑谷了太郎、河野喜六執筆，交通、保險、條約由平野師應、片山
為佐二負責，鹽制由小塚貞義擔任，最後由平田德治郎、田原禎次郎、
山內鹿之輔共同編纂完成。[52]對於日治初期，乃至清代末期臺灣的經濟
概況，留下許多珍貴的調查紀錄。[53]根據這項調查，日治初期彰化境內
較為重要的街市及其經濟活動可略述如下：

1.彰化街

交易區域及於臺中、南投、斗六等各廳下的市街，重要輸出入品方
面，輸入有：洋布（來自外國）、支那綿布（清國）、綢緞（香港）、石
油（臺北）、豆油、烏糖、米、草、木炭、鳳梨、蜜柑、鳳梨絲（以上
皆員林）；輸出有米（輸往鹿港、塗葛堀）、洋布、支那綿布、綢緞、石
油、豆油、砂糖、諸菜（以上輸往各地方）等。

2.鹿港街

現今雖因有鹿港的海港浮砂，船舶出入困難，但是數十年前為止據
云裝載千石的船舶可以碇繫在埠頭。開港通商後，鹿港的海口既淺，大
船無法出入，大部分貨客為南、北諸港所奪，但因為鹿港自古即開市，
與對岸商人及島內各市街商賈之間產生相互親密關係，百數十年來牢不
可拔，現時雖瀕於衰頹之邊緣，但仍凌駕彰化、臺中或嘉義之上，具有
商業上的勢力。北從苗栗，南及嘉義，左右地方的交易。（中略）。鹿港
街的商業無疑是維繫在對岸貿易上。

3.員林街

市街的規模雖不大，商業交易活潑，管內第二流的重要市街。（中

---

[52] 臨時臺灣舊慣調查會，《臨時臺灣舊慣調查會第二部調查經濟資料報告上卷》，東京：三秀
舍，明治38（1905）年3月發行，敘言頁1-3。

[53] 有關臨時臺灣舊慣調查會的事業緣起、創立經過、價值與影響等，可參閱鄭政誠，《臺灣大
調查—臨時臺灣舊慣調查會之研究》，臺北：博揚，2005年。

略）員林街是彰化米唯一的市場。也有許多賣向對岸的旱田作物交易，因此鹿港輸出商人素來如同彰化商人，爭相在此開設分店。其他柑橘、藺、砂糖等的出產也不少；至於輸入品有菸草、布類、紡織品、紙、麵類、石油等。而以上輸出入的交易對象首推鹿港、彰化，北斗則次之。不論何地皆依靠陸路，利用濁水溪出入當地的貨物幾乎沒有。

4.北斗街

距今（作者按：指舊慣調查當時，即 1901 年左右，以下同）90 餘年前開市，位於濁水溪上游東螺西堡的東北角。（明治）29 年以降迄 34 年為止，其戶數與人口劇烈減少，顧累年的天災地變，加以捲入領臺當時爭亂的漩渦中，民眾四散，移住他地或轉業。然而，現在有漸漸恢復的徵兆。（中略）北斗街正當本島南、北交通線之衝，從道光末年起，迄同治中葉左右，是其與沙仔崙街的全盛時代。特別是如北斗街有戶數約一千八百，附近出產的米、胡麻、落花生、豆類、砂糖等，從本街以竹筏裝載，下到濁水溪，據云每日不下十艘（每艘一百四十石）。然而同治元年成為叛亂中心；咸豐以及光緒年間，遭蒙數度水害，其他分類械鬥等紛擾此仆彼起，大大妨礙了市街的發達，遂及於今日。

5.二林街

距今 150 年前左右開市，當時不乏水利之便，物產豐富，經由番挖輸出對岸頗多，四、五十年前的全盛時代，戶數約兩千、人口一萬，富豪鉅商比比皆是。由於專門與香港、廈門、福州、上海交易，今尚殘存宏偉的建築物，足以想見當時盛況。當時的主要輸出品為雜糧。咸豐年間的戴萬生之亂，本街成為其中心，爭亂三年之久，殖產商業廢絕，慘淡之狀，筆墨難以形容。繼則匪賊出沒，分類械鬥等紛亂繼起，大部分商賈舉家遷往彰化、鹿港，更加深了地方的荒涼。領臺後，斗六地方的匪賊跳樑，攻陷斗六，更侵入彰化管內。當時管內南部比起北部遭受到更多的蹂躪，其損害亦不少。又明治 31 年大洪水，繼則匪賊出沒，屢

屢襲擊其所，動亂接踵而至，以往的水圳崩壞、田園荒蕪。

6.番挖街

市街開始於百年前，雖遠遠不及鹿港，但自古以來即是北斗、斗六及中部各地方輸出入品的吞吐口，貿易繁盛。特別是與二林街素來有密切的關係，數十年前雖然非常殷盛，但是與二林街同樣遭受打擊，特別是該地方風勢猛烈，飛砂走石，田園荒廢日甚，光緒初年的暴風雨之際，數百美田化為不毛之地，因為開市以來類此的慘害屢屢出現，現今不復見其發達。其集散品方面，輸出為玄米、樟腦、砂糖、麻（輸往鹿港等），輸入方面則有菸草、唐紙、豆油、棉布、杉丸太、鹹魚（來自鹿港）等。

7.和美街及其他

從來地方的需要品仰給於彰化、鹿港，近年來消費者自行前往兩市購買。其他如永靖街柑橘產額頗多；沙仔崙街位於東螺東堡，臨濁水溪。以上各街的主要輸入品，以石油居第一，織物次之，其他則微不足道。[54]

日治初期，彰化地區的經濟發展狀況，以彰化街、員林街較佳，曾經盛極一時的北斗、二林、蕃挖等地，或因領臺初期的兵燹，或因天災，已趨於沒落。源自於清領時期，兩岸長期形成的高度區域分工，[55]使得經濟發展狀況較佳的彰化、員林二街，其主要交易商品，除了本地特產外，仍以傳統來自對岸中國大陸的貨品為主。因而在商品的轉運上，除了彰化街同時利用梧棲港將貨物輸往北部之外，[56]幾乎都是透過鹿港從事交易。於是藉由特別開港之便，使得鹿港得以通達島外的中國大陸及

---

[54] 臨時臺灣舊慣調查會，《臨時臺灣舊慣調查會第二部調查經濟資料報告上卷》，頁 581-8。

[55] 林滿紅，《茶、糖、樟腦業與臺灣之社會經濟變遷》，臺北：聯經，1997 年 4 月初版，頁 7。

[56] 舊慣調查關於梧棲港提到：本港的狀況不良，其南方大渡河口的塗葛堀港取而代之，成為現今中路唯一的港灣。而其開放實為近年之事。從此地方的大集散場彰化街輸送往北部臺灣的貨物，悉數集於本港。參見臨時臺灣舊慣調查會，《臨時臺灣舊慣調查會第二部調查經濟資料報告下卷》，頁 83。

本島西海岸其他各開港或特別開港，也透過內陸的小路、河川而到達鄰近的臺中、南投、雲林等地，在彰化境內，形成了一個以鹿港為中心的商貿網絡，以下將說明此商貿網絡的路線與貿易內容。

（二）以鹿港為中心的商貿網絡

日治初期臺灣中部地區的商貿網絡，是以鹿港為中心，加上北斗、蕃挖、西螺、麥寮等幾個中繼轉運站所形成。彰化地區是其最主要的貿易範圍，但也同時肩負著臺中、雲林、南投等地區的貨物運輸功用。加上鹿港所擁有的特別開港身分，使得其貿易範圍可以達到北部的淡水、基隆，南部的布袋嘴、安平等港。甚至跨海通販中國大陸沿海的泉州、汕頭、柘林、廈門、溫州、福州。以下先描述此商貿網絡的交通往來路線，下節再敘述其主要貿易內容。

1.島內交通線

通往西部各港的沿岸交通線，近者如塗葛堀、梧棲、蕃挖、新港、東石港主要是依賴小舟及竹筏往來；較遠之處，如大安港、後壠港、舊港、淡水、基隆、布袋嘴、安平，以及跨海的澎湖媽宮等則利用五十石以上的戎克船。[57]在鄰近港口以及內陸的部份，主要是依賴人力、牛車、竹筏，少部份則利用輕便鐵道。舊慣調查曾詳列從鹿港到各主要貿易地點的距離、運輸方式、費用等，為便於閱覽，茲列表如下：

表 2　日治初期鹿港與各主要貿易地點距離、運輸方式、費用情形

主要貿易地點	距離	運輸方式	費用	備註
彰化	3 里 1 丁	人力搬運	22 錢	道路

---

[57] 舊慣調查中且列出了到這些港口的距離：塗葛堀（7.5 海里、北北東）、梧棲（11.5 海里、北北東）、蕃挖（12 海里、南方）、新港（南 39 海里）、東石港（南 45 海里）、大安港（19.5 海里）、後壠港（39.5 海里）、舊港（58 海里）、淡水（88 海里）、基隆（116 海里）；布袋嘴（50 海里）、安平（77 海里）、澎湖媽宮（68 海里）。參見臨時臺灣舊慣調查會，《臨時臺灣舊慣調查會第二部調查經濟資料報告下卷》，頁 173-4。

	7里1丁	人力搬運	50錢	道路
臺中	7里1丁	人力搬運、輕便鐵道	人力搬運50錢，輕鐵39錢	鹿港到彰化道路3里1丁、彰化到臺中輕便鐵道4里
員林街	6里26丁	人力搬運	48錢	小路
北投	11里	人力搬運	79錢	小路
南投	9里35丁	人力搬運	72錢	小路
永靖	6里10丁	人力搬運	43錢	小路
社頭	8里	人力搬運	58錢	小路
北斗街	7里2丁	人力搬運	50錢	小路
	11里	竹筏	14錢	河川航路
蕃挖街	5里8丁	人力搬運、牛車	人力36錢，牛車7錢5釐	小路
	5里24丁	竹筏	8錢	沿海線
二林	5里24丁	人力搬運	40錢	小路
	6里35丁	牛車	10錢5釐	牛車道
	7里15丁	牛車、竹筏	牛車10錢5釐，竹筏10錢8釐	1.小路（牛車便）1里27丁、沿岸便5里24丁 2.經由蕃挖
西螺	9里19丁	人力搬運	67錢	小路
	17里	竹筏	22錢1釐	河川航路
沙仔崙	9里4丁	人力搬運	64錢	小路
	13里2丁	人力搬運、竹筏	人力搬運64錢，竹筏30錢	1.小路2里2丁、河川航路11里 2.經由北斗
麥寮	10里26丁	人力搬運、牛車	人力搬運77錢，牛車16錢	小路
	14里	竹筏	18錢	沿岸線
斗六街	12里5丁	人力搬運	86錢	小路

（雲林）	15 里 35 丁	人力搬運、輕便鐵道、竹筏	人力搬運 86 錢、輕鐵及竹筏 38 錢	1.小路 2 里 10 丁、輕便鐵道 2 里 25 丁、河川舟筏 11 里 2.經由北斗
	16 里 3 丁	人力搬運、竹筏	人力搬運與竹筏都是 46 錢	1.小路 3 里 34 丁、河川舟筏 12 里 5 丁 2. 經由西螺
土庫	15 里 15 丁	人力搬運、牛車	1 圓 3 錢	小路（人力搬運 4 里 25 丁、牛車載運 10 里 26 丁）
	18 里 25 丁	人力搬運、竹筏	54 錢	1.小路 4 里 25 丁、沿岸線 14 里 2.經由麥寮
集集街	13 里 17 丁	人力搬運	96 錢	小路
	20 里 2 丁	人力搬運、竹筏	79 錢	1.小路 9 里 2 丁、河川舟路 11 里 2. 經由北斗
埔里社	23 里 16 丁	人力搬運	1 圓 68 錢	小路
	30 里 1 丁	人力搬運、竹筏	1 圓 52 錢	1.小路 19 里 1 丁、河川舟路 11 里 2. 經由北斗
林圯埔	13 里 35 丁	人力搬運	1 圓	小路
	17 里 24 丁	人力搬運、竹筏	77 錢	小路 6 里 24 丁、河川 11 里

資料來源：作者據《臨時臺灣舊慣調查會第二部調查經濟資料報告下卷》整理而成。臨時臺灣舊慣調查會，《臨時臺灣舊慣調查會第二部調查經濟資料報告下卷》，東京：三秀舍，明治 38（1905）年 5 月發行，頁 170-173。

備註：1.舊慣調查作「丁」，應為日制「町」之略稱或誤稱。[58]2.一日「里」等於 3.924 公里，一「丁」（町）等於 109 公尺，亦即一里等於 36 丁（町）。3.人力搬運、牛車、竹筏及輕鐵運費計算單位皆為每百斤。4.竹筏一艘的載運量為 140 擔，牛車一臺為 20 擔；輕鐵貨車一臺 700 斤。

---

58 感謝審查委員提供此一修正意見。

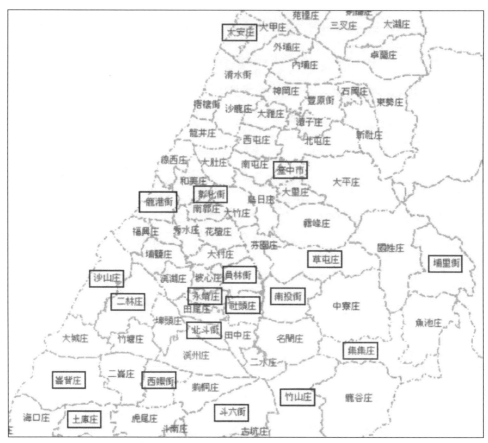

圖1　日治初期鹿港與各主要貿易地點相關位置圖

　　從鹿港通往上述各地，除少部分地區可利用舟楫或輕鐵之外，絕大多數必須使用最傳統的人力搬運或牛車載運。1896 年出版的臺灣地理書籍提到：臺灣島內交通不便的情形，更甚於中國大陸內地。大陸道路的惡劣，雖無異於本島，但河流有運輸之利；而臺灣不但完全沒有道路，河流也難以起作用。[59]主要原因在近代以前，臺灣並沒有所謂的道路興建，以至於島內各地相互間的交通，反不若其與中國大陸對渡口岸的便利。[60]所以有學者認為：

---

[59] 小川琢治，《臺灣諸島誌》，東京：東京地學協會，明治 29 年 2 月，頁 277。

[60] 劉銘傳擔任臺灣巡撫時，曾計劃沿岸航海，以南道、化達、前美三汽船，往來於基隆、淡水、塗葛堀、鹿港、安平、打狗之間；又從淡水到臺北大稻埕之間，企圖使用小蒸氣船的河川航通。臨時臺灣舊慣調查會，《臨時臺灣舊慣調查會第二部調查經濟資料報告下卷》，頁 105。

臺灣商品經濟擴大的特點在於並非欲在島內各地形成一個統一的單一市場，而是要在島內各地形成一個個獨立的市場圈，並通過對外貿易關係將他們連結起來。而島內各地市場圈之間的相互流通關係，雖說也通過陸上運輸，但主要是大大地依賴於近海的海上運輸。[61]

2. 對岸貿易

島內交通不便，加上移民原鄉生活習慣使然，使得臺灣與中國大陸間往來相當頻繁。[62]前述特別輸出入港開設時，曾劃定各港與對岸各港的交通線如下：

表 3　日治時期臺灣對中國港口往來情形

開港或特別開港	對岸往來港口
基隆	寧波、溫州、福州、泉州
淡水	寧波、溫州、福州、泉州
舊港	泉州各港
港（後）壠	福州、泉州
塗葛堀（梧棲）	泉州
鹿港	泉州、汕頭、柘林、廈門、溫州、福州
北港溪（下湖口）	泉州
東石港	泉州

---

[61] 涂照彥著，李明峻譯，《日本帝國主義下的臺灣》，臺北：人間，1993 年 11 月，頁 20-1。

[62] 根據舊慣調查，康熙 35 年左右，以廈門為根據地的中國沿海貿易路線有 11 條，其中與臺灣的交通線即佔了 5 條之多，即：第一航路：龍溪、同安、海澄、安海、晉江、南安、惠安所屬的戎克船，交通臺灣、鹿港、五條港、淡水港等。本航路方面，輸入臺灣的產品以豆餅、米、穀類、油等為主；從本島輸出則僅有臺灣的土貨，惟土貨分類則不詳。第二航路：龍溪、同安、馬巷廳、海澄所屬的戎克船，來航臺灣，更迴航蓋平、膠州，復航廈門。本航路方面，輸入臺灣的貨品為米穀、油、豆餅以及布帛、雜貨等；從臺灣載運砂糖及其他土貨輸送華東地方，即蓋平、膠州，再裝載當地出產的豆類，運送到廈門。第三航路：晉江、惠安、南安等所屬船隻來航臺灣，迴航蓋平、膠州，復航廈門。本航路的貿易品與前一航路相同。第四航路：雲宵、漳浦、詔安所屬船舶，往返於臺灣、廈門之間。本航路的貿易品與第一航路相同，但主要的臺灣土貨為砂糖，龍眼肉、苧麻、黃麻次之。第五航路：澎湖島所屬的戎克船，往來廈門。本航路方面，從澎湖島輸出鹹魚、落花生、豆、甘藷等，輸入豆餅、米穀、雜貨類、木材、布帛等。臨時臺灣舊慣調查會，《臨時臺灣舊慣調查會第二部調查經濟資料報告下卷》，頁 71-2。

安平	廈門、汕頭、柘林、泉州
打狗	汕頭、柘林、泉州、廈門
東港	泉州、汕頭、柘林
媽宮	廈門、泉州、福州、汕頭

資料來源：作者據《臨時臺灣舊慣調查會第二部調查經濟資料報告下卷》整理而成。參見臨時臺灣舊慣調查會，《臨時臺灣舊慣調查會第二部調查經濟資料報告下卷》，東京：三秀舍，明治 38（1905）年 5 月發行，頁 102-103。
備考：泉州方面有深滬、永寧、崇武、祥司、蚶江、獺窟、其他金門、【炳】州、安海、東石、石潯、石井、下寮、浮古、晉江等口。

　　從明末清初漢人開始大舉移入臺灣以來，由於臺灣所生產的米、糖適為中國大陸所需，而移民所需的棉布、絲織品及其他日用品均可取給於大陸，遂形成臺灣與大陸間，一方供應農產品，一方供應日用手工業產品的「區域分工」，增進兩岸間的貿易關係。[63]清末的開港通商，雖然擴大了臺灣的貿易對象，但並未對兩岸間長期建立的區域分工，以及賴以維生的郊商造成太大的影響；同時臺灣的貿易對象雖轉為全世界，惟兩岸間貿易量並未減少。因而戎克船賴以進出停泊的西部沿岸港口，在日治初期繁華依舊。[64]與對岸的交通，固非始於日治時期，但因特別開港的限制，大大限縮了戎克船的活動空間。鹿港由於地理位置適中，因而如同表中所見，得以和較多的港口有通商往來。

（三）主要貿易品

　　為便於觀察，茲將舊慣調查中有關鹿港的相關貿易品及貿易地區列表如下：

---

[63] 林滿紅，〈貿易與清末臺灣的經濟社會變遷〉，《食貨》復刊 9 卷 4 期，頁 148。
[64] 林滿紅，〈清末大陸來臺郊商的興衰〉，頁 178-183。

1.島內的貿易地區及貿易品

表 4　鹿港與島內貿易地區及貿易品一覽（移出）

移出地	移出品
基隆	米、筍乾、白糖、胡麻、黃麻、龍眼肉、鳳梨
淡水	米、筍乾、白糖、胡麻、黃麻、割藤、龍眼肉、牛豬骨、綠豆、牛角、白豆、小麥、楠板、黑豆、蕃薯粉、鳳梨
海墘厝	石油、燐寸（火柴）、茶、蒜種
梧棲	米、筍乾、白糖、胡麻、黃麻、割藤、龍眼肉、鹹魚、綠豆、牛角、鹽
新港	鹹魚
和美線	杉材
番挖	杉材、割藤、紹興酒、木炭、石油、燐寸（火柴）、茶、蒜種、菸草
烏日	杉材
彰化	杉材
員林	杉材
麥寮	杉材、割藤、白豆、菸草
東石港	杉材、龍眼肉、紙午、綿布、鹹魚、白豆
布袋嘴	杉材、白豆

資料來源：作者據舊慣調查整理而成。參見臨時臺灣舊慣調查會，《臨時臺灣舊慣調查會第二部調查經濟資料報告上卷》，東京：三秀舍，明治 38（1905）年 5 月發行，頁 582-583。

表 5　鹿港與島內貿易地區及貿易品一覽（移入）

移入地	移入品
淡水	菸草、麥粉、日本酒、醬油、紹興酒
海墘厝	油糟
梧棲	石油、落花生、燐寸（火柴）、杉材、棉花、鐵鍋、菸草、麥粉、日本酒、醬油、紹興酒、金朱箔、油糟
北斗	青糖、白糖、白麻
番挖	石油、落花生、青糖、藍、紹興酒、油糟
員林	青糖、米、草蘭、木炭、鳳梨、蜜柑、鳳梨線
麥寮	藍、鹽、油糟、白麻
布嶼	鹽

他里霧	青糖
朴子腳	鹽
安平	菸草、青糖
洋仔項	米
扑仔項	米

資料來源：作者據舊慣調查整理而成。參見臨時臺灣舊慣調查會，《臨時臺灣舊慣調查會第二部調查經濟資料報告上卷》，東京：三秀舍，明治 38（1905）年 5 月發行，頁 582-583。

2.島外的貿易地區及貿易品

表 6　鹿港與島外貿易地區及貿易品一覽（輸出）

輸出地	輸出品
支那	米、胡麻、龍眼乾、龍眼、姜黃、油糟

資料來源：作者據舊慣調查整理而成。參見臨時臺灣舊慣調查會，《臨時臺灣舊慣調查會第二部調查經濟資料報告上卷》，東京：三秀舍，明治 38（1905）年 5 月發行，頁 583。

表 7　鹿港與島外貿易地區及貿易品一覽（輸入）

輸入地	輸入品
中國	麥粉、鹹魚、木耳、支那靴、大豆、鐵鍋、唐紙、繰綿、支那綿布、麻綿布、刻菸草、葉菸草、油糟、材木、磚瓦類、煙火、籸箔、線香、人蔘、石油、綿絲、包蓆、陶瓷器
美國	麥粉、石油、綿絲
朝鮮	人蔘
英國	石油、綿絲、包蓆、陶瓷器
露領亞細亞	石油
英領印度	石油
香港	包蓆
獨逸	陶瓷器
和蘭	陶瓷器

資料來源：作者據舊慣調查整理而成。參見臨時臺灣舊慣調查會，《臨時臺灣舊慣調查會第二部調查經濟資料報告上卷》，東京：三秀舍，明治 38（1905）年 5 月發行，頁 583。

　　由上述各表可以看出，鹿港輸出品多數非本地所產，例如米產於和美線庄、彰化、鹿港、中厝宅、員林、阿罩霧、北投、溪湖、北斗、社頭、永靖街、斗六、他里霧的各街庄附近；小麥出自鹿港、二林、蕃挖、北斗、西螺、崙背、土庫、麥寮；苧麻出自林圯埔、濁水、集集、埔里社、沙仔崙；割藤生在龜仔頭、埔里社、集集街、林圯埔的各山地；胡麻從二林、樹仔腳、西螺地方出產；豆類出自麥寮、土庫、崙背、西螺、他里霧、斗六、南投、二林各地；油糟由鹿港、北投、二林、西螺、崙背、土庫、麥寮等地製造；而龍眼則以林圯埔、社頭、沙仔崙等地收穫最多。[65]足見鹿港在中部地區的貨物集散功能及其對於彰化，乃至中部地區商貿往來的重要性。

　　其次，本港對島外貿易的主要項目，輸入品方面為支那綿布、紙箔、麻棉布、鹹魚、唐苧布、石油、陶瓷器、支那靴等，多半是來自中國的民生用品，輸出品中的主要物品為米、苧麻、油糟、龍眼、胡麻、割藤、豆類、小麥、蓆草等，主要為本地的農產品，尤其米是輸出品的大宗。至於島內的移出入品，有各地的土產，也有經由其他各港轉口而來的中國產品。足見本時期臺灣的生活習慣仍因循清代時期的舊習，對於中國大陸的產品仍有高度需求，這當非殖民政府所樂見，以致於總督府企圖利用關稅來割斷臺灣與中國的紐帶，以便與日本產生新的結合。[66]

　　再者，表中顯示鹿港對島外的輸出唯有中國一地，輸入方面則除了中國外，尚有美國、朝鮮、英國、露領亞細亞（俄屬中亞）、英領印度、香港、德國、荷蘭等國家。按鹿港屬於特別開港，除中國以外，其他國家的船隻，特別是蒸汽船是不得出入的，因此中國以外國家的輸入品，若非由對岸，即是由淡水、基隆等開港場轉口，並非直接貿易使然，這證明鹿港雖非條約港，但透過特別開港的身分，仍可以間接連結到中國以外的地區。

---

[65] 臨時臺灣舊慣調查會，《臨時臺灣舊慣調查會第二部調查經濟資料報告下卷》，頁174。

[66] 矢內原忠雄，《帝國主義下の臺灣》，東京：岩波書店，1988年，頁124-125。

四、戎克貿易與特別開港的興衰——以鹿港為中心的考察

　　戎克貿易與特別開港的存在，意味著臺灣與中國之間的連結紐帶仍在，對於新的統治者日本而言，這只是治臺初期的權宜措施，隨著其統治基礎日趨穩固，乃透過關稅等制度的安排，使得臺灣的貿易對象逐步轉向日本。雖然臺灣與中國大陸的貿易絕對值不見得有大幅減少，但是相對重要性的下降則是不爭的事實，[67]而臺灣與中國之間的連結力道也變得日趨微弱。不過，戎克貿易的減少，並不是驟然形成，還是有一些波折的。以下試以鹿港的貿易統計來說明：

（一）戎克貿易的興衰

表 8　日治時期鹿港船舶（戎克船）出入港隻數噸數表（1896-1935）
單位：隻/噸/%

	入港						出港					
	船舶隻數			船舶噸數			船舶隻數			船舶噸數		
年代	鹿港隻數	全臺總數	鹿港%	鹿港噸數	全臺噸數	鹿港%	鹿港隻數	全臺總數	鹿港%	鹿港噸數	全臺總數	鹿港%
1896	1,051	4,445	23.64	22,819	73,310	31.13	1,038	4,315	24.06	22,623	70,483	32.10
1897	515	2,418	21.30	12,790	50,752	25.20	501	2,269	22.08	12,176	47,229	25.78
1898	438	1,901	23.04	10,017	45,696	21.92	420	1,833	22.91	9,692	44,055	22.00
1899	197	1,041	18.92	4,648	27,744	16.75	195	1,044	18.68	4,474	28,656	15.61
1900	229	1,252	18.29	5,101	37,910	13.46	233	1,232	18.91	5,193	36,640	14.17
1901	204	1,161	17.57	4,070	38,335	10.62	189	1,160	16.29	3,812	37,907	10.06
1902	294	1,300	22.62	6,193	40,276	15.38	279	1,286	21.70	5,803	40,223	14.43
1903	169	1,244	13.59	3,562	40,028	8.90	161	1,238	13.00	3,361	40,446	8.31
1904	130	1,230	10.57	3,080	43,763	7.04	117	1,176	9.95	2,715	41,631	6.52
1905	119	999	11.91	2,782	39,061	7.12	123	1,016	12.11	2,890	40,333	7.17
1906	82	974	8.42	1,847	34,501	5.35	82	957	8.57	1,875	34,469	5.44

---

[67] 許世融，〈關稅與兩岸貿易（1895-1945）〉，頁45。

1907	57	726	7.85	1,227	26,184	4.69	56	709	7.90	1,190	25,359	4.69
1908	85	727	11.69	1,636	27,825	5.88	74	727	10.18	1,391	27,959	4.98
1909	109	790	13.80	2,446	29,105	8.40	103	776	13.27	2,247	28,539	7.87
1910	61	771	7.91	1,406	24,916	5.64	50	753	6.64	1,171	24,072	4.86
1911	69	738	9.35	1,618	25,713	6.29	59	752	7.85	1,286	26,429	4.87
1912	39	733	5.32	854	27,270	3.13	38	709	5.36	824	26,017	3.17
1913	42	771	5.45	940	28,518	3.30	39	776	5.03	868	28,667	3.03
1914	55	800	6.88	1,108	27,846	3.98	47	792	5.93	957	27,471	3.48
1915	60	761	7.88	1,228	28,356	4.33	55	733	7.50	1,091	27,378	3.98
1916	63	907	6.95	1,257	34,756	3.62	67	897	7.47	1,344	34,055	3.95
1917	48	985	4.87	901	42,864	2.10	48	987	4.86	901	43,906	2.05
1918	58	1,439	4.03	1,101	65,790	1.67	57	1,400	4.07	1,089	63,790	1.71
1919	56	1,741	3.22	1,390	74,853	1.86	55	1,746	3.15	1,342	74,655	1.80
1920	73	1,754	4.16	1,973	76,557	2.58	70	1,705	4.11	1,884	75,059	2.51
1921	51	1,398	3.65	1,359	57,972	2.34	57	1,408	4.05	1,549	58,716	2.64
1922	51	1,147	4.45	1,674	52,607	3.18	48	1,136	4.23	1,583	52,298	3.03
1923	68	1,071	6.35	2,269	55,408	4.10	70	1,072	6.53	2,346	54,744	4.29
1924	48	1,087	4.42	1,221	49,898	2.45	49	1,060	4.62	1,239	49,220	2.52
1925	49	1,109	4.42	1,268	53,503	2.37	48	1,099	4.37	1,238	53,164	2.33
1926	46	1,046	4.40	1,028	49,804	2.06	45	1,048	4.29	1,022	50,242	2.03
1927	30	963	3.12	787	53,471	1.47	32	970	3.30	803	53,547	1.50
1928	42	797	5.27	1,048	43,210	2.43	38	787	4.83	914	42,465	2.15
1929	33	932	3.54	830	44,889	1.85	37	944	3.92	966	45,394	2.13
1930	26	821	3.17	616	42,483	1.45	24	817	2.94	574	42,493	1.35
1931	23	751	3.06	617	40,043	1.54	25	763	3.28	659	40,924	1.61
1932	9	567	1.59	178	22,342	0.80	9	557	1.62	178	22,023	0.81
1933	50	692	7.23	668	18,996	3.52	49	674	7.27	648	18,476	3.51
1934	31	1,197	2.59	380	32,157	1.18	25	1,162	2.15	320	31,747	1.01
1935	32	1,885	1.70	451	38,684	1.17	30	1,847	1.62	421	37,879	1.11

資料來源：臺灣總督府財務局編，《臺灣貿易四十年表》，臺北：臺灣總督府財務局稅務課，昭和 11 年 9 月，頁 341-342、355-356、365-366、375-380。

由上表可觀察出鹿港戎克貿易轉變的情形。1896 年時，進入鹿港的船舶合計達 2,089 艘，佔全臺進出口船隻的 24%左右，但翌年隨即減

少一半以上，在日本統治最初數年，不論進出船舶數或者船舶噸數，鹿港在全臺的比重雖勉強維持在四分之一左右，惟其數量和比重則不斷減少。雖然進出臺灣的戎克船減少是屬於全臺性的，不過鹿港的減少幅度更大於全臺。即使如此，直到 1926 年以前，每年進出鹿港的戎克船合計仍有近百艘，足見其比例再低，但只要臺灣與對岸中國大陸仍有貿易往來，鹿港的地位仍不可忽視。此後重要性又日減，直到 1933 年時，進出鹿港的船隻數又大幅增加到將近百艘。

日治初期，由於島內交通運輸設備尚未完全、商品流動限於狹小範圍、缺乏能夠支配全島貨物的大市場、貨物集散上有同時存在數個市場的必要性，所以臺灣對中國大陸以及香港的貿易重要性仍未減少，於是戎克出入各市場，批發貨物，依然活躍於兩岸的貿易；[68]不過，隨著日本企圖將臺灣當成日本工業品的市場及食品供應地，日臺兩地的依存關係被強化，而數度的關稅改正，使得內地貿易居於有利的地位；[69]加以本島人的生活樣式產生變化，以往從中國輸入的物品轉而從日本移入；又由於海運的發達，使得明治末年的戎克貿易激烈減少，從而使得戎克的活動範圍也非常的狹隘。而第一次大戰以及戰後雖然其地位有稍稍回復，但是滿洲事變以後，中國全境掀起的激烈的日貨抵制運動，使得戎克貿易再度激烈減少。[70]

不過由於戎克的船型在華南一帶海岸可自由裝卸貨物，乘著激烈的排斥日貨，致使日本對中國正規貿易凋零之際，突破中國官府的嚴密監視，進行走私貿易，成為日本廉價製品銷往中國之經濟仲介者。但這些商品的流向是稅關統計未計入的，詳情不得而知。根據臺灣銀行調查，昭和 8 年透過戎克船由本島輸出對岸的貿易額超過 100 萬圓，佔同年本島輸出對岸貿易的 21%；昭和 9 年則佔了 24%、昭和 10 年佔了 22%。[71]

---

[68] 臺灣拓殖株式會社調查課編，《臺灣を中心とした戎克貿易に就て》，臺北：臺灣拓殖株式會社調查課，昭和 17 年 8 月，頁 19。

[69] 許世融，〈關稅與兩岸貿易（1895-1945）〉，頁 126-127。

[70] 許世融，〈關稅與兩岸貿易（1895-1945）〉，頁 103-112。

[71] 臺灣拓殖株式會社調查課編，《臺灣を中心とした戎克貿易に就て》，頁 22。

（二）港口分布的變化情形與變化動因

　　日治以後，貿易對象急速往日本集中，進出開港的新式汽船取代了戎克船，傳統港市遂不可避免走上衰頹命運。舊港口的沒落固然由於進出船舶減少、貿易額下降，使得其重要性日減，但港口本身地理條件惡化與日本刻意經營基隆、高雄二港，以及交通建設所帶來的衝擊亦不容忽視。

　　就舊港口自身地理條件而言，由於港口沉積作用發達，加上海岸地形、潮汐海流影響，在河口沿岸堆積形成海埔地，使港道淤塞，或海岸線西移，港口遂喪失交通機能。如新竹舊港迄 1929 年已無法使用；苗栗後龍港原在後龍溪北岸，亦因河川土砂及飛沙堆積，加以洪水沖壞河岸，碇泊地移至南岸的公司寮；中部梧棲港，1887 年後由於港口泊地被漂沙和飛沙淤塞，船隻改泊塗葛崛，但至 1911、12 年間，大肚溪洪水埋積塗葛崛，船隻乃再回梧棲港泊地；最早開放為特別開港的鹿港也因為河口、海岸地理變遷激烈，頻頻更換泊船地點，19 世紀初年原在王功，後移至番挖，中葉時移至沖西，20 世紀初的泊港則在福隆港，距鹿港街區已達 6 公里，終究難以挽回頹勢。[72]反觀基隆、高雄二港，1860 年代仍不過是淡水與安平的附港，日本治臺後，刻意加以經營建設，以作為對日貿易或執行南進政策的主要港口，終於在日治中期以後取淡水、安平而代之，成為全臺第一、二大港。

　　交通建設，尤其是縱貫鐵路的興築對於港口變遷也有推波助瀾之效。縱貫鐵路於 1898 年 5 月動工，分北、中、南三段進行，至 1908 年 4 月完工，基隆至高雄全線通車，全長 406 公里；1912 至 1919 年，基隆、臺北間鋪設雙軌；1919 至 1922 年 10 月完成竹南經後龍、通霄、苑裡、大甲、清水、沙鹿、大肚至彰化的海線鐵路；1927 至 1936 年完成臺南至高雄間的雙軌線。[73]南北縱貫鐵路的鋪設與基隆、高雄建港工

---

[72] 戴寶村，〈近代臺灣港口市鎮之發展與變遷〉，頁 435-437。

[73] 周憲文，《臺灣經濟史》，臺北：開明書店，1980 年，頁 828-829；戴震宇，《臺灣的鐵道年表》，臺北：遠足文化，2002 年，頁 13-15。

程既已陸續完成，進出口貨物遂往南北集散，改變原有市場區域；加上大多數舊港口皆無鐵路經過，無法利用鐵路強化其集散功能，反而加速其沒落。以鹿港而言，根據柴山愛藏在 1925 年的觀察，彰化市因為大正 10 年海線全通，成為南北交通上的重要地點，市況頓呈活絡；再加上當地有新高製糖會社經營的鐵道，可達鹿港、中寮、和美、線西等地；以及彰化輕鐵會社經營的軌道，可達草屯；以及公共汽車經由追分、王田、烏日到臺中，在交通上佔了很大優勢。反而是鹿港昔日為臺灣三大港，惟伴隨著港口年年淤塞，今已不振，僅街道留存繁盛時期的身影。不過作者也提到，即使如此，但因為是特別輸出入港，所以仍足以和彰化街分庭抗禮，街市中有郵局、稅關支署、專賣局支局、小學、彰化銀行支店、鹿港製鹽公司、鹿港物產信託會社等。[74]

此外，清末以來政治中心的北移、舊港口戎克船隨意向港口丟棄壓艙石、不同社群的對峙與衝突，也都對舊港口的沒落扮演了一定的催化作用。

五、結語

日本治臺初期，儘管臺灣與中國間的貿易已從國內貿易轉成國際貿易，不過由於長期形成的區域分工，加上傳統漢人生活習慣並未隨之改變，因而兩岸間仍有持續的貿易往來。總督府也不敢貿然切斷這樣的貿易紐帶，因而在條約港之外，又開設了八個對中國大陸進行戎克貿易的特別開港。加上條約港偏於本島南北，輕忽了中部地區的需求，因此，被指定為特別開港的鹿港，其重要性便不言可喻。即便有港口年年淤塞的情況，但仍是日治初期臺灣中部地區商貿網絡的最重要核心，整個彰化縣境的商業活動，便是由鹿港所構築的商業網絡。此網絡以臺中、彰化、南投、雲林等地最為密切，但其貿易範圍並不以此為侷限，島內地區北部可達基隆、淡水，南部可達安平、布袋嘴；藉由特別開港的身分，

---

[74] 柴山愛藏，《臺灣之交通》，臺北：臺灣交通研究，1925 年 11 月，頁 215、220-222、224-225。

可以直通中國大陸沿海的泉州、汕頭、柘林、廈門、溫州、福州等地；甚至經由轉口貿易，在鹿港也可見到美國、朝鮮、英國、露領亞細亞（俄屬中亞）、英領印度、香港、德國、荷蘭等國家的產品。至於番挖港則因重要性不如鹿港，在隨後被指定為不開港，並設立稅關監視署，從事緝私的任務，完全喪失清末以來進行兩岸戎克貿易的功能，只能依附於以鹿港為中心的商貿網絡。

　　曾經在清領前期盛極一時的鹿港，在 1860 年代開港通商之際，雖因港口本身的天然條件欠佳，加上當時國外貿易最需要的茶、糖、樟腦在中部地區的產量不多，以至於未列入通商口岸，不過這並不減損其港口的重要性。日治以後，即使有港口淤積的問題，但是鹿港在日治初期仍可以成為彰化地區最重要的港口，主導著本地區的商貿網絡，與其被指定為特別開港實有莫大關係。根據舊慣調查，認為本港的價值尚未立刻消失，可歸納為以下兩大原因：第一，集散市場的確定不可動搖；第二，位於對岸航路的最短距離。就前者而言，北方以大肚溪劃分與塗葛堀的勢力範圍，在地勢上，塗葛堀港無法越過此，侵入本港的集散範圍；南方到西螺溪，北港溪、東石港等特別開港在交通上也不會侵入該溪以北，地域明確，絕對沒有被其他地區蠶食之虞。加上中部臺灣重要的都市都與本港有地理上密切的關係，只要鹿港市街以及彰化、臺中諸市街持續現狀或者繼續進步，那麼鹿港絕對不需擔憂貿易港的價值。[75]就後者而言，由於本港的位置最接近大陸，自古以來即被戎克船當成最重要的運輸機關，寄泊本港。往昔當英船窺伺大安港以及近時法國軍艦封鎖北部諸港時，本港是對岸交通的焦點。[76]

　　1897 年時，對日本以外國家的輸出入貿易額，總計 2,500 餘萬圓，而鹿港（169 萬圓）僅次於淡水（1,570 萬圓）、安平（440 餘萬圓）；不過到了 1907 年，所有的條約港都顯著增加，鹿港等特別開港則顯著減

---

[75] 臨時臺灣舊慣調查會，《臨時臺灣舊慣調查會第二部調查經濟資料報告下卷》，頁 176-177。

[76] 據舊慣調查，鹿港與對岸各地的距離如下：蚶江（119 海里）、深滬（102 海里）、梅林（107 海里）、祥芝（104 海里）、獺窟（105 海里）、崇武（100 海里）、廈門（143 海里）、福州（156 海里），至於運費則為每擔 35 錢至 50 錢。參見臨時臺灣舊慣調查會，《臨時臺灣舊慣調查會第二部調查經濟資料報告下卷》，頁 173。

退，[77] 1922 年以後，特別開港的貿易額已不及整體貿易的 1%，仰賴戎克船貿易而繁榮的港口發展也因而停滯不前。[78]

　　總之，清末時分布在彰化沿岸的主要港口中，番挖雖然仍具有港口功能，但因貿易價值不大而被強迫關閉，甚至成為監視走私的稅關次級單位；至於獲指定為特別開港的鹿港，隨著臺灣人民生活習性的轉變、島內交通條件的改變、中日局勢的惡化，以及港口本身難以克服的淤塞問題，其貿易功能日漸萎縮，終至和其他特別輸出入港一樣，走入衰微的歷史。而清代以來彰化地區依賴沿海港口進行的商業活動，也明顯的在日治時期產生轉變，由原來的百花齊放式轉為一枝獨秀；再由港口船舶帶動改為陸上交通帶動，在山海線鐵路交會的優勢下，彰化街的重要性逐步取代了鹿港。

---

[77] 臺灣總督府財務局，《臺灣の貿易》，頁 13-29。
[78] 戴寶村，〈近代臺灣港口市鎮之發展－－清末至日據時期〉，臺北：國立臺灣師範大學歷史研究所博士論文，民國 77 年，頁 163。

日治時期「新」舊濁水溪間的族群分布與變遷（1901-1935）：公文類纂、國勢調查、鄉貫調查資料試析

一、前言

　　濁水溪是臺灣最長的河流，也是中部地區重要的農業灌溉用水的來源。其由山區流入平地之後，在今日的彰化、雲林之間，形成「濁水溪沖積扇」，整個沖積扇上計有東螺溪（又稱舊濁水溪）、西螺溪、新虎尾溪、舊虎尾溪及北港溪等五條分流。[1] 其中以東螺溪對濁水溪沖積扇北翼，也就是彰化平原南部地區的環境特色塑造影響最鉅。從有文獻記載開始，就不斷出現河川改道，威脅流域區內住民的身家性命。十九世紀中葉以後，濁水溪沖積扇更成為濁水溪下游主流河道擺動之區，大小水患不計其數；冬季季風則將枯水期河道的細沙吹起，形成飛沙地。[2] 這使得濁水溪北岸的彰化平原在日治以前，土地利用型態也明顯具有「北田南園」的差異，道光年間出版的《彰化縣志》便提到：「彰化之田，膏腴固多，磽薄不少。惟二林、深耕、海豐、布嶼四保，田少園多，土少沙多，海濱廣斥，未濬畎澮，故土瘠而民貧也」。[3]

　　環境的不穩定，使得具備開墾潛力的地區有限，自然難以吸引較大規模的墾戶前來投資，造成漢人在彰化入墾的區域分佈極不平均，連帶也導致聚落分布的疏密不一。施振民提到：

> 早期的漢人聚落分佈大約是依生態環境的自然排列，其位置大體上與原有番社相近，以後在平原上的村莊則沿著水圳作線狀分佈，這種型態一直保持到清末。從臺灣堡圖可以看出當時聚落型

1　施添福總編纂、陳國川等編纂，《臺灣地名辭書卷十一・彰化縣（上）》（南投：國史館臺灣文獻館，2004），頁22。

2　施添福總編纂、陳國川等編纂，《臺灣地名辭書卷十一・彰化縣（上）》，頁33。

3　周璽，《彰化縣志》卷六「田賦志」（臺北：臺灣銀行經濟研究室，臺灣文獻叢刊（以下簡稱「文叢」）第156種，1962；1836年原刊），頁162。

態是沿著八卦臺地山麓密集然後向西沿著幾個大水圳系統的灌溉埤圳伸展。而在當時的濁水溪（今麥嶼溪）和西螺溪之間、以二林為中心的三角地帶聚落最為疏落，這個現象很可能是因濁水溪屢次泛濫改道，村落被淹沒或被迫遷移的結果，因而形成彰化平原兩個聚落疏密不同的地區。[4]

　　不過由於文獻記載上古今溪名的差異，使得學者對於濁水溪流路變遷有多種看法。張瑞津曾整理前此的研究，繪製成圖，來說明廿世紀以前濁水溪河道的變遷趨勢（圖 1）；陳國川則指出，咸豐 4 年（1854）以後，濁水溪入海主河道改以位於沖積扇北緣東螺溪為主幹，導致同、光之際，東螺溪因雨期河水暴增而水患頻仍；而咸豐以後，濁水溪下游主流河道轉往彰化移動，入海河道變遷，整體而言，有由南向北移動的趨勢。[5]

---

[4] 施振民，〈祭祀圈與社會組織─彰化平原聚落發展模式的探討─〉，《中央研究院民族學研究所集刊》第 36 期（1973）年，頁 193。

[5] 施添福總編纂、陳國川等編纂，《臺灣地名辭書卷十一●彰化縣（上）》（南投：國史館臺灣文獻館，2004），頁 22。

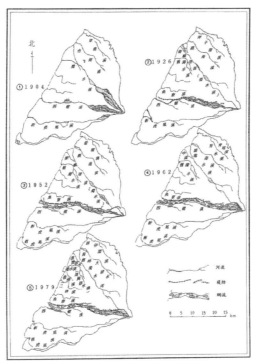

圖 1　濁水溪平原諸河流變遷圖

資料來源：張瑞津，〈濁水溪平原的地勢分析與地形變遷〉，《地理研究報告》11（臺北：國立臺灣師範大學地理學系），頁 213。轉引自洪麗完，《二林鎮志》上冊（彰化：二林鎮公所，2000 年），頁 76。

　　河川經常改道所造成的環境不穩定，使得本區域充斥著洪災地與砂害地，可供維生的場域相當有限。[6]這種情形，到了日治以後有所改觀。大正 5 年（1916），總督府為了減少洪水危害人畜田園，以及保護業已興建完成的縱貫鐵路，擬定了九條大河川的整治計畫，其中濁水溪護岸工程從大正 7 年開始進行，迄大正 9 年完工。堤防修築之後，虎尾溪、舊虎尾溪等，由今天的西螺溪出海，此即濁水溪的新河道；至於舊濁水溪則成為今天溪州鄉、北斗鎮、埤頭鄉、溪湖鎮、二林鎮、芳苑鄉、福興鄉的排水渠道，由福興鄉的麥嶼厝出海，所以又稱「麥嶼厝溪」，通稱為舊濁水溪。在投入巨額資金從事河川整治後，得到十分良好的成效。

　　再者，由於堤防築起，溪底於是浮現了 3,591 甲多的浮復地，總督府對於這些浮復地的利用情況，大致上是：大片且連續的土地保留為日

<hr>

6　施添福總編纂、陳國川等編纂，《臺灣地名辭書卷十一・彰化縣（上）》，頁 22-23。

本移民村，其次讓私營農場申請開墾，其他零星的土地才由本地資本家
開發，或農民向政府租地開墾土地。因此在昭和年間以後，河川浮復地
帶狀分佈著日本移民村、區塊狀的日本私營農場、臺灣拓殖株式會社，
和零星的臺灣本地資本會社的土地。[7]

　　在這個背景之下，透過私營農場及糖業會社的招墾，以及先驅拓墾
者的呼朋引伴，使得本區域在日治時期增加了不少二次乃至三次移民，
其中除了區間內的人口流動外，還包含了為數不少的新竹州的粵籍移
民，自然也衝擊到了本地的族群分佈與社會生態。

　　本文的目的，即在利用日治時代所留下的調查資料來觀察廿世紀上
半葉「新」舊濁水溪間的族群分布及變化情形，藉以探究自然環境的變
動與國家權力的運作對於臺灣原有族群分佈所造成的影響。研究涵蓋的
範圍，大致為「新」舊濁水溪間的地區，就行政區劃而言，包含 1920
年代以前的二林下堡、深耕堡全部，東螺西堡的大部份，以及東螺東堡、
二林上堡一部分；或 1920 年代以後的臺中州二水庄、北斗街、埤頭庄、
二林庄、沙山庄、大城庄、竹塘庄、溪州庄，也就是今日彰化縣的二水、
溪州、竹塘、大城、北斗、埤頭、二林、芳苑等八個鄉鎮。

　　必須特別指出的是，現今的濁水溪河道，在日治時期多稱為西螺
溪；而當時的濁水溪所指的，係由今日北斗、埤頭、二林等鄉鎮北方穿
過，而由芳苑入海的河道，這在當時的土地調查資料相關圖檔中隨處可
見（圖 2），在河川整治後，常以「舊濁水溪」名之。換言之，日治時
期但有「舊濁水溪」而無「新濁水溪」之名。[8]唯本文為便於指涉河道
改變之後的濁水溪，姑以「新舊」名之，以示區別，以下不另作說明。

---

[7] 張素玢，《歷史視野中的地方發展與變遷—濁水溪畔的二水、北斗、二林—》（臺北：學生
　書局，2004），頁 63-64。
[8] 感謝審查者提供此一修正意見。

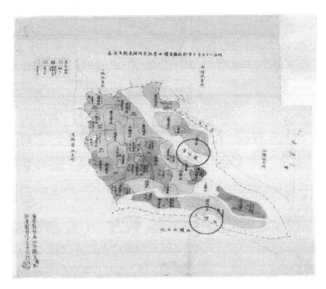

圖 2　1902 年土地調查當時濁水溪河道相關名稱
資料來源：總督府公文類纂，檔案編號 00004449068900101001M

　　有關本區域的先行研究，早期有中研院跨領域所進行的「濁大計畫」，近年則有洪麗完、張素玢的相關研究，[9]特別是關於本區域內的原住民族，藉由洪麗完對於二林、大突二社，以及張素玢對於東螺、眉裡二社的調查，已能清楚勾勒出日治以前本區域平埔族的社域與社址，本文除加以引用外，也將透過實際的調查數據來印證其推論之正確性。惟漢移民的族群分佈與變化情形，並非洪、張二位學者論述主要議題，故著墨不多。

　　以往探討日治時期臺灣漢人祖籍分布，多半引用 1928 年出版的《臺灣在籍漢民族鄉貫別調查》，[10]這是日治時代「已出版」的資料中，唯一對臺灣漢族祖籍調查的詳細資料，依〈凡例〉的說明，本書為臺灣總督官房調查課所撰，所載人口資料是根據昭和元年（1926）十二月末的調查。對於日治時期漢人祖籍分布，本書具有宏觀性的提示作用，不過由

---

[9] 參見洪麗完，〈二林地區漢人拓墾過程與平埔族群移居活動之探討〉，《中央研究院臺灣史研究》4：1（1999），頁 49-96；張素玢，《歷史視野中的地方發展與變遷—濁水溪畔的二水、北斗、二林—》（臺北：學生書局，2004）。

[10] 臺灣總督官房調查課，《臺灣在籍漢民族鄉貫別調查》，臺北：臺灣時報發行所，昭和 3（1928）年。

於統計層級僅到街庄，且統計數字以百人為單位，對於較細微的族群分布恐怕無法充分由此統計中看出。而且該書完成於 1928 年，因而所呈現出的應是濁水溪堤防建設完成之後的族群分佈情形，不但無法看出河道整修前的原貌，更無法觀察長時間的流變。本文將利用在公文類纂中找到的 1901 年調查來看出研究區域內最初的族群分布概況，並使用具有週期性的臨時戶口調查以及國勢調查來勾勒出長時期的族群分布變化情形，進而探究其變化因素。此外，亦嘗試透過實地田野訪查來印證日治時期統計資料的可靠性。

二、日治時期本島人的族群分布與變遷

（一）日治時期繪製的族群語言分布圖

　　1907 年總督府出版《日臺大辭典》，卷首所附的彩色〈臺灣言語分布圖〉，是有史以來第一張臺灣的語言地圖。根據《日臺大辭典》書末所附的〈本書編纂ノ顛末〉一文可知，這張分布圖是由時任臺灣總督府編修官的小川尚義（1869-1947）所繪製。[11]他把支那語（漢語）分成漳州、泉州、客人三類，蕃語（南島語）分為泰雅、賽德克、布農、鄒、查里仙（魯凱）、排灣、卑南、阿美、雅美（今稱達悟）、賽夏、熟番（平埔族）十一種。除熟番散佈漢語區內，其餘各語各有清楚的分佈區。這張地圖如何繪製，作者沒有說明，洪惟仁認為可能是以 1905 年臨時戶口調查的常用語言為依據所繪製，[12]不過筆者認為可能性不大，理由之一是臨時戶口調查僅列出福建語、廣東語、蕃語等語言項目，與本圖所列舉的語言項目不合；理由之二是如果利用 1905 年的臨時戶口調查，在時程上恐怕來不及。根據小川尚義的說法，全書是在 1905 年的 11 月全部脫稿並決定出版事宜，而小川隨即將稿件帶往東京準備出版，翌年

---

[11] 臺灣總督府民政部總務局學務課，《日臺大辭典》（東京：大日本圖書株式會社，1907）書末〈本書編纂ノ顛末〉，無頁次。

[12] 洪惟仁，〈高屏地區的語言分佈〉，中央研究院語言研究所・Language and Linguistics 7：2（2006），頁 366-7。

4 月開始印刷，迄 1907 年 3 月完成出版。[13]但是臺灣首度的臨時戶口調查是從 1905 年 10 月 1 日才開始進行，即便當日立刻完成，資料的彙整與地圖的繪製也需要頗長的時間，而在此之前，並未發現有全島性的語言調查，因此不無可能是參照 1901 年的臺灣發達相關調查。而當時臺灣社會的變動尚不劇烈，語言方言分佈大體上和族群或祖籍一致，因此這張語言分布圖，也不妨視之為族群調查的代用品。[14]為便於討論，先將全圖中本研究區域單獨切出如下：

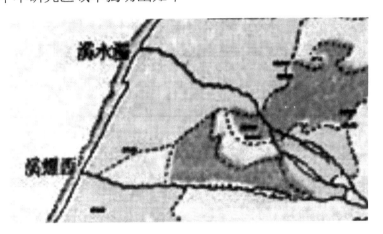

圖 3　1907 年新舊濁水溪間的語言分佈
資料來源：同附圖 1

上圖是濁水溪尚未整修前的原貌，因此圖中的濁水溪河道，大致上即本文所稱的東螺溪或舊濁水溪，而且在流經北斗時，分岔成了兩條支流，正與圖 2 中所出現的清水溪、濁水溪相一致；至於西螺溪則是本文所謂的「新濁水溪」。在這個區域中，顏色最淺（原圖為黃色）者屬於漳州的分布區，顏色次深（原圖為橘色）部份屬於泉州的分布區，顏色最深（原圖為藍色）是客人，至於黑色細橫條為熟蕃所在（相關圖例請參閱文後附圖 1）。圖中並未標示地名，根據其相對位置推測，則本區域中，沙山（芳苑）、二林、北斗的全部、大城的西半部、溪州的東半

13 臺灣總督府民政部總務局學務課，《日臺大辭典》書末〈本書編纂ノ顛末〉，無頁次。

14 洪惟仁，〈高屏地區的語言分佈〉，中央研究院語言研究所・Language and Linguistics 7：2（2006），頁 366-7。

部是屬於泉州的優勢區；漳州則分布在二水、埤頭的北半部、大城的東半部；至於廣東人（或客人）在本區域也佔有不小的位置，包含竹塘（近乎全部）與埤頭的南半部、溪州的西半部連成一片，把本區域的漳州人切成兩個區塊。

到了 1926 年，總督官房調查課又進行了一項「臺灣在籍漢民族鄉貫別調查」，這是日治時代「已出版」的資料中，唯一對臺灣漢族祖籍調查的詳細資料，昭和三年（1928）由臺灣總督府構內的臺灣時報發行所發行。依〈凡例〉的說明，所載人口資料是根據昭和元年（1926）十二月末的調查，但究竟為何進行這項調查，以及調查進行的方式、執行的人，都缺乏相關的說明。[15]

這份調查將臺灣漢族祖籍按清代行政區域分為福建省與廣東省，福建省下分泉州府（安溪、同安、三邑）、漳州府、汀州府、龍巖州、福州府、興化府、永春州，廣東省分為潮州府、嘉應州、惠州府等。又依照 1926 年時的行政區劃，分州廳、郡市或支廳、街庄或區等行政層級詳細統計各個鄉貫，唯人口數以「百人」為單位，百人以下則不記錄。[16]

根據這份《臺灣在籍漢民族鄉貫別調查》所附的分佈圖〔參見（附圖 2）〕中，本區域的族群概況如下：

[15] 鄉貫別調查資料雖然常為人所引用，但其相關的背景資料則甚少人提及。筆者曾搜尋總督府公文類纂，發現昭和 2 年的「文書及統計」門中留有「臺灣在住支那系民族鄉貫別分布圖作製」這一公文書名稱，而昭和 3 年也出現了「臺灣在籍漢民族鄉貫別調查翻刻」、「臺灣在籍漢民族鄉貫別調查印刷配布」這兩份檔案，很可惜都分別在昭和 12 年及昭和 13 年時銷毀，推斷應該與當時屬行皇民化運動有關，因為 1935 年之後的戶口調查，不論是國勢調查或者新竹州統計書，也都不再注明本島人的族群屬性。參見臺灣總督府公文類纂檔案編號 000089640020017。

[16] 臺灣總督官房調查課，《臺灣在籍漢民族鄉貫別調查》，臺北：臺灣時報發行所，昭和 3（1928）年。

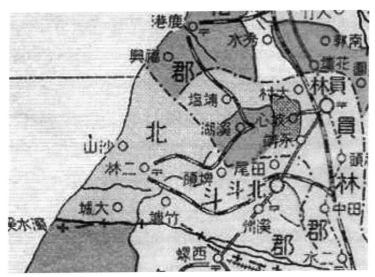

圖 4　1926 年新舊濁水溪間的族群分佈
資料來源：同附圖 2

　　這張圖所呈現的就是濁水溪河川工程完成後的地貌，且清楚標示了地名。根據上圖所顯示，埤頭、竹塘、溪州、二水是漳州人的優勢區（顏色最淺處，原圖為淺綠），大城、沙山（芳苑）、二林，以及北斗屬於泉州人優勢區（顏色次淺處，原圖為螢光綠），圖中北斗的泉州人像是孤立於西部靠海的幾個街庄之外，為漳州人圍住；至於廣東人則在本區域消失無蹤（相關圖例請參閱文後附圖 2）。

　　純就兩張圖來比較，相去二十年間，除了西部沿海的三個街庄外，新舊濁水溪間的族群分布產生了頗大的變化。圖中族群板塊位移的可能原因之一，是統計方式差異所造成。如前所述，1907 年的繪圖依據為何並不清楚，但 1928 年的鄉貫調查則有明確的數據留下，由於其所公佈結果僅到街庄，相當於今日的鄉鎮層級，加上以百人為單位，如果要探究較為細緻的族群分布概況，恐有失真之虞。以本研究區域而言，根據鄉貫調查所得的結果如下表：

表1　1926年新舊濁水溪間的族群概況〔單位：人（%）〕

	泉州府	漳州府	汀州府	龍巖州	永春州	潮洲府	嘉應州	惠州府
二水庄	0 (0.00)	10,700 (100.00)	0 (0.00)	0 (0.00)	0 (0.00)	0 (0.00)	0 (0.00)	0 (0.00)
北斗街	8,600 (96.63)	0 (0.00)	0 (0.00)	0 (0.00)	300 (3.37)	0 (0.00)	0 (0.00)	0 (0.00)
埤頭庄	6,900 (55.20)	5,600 (44.80)	0 (0.00)	0 (0.00)	0 (0.00)	0 (0.00)	400 (3.20)	0 (0.00)
二林庄	11,000 (64.33)	4,500 (26.32)	0 (0.00)	0 (0.00)	0 (0.00)	0 (0.00)	1,600 (9.36)	0 (0.00)
沙山庄	15,000 (98.68)	200 (1.32)	0 (0.00)	0 (0.00)	0 (0.00)	0 (0.00)	0 (0.00)	0 (0.00)
大城庄	7,500 (75.76)	2,400 (24.24)	0 (0.00)	0 (0.00)	0 (0.00)	0 (0.00)	0 (0.00)	0 (0.00)
竹塘庄	1,700 (21.79)	2,500 (32.05)	1,000 (12.82)	200 (2.56)	0 (0.00)	1,800 (23.08)	400 (5.13)	200 (2.56)
溪州庄	6,800 (54.84)	5,200 (41.94)	0 (0.00)	0 (0.00)	100 (0.81)	100 (0.81)	100 (0.81)	100 (0.81)

資料來源：據臺灣總督官房調查課，《臺灣在籍漢民族鄉貫別調查》（臺北：臺灣時報發行所，昭和3（1928）年），頁18-19計算而得。

　　雖然可以看到各庄當中皆有部分的少數祖籍別住民的存在，惟一旦以庄級的優勢人口來繪製地圖，則難以真正反映住民的族群概況。尤其統計表中的竹塘庄，漳州人其實只佔了三分之一弱，但因是比例最高的族群，因此便被塗上了代表漳州的淺綠色，至於在各個街庄皆屬於少數（竹塘除外）的廣東人，在圖中則成了隱形族群。

（二）國勢調查與廿世紀上半葉的族群分布

　　第二個可以提供族群分布訊息的，是日治時期例行性的臨時戶口調查或國勢調查。1905年起，總督府在臺灣展開第一次的臨時戶口調查，十年之後進行第二次；1920年為了配合日本國內，將原本進行的第三次戶口調查易名為「第一回臺灣國勢調查」，此後在1925、1930、1935、

1940 年持續進行每五年一次的國勢調查。第七次（1940）調查由於適逢第二次世界大戰，因此並未出版相關調查結果，直到 1953 年才由臺灣省政府主計處出版一冊「臺灣第七次人口普查結果表」，其餘部份的資料在日治時代皆已出版。[17]

　　歷次的戶口調查以及國勢調查，其內容泰半係針對臺灣的人口、種族、婚姻、社會狀態、教育程度、語言等。不過每次調查的方式與內容仍有些許出入，如有關臺人的語言調查，只有在第一、第二次的臨時戶口調查，記錄了當時臺人的常用語言及副用語言，第三次（即第一回國勢調查）以後則不復見，取而代之為內地人（日人）熟諳土語及本島人熟諳國語（即日語）的相關調查；又如種族方面的相關調查，大正 14（1925）年以前將臺灣的住民統一稱為「本島人」，其後則將漢、蕃人分項統計；對於臺灣的南島語族統計，迄 1925 年為止，皆無法達到蕃地，直到 1930 及 1935 年兩次的調查才將蕃地的「生蕃」納入，同時在調查名稱上，1930 年以前的資料皆以「生蕃」、「熟蕃」之名區分，1935 年則改稱「平埔族」、「高砂族」。

　　國勢調查的種族項目，雖不如前述的鄉貫別調查般詳細，但至少可區分出福建人、廣東人與生、熟蕃，且調查的資料為「大字」（1920 年以前稱街庄）層級，約略大於或等於今日的村里，透過長時期的時間排比，可以看出族群分布的變與不變，同時有利於從事與鄉貫別不同的微觀研究，對於廿世紀上半的族群分布情形，可以藉此勾勒出一個較鄉貫

17 臺灣總督府臨時臺灣戶口調查部，《明治三十八年臨時臺灣戶口調查集計原表》（地方之部），臺北：臺灣總督府臨時臺灣戶口調查部，明治 40（1907）年刊行；臺灣總督府臨時臺灣戶口調查部，《大正四年第二次臨時臺灣戶口調查概覽表》，臺北：臺灣總督府官房臨時戶口調查部，大正 6（1917）年刊行；臺灣總督官房臨時國勢調查部，《大正九年十月一日第一回臺灣國勢調查（第三次臨時臺灣戶口調查）要覽表》，臺北：臺灣總督官房臨時國勢調查部，大正 11（1922）年刊行；臺灣總督官房臨時國勢調查部，《大正十四年國勢調查結果表》，臺北：臺灣總督官房臨時國勢調查部，昭和 2（1927）年刊行；臺灣總督官房臨時國勢調查部，《昭和五年國勢調查結果表（州廳編——臺中州）》，臺北：臺灣總督官房臨時國勢調查部，昭和 8（1933）年刊行；臺灣總督官房臨時國勢調查部，《昭和五年國勢調查結果表（州廳編——臺南州）》，臺灣總督官房臨時國勢調查部，昭和 8（1933）年刊行；臺灣總督官房臨時國勢調查部，《昭和十年國勢調查結果表》，臺北：臺灣總督官房臨時國勢調查部，昭和 12（1937）年刊行。

調查更為細緻的輪廓。

　　由於 1905 年的調查資料，種族部份僅公佈堡里層級，對問題討論的意義不大，此處姑且捨之不用，以下根據歷年國勢調查資料，將1915-1935 年間的族群分布情形繪製出，俾便觀察。

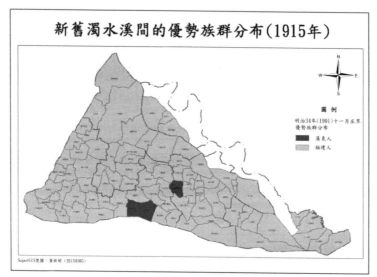

圖 5　1915 年新舊濁水溪間的族群分布

資料來源：
1.據臺灣總督府臨時臺灣戶口調查部，《大正四年第二次臨時臺灣戶口調查概覽表》（臺北：臺灣總督府官房臨時戶口調查部，大正 6（1917）年刊行），頁 40-47 整理繪製而成。
2.圖層來源：「明治 34 年 11 月庄界」，中央研究院，《臺灣歷史文化地圖系統》第一版，（臺北：中央研究院，2003 年 9 月）
http://thcts.sinica.edu.tw/tctsweb/theme.php?axl=adminarea_j7.axl（以下皆同）

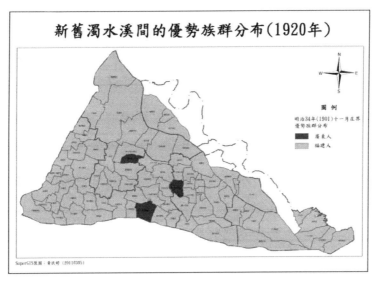

圖6　1920年新舊濁水溪間的族群分布

資料來源：據臺灣總督官房臨時國勢調查部，《大正九年十月一日第一回臺灣國勢
調查（第三次臨時臺灣戶口調查）要覽表》（臺北：臺灣總督官房臨時國勢調查部，
大正11（1922）年刊行），頁62-65整理繪製而成。

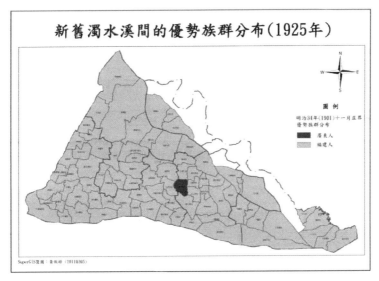

圖7　1925年新舊濁水溪間的族群分布

資料來源：據臺灣總督官房臨時國勢調查部，《大正十四年國勢調查結果表》（臺
北：臺灣總督官房臨時國勢調查部，昭和2（1927）年刊行），頁224-229整理繪
製而成。

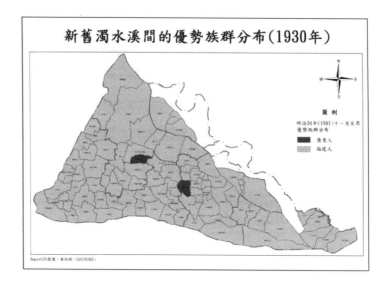

圖 8　1930 年新舊濁水溪間的族群分布

資料來源：據臺灣總督官房臨時國勢調查部，《昭和五年國勢調查結果表（州廳編——臺中州）》（臺北：臺灣總督官房臨時國勢調查部，昭和 8（1933）年刊行）頁 53 整理繪製而成。

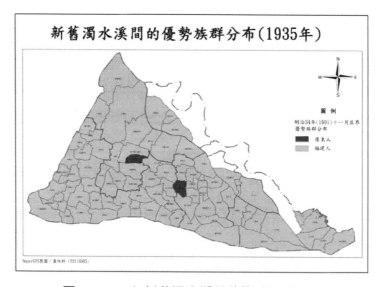

圖 9　1935 年新舊濁水溪間的族群分布

資料來源：據臺灣總督官房臨時國勢調查部，《昭和十年國勢調查結果表》，臺北：臺灣總督官房臨時國勢調查部，昭和 12（1937）年刊行，頁 224-229 整理繪製而成。

　　儘管國勢調查的結果，無法全面性的答覆本區域的族群分布概況，

但前述的附圖至少透露以下幾個訊息：1.本區域的主要族群，始終都是福建人，此點與 1907、1928 年的調查結果相一致；2.廣東人在本區域的分布，除了位於埤頭、二林、竹塘交界的大城厝外，在日治前後期的優勢地區並不一致，1920 年以前仍佔優勢的竹塘在其後漸消失，反而是二林的後厝一直持續到 1935 年；3.圖中雖然並未顯示出來，但從調查的統計數字可以得知，在整個日治時期，臺灣的南島民族，依舊存在本區域中，不過其人數大約僅有數十人；4.不論是 1907 年或者 1928 年的族群分布圖，似乎都無法呈現出此地的族群真貌；而 1915 到 1935 之間的國勢調查，對於了解福建人或者鶴佬族群的分佈狀態則是力有未逮。

（三）總督府公文類纂與日治初期的族群分布

進一步找尋日治時代未出版的相關調查，是另一個探究本區域族群問題的途徑。1901 年時，總督府曾通令各地方機關從事一個名為「關於本島發達之沿革調查」的族群調查，總督府規定了幾個調查的項目，有文字報告，也有數字的表格；尤其難得的是，其調查單位是以日治初期的街庄，也就是沿用清代以來的自然村，是迄今為止行政區域最精密的調查報告。只是有關漢移民祖籍地的表列項目各地並不一致。以臺中縣（大約今苗栗南部迄雲林之間）而言，包含的族群相當複雜，計有泉洲（州）人、漳洲（州）人、福洲（州）人、興化人、江南省、廣東人、湖南人、熟蕃人，以及疑似（原檔模糊）汀州、穎川、趙郡等項目。惟本研究區域的族群相對簡單，僅有最常見的漳州、泉州、熟蕃、廣東等四類。大多數地區在當年五月完成這份報告，不過最後並未出版，推測是由於當年十一月行政區劃大幅變動，多數街庄皆重新整併，增加了出版上的困難。

由於其行政單位係明治 34 年 11 月以前的街庄，目前國內並無相關地圖或圖層，故以現有的繪圖技術恐難以將這些數字圖像化，筆者嘗試利用官方的公文書，以及地方派出所、臨時臺灣土地調查局的報告，將

這份調查中的舊街庄名與當年 11 月之後的街庄名接軌,利用中研院《臺灣歷史文化地圖系統》第一版中的「明治 34 年 11 月庄界」調製相關的族群分布圖如下:

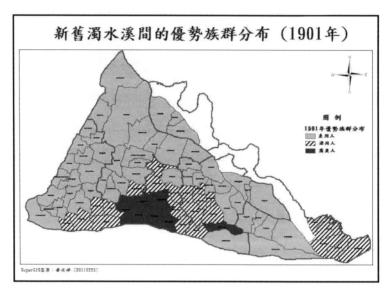

圖 10　1901 年新舊濁水溪間的族群分布圖

資料來源:據「臺中縣街庄社居住民族調查表」,臺灣總督府公文類纂冊號 781,頁 172-181 整理繪製而成。

　　從總人口數來觀察,1901 年時,本區域的本島人總數為 57,737 人,其中熟蕃 49 人(0.08%),泉州人 39,991 人(69.26%),漳州人 13,771 人(23.85%),廣東人 3,926 人(6.8%)。明顯是屬於福建的漳泉人天下。透過上圖,可以看到日治初期新舊濁水溪間的族群分布特色:廣東人以竹塘地區的新濁水溪(西螺溪)沿岸為據點向外擴散,漳州人除了二水之外,泰半環繞在廣東人的外圍,介乎泉、廣之間;至於人數最多的泉州人則分布在本區域的最外圈,將漳州人以及廣東人包覆其中。

　　1901 年時,距離清朝統治結束不久,且殖民政府所進行的各項基礎工事尚未完全展開,居民的移動性還不大,故本調查概況可以視為清末以來臺灣族群分佈的原型。以下接著透過本圖以及前述各年度的國勢調查、1907、1928 兩張族群或語言分布圖,來探討日治時期新舊濁水溪間各族群分布的變化狀況。

三、1901-1935 年各族群分布的變化概況

　　1905 年首度的臨時臺灣戶口調查報告中，總督府對於臺灣的族群作了一些說明：

> 本島人依人種分之，得為蒙古與馬來兩種，而其蒙古人種，係即三百年以前移住之民。而依其原住地大別之，可為閩族，即福建住民，與粵族，即廣東住民，均係漢人，而閩族尤為最古，其數甚多，分布亦廣，但至粵族，其移住年所未久，其數亦少，一名謂之客人，或客家族者，蓋因是故。而前者多屬泉、漳二州之民，後者多屬惠、潮二州之民。（中略）馬來人種者，即今日所謂之蕃人，而大別為二：即生蕃及熟蕃是也。[18]

　　生蕃、熟蕃與平埔族、高山族的對應，大致上相去不遠，1930 年之後的國勢調查也統一改成了後者的稱呼。不過有關福建人與廣東人的內涵，日治時代，至少是日治初期的認識，與今日並不一致。按照上文的說明，撰寫調查記述報文的人，顯然將福建人＝閩族＝漳、泉之民；廣東人＝粵族＝客家族（客人）＝惠、潮之民。

　　這樣的見解，在日治時代的著作中，只要討論到有關住民種族時，經常可以見到。例如：

　　「本島人分為漢人種與蕃族，前者更依其原產地分為閩族（福建地方住民）、粵族（廣東地方住民）」。[19]

　　「閩族來自福建省泉州、漳州及其附近，佔總人口的八成，粵族稱之為福老；粵族從廣東省潮州、惠州及其附近移來，較前者為遲，現時約當總人口的一成三，閩族稱之為客人。閩族移住較早，佔有瀕海平曠之地，粵族在閩族佔據後才來，居住在近山之地，自古以來爭鬥不絕，迄今尚忌諱通婚交際」；[20]「島內閩族與粵族被認為在言語、習俗、體格、

---

[18] 臺灣總督府總督官房統計課，《明治 38 年臨時臺灣漢譯戶口調查記述報文》（臺北：臺灣總督府總督官房統計課，1909），頁 55-56。

[19] 臺灣實業界社編，《臺灣常識是れは便利だ》（臺北：臺灣實業界社營業所，昭和 5 年），頁 313。

[20] 武內貞義，《臺灣》（臺北：南天書局，1996），頁 35。

氣質上有差異」。[21]

　　換言之，由於日治初期對於臺灣移民原鄉的誤解，以致調查資料上的福建人與廣東人並非代表其所來自的原鄉，而毋寧較近似今日所謂的鶴佬人與客家人的族群分野。以下行文，為貼近歷史記載，仍維持日治時代的稱呼，以福建人、廣東人分別敘述；至於南島語族（生蕃、熟蕃）亦然，並無任何歧視或貶抑之意。

　　其次，1920 年之前，行政區劃多所變革，如本研究區域在 1901 年的調查中本屬臺中縣，當年 11 月已變成彰化廳，至 1915 年臨時戶口調查時又變成了臺中廳，而基層行政區域則由 1920 年以前的街庄變成 1920 年之後的大字，為了方便前後比較，在行文時，將盡量省略堡里名，而標示其 1920 年之後所屬街庄名稱。

（一）瀕臨消失的南島民族

1.生蕃（高山族）：

　　不論是 1901 年的族群調查，或是 1907 年的語言調查，乃至於 1926 年的鄉貫調查，都不曾將生蕃（高山族）納為調查對象，惟根據歷年戶口調查資料，有關生蕃（高山族）人數變化情形如下：

表 2　新舊濁水溪間生蕃（高山族）人數統計（1905-1935）

	1905	1915	1920	1925	1930	1935
總　　數	0	0	不詳	0	1	5
分布地					溪州庄溪州	二林庄二林 2、山寮 2、火燒寮 1

資料來源：臺灣總督府臨時臺灣戶口調查部，《明治三十八年臨時臺灣戶口調查集計原表》（地方之部），臺北：臺灣總督府臨時臺灣戶口調查部，明治 40（1907）年刊行，頁 10-11；臺灣總督府臨時臺灣戶口調查部，《大正四年第二次臨時臺灣戶口調查概覽表》，臺北：臺灣總督府官房臨時戶口調查部，大正 6（1917）年刊行 40-47；56-59；臺灣總督官房臨時國勢調查部，《大正九年十月一日第一回臺灣國勢調查（第三次臨時臺灣戶口調查）要覽表》，臺北：臺灣總督官房臨時國勢調

[21]　武內貞義，《臺灣》（臺北：南天書局，1996），頁 48。

查部，大正 11（1922）年刊行 62-65；90-95；臺灣總督官房臨時國勢調查部，《大正十四年國勢調查結果表》，臺北：臺灣總督官房臨時國勢調查部，昭和 2（1927）年刊行；224-229；258-263；臺灣總督官房臨時國勢調查部，《昭和五年國勢調查結果表（州廳編———臺中州）》，臺北：臺灣總督官房臨時國勢調查部，昭和 8（1933）年刊行，頁 53；臺灣總督官房臨時國勢調查部，《昭和五年國勢調查結果表（州廳編———臺南州）》，臺灣總督官房臨時國勢調查部，昭和 8（1933）年刊行，頁 55；臺灣總督官房臨時國勢調查部，《昭和十年國勢調查結果表》，臺北：臺灣總督官房臨時國勢調查部，昭和 12（1937）年刊行，頁 224-229、256-261。

可以看出，1925 年以前，本區域幾乎沒有生蕃的蹤跡，到了 1930 及 1935 年才分別有 1 人及 5 人。由於本區域在清代前期早已屬界內，非生蕃活動場域，不見其蹤跡，毋寧是相當正常的情形，故 1930 年後出現的統計數字，應當是因為工作或婚姻關係而新移入者。

2.熟蕃（平埔族）：

漢人入墾之前，彰化平原如同臺灣其他地區一般，是平埔族的傳統生活領域。十七世紀時，生活在此地的原住民為洪安雅（Hoanya）及巴布薩（Babuza）族，荷人治臺時，將全臺歸順的原住民劃為四個集會區，彰化地區被劃入北部集會區，共有十個部落。[22]到了清領時代，根據《彰化縣志》記載，轄區內的熟番有 23 社，[23]其中大武郡、東螺、二林、阿束、大突、眉裡、馬芝遴、半線、柴仔坑等九社位於今日彰化地區，而介於新舊濁水溪間則有東螺、二林、大突、眉裡四社。不過在乾隆時期「臺灣番界圖」中，大突社並未出現在本區域中（圖 11）。

---

22 翁佳音，〈被遺忘的臺灣原住民－Quata（大肚番王）初考〉，《臺灣風物》42：4（1992），頁 145-188。

23 周璽，《彰化縣志》卷二「規制志」，頁 51。

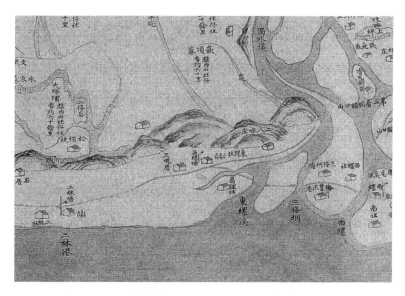

圖11 十八世紀新舊濁水溪間的平埔族社

資料來源：乾隆時期「臺灣番界圖」，南天書局復刻版

柯志明將其重新定位之後的位置如下：

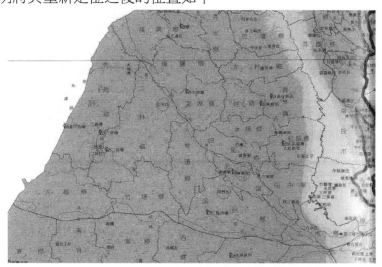

圖12 十八世紀新舊濁水溪間的平埔族社（現代版）

資料來源：柯志明，《番頭家──清代臺灣族群政治與熟番地權》（臺北：中央研究院社會學研究所，2002年）附圖。

根據洪麗完研究，二林舊社在清初時，原本在有航行之利的二林溪旁（今天二林鎮中西里），約在清中晚期往東二公里處遷移，即今天二

林水廠旁邊（二林東興里）；大突社（亦稱挖仔社）原居彰化隆起平原西南部，舊濁水溪岸西南約八百公尺處的挖子（今二林鎮華崙里一帶），因位在交通要衝，道光年間發展為街市，大突社受漢墾勢力排擠而往西移，1898 年戊戌大水災逼使大突社再移到挖子西南，即今天萬興排水南方一帶。[24]

而張素玢則根據大租調查書以及古契約書，重新勾勒出清代時期東螺社社域，大致上西北界到埔鹽鄉南端，與大突社、二林社接鄰，即埔鹽鄉、溪湖鎮、二林鎮交界的舊濁水溪岸；南界在今天二水鄉修仁村、溪州鄉大庄村、竹塘鄉樹腳村，即濁水溪北岸與眉裡社相鄰；東界到八卦山麓，與大武郡社相鄰；也就是相當於清代東螺東堡與西堡的一部分。由於地權流失，到十九世紀末，東螺社業主可能已經成為不在地地主。而眉裡社的社域，則在濁水溪北岸，以溪州鄉為主，西到竹塘鄉，北到埤頭鄉南邊，也就是清代東螺西堡和深耕堡的區域。[25]

至於社址方面，十八世紀中葉所繪製的地圖中，大突社在二林港與鹿仔港之北，距離馬芝遴五里；二林社在大突社以南十五里處；眉裡社位於牛稠子庄（埤頭鄉芙朝村）西北、斗六甲（埤頭鄉陸嘉村）以北，約為埤頭與二林交接處，可能的社址有兩處，一在埤頭、二林、竹塘交界的番仔厝（二林鎮東華里），另一社址在番仔寮（竹塘鄉樹腳村）；至於東螺社則在三塊厝（田中、田尾相鄰區）以南，相當於今天北斗鎮一帶。[26]

總結兩位作者的研究，日治初期本區域內的平埔族傳統社域與社址可概略表示如下：

[24] 洪麗完，〈二林地區漢人拓墾過程與平埔族群移居活動之探討〉，頁 71-73。
[25] 張素玢，《歷史視野中的地方發展與變遷—濁水溪畔的二水、北斗、二林—》，頁 87-88。
[26] 張素玢，《歷史視野中的地方發展與變遷—濁水溪畔的二水、北斗、二林—》，頁 91-93。

圖 13　新舊濁水溪間平埔族社域、社址概圖

資料來源：據洪麗完，〈二林地區漢人拓墾過程與平埔族群移居活動之探討〉、張
素玢，《歷史視野中的地方發展與變遷—濁水溪畔的二水、北斗、二林—》相關論
述繪製而成。

對照日治時期的相關調查，1901 年時，熟蕃主要集中在以下地區：

表 3　1901 新舊濁水溪間熟蕃人口統計

1901 以前地名	1901 年 11 月以後地名	1920 年以後地名	今地名	人數
二林上堡萬興區番社庄	二林上堡挖仔庄	二林庄挖仔	二林鎮西庄里	15
東螺西堡舊眉區瓦厝庄	東螺西堡溪州庄	溪洲庄溪州	溪州鄉瓦厝村	5
東螺西堡牛椆(朝)仔區斗六甲庄	東螺西堡斗六甲庄	埤頭庄斗六甲	埤頭鄉陸嘉村	28
深耕堡大城厝區大城厝庄	深耕堡大城厝庄	大城庄大城	大城鄉大城村	1
			合計	49

資料來源：同圖 10。

到了臨時戶口調查時，熟蕃的分佈區域變得頗為複雜。以下先將

1915 至 1935 年的統計中，出現熟蕃統計數字的大字表列如下，以了解熟蕃的人數與分佈變化情形：

表 4　新舊濁水溪間熟蕃人口統計（1915-1935）

1915 地名		1920 以後地名		今地名		1915	1925	1930	1935
廳	堡街庄	州郡	街大字	鄉鎮市	村里				
臺中廳東螺西堡	北斗街	臺中州北斗郡	北斗街西北斗	北斗鎮	光復、新政、重慶、五權、七星、居仁里	0	1	1	2
	北勢寮庄	臺中州北斗郡	北斗街北勢寮	北斗鎮	西德、西安、中寮、大道里	1	1	1	0
	番仔埔庄	臺中州北斗郡	埤頭庄番子埔	埤頭鄉	元埔村	0	1	0	0
	小埔心庄	臺中州北斗郡	埤頭庄小埔心	埤頭鄉	合興村	0	0	1	4
	埤頭庄	臺中州北斗郡	埤頭庄埤頭	埤頭鄉	和豐、興農、埤頭村	0	0	1	0
	崙仔庄	臺中州北斗郡	埤頭庄崙子	埤頭鄉	崙子、永豐村	1	0	0	1
二林下堡	火燒厝庄	臺中州北斗郡	二林庄火燒厝	二林鎮	廣興里	0	1	1	0
	山寮庄	臺中州北斗郡	二林庄山寮	二林鎮	豐田里	0	0	1	0
	萬合庄	臺中州北斗郡	二林庄萬合	二林鎮	萬合里	0	1	0	0
	舊趙甲庄	臺中州北斗郡	二林庄舊趙甲	二林鎮	趙甲、頂厝里	0	0	0	9
	大排沙庄	臺中州北斗郡	二林庄大排沙	二林鎮	大永、東勢里	1	5	5	3
二林上堡	萬興庄	臺中州北斗郡	二林庄萬興	二林鎮	萬興、永興、振興、西庄里	22	22	19	22
	塗仔崙庄	臺中州北斗郡	二林庄塗子崙	二林鎮	梅芳里	0	1	0	1
深耕	礦磘庄	臺中州北斗郡	二林庄礦磘	二林鎮	東華、復豐里	0	3	1	2

堡	番挖庄	臺中州北斗郡	沙山庄沙山	芳苑鄉	芳苑、芳中、仁愛、信義村	0	0	1	0
	路上厝庄	臺中州北斗郡	沙山庄路上厝	芳苑鄉	路上、路平、三成、福榮村	0	0	1	0
	面前厝庄	臺中州北斗郡	竹塘庄面前厝	竹塘鄉	小西、民靖村	1	0	0	0
	九塊厝庄	臺中州北斗郡	竹塘庄九塊厝	竹塘鄉	長安、永安村	0	0	0	1
東螺東堡	下水埔庄	臺中州北斗郡	溪州庄下水埔	溪州鄉	榮光、大庄村	0	0	0	1
東螺西堡	溪州庄	臺中州北斗郡	溪州庄溪州	溪州鄉	溪州、瓦厝、尾厝、東州村	4	4	1	2
	溪墘厝庄	臺中州北斗郡	溪州庄溪墘厝	溪州鄉	溪厝、坑厝村	0	0	0	6
					合計	30	40	34	54

資料來源：同表 2
備註：1920 年的統計並無生熟蕃相關統計，而是與其他省漢人並列在「其他」項目，故其中包含了生蕃、熟蕃、在內，姑捨之。

　　乍看之下，1901 年與 1915 之後的調查，除了溪州庄勉強有延續性外，似乎有扦格不入之處，不過如果了解早期平埔族基於狩獵、游耕，以及習俗、信仰上的因素而十分習於遷徙，[27]那麼這樣的不連續亦不足為奇。重要的是，透過這些調查，不但說明即使到了廿世紀上半葉，在這個幾乎已成為福建移民天下的新舊濁水溪間，仍留有傳統原住民的足跡，即使其人數已不多。同時也相當程度印證了洪、張二氏對本區域傳統族社遷徙的推論。例如張素玢認為堡圖中北斗南方的舊社庄可能是東螺的舊社，社民放棄此處後，一部分可能遷到斗六甲（埤頭鄉陸嘉村），一部份則遷到番仔厝、番仔寮（二水鄉大園村、修仁村）。[28]對照 1901年的調查，斗六甲有 28 名的熟蕃，是本區域聚居最多者，證實這個推

---

[27] 洪麗完，〈二林地區漢人拓墾過程與平埔族群移居活動之探討〉，頁 49。
[28] 張素玢，《歷史視野中的地方發展與變遷—濁水溪畔的二水、北斗、二林—》，頁 91。

測並非無據；只不過遷到二水的東螺社民，在漢化之後，便忘記或不願承認自身的平埔身分。[29]又如洪麗完提到大突社原居挖子（今二林鎮華崙里一帶），其後受漢墾勢力排擠而往西移，1898 年戊戌大水災逼使大突社再移到挖子西南，即今天萬興排水南方一帶。據此可以推定，1915 之後持續存在的二林下堡大排沙庄（1 至 5 人不等）和二林上堡萬興庄（19 至 22 人不等）的熟蕃，當是 1901 年從二林上堡挖子（15 人）遷來的大突社聚落。

　　總結前述，在 20 世紀初期，新舊濁水溪間的平埔族人數固然不多，但其中的東螺、大突兩社還得以勉強維持聚落的存在。東螺社位於東螺西堡斗六甲庄（埤頭庄斗六甲），在 1901 年時，尚有熟蕃五戶 28 名，[30]到了 1910 年的調查，僅剩下五戶 15 名；[31]但是 1915 年之後，連這僅存的聚落也難以維持，有可能部份遷徙到鄰近的番子埔、小埔心、埤頭、崙子等庄（參見表 4），更可能的是淹沒在漢移民的洪流當中；大突社則相對「幸運」，20 世紀初期，原本還聚居在二林上堡的挖子，為數約 15 人，在 1901 到 1915 年之間，這個聚落有部份遷徙到了大排沙，部份則遷往萬興，且在整個日治時期幾乎沒有變動，其從統計數字上消失至少要到 1935 年之後，這個聚落遂成為廿世紀上半平埔族在濁水溪流域沿岸的最後灘頭堡。

（二）福建人——漳泉的競合

　　日治時代居住在本區域的漢人族系甚為單純，1901 年時，僅有泉州人、漳州人以及廣東人；1905 年以後的戶口調查及國勢調查則為福建人、廣東人的天下，僅在 1935 年時，出現了兩個其他省漢人（大城庄頂山腳、溪州庄下水埔）。

---

[29] 有關於二水東螺社漢化而不願或忘記自身身分的情形，張素玢在《二水鄉志》「歷史篇」第一章二水的先住民附篇「尋找彰化平原最後的東螺社人」當中有相當精采的追蹤報導，詳見周宗賢主編，《二水鄉志》（彰化：二水鄉公所，2002），頁 145-157。

[30] 「臺中縣街庄社居住民族調查表」，臺灣總督府公文類纂冊號 781，頁 173。

[31] 蕃務本署，《熟蕃戶口及沿革調查綴》（中研院民族所藏手抄本，無出版相關資訊），頁 306（手寫編頁）。

　　福建人是本區域的顯性族群，歷年戶口調查，其所佔比重大致上都介於 96%至 98%之間，不僅其他漢人與原住民被稀釋的完全不見蹤影，即使廣東人也只能侷限在少數幾個角落（參見圖 5 至 9）。整個日治時期，福建人佔絕對優勢的情形並無改變，在每個街庄層級中也都是居於壓倒性的絕對多數，只有在二林以及竹塘的比例分別降到 90%及 70%上下。

　　進一步分析本區域福建人的族群屬性，如果依照 1926 年的鄉貫別調查，以泉州人較佔優勢，在本區域中佔了 60.85 %，漳州人次之，約有 32.91%，其他府則約 1.27%。根據這個調查所繪製的族群分布圖，則大城、沙山（芳苑）、二林，以及北斗屬於泉州人優勢區，埤頭、竹塘、溪州、二水則是漳州人的優勢區，北斗的泉州人孤立於西部靠海的幾個街庄之外，為漳州人圍住（參見圖 4）。不過透過 1901 年調查結果，則看到了更為清楚的分布狀況：如果將本區域視為一個半圓型，則圓心大約在竹塘庄，泉州人在本區域的最外圍，以順時針的方向來看，包括大城庄的大部分、沙山庄的全部、二林鎮的大部分、埤頭庄的北半部、北斗庄的全部，以及溪州庄的大部分，其分布態勢則是越往圓心（竹塘）越少；至於漳州的分佈區域則再更靠近圓心的第二層，依序是大城庄的東南、二林南方部分地區、竹塘的北部、埤頭的南半部、以及溪州的西半部部分地區，其分布是由本帶狀地區向外遞減；另外二水則是與其北方的田中、社頭等地區的漳州人連成一片（圖 14、15）。兩相比對之下，1926 年的調查由於以街庄為單位，以此所繪製的漳泉分佈顯然失真，原屬漳州的地區，如大城的東南、二林的南端都被列入泉區；而埤頭的北部、溪州的東部等泉區則被劃入漳界。

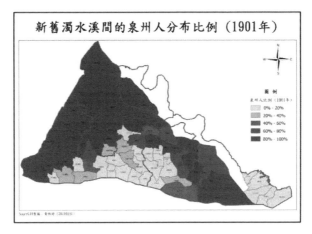

圖 14　1901 年新舊濁水溪間泉州人漸層分布圖
資料來源：同圖 10

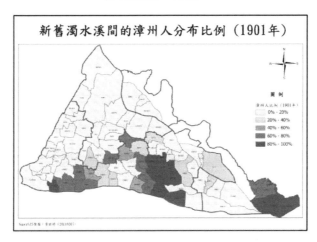

圖 15　1901 年新舊濁水溪間漳州人漸層分布圖
資料來源：同圖 10

　　當代語言學者的調查，或許也可以為本區域的漳泉分布提供若干觀察的線索。根據涂文欽的調查，彰化縣閩南語大致可分為四個次方言區：漳州腔區、泉州市腔區、安溪腔區、同安腔區，漳腔方言大致沿著八卦山脈往南延伸與南投漳腔區相接，並沿八卦山脈西麓向西延伸至中部平原一帶及濁水溪中下游北岸一帶；泉腔方言則是分佈在整個西部臨海鄉鎮，向東延伸到彰化中部平原，並分南、北兩路向東突入漳州腔區：北路沿八卦山脈北麓及東麓與南投縣漳腔區接壤；南路則沿東螺溪（即

舊濁水溪，下游改稱麥嶼厝溪，於福興出海）向東南一直到今濁水溪（舊西螺溪）中游北岸溪洲一帶，與田中、二水的漳州腔相鄰；偏漳區的分佈範圍在八卦山西麓由大村、社頭、田中、二水，東連八卦山東麓的南投縣民間鄉、集集鎮；其次，濁水溪中下游北岸由大城東南方、竹塘，東到溪州西部一帶及貓羅溪東岸的芬園鄉茄荖村，東連南投縣草屯鎮等均為偏漳腔分佈區域。[32]

　　如果將涂文欽所繪製的「彰化縣閩南語方言分區圖」（圖 16），與本文利用 1901 年繪製的族群分布圖（圖 10）和 1926 年總督府所繪製的在籍漢民族分布圖（圖 4）加以比對，會發現到圖 10 與圖 16 的重疊性遠較圖 4 與圖 16 重疊性來得高，除了可以印證到 1901 年的調查較 1928 年更為精確外，也說明了本區域的福建族群分布態勢，即使歷經百年，仍不難尋出其軌跡。

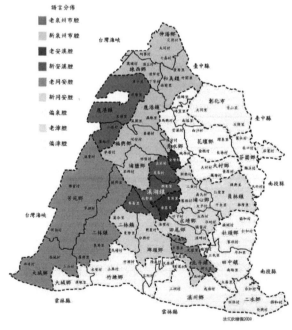

圖 16　彰化縣閩南語方言分區圖

資料來源：涂文欽，〈彰化縣閩南語方言音韻的類型與分佈〉，國立新竹教育大學

---

[32] 涂文欽，〈彰化縣閩南語方言音韻的類型與分佈〉，國立新竹教育大學臺灣語言與語文教育研究所碩士論文（新竹：國立新竹教育大學，2009），頁 57-8，感謝涂文欽先生提供大作。

臺灣語言與語文教育研究所碩士論文（新竹：國立新竹教育大學，2009），頁 97。

（三）廣東人──原住者的鶴佬化與不斷移入的新廣東人

1.日治初期廣東人的分佈區域

　　前面提到，根據 1901 年的調查，本區域廣東人有 3,926 人，約佔總人數的 6.8%。為了解其分布狀況，茲先將本區域內廣東人人數佔相對優勢或超過百人以上的街庄列表如下：

表 5　1901 年新舊濁水溪間廣東人相對優勢或多數區域

堡	區名	街庄社名	人數	所佔百分比	改訂後庄名	1920 後街庄
東螺西堡	舊眉區	三條圳庄	420	60.26%	三條圳庄	溪州庄
東螺西堡	小埔心區	埤頭庄	148	9.46%	埤頭庄	埤頭庄
東螺西堡	小埔心區	十三甲庄	132	29.01%	崙仔庄	埤頭庄
東螺西堡	舊眉區	內潮洋厝庄	226	33.38%	潮洋厝庄	溪州庄
東螺東堡	沙仔崙區	坑內庄	509	100.00%	過圳庄	二水庄
深耕堡	下溪漧區	九塊厝庄	250	66.84%	九塊厝庄	竹塘庄
深耕堡	下溪漧區	下溪漧庄	192	98.46%	下溪墘庄	竹塘庄
深耕堡	下溪漧區	頂溪漧庄	67	100.00%	下溪墘庄	竹塘庄
深耕堡	內芦竹塘區	橋仔頭庄	44	63.77%	丈八斗庄	二林庄
深耕堡	內芦竹塘區	五庄仔庄	101	30.70%	五庄仔庄	竹塘庄
深耕堡	下溪漧區	西寨庄	71	100.00%	內新厝庄	竹塘庄
深耕堡	下溪漧區	內新厝庄	172	82.69%	內新厝庄	竹塘庄
深耕堡	內芦竹塘區	崙仔庄	75	90.36%	內蘆竹塘庄	竹塘庄
深耕堡	內芦竹塘區	廣福庄	116	86.57%	內蘆竹塘庄	竹塘庄
深耕堡	下溪漧區	崁頭厝庄	109	55.61%	田頭庄	竹塘庄
深耕堡	下溪漧區	頂崙仔庄	49	100.00%	鹿蓁庄	竹塘庄

深耕堡	下溪漧區	鹿藔庄	137	59.57%	鹿藔庄	竹塘庄
深耕堡	下溪漧區	土庫仔庄	140	100.00%	鹿藔庄	竹塘庄
深耕堡	下溪漧區	下崙仔庄	60	86.96%	鹿藔庄	竹塘庄
深耕堡	下溪漧區	洋坑厝庄	41	66.13%	番仔藔庄	竹塘庄
深耕堡	下溪漧區	新庄仔庄	111	84.09%	番仔藔庄	竹塘庄
深耕堡	內芦竹塘區	樹仔腳庄	99	58.24%	樹仔腳庄	竹塘庄

備註：本表所列係廣東人在該街庄居於相對優勢（所佔比例超過 50%）或人數較多（超過百人）者。
資料來源：同圖 10。

　　至於其分布情形可圖示如下：

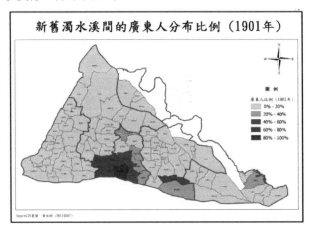

圖 17　1901 年新舊濁水溪間廣東人漸層分布圖
資料來源：同圖 10

　　換言之，在日治初期，廣東人在本區域的聚居情形甚為集中，主要聚落在深耕堡的東半部以及東螺西堡的南端，也就是 1920 年之後的竹塘庄大部分，以及溪州庄西部與竹塘相接的幾個街庄；另外在埤頭、二林、二水也有零星的分佈。其中坑內庄、頂溪墘庄、西寨庄、頂崙仔庄、土庫仔庄甚至還是屬於純客庄，廣東人佔了 100%，這是 1901 年街庄改正後所看不到的現象。

2.原住廣東人統計數字的減少

　　1905 年是臺灣史上首度全面性的臨時戶口調查，不過當年的族群統計僅到堡里層級，並沒有較小區域的調查資料，若統計本區域所屬的深耕堡、東螺東西堡以及二林上下堡，則本島人總人口數達 76,475 人，廣東人 4,435 人，佔 5.8%，但其中還包含東螺東堡中不屬於本研究區域的廣東人，此部分人數，不論依照 1901 或 1915 年的數據來看，都高達三千餘人，如果據此加以扣除，則 1905 年時，本區域的廣東人可能僅剩下千餘人；即使到了 1915 年時，本區域的廣東人也僅有 2,690 人，為當年本島人總人數 74,615 人的 3.61%，直到 1920 年時，本區域廣東人才漸增為 4,151，佔了總人口 80,832 人的 5.14%。這表示在 1920 年以前，本區域的廣東人並沒有隨著總人口數的增加而增加，反而出現了減少的現象。遷徙或自然增減皆是可能的因素，不過受到周圍強勢的福建人同化應當是最大的原因。

　　將 1901 年與 1915 年的調查加以比較，會發現本區域的廣東人聚居地有高度的延續性，不過有幾個地方的廣東人人數變化頗為明顯，即東螺西堡的三條圳（溪州庄）、埤頭、崙仔（埤頭庄）、潮洋厝（溪州庄）、過圳（二水庄）在 1915 年以後廣東人的人數變少。根據《臺灣土地慣行一斑》的調查，三條圳以及潮洋厝，都是康熙 54 年（1714）黃利英取得墾權後，招募粵籍佃人開墾，到了乾隆 13 年（1748），由於泉州人陸續移住，勢力勝過粵人，粵人漸次退去，迨嘉慶初年，已不見粵人蹤影。[33]既然粵人早在十八世紀初期便已入墾此處，故此二地有較多的廣東人，似不足為奇；只不過土地慣行一斑沒有調查清楚的是，此處的粵籍並未完全退去，直到廿世紀初期仍有相當比例住在此處，這兩地粵籍移民的「消失」其實是日治以後的事情。

---

[33] 臨時臺灣土地調查局，《臺灣土地慣行一斑（第一編）》（臺北：臨時臺灣土地調查局，1905），
　　頁 53-4。

3.不斷移入的「新」廣東人。

即使本區域廣東人的人口所佔比例始終不高，不過在 1920 年之後的人口調查中是呈現不斷增加的趨勢，這意味著不斷有「新」的廣東人加入。試觀下表：

表6　1915-1935 年新舊濁水溪間廣東人總人數變化

時間	1915	1920	1925	1930	1935
本區域總人數	74,615	80,832	91,509	122,367	129,614
增加率（與 1915 相較）		108%	123%	164%	174%
廣東人人數	2,690	4,151	4,559	5,904	8,057
增加率（與 1915 相較）		154%	169%	219%	300%

資料來源：同表 2

整體而言，本區域的總人口是呈現不斷增加的態勢，但廣東人增加的速度則比總人口增加比例來得更高，這種趨勢從 1920 年開始便非常明顯。當年度較 1915 年增加了 54%，1930 年時，廣東人的人數為十五年前的兩倍；到 1935 年更增加為三倍之多。從 1915 年有較為細緻的戶口調查數字開始，有幾個街庄（1920 後稱為大字）的廣東人人數相對於本區域的其他地方顯得更為突出。分別是埤頭庄大湖厝（以上東螺西堡）、二林庄犁頭厝、後厝、山寮（以上二林下堡）、二林庄丈八斗、竹塘庄番子寮、下溪墘、鹿寮、面前厝、內新厝、九塊厝（以上深耕堡）等十一個大字（參見下表 8）。而且在整個國勢調查的資料顯示中，這些地方的廣東人所佔比例始終不低，有時甚至高過福建人。不過這些地方不見得都是在日治以前（或至少是日治初期濁水溪工程開始前）即分佈在本區域的「原住廣東人」。為了將 1905 年的調查數字加入討論，以下將歷年國勢調查資料換算成以堡里為單位的統計數字（表 7）：

表7　日治時代新舊濁水溪間廣東人人數統計

堡名、年代	1905	1915	1920	1925	1930	1935
東螺東堡	3,288	4	46	237	412	559

東螺西堡	49	356	593	540	898	1,542
二林下堡	14	514	874	885	1,359	1,999
二林上堡	0	0	0	82	65	115
深耕堡	1,084	1,816	2,638	2,815	3,170	3,842
合計	4,435	2,690	4,151	4,559	5,904	8,057

資料來源：同表 2

　　從表 7 可以觀察到深耕堡始終是整個濁水溪沿岸地區廣東人最多的地方，在日治時期人口也不斷成長；此外東螺西堡與二林上堡則在1905~1915 年之間有大幅的增加，1920~1925 年之間人數雖略有停滯，但在 1925 以後，有出現很顯著的增加；至於人數始終不多的東螺東堡[34]以及二林上堡也在 1925 年之後有較明顯的增加。吾人可以推斷，本區域內廣東人的增加，除了有自然成長的因素（如深耕堡）外，更重要是在幾個特定時間點有大量的廣東人移入。

4.「新」廣東人移入本區域的時程

　　然則，新舊濁水溪間的廣東人何時遷入？表 5 當中所列的地區，在1901 年即有相對較多數的廣東人存在，應可視為本區域最早遷入的廣東人；至於其後的廣東人何時遷入，則可透過歷次國勢調查的數字加以比對。為了更進一步瞭解廣東人遷入本區域的時間，以下將 1915 至 1935年間，本區域的廣東人人數超過百人或百分比超過 20%的資料製表如下：

---

[34] 1905 年東螺東堡、東螺西堡部分含有非本研究區域數字在內，此部份人數估計應有三千人上下，將此部分扣除，本區域東螺東堡廣東人應不超過三百人。

表 8　1915-1935 任一年度廣東人人數超過百人或 20%統計表

堡里名	街庄名	大字名	1915		1920		1925		1930		1935		今地名	
			人數	%	人數	%	人數	%	人數	%	人數	%	縣鄉鎮	村里
東螺西堡	北斗街	西北斗	6	0.12	16	0.31	29	0.55	59	1.00	117	1.73	彰化縣北斗鎮	光復等六里
東螺西堡	北斗街	東北斗	0	0.00	0	0.00	0	0.00	153	12.10	546	24.32	彰化縣北斗鎮	文昌等五里
東螺西堡	埤頭庄	大湖厝	290	61.97	353	81.34	345	56.65	439	57.24	428	50.89	彰化縣埤頭鄉	大湖村
二林下堡	埤頭庄	周厝崙	1	0.29	30	6.71	12	2.09	101	11.62	128	11.34	彰化縣埤頭鄉	豐崙村
二林下堡	二林庄	二林	37	1.97	56	2.45	60	2.10	111	3.04	188	4.01	彰化縣二林鎮	東和等四里
二林下堡	二林庄	犁頭厝	230	26.41	390	40.67	397	40.93	539	44.11	664	43.89	彰化縣二林鎮	東興里興華里
二林下堡	二林庄	後厝	121	42.61	241	59.07	215	49.20	295	52.77	364	52.98	彰化縣二林鎮	後厝里
二林下堡	二林庄	山寮	121	35.38	130	44.37	167	29.56	193	26.12	254	27.76	彰化縣二林鎮	豐田里
深耕堡	二林庄	碥磘	105	16.23	157	19.70	143	15.08	153	13.58	206	13.35	彰化縣二林鎮	東華里復豐里
深耕堡	二林庄	丈八斗	135	17.60	411	37.13	394	33.39	456	32.23	539	33.81	彰化縣二林鎮	西斗里
二林下庄	沙山庄	漢寶園	0	0.00	0	0.00	0	0.00	0	0.00	134	13.19	彰化縣芳苑鄉	新寶村
深耕堡	竹塘庄	竹塘	108	13.81	242	23.59	270	23.36	229	15.87	382	20.70	彰化縣竹塘鄉	竹元村竹塘村
深耕堡	竹塘庄	五庄子	80	12.31	83	10.99	74	8.60	102	10.01	94	8.24	彰化縣竹塘鄉	五庄村
深耕堡	竹塘庄	樹子腳	68	12.64	134	21.61	134	18.43	130	16.56	121	13.36	彰化縣竹塘鄉	樹腳村
深耕堡	竹塘庄	田頭	78	13.59	81	13.21	83	11.89	102	13.06	100	11.05	彰化縣竹塘鄉	田頭村
深耕堡	竹塘庄	番子寮	65	21.96	101	27.60	136	34.17	123	30.98	150	28.46	彰化縣竹塘鄉	新廣村
深耕堡	竹塘庄	下溪墘	228	61.79	241	59.07	219	49.77	227	47.39	265	46.82	彰化縣竹塘鄉	溪墘村
深耕堡	竹塘庄	鹿寮	281	33.65	318	35.61	385	37.63	470	38.03	535	35.22	彰化縣竹塘鄉	竹林村土庫村
深耕堡	竹塘庄	面前厝	194	27.83	312	35.74	321	33.51	368	32.14	436	30.97	彰化縣竹塘鄉	小西村民靖村
深耕堡	竹塘庄	內新厝	208	51.36	209	49.29	223	46.27	281	46.22	317	45.68	彰化縣竹塘鄉	內新村
深耕堡	竹塘庄	九塊厝	254	37.63	323	38.96	397	39.42	480	39.97	555	35.74	彰化縣竹塘鄉	長安村永安村
東螺東堡	溪州庄	圳寮	0	0.00	29	5.61	117	17.11	188	22.20	200	19.10	彰化縣溪州鄉	圳寮村
東螺東堡	溪州庄	西畔	0	0.00	0	0.00	84	12.05	179	19.98	306	25.76	彰化縣溪州鄉	西畔村
東螺西堡	溪州庄	溪州	16	0.80	37	1.61	48	1.77	61	1.67	118	2.60	彰化縣溪州鄉	溪州等四村

資料來源：同表 2。

備註：「西北斗」含光復里、新政里、重慶里、五權里、七星里、居仁里；「東北斗」含文昌里、東光里、中和里、新生里、大新里；「二林」含東和里、西平里、南光里、北平里；「溪州」含溪州村、瓦厝村、尾厝村、東州村。

　　將表5、表7與表8相對照，會發現到：東螺西堡與二林下堡在1905年時，廣東人尚不滿 50 人，但是隸屬於這兩堡的埤頭庄大湖厝（以上

東螺西堡）、二林庄犁頭厝、後厝、山寮（以上二林下堡）卻從 1915 年起便有為數不少的廣東人聚居，且持續不墜，因而這個區塊當為第二波移入者。

再者，從 1920 到 1935 年之間，各有部分區域的廣東人人數激烈增加，人數在增加較快的 1925 年有溪洲庄圳寮、西畔；1930 年有北斗街東北斗、埤頭庄周厝崙、二林庄二林；也有到了 1935 年才猛增的，最顯著的莫過於北斗街西北斗、沙山庄漢寶園、溪洲庄溪州。

綜上所述，濁水溪沿岸的廣東人遷入時間，可簡單表列如下：

表 9　日治時期濁水溪沿岸廣東人遷入時間推計

時　間	地　區
1901 以前	溪洲庄三條圳、潮洋厝、埤頭庄崙仔、埤頭、二水庄過圳、竹塘庄九塊厝、下溪墘、五庄子、內新厝、竹塘（內蘆竹塘）、田頭、鹿寮、番子寮、樹子腳、面前厝＊、礦磋＊、二林庄丈八斗
1901~1915 之間	埤頭庄大湖厝、二林庄犁頭厝、後厝、山寮
1915~1920 之間	埤頭庄周厝崙、二林庄犁頭厝、後厝、二林庄丈八斗
1920~1925 之間	溪洲庄圳寮、西畔
1925~1930 之間	北斗街東北斗、埤頭庄周厝崙、二林庄二林
1930~1935 之間	北斗街西北斗、沙山庄漢寶園、溪洲庄溪州

備註：＊的面前厝及礦磋並未出現在表 5 中，但 1901 年統計時，各有 55 及 47 個廣東人，且其後歷年統計廣東人之人數亦不低，故仍視為原住廣東人遷入區域。

四、日治時期新舊濁水溪間族群分佈的變化因素

日治時期新舊濁水溪間的族群分佈，究竟受到何種因素影響？以下嘗試列出數點：

（一）傳統因素的遺留

日治初期的族群分佈概況，無疑是清代，至少是清末以來的遺留。有關清代時期臺灣漢人的祖籍分布，施添福教授曾在 1987 年時提出原鄉生活說，[35]但就本研究區域而言，不可否認，有不少地區的族群分佈仍與較早前來開墾者有關。例如芳苑，前來此地開發的幾個大姓，多半來自福建泉州府；[36]二林地區較早入墾的漢人也以閩籍，特別是泉籍居多（參閱表 10）；開墾大城者之祖籍以福建泉州府同安居多；[37]二水在乾隆初期有福建漳州漳浦縣陳穆、謝光照、泉州府晉江縣許立等人來墾，至乾隆中葉續有漳浦縣謝達、蔡選，南靖縣許孟旭、許日等人入墾，嘉慶初年有漳浦縣陳瑞興，同安縣高順直、高金鐵等人來墾，而境內十五莊之得名，相傳是康熙年間，有福建省漳浦縣移民十五戶在此築茅屋成村而得名；[38]竹塘在雍正年間，即有廣東省潮州府饒平縣詹寬怡等人來開墾，乾隆年間續有漳州府南靖縣人莊子貴、莊慶壽來墾於下竹圍地方；乾隆年間又有饒平縣詹時溪、詹時採、詹春林、詹登、詹華元、詹廣善、詹春怡，泉州府曾慎修等入墾；嘉慶年間又有饒平縣詹來養、詹賢惠、詹來黃、詹阿國，漳州府龍溪縣詹阿合等人來開墾；[39]埤頭鄉在1727 年雖有粵籍移民羅泉進入開墾新庄仔庄及牛稠仔庄一帶，但到了1733 年時，新庄仔庄轉讓漳州人廖玉，1738 年時，牛稠仔庄附近也轉讓泉州移民手中，以致原先來此的粵民遂遷至永靖或東勢角一帶。[40]

溪州情形前面已有提及，至於北斗附近最初雖由粵籍墾首羅英招同籍佃戶開墾，但雍、乾初年，大批漳泉移民移入，由於人多勢眾，粵籍乃退往東勢一帶，而留在本區的漳泉移民，則由於嘉慶、道光年間數次的分類械鬥，戰敗的漳州移民也退出本區，以致漸漸形成了純

[35] 施添福，《清代在臺漢人的祖籍分布和原鄉生活方式》（臺北：國立臺灣師範大學地理學系，1987）。

[36] 魏金絨，《芳苑鄉志：歷史篇》（彰化：芳苑鄉公所，1997），頁 26。

[37] 施添福總編纂、陳國川等編纂，《臺灣地名辭書卷十一•彰化縣（下）》，頁 905。

[38] 洪敏麟，《臺灣舊地名之沿革（第二冊）》（南投：臺灣省文獻委員會，1997），頁 366-7。

[39] 洪敏麟，《臺灣舊地名之沿革（第二冊）》（南投：臺灣省文獻委員會，1997），頁 410-1。

[40] 施添福總編纂、陳國川等編纂，《臺灣地名辭書卷十一•彰化縣（下）》，頁 857。

泉的聚落。[41]

表 10　二林地區的漢人拓墾聚落

聚落	拓墾年代		拓墾人	祖籍	今地名	所屬部落社域
二林街	十八世紀	（清康熙末）	林開燕	閩(永春)	二林鎮北平、南光、東和、西平等里	二林社
		（清雍正年間）	莊則周 莊幾生	閩(漳)		
		（清乾隆年間）	洪純、洪琛	閩(泉)		
		（清乾隆年間）	涂順德	廣(饒平)		
		（清乾隆末年）	徐玉琳	廣(鎮平)		
大突新庄	清雍正元年		陳姓	閩(泉)	溪湖鎮大突、北勢二里	大突社
代馬(岱媽)庄	清乾隆七年		蔡姓	閩(泉)	二林鎮華崙里	大突社
路上厝	清乾隆二十五年		謝姓	閩(泉)	芳苑鄉路上村	二林社
萬興萬合	十八世紀（清乾隆年間）		陳姓	閩(泉)	二林鎮萬興、永興、振興、萬合、趙甲等里	大突社
草湖	十八世紀（清乾隆年間）		陳耀錦、陳耀顯、陳耀猛	閩(泉)	芳苑鄉崙腳、草湖、建平、新生、文津等村	大突社
漏磘	十九世紀（清嘉慶年間）		曾儀史	不詳	二林鎮東華、復豐兩里	二林社
	二十世紀(日治初)		源成農場	廣		
北勢尾	清道光五年		楊章經	不詳	溪湖鎮北勢里	大突社
番婆	清光緒二十七年		陳刑	不詳	溪湖鎮番婆里	大突社
中西	不詳		洪姓	閩(泉)	二林鎮中西里	二林社
火燒厝	不詳		不詳	廣(潮州)	二林鎮廣興里	二林社
			洪姓	閩(泉)		

資料來源：洪麗完，《二林鎮志》上冊，頁 214。

（二）語言洪水論

　　福建人和廣東人同屬中國大陸而來的漢移民，在外觀上本無多大差別；而原住的平埔族，歷經百年的共同生活，也大半遭到漢移民的同化，

---

[41] 張素玢編注，《北斗鄉土調查》（彰化：彰化縣文化局，2003），頁 2-5。

因此純就外貌而言，未必可以區分出族群屬性，唯一保留最明顯的特徵，或許就是語言。不過在多數漳泉移民的環伺之下，不論是熟蕃或廣東人，都遭到了強勢福建語言洪水的淹沒而逐步走向福建化，語言學者稱之為「洪水效應」。[42]因此不論熟蕃或原住廣東人的人數減少，未必是自然淘汰或遷居他處，極有可能是在語言上為福建人所同化，日治時代的國勢調查也提供了若干的蛛絲馬跡。

先就熟蕃來看，至遲在廿世紀初期，也就是日本統治的最初十年內，語言上已經完全漢化，更精確的說則是福佬化。本區域在 1905 年的行政區劃上屬彰化廳，當年的戶口調查中曾經針對本島人的語言使用情形加以調查，結果彰化廳計有熟蕃 231 人，[43]這 231 人毫無例外，全部皆以福建語為常用語（即家庭中使用之語言）；不僅如此，在副用語的部分，竟無一人是使用蕃語，足見在日人從事相關調查當時，彰化地區的平埔族已失去自身的母語。換言之，至遲在日治時期開始，新舊濁水溪間的平埔族群似乎已同化於人數眾多的福建族群中。

再就廣東人來看，1905 年以前即居住在本區域的廣東人在語言上也逐漸走向「福建化」。根據 1905 年對彰化廳的調查，全廳共有廣東人 5,605 人，其中以福建語為常用語有 5,561 人，以廣東語為常用語則僅有 44 人，換言之，到 1905 年時，彰化地區的廣東人，有高達九成九的人連在家庭中都已不使用廣東語，即便加計有 65 人尚會在家庭以外的公共場合使用廣東語者，廣東語在彰化地區的使用比例也不過 1.94%，比例微乎其微。[44]

---

[42] 洪惟仁，〈洪水效應：臺灣的語言戰爭〉，56th Annual Conference of The International Linguistic Association April 15-17, 2011 in Rutgers, The State University of New Jersey, p.p9-10.

[43] 當年度的戶口調查中，熟蕃原有 232 人，但語言調查部分僅有 231 人，依據調查結果記述報文的說明，極有可能有一人為瘖啞，以致沒有列入調查結果統計中參見臺灣總督府臨時臺灣戶口調查部，《明治三十八年臨時臺灣戶口調查集計原表》（地方之部），臺北：臺灣總督府臨時臺灣戶口調查部，明治 40（1907）年刊行，頁 592-593。

[44] 臺灣總督府臨時臺灣戶口調查部，《明治三十八年臨時臺灣戶口調查集計原表》（地方之部），臺北：臺灣總督府臨時臺灣戶口調查部，明治 40（1907）年刊行，頁 596-597。

（三）新統治者的權力運作

有關於新統治者的權力運作可分三方面敘述：一是官方在此從事的公共工程，包含防砂工程、濁水溪堤防工程，大幅增加本區域的可耕面積；二是官方頒布的法令，有利於資本家的墾殖；三是對行政區域進行重劃，使少數族群「埋沒」在統計數字當中。以下分別敘述。

1.官方的工事

1898 年起，總督府展開土地調查，過程中，將清代原有的官租地以及無人申告的土地，包括業主不明、業主死亡且無人繼承、公眾用墳地及無人使用之土地，均列為官有地。被劃為官有的「原野地」，成為日治時代土地開發的新舞臺。彰化地區的原野地總面積達 6,890.3890 甲，但空間的分佈差異極大，12 個堡中有 7 個堡的原野地面積在 200 甲以上，深耕堡、二林下堡更分別高達 1,434.5925 甲、2,956.7475 甲。這些原野地，是傳統耕作技術下無法墾殖的邊際土地，依所在地點可分為海埔地、氾濫原及沙山三大類，[45]其中海埔地與本研究區域關係不大，可略而不論；至於其餘兩者，總督府則透過堤防的修築以及防風林的栽種，提高了土地的利用價值，也釋出了新移民進入的可能性，茲分述如下：

（1）氾濫原：

氾濫原即河道兩側容易受洪患的地區，是由濁水溪河系沖積而成。原本沖積扇的形成，係由河川從上游挾帶沖積物，在谷口經過長時間、不定時、不等量堆積而成，因此在大河流附近，常有帶狀的氾濫原存在。由於沖積扇在堆積過程中，谷口下游的河道常搖擺不定，甚至如脫韁野馬，恣意肆虐兩岸地區。[46]因此在日治以前，這些地區的可利用程度並不高。

---

[45] 施添福總編纂、陳國川等編纂，《臺灣地名辭書卷十一‧彰化縣（上）》（南投：國史館臺灣文獻館，2004），頁 34-35。

[46] 施添福總編纂、陳國川等編纂，《臺灣地名辭書卷十一‧彰化縣（上）》，頁 35。

　　大正元年（1912）起，總督府擬定河川整理的根本計畫，其中濁水溪沖積扇的部份，在大正 8 年進行北斗溪的「締切」（河川截斷）工事，阻斷舊濁水溪進入濁水溪沖積扇的流路，基本上已確保沖積扇彰化縣部分居民的安全。接著又陸續從二水附近至出海口間的濁水溪河段興建一連串的堤防。隨著河川工事漸次完成，氾濫原上的浮覆地於焉出現。[47]

　　而總督府所進行的護岸工程，堤防的興築，完全徵用民力，凡是住在溪水氾濫區之內的居民，都必須參加義務勞動。修築期間，每天晚上甲長至保正家開會，宣布明天徵調之人數。每戶出丁一人，也可請人代工。每人分配三尺長的堤防，自備鋤頭、畚箕、扁擔去挑土挖土，築到官廳指定的高度。大正年間築起的堤防還只是土堤，堤上長滿青草，溪邊堤上青草茂盛之處，是放牧牛羊的好地方，但是官方禁止人們在堤上放牧，因為草長根深能保持水土，有護堤作用。[48]迄大正 10（1921）年，濁水溪護岸堤防完成。堤防築起後，溪底於焉浮現，計得浮復地 3,591 甲多。[49]此後濁水溪在堤防的約束下，由溪洲、西螺一路出海，不再氾濫成災。

　　（2）沙山

　　由於臺灣河川屬於荒溪型，冬季時經常乾涸，露出河床。前述經過氾濫堆積在河中或兩岸的細沙，每到冬季時，便藉由東北季風吹送到河川南岸堆積，形成「飛沙地」及沙害地，統稱之為「沙山」。主要分布在舊濁水溪南岸的二林地方。[50]沙山地區的土地開發與防砂工事的進行有密切關聯。二林地區的防砂事業始自 1900 年，迄 1915 年時，施行面積已達 2,800 甲步餘，投入經費約四萬圓。

　　2.官方的加持

　　總督府除了興辦公共工程以增加原野地外，為鼓勵個人或會社投入

47 施添福總編纂、陳國川等編纂，《臺灣地名辭書卷十一・彰化縣（上）》，頁 52-3。
48 張素玢，《臺灣的日本農業移民》（臺北：國史館，2001），頁 176-177。
49 張素玢，《歷史視野中的地方發展與變遷──濁水溪畔的二水、北斗、二林》，頁 199。
50 施添福總編纂、陳國川等編纂，《臺灣地名辭書卷十一・彰化縣（上）》，頁 37。

原野地的墾殖，也曾先後頒佈數項法規，做為法源。其中最重要的法令為「糖業獎勵規則」及「臺灣官有森林原野豫約賣渡規則」。前者頒布於 1902 年，是獎勵、補助糖業的重要準則，其中第三條規定「為種植甘蔗而開墾官有地者，得以無償租借；待全部開墾完成後，無償賦予其業主權」；後者於 1911 年頒布，是土地調查進行後，個人或社會開墾官有原野的最重要依據。其中第二條規定：「豫約賣渡土地面積限制，其開墾工作田、畑使用者，百甲以內；供畜牧使用或造林使用者，五百甲以內」。[51]為日本資本家開啟進入本區域墾殖的契機。

在河川工事進行期間，已有日本資本家愛久澤直哉開始申請預約賣渡，迨工事完成後，臺灣製麻會社等大資本也陸續加入，參與本地區的開墾。[52]據大正 6 年的調查，濁水溪 164 甲農田年收穫 1,159,929 圓，地價 3,852,072 圓；到了昭和 2 年（1927）收穫增加到 3,107,224 圓，地價提高到 6,941,408 圓。[53]十年之間，收穫量提高了 1.68 倍，地價也提高了將近一倍。而隨著防砂工事的成果逐漸浮現，1905 年以後開始有零星開墾者進入沙山地區從事開墾。由於缺乏水源，土地利用幾乎全為畑地。沙山地區依「糖業獎勵規則」開墾的土地，其取得業主權者多為臺籍人士，而依照「臺灣官有森林原野豫約賣渡規則」所開發的土地，幾乎全屬於愛久澤直哉名下。[54]愛久澤直哉的經營模式，是在此設立三五公司源成農場，以經營農場方式，招小作人（佃農）開墾土地，農場與小作人訂立贌耕契約，規定「今回○○○荷蒙貴農場允准贌過左開土地，以後當確守貴農場所定規程各條項，專心一意從事耕作，如有違背，乞照規程處置，不敢異議。口恐無憑，立此證書，付執為照」。[55]

據 2005 年彰化縣文化局的調查，三五公司在本區域內的農地共有七個地段，分別為丈八斗（二林鎮西斗里、原斗里）、漏磋（二林鎮復

[51] 施添福總編纂、陳國川等編纂，《臺灣地名辭書卷十一•彰化縣（上）》，頁 37-39。

[52] 施添福總編纂、陳國川等編纂，《臺灣地名辭書卷十一•彰化縣（上）》，頁 53-4。

[53] 張素玢，《歷史視野中的地方發展與變遷—濁水溪畔的二水、北斗、二林—》（臺北：學生書局，2004），頁 58-59。

[54] 施添福總編纂、陳國川等編纂，《臺灣地名辭書卷十一•彰化縣（上）》，頁 47。

[55] 施添福總編纂、陳國川等編纂，《臺灣地名辭書卷十一•彰化縣（上）》，頁 49。

豐里、東華里）、後厝（二林鎮後厝里）、犁頭厝（二林鎮東興里）、五
庄仔（竹塘鄉五庄村）、面前厝（竹塘鄉小西村、民靖村）、大湖厝（埤
頭鄉大湖村）等七處，面積約 2,206 公頃。[56]對照前面表 5 及表 8，這幾
個地區也正是日治時期本區域新廣東人增加最多的地區，足見三五公司
對於本地族群分布具有相當的影響力。

　　而三五公司成立之後，原先是回日本雇請日人來臺耕作，但因水土
不服，又難耐離鄉背景之苦，不久之後紛紛求去。因此把腦筋動到新竹
州的客家人，之所以雇請客家人的原因，據說是看上這個族群「有勤勞、
簡樸的精神，工作任勞任怨，待人忠實，誠懇又講義氣」。[57]據筆者在
2010 年的調查訪問，二林鎮行政課葉添發課長提到：聽老人家說，此
地的客家人皆是再移民而來，原因是農場設立後，日本資方認為本地的
福佬人太「九怪」，不符管教，所以招徠客家人，每幾戶給一隻耕牛、
一臺牛車，讓他們開墾，多數客家人都是那時候來的。[58]

　　除了農場有計畫的招募之外，新竹州的粵籍移民也有不少是以個人
的身分南下此區域開墾的。不過這些粵籍移民如何得知此處有新土地可
供開墾？以往似乎較少人提及。據筆者調查二林鎮的張上吉先生提到：
由於臺灣南北的稻子成熟時間不一，許多北部客家人除了耕種自身的土
地之外，也會組成割稻團，到臺灣南北各地從事助割的工作賺取工資；
而為了獲知各地稻穀成熟的時間，會在各村莊放哨，一旦當地要割稻，
便去承包。由於這一層因素，而獲知本區域有新成的土地，遂逐漸輾轉
南下。[59]

　　但新竹州移民南下時，是採取各別移民先行，即先有人打前鋒，前
來開墾，每年仍來回於新竹、彰化之間，待開墾漸穩固之後，才毅然舉
家南遷。前面的提到的張上吉先生，當年即是由祖父先前來開墾三、四
年，稍具規模之後才攜全家南下。另外，筆者曾協助北斗新生里的吳氏

---

[56] 彰化縣文化局，《彰化縣客家族群調查》（彰化：彰化縣文化局，2005），頁 286。
[57] 彰化縣文化局，《彰化縣客家族群調查》（彰化：彰化縣文化局，2005），頁 287。
[58] 葉添發報導，許世融訪問，2010.8.30。
[59] 張上吉報導，許世融訪問，2010.8.30。

家族調查其家族的遷移過程，大致可以劃分為兩個階段：第一階段從18世紀中葉來臺，迄1934年以後移居北斗為止，這時期並未有固定的開墾地區，家族展轉遷徙於桃竹苗一帶；第二個階段起自1934年，來臺第五代的吳新鏡首先南下北斗踏查，其後文光繼之。吳文光來到了北斗「溪底」開始艱辛的拓墾。由於廢河道地質惡劣（俗稱「坔」，即鬆爛多水），腳踩在田裡往往沒到大腿，插秧後秧苗沉稻田裡是常有的事，表土雖坔，底下却全是沙子及大小石頭，經過不斷的農田改良，開鑿排水溝渠，終將一片惡地墾為良田。全盛時期，吳氏家族在北斗地區共拓墾30幾甲地，戰後後經公地放領，終於有了屬於自己的土地。[60]

此外，總督府也透過移民村的設置來開墾此地的土地，其中在芳苑鄉漢寶地區有秋津以及八洲兩移民村，設置的時間主要在昭和7年（1932）以後，而1934年的國勢調查中，漢寶園便多出了134名的廣東人，故移民村的設置雖以日本人為對象，但對於廣東人移入本區域亦有推波助瀾之效。[61]

3.行政控制力的介入

1901年的街庄區劃，讓清代以來的自然村整併，因而11月以後的街庄，看不出原有的族群特性，且少數族群則容易受到多數族群的影響而逐漸失去其原有的族群屬性，同化於強勢族群。舉例而言：二林上堡的挖子庄，係由1901年11月以前的挖子、打銅、番社三個庄合併而成。三個庄中，挖子、打銅都是純粹泉州人的庄，唯獨番社庄的熟蕃佔了65%，但是一經合併之後的挖子庄，在統計數字上變成了是個泉州為主的庄，番社庄中的大突社遂在統計數字中遭到了「稀釋」。又如北斗庄是由北斗庄與中圳仔庄合併而成。前者是純泉的庄（771人，100%），後者則是純漳的庄（325人，100%），但是合併之後的北斗庄，則成了

---

[60] 許世融、吳明忠，〈客籍人士的再移民——以濁水溪北永定吳氏家族為例〉，「語言分布與族群遷徙工作坊」會議論文（臺中：國立臺中教育大學臺灣語文學系主辦，2008），頁3-4。

[61] 有關移民村的問題，參閱張素玢，《臺灣的日本農業移民－以官營移民為中心》（臺北：國史館，2001）。

一個泉人佔多數的庄，原來在中圳仔庄的純漳聚落也被沖淡了。

五、結論

　　清朝統治臺灣時期，統治者從不曾對其下子民從事全面而完整的人口調查或語言調查，關於族群的分布狀況，多半出諸於感性（或隨性）的觀察結果，諸如「按全臺大勢，漳、泉之民居十分之六七，廣民在三四之間。以南北論，則北淡水、南鳳山多廣民，諸、彰二邑多閩戶；以內外論，則近海屬漳、泉之土著，近山多廣東之客莊」；[62]「臺灣大勢，海口多泉，內山多漳，再入與生番毗連則為粵籍人」等。[63]

　　直到十九世紀末日本領臺之後，臺灣的族群分布概況，開始有較為清晰的面貌。殖民政府對於臺灣族群的了解，始於領臺的第二年。最初是出於同化的需要，由總督府學務部長伊澤修二所發動，目的在了解臺灣的住民特質，以便進行教育工作。原先調查的對象為臺灣的廣東（客家）族群。明治 29（1896）年 11 月 27 日，伊澤以「學第六三三號」發函給臺南縣知事磯貝靜藏：

　　本島的土人有許多從中國大陸泉漳二州移居，但也有來自廣東地方者。其言語風習各異，終究難施行同一教育。若廣東人在本島居多數的地區，將來國語學校學生及講習員等有必要以廣東語來教導之。[64]

　　其後也擴及熟蕃、化蕃、生蕃等。不過因為當時總督府對於臺島的控制力有限，這些調查並未全面實行，各地回報的成果參差不齊。例如彰化支廳對於廣東人的調查，僅列出了馬芝堡、線東堡、燕霧下堡、武東堡、武西堡等，至於本研究區內的該族群資料則付之闕如。熟蕃的部份，也僅有臺中廳範圍內的揀東上堡（岸裡大社）之調查數據。

　　1900 年底總督府展開一項擴及全臺所有族群的調查工作，歷時約

---

[62] 鄭光策，〈上福節相論臺事書〉，《清經世文編選錄》，文叢 229，頁 17。

[63] 林豪，《東瀛紀事》，文叢 8，頁 16。

[64] 「廣東人種取調ノ件(元臺南縣)」內第 1113 號、學第 633 號，臺灣總督府公文類纂，明治 29（1896）年 12 月 2 口。

半年完成，但最後結果並未出版，推測主要原因是調查完畢不久，行政區劃重整，使這份資料用在施政上的參考價值大減；不過 1905 年起所展開的臨時戶口調查，種族也一直是重要的調查項目之一，因此留下了 30 年六次珍貴的統計數字；1926 年，總督府又展開了一個在籍漢民族鄉貫別調查，遍查當時在臺漢人的原鄉所在，只是這個調查的動機為何？如何進行？隨著這份資料在昭和 13 年廢棄，恐怕不易解答。

　　本文利用上述的資料，嘗試勾勒出廿世紀上半新舊濁水溪間的族群分布概況。在前述的三份資料中，在籍漢民族鄉貫別調查是最常受引用的資料，其優點是可以看出大區域的分布趨勢，也提供了各個民系的統計數據，可輕易換算其所佔比例，但因為是以街庄為統計單位，加上人數只計到百人，不免造成失真；且統計時間在 1926 年，距離日本統治已歷 30 年，隨著社會經濟環境改變，族群分布狀況應已有所改變。歷年國勢調查資料，是透過全面性的普查，以大字（1920 年以前稱為街庄）為統計單位，結果相對準確；每五年有一筆數據，便於從事長時期的觀察；且族群項目包含前者所無的生蕃、熟蕃。只是在漢人族群方面，僅大別為福建人、廣東人，對於想要從事更細微的族群分布探討，諸如漳州泉州，乃至於在臺灣移民上也不容忽視的福州人，似乎未能提供任何幫助。本文所使用的第三份資料，是目前較少人使用的 1901 年族群調查資料。這份資料調查時間，正是清朝統治結束後不久，相當能夠反應清末時期的族群分布概況。不過因為統計的項目不一，且是人工抄寫，計算錯誤的地方不少，再加上所使用的是 1901 年 11 月以前的街庄界，須先加以「解碼」才有辦法利用。

　　本文藉由上述三份資料觀察到日治初期新舊濁水溪間的族群分布特色：廣東人以竹塘地區的新濁水溪（西螺溪）沿岸為據點向外擴散，漳州人除了二水之外，泰半環繞在廣東人的外圍，介乎泉、廣之間；至於人數最多的泉州人則分布在本區域的最外圈，將漳州人以及廣東人包覆其中。同時在此時仍可見到人數相對較多的原住民聚落以及純廣東人街庄，但此後僅存的原住民街庄消失，純廣東人街庄也為福建人所沖淡。與此同時，卻又有幾個地區的廣東人持續增加，並佔有不低的比例。

這顯示本區域的族群發展概況，一方面有原住廣東人及南島民族的日漸「福建化」，另一方面也相當多的廣東人從外地（主要是新竹州）移入本區域。至於族群變化的原因，本文指出傳統因素的遺留（如較早入墾者、械鬥等）、語言洪水論（熟蕃、廣東人淹沒在漳泉的強勢語言中），以及統治者的權力運作（如堤防整建、栽種防風林、特許經營、行政區域整併等）。

透過 1901 年到 1935 年的調查，可以看到廿世紀上半新舊濁水溪間的族群分佈始終以福建人為主，廣東人居次，至於西部平埔族則難尋其蹤跡，僅存者，在語言上已經完全「福建化」。福建人方面，不論是根據 1901 或 1926 年的調查，都以泉州人較佔優勢，從沿海的大城、芳苑，向內陸沿著舊濁水溪南岸延伸到埤頭北部以及北斗、溪州等地，比對近年的語言調查，這樣的態勢並無多大改變。廣東人的部分較為複雜，日治以前便定居此地者，至少在日治初期語言已「福建化」。目前在此地人數較多的廣東人聚落，除了竹塘以及二林的少數地區外，多半都是日治時期二次移民者。

然則，國勢調查或族群調查，對於理解族群史而言，仍有不少力有未逮之處，其中之一即所謂「福佬客」的問題，這部份的問題相對複雜，有些福佬客是在原鄉就已經福佬化，有的則是渡臺之後經過混居而福佬化，甚至有些住在閩客交界地帶者原本即慣常使用兩種語言。這個議題在 1970 年代許嘉明即曾提及，[65] 2005 年彰化縣文化局所出版的客家族群調查當中也利用相關的家族資料嘗試重新建構其來源及分布。[66]不過若想要釐清本區域「福佬客」的相關分布與變遷，除了利用既有的調查統計資料比對之外，有待將來結合地理、語言學者的進一步探究。

---

[65] 許嘉明，〈彰化平原福佬客的地域組織〉，《中央研究院民族學研究所集刊》第 36 期（1973）年，頁 165-190。

[66] 彰化縣文化局，《彰化縣客家族群調查》，頁 141-160。

附圖

附圖 1　小川尚義（1907）〈臺灣言語分布圖〉

資料來源：臺灣總督府民政部總務局學務課編，《日臺大辭典》（東京：大日本圖書株式會社，1907 年）卷首附圖。感謝洪惟仁教授提供。

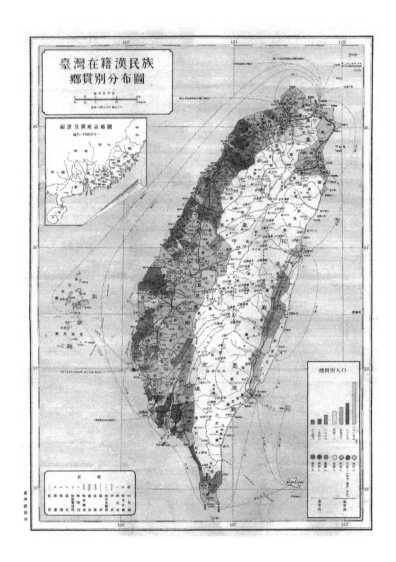

附圖2　1928年臺灣在籍漢民族鄉貫別分布圖

資料來源：臺灣總督官房調查課，《臺灣在籍漢民族鄉貫別調查》附圖

20世紀上半臺中地區閩客族群的分布——
幾種日治時期種族祖籍調查的分析比較
The Hoklo and Hakka Ethnic Distribution in the Taichung Area During the Japanese Governance: An Analysis Comparison of Several Native Place Investigations from 1901-1935

摘要
Abstract

　　清朝治臺後，漢人大量進入臺中地區開墾，由於入墾先後順序以及械鬥等因素影響，逐漸形成「泉人近海、漳人居中、客人居內」的面貌，本文利用日治時期的調查統計資料，檢證了這種分布的正確性，同時藉由連續性的族群分布圖比較得知，20世紀上半臺中地區的閩客分布相當穩定且涇渭分明：介於大安溪到大肚溪間的沿海地帶，以及臺中盆地中心地區是福老優勢區，東邊近山區蕃界則是客家優勢，整個區域被一條無形的閩客交界線從西北斜向東南劃開。以今天的行政區域來看，大臺中市的東勢、新社、石岡屬客家優勢區，此區域左側的太平、北屯、豐原、后里、外埔是閩客間緩衝地帶，閩客交界線大致從這幾個鄉鎮市中央穿過，向北連接濱海的苗栗縣苑裡鎮，向南則與南投國姓的客家優勢區相連，以迄於山邊。本研究同時也發現在臺中盆地東緣地區，祖籍調查與國勢調查呈現不一致的結果。筆者推論，這應當與移民的雙重族群屬性有關。原鄉來自漳州及潮州者，原本即有同時操持閩客語者；而日治時期的調查，或因各調查的分類不一，或因調查者不易理解這種原鄉位於閩客交會區的族群歸屬，遂造成調查資料上的混淆。惟日治中期以後，盆地東緣移民已完全福老化，以致近代語言學者在此處的調查，將其完全劃入漳州腔優勢區。

After the Qing Dynasty took over the administration of Taiwan, numerous Hans moved into the Taichung Basin. It gradually became common that Quanzhou people lived near   the sea, the Zhangzhou people dwelled in the middle, and the Hakka people resided close to the mountains. The author utilizes the investigated statistic data of the Japanese occupation and examines the validity of the distribution data. It has been discovered that there are several inconsistencies regarding the east edge of the Taichung Basin. It can be inferred that it may be related to the dual community attributes of Zhangzhou immigrants which included the Zhangzhou Hoklo and Zhangzhou Hakka. The investigation of the year 1901 used the classification of native places. The Zhangzhou Hakka were classified as Hoklo. Afterwards, the household surveys mainly classified Min and Hakka. Therefore, the Zhangzhou Hakka was classified into the Hakka group. At the same time, the Zhangzhou Hakka was completely acculturated by Holo during the mid period of Japanese occupation. Consequently, contemporary linguistic scholars classify it into the priority area of Zhangzhou dialect when they conduct research in the area.

關鍵詞：臺中盆地、漳州客、閩客交界地帶、鄉貫調查

Keywords: Taichung Basin, Zhangzhou Hakka, border zones between Hoklo and Hakka, native place investigation

一、前言

　　臺中地區位居全臺中間，清代以來入墾的漢移民，途徑相當分歧，方向上分別有來自南北及西邊者；移入途徑則有水路及陸路。同時因為有武官參與墾殖工作，使得其漢人開發歷史備受矚目，連帶的族群分布概況也成為研究焦點之一。如果以宏觀角度來觀察，臺中正位於全臺最集中的客家區與福老區交會處，兩大族群在中部地區，由一條起自苑裡海邊，逐漸斜往東南山區的「閩客交界線」一分為二。同時中部地區又被認為是全臺械鬥最為劇烈之地，其中又以揀東上堡為最，[1]族群分布的變動頻繁當可理解。不過較少人注意的是到了 20 世紀日人治臺後，這樣頻繁的變動是否仍持續？或者已進入穩定狀態？舉例言之，日治時期的語言學者小川尚義，同時參與過「臺灣言語分布圖」和「臺灣在籍漢民族鄉貫別分布圖」這兩張重要地圖的繪製，但臺中盆地東緣所呈現的結果卻大相逕庭（詳後），是因兩圖相隔 25 年所造成的族群變動？抑或是製圖時間的認知差異？

　　再者，日治時期以來對於臺灣的族群分類，多分為漳、泉、粵，甚至僅大別為福老、客家。當時的相關調查，幾乎都是秉此而行，但部分臺灣移民的原鄉地區，其族群屬性頗複雜，不乏同時操兩種語言者，在日治時期的簡單分類下，是否容易造成判讀上的困難？

　　有關臺中地區的調查研究，早在日治初期，臺中的地方首長即曾受命於總督府而完成〈臺中地方移住民史〉、〈臺中縣下移民調查書〉等報告（詳後）。戰後初期，劉枝萬自行刊刻印製了《臺中彰化史話》，惟係手書油印本，且發行量僅有百部，流傳不廣。[2]晚近研究有：洪麗完〈大安、大肚兩溪間拓墾史研究（一六八三～一八七四）〉將臺中地區區分為海岸平原、大肚臺地、后里臺地、臺中盆地、東方丘陵地帶等，分區

1　臺灣慣習研究會原著，臺灣省文獻委員會譯編，《臺灣慣習記事（中譯本）第一卷上》（南投：臺灣省文獻委員會，1984 年 6 月），頁 178-9。

2　劉枝萬，《臺中彰化史話》（出版地不詳：手抄油印本，1951 年）。

探討其開墾過程,同時也探究械鬥等因素對於族群分布造成的影響。[3]溫振華探討清代臺灣中部的開發與社會變遷,空間範圍南起虎尾溪,北到大甲溪,涵蓋本區域漢人的土地開墾方式、墾首類型,聚落街市的興起,以及漢人入墾之後對土著社會的衝擊,乃至不同祖籍漢人社會間的整合等議題。[4]孟祥瀚從藍張興庄的拓墾事業切入,探討其對臺中盆地發展的影響,由於在臺武員私置田產,自立墾號越墾界外土地,挑戰清初對臺之海禁與山禁政策,私下包庇偷渡墾民來臺,違法越界私墾等問題。而藍張興庄墾業最為發達的階段,也正是臺中盆地的拓墾最盛之際。聚落沿著盆地內溪流二側分布,往來道路也大致沿溪流南北而行,形成數條南北走向的路徑,南以犁頭店街作為連通烏日、彰化的孔道,北則沿筏仔溪、土庫溪與柳川等連接岸裡社。另外犁頭店街與大墩街之間則形成盆地內東西向的路徑,作為盆地內橫向連線的管道。[5]

這些先行研究多半已提出相當有說服力的論點,解答了甚多臺中開發史與族群分布的問題。但一來多半聚焦於清領時期;二來除了較晚出版的孟文已開始利用地理資訊系統(GIS)套疊不同時期的歷史地圖,使讀者更容易認知時間與空間整合的關聯性外,洪文與溫文完成較早,受限於當時學術環境,圖像多以手繪,較難表現出清晰的空間差異,且探究臺中地區族群分布概況皆利用 1926 年「臺灣在籍漢民族鄉貫別調查」,早於此調查前,時程上更接近清代的日治調查資料未能進一步加以整合比較。

綜上,本文的目的之一,是希望在既有的研究基礎之上,進一步利用新的技術,將日治各不同時期的族群人口調查數字一一轉化為空間圖像,以看出 20 世紀上半臺中地區的族群變化情形;其次則為部分看似矛盾的調查數字嘗試找出一個可能的解釋。

需要先提出說明的是:儘管日本在領臺以前即有部分官員注意到臺

---

[3] 本文主要由洪麗完之碩士論文精煉而成,參見洪麗完〈大安、大肚兩溪間拓墾史研究(一六八三～一八七四)〉,《臺灣文獻》43:3(1992 年),頁 165-259;《清代臺中開發之研究(1683～1874)》,(臺中:東海大學歷史所碩論,1985 年)。

[4] 溫振華,〈清代臺灣中部的開發與社會變遷〉,《師大歷史學報》11(1983 年),頁 43-95。

[5] 孟祥瀚,〈藍張興庄與清代臺中盆地的拓墾〉,《興大歷史學報》17(2006 年),頁 395-430。

灣有稱為「客家（ハカー）」的種族，初期總督府也有意將這個習自西方傳教士建構的 Hakka（喀家、客家）名稱帶進島內，用以指涉土人以外的另一漢移民族群，不過 1897 年進行一項關於本島「喀家族」的調查後，發現此稱呼在臺幾乎很少被用到；同時原先認定的客家包含廣東及廣西人，但調查結果廣西人卻出奇的少，這帶給當時治臺官員一個印象：所謂的 Hakka（喀家、客家）專指廣東人，民間多稱為客人。既然臺人對客家之名稱如此生疏，實際客家人又以廣東人居多，那麼官方用語何妨就以「廣東人」名之。[6]因而在日治時代的相關調查中，除了 1926 年的「臺灣在籍漢民族鄉貫別調查」是以清代以來漢移民的祖籍地為調查單位外，其餘如國勢調查中的「福建人」、「廣東人」實與其祖籍地無絕對關聯，毋寧較接近吾人所認知的「福老人、客家人」或「閩、客」之分野。[7]下文為行文方便，偶有「福建人」、「廣東人」與「福老人、客家人」混用情形，不再贅述。

二、族群調查中的閩客分布概況

（一）1926 年「臺灣在籍漢民族鄉貫別調查」

　　日治時期最為學界熟知的漢人祖籍調查，便是 1926 年「臺灣在籍漢民族鄉貫別調查」。這是日治時代正式出版品中，唯一對臺灣漢族祖籍調查的詳細資料，昭和 3 年（1928）由臺灣總督府構內的臺灣時報發

---

6 詳見許世融著，〈殖民政府的「第一客」——1897 年總督府初次客家調查與日治時期客家認識的關聯性〉，「第八屆臺灣文化國際學術研討會（長榮大學場）」（2013.09.07），長榮大學臺灣研究所。本文已收錄於林淑慧主編，《時空流轉：文學景觀、文化翻譯與語言接觸 第八屆臺灣文化國際學術研討會論文集》，將於 2014 年 4 月由臺北萬卷樓圖書公司發行。另參考施添福，〈從「客家」到客家：一個族群稱謂的歷史性與地域性分析〉、〈從「客家」到客家（二）：客家稱謂的出現、傳播與蛻變〉，《第三屆「族群、歷史與地域社會」學術研討會論文》（臺北：中央研究院臺灣史研究所，2011 年）。

7 關於此說法，葉高華已有初步討論。參見氏著，〈再探福建 - 廣東與福佬 - 客家的關係〉，收錄在臺灣語言文化與族群遷徙工作坊、臺灣師範大學地理學系主辦，《「第九屆語言文化分佈與族群遷徙工作坊（2012 臺灣師大場）」會議論文集》（臺北：師大地理系，2012 年），頁 4-1~4-10。

行所發行。依〈凡例〉的說明，本書為臺灣總督官房調查課所撰，所載人口資料是根據昭和元年（1926）12 月末的調查。這份調查將臺灣漢族祖籍按清代行政區域分為福建省與廣東省，福建省下分泉州府（安溪、同安、三邑）、漳州府、汀州府、龍巖州、福州府、興化府、永春州；廣東省分為潮州府、嘉應州、惠州府等。至於調查單位則依當時的行政區劃，即州、廳，下分郡、市或支廳，再下則分街、庄或區，每一個行政層級及行政區域都詳細統計各個鄉貫，人口數以「百人」為單位，百人以下就不記錄了。

　　該調查中關於本區的概況，前述洪麗完及溫振華的相關論文皆已有提及，大抵泉州府占 37.68%、漳州府占 34.43%、廣東潮、嘉、惠三州占 19.82%。[8]原書所附圖由於缺乏明顯的行政區域界線，辨識不易，筆者將統計表簡化為漳、泉、廣三籍，重新繪製各街庄優勢族群圖如下：（圖 1）

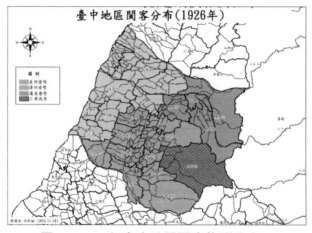

圖 1　1926 年臺中地區閩客族群分布

資料來源：1.統計數字：臺灣總督官房調查課，《臺灣在籍漢民族鄉貫別調查》（臺北：臺灣時報發行所，1928），頁 14-17。2.圖層來源：中央研究院，《臺灣歷史文化地圖系統》第一版，2003 年 9 月。

（http://thcts.sinica.edu.tw/tctsweb/theme.php?axl=adminarea_j7.axl）（以下同）

---

[8] 不過洪麗完在文中表 3-1，將外埔庄的順序排錯，該庄應該以廣東潮、嘉、惠三州（38.7%）居第一而非同安（32.8%），參閱氏著，〈大安、大肚兩溪間拓墾史研究（一六八三～一八七四）〉，《臺灣文獻》43：3（1992 年），頁 179；溫振華，〈清代臺灣中部的開發與社會變遷〉，《師大歷史學報》11（1983 年），頁 48-58。

　　本圖由於是以街庄為調查層級，因而各街庄呈現出的族群屬性頗為鮮明：西部海岸及盆地北部的大甲、大安、清水、外埔、內埔、神岡、沙鹿、梧棲、龍井等街庄為泉州優勢；臺中盆地的大雅、潭子、大肚、北屯、西屯、南屯、臺中、大里等街庄市為漳州優勢；盆地東北丘陵的石岡、豐原、東勢、新社等街庄為廣東優勢，至於東南隅和南投山區相連的大平庄雖有相對多數的漳州移民，也僅佔32%，原繪圖者小川尚義將其歸入漳州優勢區，筆者則修正為混居區域。[9]

　　這個移民分布圖像大抵無誤，只是1926年的調查，其人口數以百人為單位，可能產生統計上的失誤；加上統計最基本行政區域為街庄，相當於今日的鄉鎮區，使得族群分布與行政區域似乎重疊，過於壁壘分明。和另一份祖籍調查所繪製的圖相比對，將可看出其間的差異。

（二）1901年「關於本島發達沿革調查」

　　「臺灣在籍漢民族鄉貫別調查」展開前，總督府也曾在統治邁入第五年時進行過一次「關於本島發達沿革調查」，雖有部分地區統計數字不完整，惟多半屬於土地測量時的「調查區域外」，由於當時臺中並無上述區域，因此僅遺漏了揀東下堡下石碑庄（今臺中市西屯區大石、大河、大鵬、大福等里），其餘資料皆甚完整。這份調查資料後來沒有公開出版，而保存在《臺灣總督府公文類纂》中。不過臺中縣（涵蓋今日苗栗、臺中、南投、彰化、雲林等縣市）的部份，曾在明治34年12月23日發行的《臺灣慣習記事》第一卷下第十二號，以及明治35年2月23日發行的第二卷第二號中刊載，文末還刊載了以辨務署為單位的調查簡表，並註明調查時間為明治34年10月，正與臺中縣上繳時間相一致。[10]另外，在此之前有一篇由關口隆正（按：原文初誤為關口正隆）

---

[9] 小川尚義原圖所採用的優勢為相對優勢，故將大平庄歸入漳州優勢區；本文則採取絕對優勢，該行政區域若無超過50%之族群則列為「混合區」，以下所繪圖皆採此原則，不再重複贅註。

[10] 臺灣慣習研究會原著，臺灣省文獻委員會譯編，《臺灣慣習記事（中譯本）第一卷下》（南投：臺灣省文獻委員會，1984年6月），頁225-232、《臺灣慣習記事（中譯本）第二卷上》（南投：臺灣省文獻委員會，1986年6月），頁49-57。

所寫的〈臺中地方移住民史〉，其文章前的小引文提到：「本篇乃關口臺中辨務署長，奉命調查的報告，今經他同意轉載，期對該地方移住民之狀況有助了解」。[11]這一篇〈臺中地方移住民史〉出版時間為明治34年6月份，略早於臺中縣繳交調查報告的時間；所列項目與前述總督府要求調查的項目若合符節，細察兩份報告內容，在第四、第五及第八項有不少雷同之處，且慣習記事所刊載的關口隆正報告較公文類纂更為詳盡；不過除此三項之外，兩篇報告幾乎是大相逕庭，推測有可能是臺中辨務署長呈繳給臺中縣知事的調查報告，但最後臺中縣知事並未完全採納。[12]

　　總督府要求各地方進行調查時，並未明確規範調查的祖籍或族群種類，所以各地所列族群調查項目不盡相同。共同被提到的祖籍或族群是「泉州」、「漳州」及「廣東」三者；「熟蕃」除澎湖之外，在臺灣本島也全部都有。換言之，各地方機構在調查時最常見的是分為泉州、漳州、廣東、熟蕃四類。其次是屬於福建的福州人及興化人；再次是汀州人，在嘉義以北的統計表中皆可以見到；比較有問題的是潮州人，僅出現在臺北縣以及嘉義廳的調查表中，推測其他地區可能併入廣東人的調查項下。此外，個別地區還出現湖南、河南、江蘇、北京等的移民，有的地區調查項目甚至多達18種。雖然其對於族群的界定不若1926年的鄉貫調查嚴謹，但在探討漳泉、閩客，以及日治初期熟蕃的分布等相關議題上，具有重要的參考價值，且因調查時間較早，其所呈現的族群分布，當更接近清代（至少是晚清時期）漢人移民來臺的面貌。

　　筆者根據這份1901年調查的統計資料，將其與1904年的「臺灣堡圖」街庄對接之後，繪製成1901年臺中地區閩客分布圖如下：[13]

---

[11] 同註1，頁175。

[12] 同註1，頁175-183、同註10，頁1-8、45-49，「本島發達ニ關スル沿革調查ノ件」（二冊ノ一），《臺灣總督府公文類纂》冊號781，頁111-139。

[13] 有關本調查的相關經過、內容以及族群分布圖繪製方式，請參閱拙著，〈臺灣最早的漢人祖籍別與族群分布：1901年「關於本島發達之沿革調查」統計資料的圖像化〉，《地理研究》59期（臺北：國立臺灣師範大學地理學系，2013年11月），頁91-126。

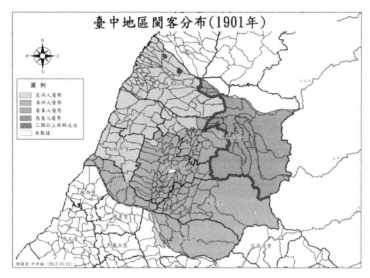

圖 2　1901 年臺中地區閩客族群分布

資料來源：臺中縣，「街庄社居住民族調查表」，《臺灣總督府公文類纂》781 冊，頁 140-154。

（三）兩張祖籍調查圖的移民分布態勢及其成因

　　乍見之下，圖 1 及圖 2 極為神似，如果不是筆者將 1926 年的大平庄修正為混合區，兩者相似度將更高。這說明了這兩個在不同時間，以不同空間尺度調查的祖籍資料，多數地區具有相當高的可信度，恰如其分的反映臺中地區 20 世紀上半，甚至清末以來移民的分布狀態：「泉人近海、漳人居中、客人居內」——海岸平原與大肚臺地以泉籍為主，尤以三邑人為多，漳籍分布在臺中盆地、貓羅以東地帶；粵籍除少數聚居於今日神岡豐原一帶平原，多數分布在臺中盆地以東的丘陵近山地區。[14]

　　這樣的族群分布圖像如何產生？入墾順序，亦即「先來後到」應當具有不小的影響力。本區漢人移墾殆始自大肚上中下堡，其次為沿北方大甲溪進而至揀東上下二堡，再沿南方大肚溪及至貓羅堡溪西，更進入

---

[14] 洪麗完，〈大安、大肚兩溪間拓墾史研究（一六八三～一八七四）〉，《臺灣文獻》43：3（1992 年），頁 180。

貓羅堡溪東；而藍興堡則是由西南北三面包圍壓迫，最後才進行開發。[15]大
致說來，西海岸平原以地利之便，首先開拓，尤其河口港及沿河易於取
水之濱河地帶，係移民較早落腳之地，開發最早；大肚臺地西坡為一斷
層崖，順此斷層線湧出豐富泉水，亦為移民選擇建立聚落之最佳地點；
后里臺地缺乏水源，開墾稍晚；臺中盆地土壤肥沃，康熙年間即有移民
入墾；盆地東方丘陵地帶墾成年代較晚。[16]至於移入途徑可分為水路及
陸路，水路主要有鹿仔港、大安港、塗葛崛港（今龍井鄉麗水村）、梧
棲港、土地公港、腳踏港、蓬山港、草港、水裡港等，尤其乾隆 49 年
（1784）正式開港的鹿仔港，更是本區移民登陸的主要地點；陸路方面，
南北通衢大路，往北可通淡水，往南可抵嘉義，為移民由南部地方進入
本地區所依主要陸路交通。[17]進一步細分，由泉州、漳州來者大部分由
鹿港登陸，乾隆 49 年（1784）鹿港置海防同知以後從該港者多，其他
亦有由後壠者，又有由臺南縣安平港者，主要是由中部登陸，漸次向他
處尋求發展。粵人則反是，直接登陸臺灣中部者極為稀少，其大部分由
鳳山方面登陸，而漸次北遷至中部。[18]

　　基於前述的開墾順序與移民遷入方式，使得漳泉移民有可能較粵籍
移民早到而得以選擇海岸平原、盆地內、湧泉區等開墾相對容易之處。
根據有案可稽的先墾者祖籍與「圖 2」相對照，可以發現其中有不少地
方相當一致。大致說來，丘陵地區的石岡、東勢、新社等區，其分布圖
的族群屬性與先墾者的族群屬性吻合度最高，此外大甲、大安、龍井，
以及大肚、南屯、烏日、太平、外埔、后里等區的多數地方也相當一致，
不過臺中盆地的豐原、潭子、神岡、大雅，以及大肚溪流域的霧峰、大
里則有些誤差。（參見「附錄 1」及「圖 2」）

　　從個別小區域的觀察也可看出先來後到對族群分布的影響。《臺灣
土地慣行一斑》提到，大甲附近的開墾始於康熙 30 年（1691），漳州林

---

[15] 同註 1，頁 177。

[16] 同註 14，頁 168。

[17] 同註 14，頁 172。

[18] 臺中縣調查，〈臺中縣下移民調查書〉，臺灣慣習研究會原著，臺灣省文獻委員會譯編，《臺灣慣習記事（中譯本）第一卷下》（南投：臺灣省文獻委員會，1984 年 6 月），頁 225-226。

姓、澎湖張姓、廣東邱姓等各率其眾，由鹿港、香山各地登陸，在當時的九張犁庄、下大安庄、頂大安庄、打鐵庄、日南庄、三張犁庄構築茅屋，向大甲東西社給墾埔地，至康熙35年漸成村落。[19]而細究1901年的沿革調查，九張犁庄（336人、94.65%）、下大安庄（373人、100%）、頂大安庄（90人、100%）、三張犁庄（137、85.09%）、日南庄（261、83.65%）都是泉州人的優勢區；打鐵庄則是純粹的廣東人聚落（146、100%），至於漳州人雖未在上述街庄形成優勢，卻也具有一定比例的人口。又如苗栗三堡的土城庄（外埔區土城里）為閩粵合墾之處，[20] 1901年的沿革調查，該庄有泉州219（87.95%）、廣東30（12.05%），也與文獻所載符合。因此在日治初期普遍提到「閩人先來，佔沿海一帶之平地，粵人後到，則佔接中央山脈之地」的說法。[21]

　　先來後到之外，「械鬥」對於臺中地區族群分布造成影響，在日治初期的調查也可見到端倪。當時調查者認為全臺灣到處有械鬥，尤以中部最為劇烈；閩粵二族之所以東遷西移頻繁者，完全因為分類械鬥之結果而來。[22]《彰化縣志》記載本區於乾隆47（1782）、嘉慶11（1806）、14年曾有三次漳、泉之械鬥，道光6年（1826）5月起於葫蘆墩地方之閩、粵械鬥尤為慘烈，互相焚殺無法制止，遂延及大甲溪北。[23] 10年4月在本轄內又有歹徒散佈謠言，掀起族別械鬥，是時有東勢角之廣東人劉章仁者，看到地方紛爭不停，挺身而出，一方面勸導地方息爭，另方面請官府諭止，雙管齊下爭鬥始停。[24]此外，臺灣三次大民變中的林爽文及戴潮春出自中臺灣，而臺灣的民變也常常會轉成械鬥，這或許也是中部地區族群壁壘分明的因素之一。[25]太平天國戰爭爆發後，閩粵人民

---

[19] 臨時臺灣土地調查局編，《臺灣土地慣行一斑（第一編）》（臺北：臨時臺灣土地調查局，1905年），頁33。

[20] 同註14，頁197。

[21] 同註18。

[22] 同註1，頁178。

[23] 臺灣慣習研究會原著，臺灣省文獻委員會譯編，《臺灣慣習記事（中譯本）第一卷下》（南投：臺灣省文獻委員會，1984年6月），頁47。

[24] 同註1，頁178。

[25] 根據日治初期調查，臺中地區甚至連匪徒也以祖籍決定搶劫對象：大肚山之東方揀東下堡為

攜家眷至臺避亂，而移居中部地區各堡者甚多，此時移民更為增加，分類械鬥有增無已，如咸豐 4 年（1854）正月、9 年 9 月、10 年 9 月等。[26]

而臺中地區械鬥之頻繁，又以閩粵兩族雜居在該地最多的揀東上堡為最。清代文人吳子光便觀察到揀東上堡的閩粵兩族常因芝麻小事引起仇視，有時日有數起紛爭，官府不勝其煩，置之不理，遂成相互械鬥。不僅如此，漳人與泉人亦相鬥，甚至泉人與泉人亦有械鬥。而一旦械鬥則殺傷無數，甚至全家滅亡，仇恨加深，壁壘分明，往往官府亦不過問，此種惡習經過百餘年仍牢不可破。由於械鬥造成的族群調整如：牛罵頭地方，原為粵人所開拓，乾隆 51 年林爽文抗清事件後，原住此地的廣東人，移住至南坑庄、葫蘆墩、東勢角等地方；嘉慶 14 年械鬥，又有部分廣東人移至東勢角及苗栗各地；葫蘆墩、南坑庄、鐮仔坑口、茄荎角、軍功寮等地方，原有泉州居住，但因道光 24 年及咸豐 3 年兩次械鬥後遷至北庄、神岡庄（揀東上堡），而此二庄之粵人也遷去東勢角及葫蘆墩。[27]

苗栗三堡開發先於苗栗一、二堡，康熙 45 年（1706）粵人先來，首開打鐵庄附近，雍正初年（1723）閩人由臺南方面移來者日多，閩粵爭鬥結果，粵人漸次移入苗栗一、二堡，海岸一帶土地悉為閩人所據。而閩人中原以漳州人佔多數，至嘉慶初年（1796）泉人漸多，如大甲街全是泉人，嘉慶 14 年（1809）泉漳人鬧不和，泉人得勝，至道光 24 年（1844）再起爭鬥，結果苗栗三堡之爭歸泉人勝利。[28]

藍興堡的部分，涼傘樹庄、內新庄、柳樹湳莊、大里杙庄，往昔是粵人居住之地，號為四大庄；太平車籠埔地方，係佃戶林燕龍所請墾；

漳州人居住之處，其西方大肚三堡為泉州人居住的地方，而山上每有數名匪徒出沒。因匪徒為泉州人，是故並不對由牛罵頭、梧棲方面來的商人加以劫奪，必定對由堰雅街地方來者加以劫奪，而漳州人做匪徒者亦如此。參見註 1，頁 179。

[26] 同註 23。

[27] 同註 1。

[28] 臺中縣調查，〈臺中縣下移民調查書〉，臺灣慣習研究會原著，臺灣省文獻委員會譯編，《臺灣慣習記事（中譯本）第一卷下》（南投：臺灣省文獻委員會，1984 年 6 月），頁 226-227。

又猫羅堡阿罩霧庄也是粵人居多，惟生存競爭結果，衝突時起，均為械鬥結果，粵人勢單，敗退東勢角地方。[29]再如大肚下堡塗葛堀庄的水裡港地方（龍井區福田里）於康熙末年已見開墾，嘉慶年間達於極盛；其後先是漳、泉分類械鬥，繼則趙、陳異姓相鬥；加以道光年間遭逢大風雨，既墾田園歸於荒廢，庄民漸趨四散。[30]但或許械鬥陰影猶在，因此水裡港與其隔鄰的下蚵寮，其族群分布十分鮮明，水裡港是百分之百漳州區，下蚵寮則是百分之百泉州區。

　　日治初期對臺中地區的調查還點出一個較不常被提及的經濟因素。由於閩南村莊多在海邊平原，粵籍則多靠近山地較為貧窮，而且必須設防阻止番人入侵，又需冒些危險開墾，頗為吃力。一般來說閩籍者富裕之士紳甚多，在本轄內原沿海一帶地方，如牛罵頭昔日為廣東人所開拓，惟爾後為泉州人之資產家收買，因為泉州、漳州人資力較多，而廣東人則短乏資力，只有靠勞力去未曾開墾之新地方從事勞動。但其收益有限，往往將辛苦開拓之土地廉價出讓予資產家。例如藍興堡內之涼傘樹庄、內新庄、柳樹湳莊、大里杙等，乃昔日廣東人所居住地，號稱四大庄，又猫羅堡阿罩霧莊，曾有廣東人曾良基、何福興、巫安仁等族人居住，後來遷移至東勢角。[31]如果此調查為真，那麼藍興堡、猫羅堡的粵人往東勢角集中，不盡然是前面提到的械鬥所導致，其中恐怕也有部分是現實經濟條件的考量下所做的決定。

（四）盆地東緣閩客交界地帶的分歧

　　「存同」之外，進一步比對，1901 與 1926 兩圖還是有「相異」之處。以漳泉之間而論，1901 年的圖中屬漳州優勢的烏日庄其實涵蓋了

[29] 臺中縣調查，〈臺中縣下移民調查書〉，臺灣慣習研究會原著，臺灣省文獻委員會譯編，《臺灣慣習記事（中譯本）第一卷下》（南投：臺灣省文獻委員會，1984 年 6 月），頁 226-227；洪麗完，〈大安、大肚兩溪間開拓史研究（一六八三～一八七四）〉，《臺灣文獻》43：3（1992 年），頁 190。

[30] 臨時臺灣土地調查局編，《臺灣土地慣行一斑（第一編）》（臺北：臨時臺灣土地調查局，1905 年），頁 43。

[31] 同註 1，頁 178。

一個泉州優勢的同安厝，同時不管是大肚龍井間、沙鹿大雅間，或者神岡豐原間，漳泉的界線皆有所出入，未必與 1920 年後的街庄界限相合。

更大的差異表現在盆地東緣閩客交界處，根據上圖，1901 年時臺中地區閩客間的分野起自苗栗二堡的南勢林庄與苗栗三堡的土城庄交界處，順此南下沿著新店庄、中社庄、七塊厝庄，連接揀東上堡石壁坑庄、石圍牆庄、朴仔口庄、翁仔社庄、石崗仔庄、七份庄、大坑庄、大南庄、水底蔘庄，在水底蔘庄與頭汴坑庄的交界處連接蕃界。在此線的東北隅為廣東優勢，其以西以南的大部分為福建的漳州、泉州優勢區。不過在泉州優勢區中，位於苗栗三堡九張犁庄的六股（今大甲區太白里）、日南庄的打鐵（大甲區日南里），則是兩個廣東優勢孤島，打鐵甚至是百分之百廣東優勢。另外苗栗三堡的廊仔庄的風空也擁有相對多數的廣東族群（46%）。如果以今天的行政區劃來觀察，此線大致是沿著后里與外埔交界的公館里，折入后里區的泰安里，連接石岡區的明正里、埤頭里、豐原區朴子里、翁明里、翁子里、穿過南嵩里，連接石岡區金星里、新社區崑山里、永源里、北屯區大坑里、東山里、民政里，再進入新社區協成里、中和里，最後於福興里轉往番界。簡言之，此條閩客交界線穿越了后里、豐原、北屯三區，使三區各有一小部分的客家優占區，至於其東邊的石岡、東勢、新社三區則為純客家優占區。

1901 與 1926 兩圖的差異，除了極少數地區（如烏日的同安厝、九張犁的六股、日南的打鐵）之外，都集中在兩個族群的交會地帶，主要原因是調查的空間尺度所造成。雖然兩者的統計單位都叫「街庄」，但經過土地調查之後的整併、1920 年行政區劃改正，到 1926 年的街庄已經比 1901 年大很多倍，以今天的行政區域類推，大概是村里與鄉鎮間的差別，因此單純區分漳、泉、客而言，1901 年分布圖較 1926 年細緻實屬必然。惟兩者間關於漳泉分布的差異不算太大，但在臺中盆地東緣卻產生了不小的落差（圖 3）。1926 年的閩客交界線，誠如前面所述，係貼著街庄（鄉鎮）界線而行，不過 1901 年則穿過了后里、豐原、北屯三區。特別是豐原地區，在 1901 年時，除了東北角的翁子社庄與朴子口庄屬於廣東優勢外，其餘地區盡是漳州優勢地區，其比例且近乎

100%；但何以到了 1926 年全部歸入廣東（潮州）的優勢區？25 年間，豐原地區的族群屬性是否有可能產生如此巨大的變化？

圖 3　臺中地區 1901 及 1926 年閩客交界線分布

資料來源：據圖 1-圖 2 繪製而成。

三、國勢調查中的閩客族群分布概況

除了這兩次族群祖籍調查之外，1905 年起固定舉行的臨時臺灣戶口調查，也提供了族群統計資料，且其存在時間正好介於前兩者或稍晚之，透過這些資料的整理，或有助於思考解決前述問題的方式。

（一）日治時期的國勢調查

1905 年起，總督府在臺灣展開第一次的戶口調查，十年之後進行第二次；1920 年為了配合日本國內，將原本進行的第三次戶口調查易名為「第一回臺灣國勢調查」，此後在 1925、1930、1935、1940 年持續進行每五年一次的國勢調查。第七次（1940）調查由於適逢第二次世界大戰，因此並未出版相關調查結果，直到 1953 年才由臺灣省政府主計

處出版一冊「臺灣第七次人口普查結果表」。1940 年最後一次的國勢調查，由於當時正處於戰時體制下，所進行的主要為各地產業相關調查，與本研究關係不大，在此略而不論。其餘歷次的戶口調查以及國勢調查，其內容泰半係針對臺灣的人口、種族、婚姻、社會狀態（如吸食鴉片、纏足與否等）、教育程度、語言等。種族方面的相關調查，儘管每年有不同的分類方式，但原則上是將 1895 年以前即住在臺灣的島民分為福建、廣東、熟蕃、生蕃等類（參見表 1），因此，透過這六個年度的資料整理，可以看出日治時代臺灣的族群分布的實際情形。同時以最小的行政單位（街庄或大字）也有助於看出族群分布變遷的軌跡。

表1　歷年戶口調查中的種族分類方式

時間	種族調查最小單位	種族區分方式
明治38年	堡里與支廳夾差	本島人區分為漢人、熟蕃、生蕃，漢人又分為福建、廣東、其他
大正4年	街庄	本島人區分為漢人、熟蕃、生蕃，漢人又分為福建、廣東、其他
大正9年	大字	本島人區分為福建、廣東、其他
大正14年	大字	分漢人、熟蕃、生蕃，漢人分為福建、廣東、其他
昭和5年	大字	分漢人系、蕃人系，漢人系分為福建、廣東、其他的漢人；蕃人系分為熟蕃、生蕃
昭和10年	大字	本島人區分為福建系、廣東系、其他的漢人系、平埔族、高砂族

資料來源：筆者根據歷年國勢調查整理而成。

　　國勢調查（含戶口調查，以下同）中的分類與前述祖籍調查根據漢移民原籍的統計並不完全一致，毋寧是比較接近「福老」與「客家」的分類概念。換言之，國勢調查中的福建大致可視為福老族群、廣東則是客家族群的代稱。根據明治 38 年《臨時臺灣漢譯戶口調查記述報文》的記載，第二章「種族」之第一節「種類及特性」提到：

> 本島人依人種分之，得為蒙古與馬來兩種，而其蒙古人種，係即三百年以前移住之民。而依其原住地大別之，可為閩族，即福建

住民，與粵族，即廣東住民，均係漢人，而閩族尤為最古，其數甚多，分布亦廣，但至粵族，其移住年所未久，其數亦少，一名謂之客人，或客家族者，蓋因是故。而前者多屬泉、漳二州之民，後者多屬惠、潮二州之民。[32]

（二）國勢調查中的閩客交界線

臨時臺灣戶口調查雖始於 1905 年，不過如前表所示，當年的調查單位是支廳，以致最小行政單位為堡里與支廳的夾差，一個調查單位動輒涵蓋數十街庄（如葫蘆墩支廳揀東上堡之內即包含 28 個街庄），以致所繪製的族群分布與其後各年差異過大，缺乏實際參考價值，在此略而不論。從 1915 年起，是以街庄（大字）為基本單位，本節將把歷年國勢調查資料一一繪製成族群分布圖，以比對其與前述兩個族群祖籍調查的連動性。

1.1915 年

臺中地區的閩客交界線，可以上溯至苗栗境內苗栗二堡的五里牌庄、苑裡坑庄、大埔庄、石頭坑庄、南勢林庄、社芩庄，沿社芩庄與苗栗三堡的日南社庄邊界進入苗栗三堡的廍仔庄、六份庄、新店庄、中社庄、七塊厝庄，連接揀東上堡石壁坑庄，回到苗栗三堡的牛稠坑庄，再進入揀東上堡大湳庄、翁仔庄、石崗仔庄、七份庄、下南坑庄、烏牛欄庄、鐮仔坑口庄、大坑庄、大南庄、水底藔庄，在水底藔庄與頭汴坑庄交界處抵達蕃界。此閩客交界線東北一隅為廣東優勢，以西以南的廣大區域則為福建優勢（圖 4）

32 臺灣總督府總督官房統計課，《明治 38 年臨時臺灣漢譯戶口調查記述報文》（臺北：臺灣總督府總督官房統計課，1909 年），頁 55。

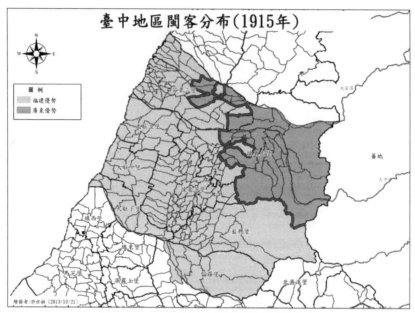

圖4 1915年臺中地區閩客族群分布

資料來源：臺灣總督府臨時臺灣戶口調查部，《大正四年第二次臨時臺灣戶口調查
集計原表（地方之部）》（臺北：臺灣總督府官房臨時戶口調查部，1917），頁36-41。

2.1920 年

　　本年的閩客交界線依舊是起自五里牌與苑裡交界的海邊，不過隨著
1920年行政區劃的改變，已成了通霄庄五里牌大字（以下省略大字），
由此處為起點，經過苑裡庄苑裡坑、大埔、石頭坑、南勢林、社苓（以
下各年度皆同，不再贅述）。沿社苓與大甲庄的日南社邊界進入外埔庄
廊仔、六分、內埔庄新店、中社、七塊厝、東勢庄石壁坑、內埔庄牛稠
坑、豐原街大湳、翁子、下南坑、烏牛欄、鐮子坑口、北屯庄大坑、新
社庄大南、水底寮，在水底寮與大平庄頭汴坑交界處抵達蕃界。此閩客
交界線東北一隅為廣東優勢，以西以南的廣大區域則為福建優勢（圖5）。

　　本年變化最大是原揀東上堡上南坑庄（本年改為豐原街上南坑大字），1915年時，福廣比例為1073：851（56%：44%），本年則變為564：1500（27%：73%），變成廣東優勢；另外原苗栗三堡廊仔庄（外埔庄廊子）雖仍可算為廣東優勢，但福廣人數已從1915年的99：186（35%：65%）變為169：170（49%：49%）；圳藔庄（內埔庄圳寮）仍為福建優勢，但福廣比從1915年的334：315（51%：48%）變為410：399（50%：49%）。

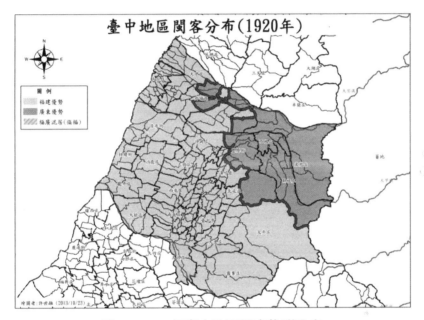

圖5　1920年臺中地區閩客族群分布

資料來源：臺灣總督官房臨時國勢調查部，《大正九年十月一日第一回臺灣國勢調查（第三次臨時臺灣戶口調查）要覽表》（臺北：臺灣總督官房臨時國勢調查部，1922），頁48-56。

3.1925年

　　1920年以後臺灣的行政區劃大致底定，此後的閩客交界線敘述較有延續性。本年的閩客交界線由外埔庄廊子、六分、內埔庄四塊厝，再循著外埔庄六分、廊子的另一側北上，經苑裡庄社苓、南勢林的南端，折向南沿著內埔庄新店、中社、七塊厝、東勢庄石壁坑、內埔庄牛稠坑、

豐原街大湳、翁子、上南坑、下南坑、烏牛欄、鐮子坑口、北屯庄大坑、大平庄頭汴坑。

　　本年的閩客交界線有較大幅度的變化，首先是內埔庄四塊厝由福建優勢 966：906（52%：48%）轉為廣東優勢 1070：1138（48%：52%）；其次是大平庄頭汴坑由福建優勢 1048：980（51%：48%）轉為廣東優勢 1533：2226（41%：59%），使得本區得以與以下國姓庄的閩客界線相連，在埔里街抵達蕃界。

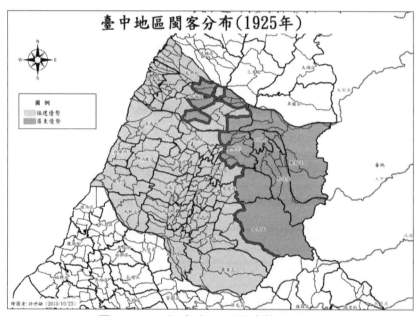

圖 6　1925 年臺中地區閩客族群分布

資料來源：臺灣總督官房臨時國勢調查部，《大正十四年國勢調查結果表》（臺北：臺灣總督官房臨時國勢調查部，1927），頁 208-218。

4.1930 年

　　起自外埔庄廍子、六分，繞過六分、廍子的另一側北上，經苑裡庄社苓、南勢林的南端，折向南沿著內埔庄新店、中社、七塊厝、東勢庄石壁坑、內埔庄牛稠坑、豐原街大湳、翁子、上南坑、下南坑、烏牛欄、鐮子坑口、北屯庄大坑、大平庄頭汴坑。本年唯一的變動是內埔庄四塊厝由廣東優勢（1138、52%）變回福建優勢 1324：1194（53%：47%），

除此之外，閩客交界線與前一年度完全相同。

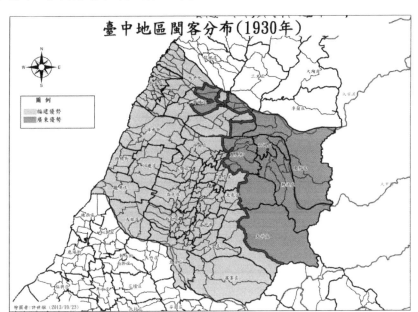

圖 7　1930 年臺中地區閩客族群分布

資料來源：臺灣總督官房臨時國勢調查部，《昭和五年國勢調查結果表（州廳編——臺中州）》（臺北：臺灣總督官房臨時國勢調查部，1933），頁 1-39。

5.1935 年

　　起自外埔庄廍子、六分，繞過六分、廍子的另一側北上，經苑裡庄社苓、南勢林的南端，折向南沿著內埔庄新店、中社、七塊厝、東勢庄石壁坑、內埔庄牛稠坑、豐原街大湳、翁子、上南坑、下南坑、烏牛欄、鐮子坑口、北屯庄大坑、大平庄頭汴坑。本年的閩客交界線與前一年度完全相同。

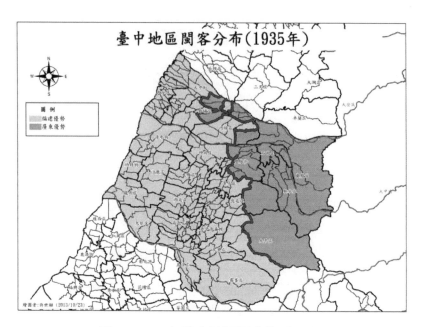

圖 8　1935 年臺中地區閩客族群分布

資料來源：臺灣總督官房臨時國勢調查部，《昭和十年國勢調查結果表》（臺北：臺灣總督官房臨時國勢調查部，1937），頁 208-218。

　　依據歷年國勢調查結果所繪製的閩客分布與閩客交界線，大致上沒有太大變化，僅以下三個街庄（大字）有些微調：

表 2　臺中地區歷年國勢調查之族群變動狀態

1920 前地名	1920 後地名	1915	1920	1925	1930	1935
苗栗三堡四塊厝庄	內埔庄四塊厝	福建優勢 894：761 （0.54：0.46）	福建優勢 966：906 （0.52：0.48）	廣東優勢 1070：1138 （0.48：0.52）	福建優勢 1324：1194 （0.53：0.47）	福建優勢 1416：1259 （0.53：0.47）
挟東上堡上南坑庄	豐原街上南坑	福建優勢 1073：851 （0.56：0.44）	廣東優勢 564：1500 （0.27：0.73）	廣東優勢 620：1632 （0.28：0.72）	廣東優勢 765：1873 （0.29：0.71）	廣東優勢 940：2163 （0.3：0.7）
藍興堡頭汴坑庄	大平庄頭汴坑	福建優勢 1087：888 （0.55：0.45）	福建優勢 1048：980 （0.51：0.48）	廣東優勢 1533：2226 （0.41：0.59）	廣東優勢 1331：1645 （0.45：0.55）	廣東優勢 1233：1606 （0.43：0.57）

資料來源：同圖 4-圖 8。

備註：表中數字及百分比為福建在前，廣東在後

　　上述三者中，苗栗三堡四塊厝庄的福廣勢力原本就十分接近，且優勢翻轉僅有一年，推斷應是人口自然增長的速度不一所導致；揀東上堡上南坑庄較複雜，將於以下一併敘述；藍興堡頭汴坑庄在 1925 年之後一轉而變成廣東優勢，應當與日治時代總督府的林野政策有關。頭汴坑山區的山林原野在 1913 年由地方林野調查委員會查定，翌年歸屬國庫並將所有權移轉多家日資企業，如南榮產業株式會社、株式合資會社大寶農林部（所轄土地面積最多）、森永臺灣殖產株式會社、瑞裕拓殖株式會社、帝國製糖株式會社、大日本製糖株式會社、永豐產業株式會社等有關。在日資的造林運動以及原有的製腦事業激勵之下，加以山區已無番害，立即吸引大批移民入墾，有來自臺中東勢、豐原、新社，也有來自新竹、苗栗者，其中尤其客家人移入者占多數。[33]

　　綜合上述，歷年的國勢調查資料呈現出日治時期臺中地區的閩客族群分布狀態高度穩定，閩客之間被一道無形的界線區隔開來，如果以行政區域來看，這條閩客交界線大致是沿著：大甲區幸福里、太白里、外埔區廍子里、永豐里、六分里、土城里、后里區公館里、泰安里、東勢區明正里、后里區廣福里、豐原區西湳里、大湳里、北湳里、翁明里、南村里、南田里、南嵩里、中陽里、陽明里、田心里、豐田里、鐮村里、東陽里、北屯區大坑里、東山里、民政里、新社區協成里、中和里、福興里（1925 年以後由民政里岔出經過太平區大興里、坪林里、勤益里、東和里、聖和里、福隆里、東汴里、光隆里、永隆里、黃竹里）（圖 9）。

---

33 廖瑞銘總纂，《太平市志》（臺中：太平市公所，2006 年），頁 232-236。

圖 9　臺中地區歷年閩客交界線分布
資料來源：據圖 4-圖 8 繪製而成。

四、盆地東緣的閩客交會地帶

（一）差異的形成

　　兩張祖籍圖和一群國勢調查產出的閩客分布圖，對盆地東緣的閩客交界線至少有三種不同的表現。不獨如此，日治時期的語言學者小川尚義，同時參與過「臺灣言語分布圖」和「臺灣在籍漢民族鄉貫別分布圖」這兩張重要地圖的繪製，但臺中盆地東緣所呈現的結果卻大相逕庭（圖10）行政區界雖然不完全清楚，但可以看出大甲溪轉彎後南岸地帶，約當今日的豐原地區，1907 年是純漳州語系，到了 1926 年卻變成了屬於潮州優勢的紅色。小川尚義並沒有特別提及這些有差異的地方，不過在鄉貫調查當中附了一篇他所撰「漢民族移住之沿革」，說明臺灣漢族移民史。他說「本表福建省欄有汀州府，廣東省欄有潮州府，政治區劃雖然如此，但從語系上來看，前者應屬廣東語族，而後者應屬福建語

族。」[34]這些話說明了他認為兩圖不一致的原因。

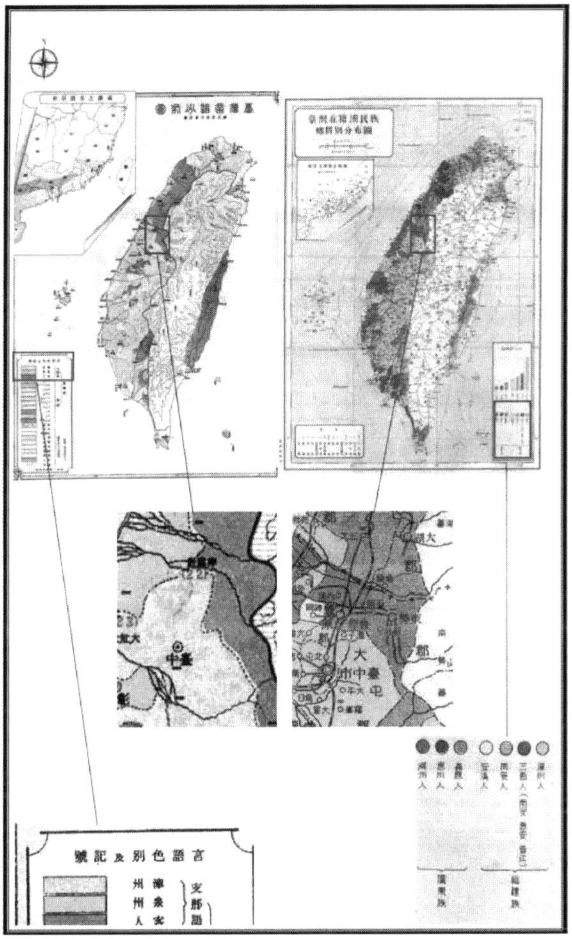

**圖 10　1907「臺灣言語分布圖」和 1926「臺灣在籍漢民族鄉貫別分布圖」
關於豐原的比較示意**

資料來源：「臺灣言語分布圖」原圖附在《臺日大辭典》中；「臺灣在籍漢民族鄉貫別分布圖」原圖附在《臺灣在籍漢民族鄉貫別調查》中，本處所使用電子檔為洪惟仁教授提供，特此致謝。

　　由於 1926 年的鄉貫分布圖使用的空間尺度過大，筆者嘗試把調查尺度較相近的 1901 年祖籍圖（圖 2）與 1915 年國勢調查圖（圖 4）相比，還是看到了盆地東緣閩客交界地帶上的優勢街庄存有不少差異。其中 1901 年原屬福建優勢的苗栗三堡廓仔庄、六份庄、牛欄坑庄（以上

34　臺灣總督官房調查課，《臺灣在籍漢民族鄉貫別調查》（臺北：臺灣時報發行所，1928 年），頁 2。

原泉州優勢）、揀東上堡大湳庄、下南坑庄、烏牛欄庄、鐮仔坑口庄（以上原漳州優勢），都變成了廣東優勢；而原本兩個廣東優勢的孤島則變成了泉州優勢。為清楚表現其變化，以下將該幾個庄的人口數表列如下：

表 3　日治時期臺中盆地閩客交界區族群人口變動

1920前地名	1920後地名	1901	1905	1915	1920	1925	1930	1935
苗栗三堡九張犁庄	大甲庄九張犁	福建優勢 539：49 （92%：8%）	682	福建優勢 598：151 （80%：20%）	福建優勢 703：264 （73%：27%）	福建優勢 797：225 （78%：22%）	福建優勢 1125：303 （79%：21%）	福建優勢 1378：491 （74%：26%）
苗栗三堡日南庄	大甲庄日南	福建優勢 379：166 （70%：30%）	798	福建優勢 672：295 （69%：30%）	福建優勢 746：353 （68%：32%）	福建優勢 829：354 （70%：30%）	福建優勢 880：443 （66%：33%）	福建優勢 985：507 （66%：34%）
苗栗三堡廍仔庄	外埔庄廍子	福建優勢 332：46 （88%：12%）	433	廣東優勢 99：186 （35%：65%）	廣東優勢 169：170 （49%：49%）	廣東優勢 142：152 （48%：51%）	廣東優勢 239：245 （48%：51%）	廣東優勢 258：305 （46%：54%）
苗栗三堡六份庄	外埔庄六分	福建優勢 303：29 （91%：9%）	612	廣東優勢 416：678 （38%：62%）	廣東優勢 447：669 （40%：60%）	廣東優勢 461：899 （34%：66%）	廣東優勢 504：955 （34%：65%）	廣東優勢 576：1006 （36%：63%）
苗栗三堡牛稠坑庄	內埔庄牛稠坑	福建優勢 73：0 （100%：0%）	148	廣東優勢 97：106 （48%：52%）	廣東優勢 74：118 （39%：61%）	廣東優勢 116：145 （44%：56%）	廣東優勢 165：210 （44%：56%）	廣東優勢 221：271 （45%：55%）
揀東上堡大湳庄	豐原街大湳	福建優勢 986：0 （100%：0%）	1246	廣東優勢 591：964 （38%：62%）	廣東優勢 644：1034 （38%：62%）	廣東優勢 770：1219 （39%：61%）	廣東優勢 905：1445 （38%：61%）	廣東優勢 1115：1735 （39%：61%）
揀東上堡下南坑庄	豐原街下南坑	福建優勢 1476：0 （100%：0%）	1729	廣東優勢 444：1772 （20%：80%）	廣東優勢 503：1874 （21%：79%）	廣東優勢 608：2155 （22%：78%）	廣東優勢 773：2648 （23%：77%）	廣東優勢 1060：3088 （26%：74%）
揀東上堡烏牛欄庄	豐原街烏牛欄	福建優勢 1159：0 （100%：0%）	1618	廣東優勢 371：868 （30%：70%）	廣東優勢 390：859 （31%：69%）	廣東優勢 403：965 （29%：71%）	廣東優勢 449：1007 （31%：69%）	廣東優勢 503：1115 （31%：69%）
揀東上堡鐮仔坑口庄	豐原街鐮子坑口	福建優勢 497：0 （100%：0%）	558	廣東優勢 184：487 （27%：73%）	廣東優勢 165：494 （25%：75%）	廣東優勢 225：497 （31%：69%）	廣東優勢 297：550 （35%：65%）	廣東優勢 333：674 （33%：67%）

資料來源：1.1901 年同圖 2；1915-1935 同圖 4-圖 8。2.1905 年出自臨時臺灣戶口

調查部，《明治三十八年臨時臺灣戶口調查要計表（街庄社別住居及戶口等）》（臺北：臨時臺灣戶口調查部，1907），頁 70-77。

備註：1.表中數字及百分比為福建在前，廣東在後。2.1901 年福建人數係將泉州及漳州合計。3.1901 年各街庄人數中，廍仔庄包含廍仔、高圍、風空、七張犁四個舊街庄；烏牛欄庄包含烏牛欄及田心庄；日南庄包含日南、尾張、打鐵庄；九張犁包含九張犁、樹仔腳、六股庄。4.1905 年街庄級統計僅有總人數，無從判別族群屬性。

　　觀察表中數字，大概可以把這九個街庄分為三類：第一類是九張犁和日南兩庄中的客家優勢「孤島」。由於此二庄的優勢族群始終未曾變化，之所以在 1901 年時有兩個客家優勢「孤島」的存在，是因為原始調查對象為清代以來的舊街庄，惟這些舊街庄在 1901 年 11 月之後整併，此後再無如此細小的行政單位，所以日南庄中原來 100%純客的打鐵庄，乃至九張犁庄中客家佔 56.6%的六股庄，經過街庄整併後遭到「稀釋」，遂不復出現客家優勢「孤島」。此從這兩庄的閩客人數歷年皆有增無減可以看出端倪。換言之，這兩個位於福老優勢中的客家孤島之所以「消失」，純粹是行政區域調整所致。

　　其次，廍子、六分、牛稠坑這三街庄都出現廣東人急劇增加的情形，尤其六分、牛稠坑增加更為顯著。由於原本人口數就不多，一旦福建人數不增或微量增加，而廣東急遽增加，優勢族群屬性立刻反轉，因此這三庄的優勢族群轉變應當與日治之後客家人大量移入有關。

　　第三類屬於 1920 年後豐原街的五個街庄（含前一節尚未說明的上南坑庄），原本都是 100%純漳的街庄，到 1915 之後，全部逆轉為廣東優勢區（上南坑則到 1920 年才轉變）。就總人數來觀察，雖有增有減，但都在合理範圍，當屬自然增加居多。然則何以 1901 年時統計為漳州人，1915 年起突然變成了廣東人？

（二）可能的解釋

　　漳變廣的情形並非始自 1915 年，似乎從臨時戶口調查展開的 1905 年便已產生。1905 年族群統計數字的最小行政單位為支廳或支廳以下的堡里，本區域在當時隸屬葫蘆墩支廳揀東上堡之內。為了進一步檢

證，筆者嘗試將 1901 與 1905 年的相同區域族群人口數總計表列如下：[35]

表4　日治初期原葫蘆墩支廳揀東上堡所屬範圍人口統計

時間	總數	福建	廣東	熟蕃	備註
1901	30,600	26,041（0.85）	4,136（0.14）	258（0.01）	泉 6,068 漳 19,973
1905	33,775	22,957（0.68）	10,620（0.31）	197（0.01）	
1915	38,654	26,228（0.68）	12,244（0.32）	182（0）	

資料來源：1.1901 年同圖 2；1915 年同圖 4。2.1905 年出自臨時臺灣戶口調查部，《明治三十八年臨時臺灣戶口調查集計原表（地方之部）》（臺北：臺灣總督府臨時臺灣戶口調查部，1907）頁 8-9。

　　表列數字可注意者有二：其一，本區域廣東人口遽增從 1905 年便開始，並非在 1915 年才突然出現，反而在 1905 到 1915 之間，並沒有產生太大的波動。其二，同樣範圍的區域內，五年人口增加數約 3,000 人上下，不過卻是廣東增加 6,000 福建減少 3,000，如果不是統計上產生錯誤，那麼一個可能的解釋是，豐原地區存在一群祖籍與日治的種族認定不太一致的族群，簡言之，即漳州客家人或潮州閩南人。

　　閩西與粵東存有一個閩客語交界區，早有許多學者加以討論。根據洪惟仁研究，詔安縣閩客的分界線略與山川地形相關。太平鄉西邊有一個爐山，東邊有一個點燈山，兩個山之間有一個牛皮嶺，就是民眾所說的閩客界線，以南是閩南分佈區，以北東溪流域的峽谷幾個縣是客家話分佈區。至於紅星沒有明顯的山川為界，大抵是以地勢區分，東溪支流金溪的下游低地是閩南語分佈區，上游高地是客語分佈區。[36]（圖 11）

---

[35] 1905 年的葫蘆墩支廳揀東上堡之內包含了三角仔庄、上南坑庄、下南坑庄、下溪洲庄、大社庄、大埔厝庄、大湳庄、山皮庄、北庄、瓦磘仔庄、甘蔗崙庄、圳堵庄、圳寮庄、車路墘庄、東員寶庄、社口庄、社皮庄、茄荎角庄、烏牛欄庄、神崗庄、翁仔庄、新庄仔庄、葫蘆墩街、聚興庄、潭仔墘庄、頭家厝庄、鎌仔坑口庄、校栗林庄等 28 個街庄。

[36] 洪惟仁，〈漳州詔安縣的語言分佈〉，《臺灣語文研究》6：1（2011 年），頁 8。

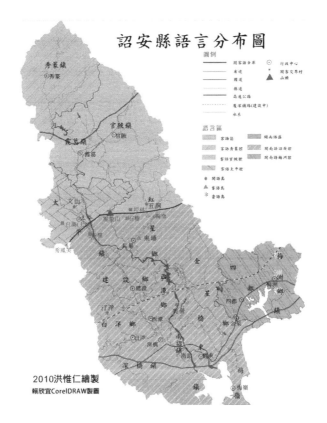

圖 11　詔安縣語言分佈圖

資料來源：洪惟仁，〈漳州詔安縣的語言分佈〉，《臺灣語文研究》6：1（2011），頁 13。感謝洪惟仁教授提供。

詔安大部分土地均位於東溪流域區，閩語區的三都與四都大半為平原且靠海，富農、漁鹽之利；客語區的二都地區山地與丘陵佔據了80%以上的面積，河谷平原只佔不到二成面積，與三、四都的生活條件的優劣對比，是十分清晰的。原鄉土地贍養力較差的推力，促使二都居民大量向外移民。[37]詔安之外，屬於原漳州府的雲霄、平和、南靖，其與隔鄰廣東交界處也都分別有部分地區屬於客語區（圖 12），且因這些漳州府中的客語區環境與詔安二都相類，其移民臺灣的動機應當不會少於閩語區內的漳州同鄉。

漳州客來到豐原開墾的人數有多少雖欠缺統計，但並不乏其例。如

---

[37] 韋煙灶，〈雲林縣崙背地區族群與語言分佈的空間關係之探討〉，「語言文化分佈與族群遷徙工作坊（2010 中教大場）」（2010.06.25），臺中教育大學臺語系。頁 12。

開墾葫蘆墩的漢人是乾隆 50 年來自漳州詔安的廖舟；[38]而臺灣廖姓族譜
也提到清初由官陂移民臺灣的廖氏先人中，有廖有孝、廖有湛、廖瑞枝、
廖朝安、廖靜修、廖存、廖廷森、廖國英、廖祥生等人是來到了豐原、
潭子；[39]此外日享公派的十三世廷森由官坡遷臺，為臺中豐原肇基始祖；
同為十三世官生的次子國英則為臺中豐原翁子社開基；[40]而日旺公派的
十二世朝孔，更是開發葫蘆墩及鄰近地區的重要推手之一。[41]廖姓祖居
地詔安官陂正是標準的客語區（圖 11），以廖朝孔在豐原開發史上的重
要性，那麼豐原存在為數不少的漳州客應是合理推斷。

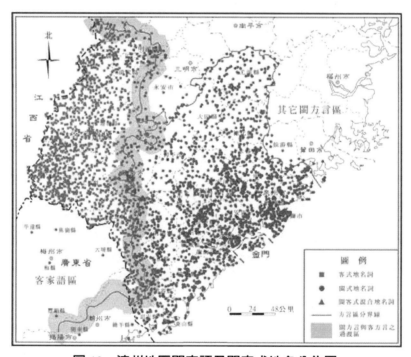

圖 12　漳州地區閩客語及閩客式地名分佈圖

**資料來源：許世融，〈國科會「兩岸閩客交界地區移民的族群分佈與族群遷徙史之
調查研究」期末報告，99-2410-H-142-016-〉（2011 年 8 月，未出版），頁 23。本**

---

38 伊能嘉矩，《大日本地名辭書續編・第三「臺灣」》（東京：富山房，1909 年），頁 65；
　　臨時臺灣土地調查局編，《臺灣土地慣行一斑（第一編）》（臺北：臨時臺灣土地調查局，
　　1905 年），頁 38。

39 廖寄彰主編，《臺灣省詔安張廖氏大族譜》（雲林：雲林縣元子公張廖姓宗親會，2010 年），
　　頁 53。

40 同註 39，頁 40。

41 同註 39，頁 43。

圖由共同主持人韋煙灶教授繪製，感謝韋教授提供。

這些漳州客可能在原鄉即具有雙語能力，[42]因此來臺後，往往會卜居於漳、泉語區或閩、客語區之過渡色彩的區域，如新店、中和間的大坪頂之詔安二都移民，北桃園漳州系閩南人與南桃客家人間的半福佬客，新竹泉州系閩南人與客家人之間的半福佬客，彰化西半部泉州系閩南人與南投漳州系閩南人間的饒平客及漳州客，雲林沿海泉州系閩南人與內陸漳州系閩南人間之詔安二都移民。[43]擁有雙語能力，得以左右逢源，是先墾者來臺後選擇居地的優勢，但風險是日久其後代可能忘記原有母語，而同化於優勢語族群。1905 年的臨時臺灣戶口調查，曾針對當時臺灣人的語言使用狀況加以統計，其中臺中廳的情形如下：

表5　1905 年臺中廳語言使用統計

			福建人	廣東人
常用語總數			165,945	37,174
	內地語		54	4
	土語	總數	165,889	37,170
		福建語	165,314	16,674
		廣東語	571	20,495
		蕃語	4	1
	外國語	總數	2	0
		清語	2	0
副用語總數			1,410	10,983
	內地語		467	100
	土語	總數	928	10,881
		福建語	395	7,385
		廣東語	530	3,491
		漢語	1	0
		蕃語	2	5

---

[42] 根據中國社會科學院與澳大利亞人文科學院編的《中國語言地圖集》，詔安及其西鄰的饒平之山區地帶，被標示為閩客雙語區，參見《中國語言地圖集》（香港：朗文書局，1987 年），頁 B15。

[43] 同註 37，頁 22。

		總數	15	2
	外國語	清語	14	2
		英語	1	0

資料來源：臨時臺灣戶口調查部，《明治三十八年臨時臺灣戶口調查集計原表（地方之部）》（臺北：臺灣總督府臨時臺灣戶口調查部，1907）頁 590-591。

所謂「常用語」係指個人家庭所用語；「副用語」則是其他場合所使用語言。常用語既為家庭使用之語，故一人必限一種；至於副用語則可以有兩種以上，所以常用語的總數和人口數中除聾啞以外之人口數會相一致。[44]揆諸當時臺中廳客家人主要集中在東勢、新社、石岡三區，且這三區至今仍是臺灣客語保存相對較完善之地，因此有理由相信當時以廣東語為常用語，亦即家庭用語的，應是上述三區客家人。這三區在1905 年屬東勢角支廳，計有廣東人 24,308（0.95）、福建人 1,263（0.05）；而上表提到當年臺中廳的廣東人 37,174 當中，有 20,495 人以廣東語為常用語，16,674 人以福建語為常用語，4 人以內地語為常用語，可見即使東勢角支廳的客家人，也已經有五分之一是以福老語為常用語，那麼豐原的漳州客不再以原鄉語言為常用語，似乎也不會太過突兀。

再根據昭和時期出版的《豐原鄉土誌》，當時豐原街附近的廣東人，早已忘卻本來的語言而使用福建語，所以即便當時豐原街的住民大部分為廣東族，但幾乎全部都不知道廣東語，而熟蕃也有此種情形，皆使用福建語。[45]語言的消失並非一天兩天，所以 1930 年代既已不知廣東語，可見其語言流失情形當更早。

如果豐原地區的確存在為數不少的漳州客，那麼可能的情形是：由於 1901 年的調查屬於祖籍調查，這些漳州客全部被列入漳州祖籍中（甚至小川尚義的言語分布圖也將其納入漳州腔範圍）；不過四年之後展開的臨時臺灣戶口調查，正如上述，並非以祖籍為畫分依據，而是以「福建」、「廣東」來代稱「福老」、「客家」，因此這批漳州客就「歸建」到

---

44 臺灣總督府總督官房統計課，《明治 38 年臨時臺灣漢譯戶口調查記述報文》（臺北：臺灣總督府總督官房統計課，1909 年），頁 160。

45 豐原公學校，《豐原鄉土誌》（臺中：豐原公學校，1931 年），頁 4。

了廣東的統計行列當中，並持續到日治末期。

綜上所述，1901 年的祖籍調查在臺中盆地東緣之所以和其後空間尺度相近的歷年國勢調查結果產生極大落差，如果不是統計上的錯誤所造成，極有可能是因為日治時期關於臺灣漢人的相關調查定義不一，加上該豐原地區可能存在一批為數不少的漳州客，以致在調查時被歸到不同的類別中。這批漳州客原就具有雙語能力，來臺後輾轉住在這個漳、客交界地區，至遲在日治中期以後，已漸喪失其原有的客語能力。而語言雖是判別族群的重要參考，但當年國勢調查原本就非以語言為唯一族群判別依據，所以如果這些漳州客尚保有風俗習慣上的特點，日本時代的戶籍登記上，是有被登記為「廣」的可能性。[46]

五、結論

本文首先透過日治時期的祖籍和國勢調查繪製各時期的族群分布圖，印證臺中地區的漢移民，大抵於日本統治前即形成「泉人近海、漳人居中、客人居內」的族群分布態勢；但同時指出，在臺中盆地東緣存在一個無形的閩客交界地區，居住一群族群屬性相對複雜的漳州客。就閩客區域分布狀態而言，20 世紀上半的臺中地區可說相當穩定，除了廍子、六分、牛稠坑、頭汴坑等四個地方有較多的客家人移入，逐步由福建優勢反轉為廣東優勢地區外，其他地區大抵沒有出現變動。

其次，有關臺灣漢移民的分布狀態，歷來有「先來後到」、「械鬥」、「原鄉生活」、「班兵駐防」等說法。[47]而就本區域來看，先來後到的開墾順序應是最主要的影響關鍵。漳泉人來自海上，所以在清初即已陸續

---

[46] 筆者有一林姓學生，世居豐原鐮子坑口，祖先自言其來自福建，且自曾祖父輩起即慣用福老話，但在從事家族史撰寫，申請日治時期除戶簿時才發現其家族成員在日治時期是被登記為「廣」。

[47] 四種說法分別由伊能嘉矩、尹章義、施添福、余光弘所提出。參見李文良，〈清初臺灣方志的「客家」書寫與社會相〉，《臺大歷史學報》31（2003 年），頁 141-168；施添福，《清代在臺漢人的祖籍分布和原鄉生活方式》（南投：臺灣省文獻委員會，1999 年）；余光弘，〈澎湖移民與清代班兵〉，收錄在莊英章、潘英海編，《臺灣與福建社會文化研究論文集（二）》（臺北：中央研究院民族學研究所，1995 年），頁 25-45。

入墾本區域的西部沿海及平原地帶；粵人則於 18 世紀中葉始由本區丘
陵地帶的南北兩端進入，透過擔任軍工匠或設置隘寮從事番界的開墾工
作，在時程上較晚，因而選擇了近山丘陵地帶。其次，不定時發生的械
鬥，也為本區的族群集中提供了另一個影響因素，如清水、沙鹿等地區
儘管在祖籍調查上幾乎清一色為泉州人，但仍留下象徵潮州移民信仰的
三山國王廟。[48]此外，本文則指出，經濟條件的優劣，也會影響到移民
的分布；而前述漳州客的推論如果可以成立，那麼憑藉語言優勢的「慣
性分布」也應當是一個可以思考的因素。

　　第三，今日臺中盆地東緣的豐原地區，被當代語言學者的調查中列
為漳州腔優勢區，[49]而清代漢人在此地的拓墾，卻以祖籍潮州大埔及漳
州詔安的客家人最具規模（附錄 1）。而在日治時代的調查資料，又忽
然間從純漳變為客家優勢，筆者推斷，這些調查資料之所以產生相互矛
盾的現象，如果不是調查上產生的錯誤，可能是兩個原因造成：其一是
本地的漳州移民，從原鄉移來時，即有「漳州閩」及「漳州客」之別，
甚至不乏操雙語者。其二是日治時期的相關統計中，1901 年係針對祖
籍調查，1905 年以後的臨時臺灣戶口調查則較接近區分閩客的族群調
查，導致前述的漳州客在 1901 時安坐在漳州群中，1905 年時則成了
「廣」。同樣屬於漳州客分布的大本營—雲林大西螺地區，亦即二崙、
崙背、西螺等鄉鎮，在 1901 年的祖籍調查中，西螺堡 59 個清代以來的
舊街庄，除了後來改隸西螺街的「番社庄」有 45 個熟蕃外，其餘都是
百分之百漳州人。不過近年來根據吳中杰的相關研究，乃至鄭錦全團隊
在崙背、二崙地區建立的語言調查空間系統，都清楚顯現出當地有不少
詔安客存在。[50]

---

[48] 洪麗完，〈清代臺中地方福客關係初探—兼以清水平原三山國王廟之興衰為例〉，《臺灣文獻》41：2（1990 年），頁 63-93。

[49] 1986 年洪惟仁在此地的調查即將其歸為漳州腔優勢區，其後相關的語言分布圖亦如是。參閱洪惟仁，《臺灣方言之旅》（臺北：前衛，1991 年），頁 131、附錄「臺灣漢語方言分布圖」。

[50] 鄭錦全團隊曾對崙背做過微觀的語言學調查，利用 GPS 定位、衛星航照圖比對、GIS 地圖繪製等技術進行家戶層次的語言方言分佈調查，不但展示了各村的家戶語言使用航照圖，同時統計了各村的使用語言比率。相關成果請參閱吳中杰，〈大西螺地區閩、客語言與移民

　　這樣的推論，當然還需要更多的資料蒐集來加以印證或修正。結合語言學者、地理學者來從事語言調查與相關族譜、墓碑的蒐集可能是一種途徑。一旦能夠證明本地有大量來自漳州客語區，那麼關於臺中盆地的族群分布態勢，將有重新詮釋的可能性。

源流研究〉，《臺灣的語言方言分佈與族群遷徙工作坊論文》（臺中：國立臺中教育大學臺灣語文學系，2010 年）；鄭錦全編，《語言時空變異微觀》，《語言暨語言學》專刊系列之四十九。

參考文獻

一、近代論著

1.中國社會科學院與澳大利亞人文科學院編，《中國語言地圖集》（香港：朗文書局，1987 年）。

2.伊能嘉矩，《大日本地名辭書續編・第三「臺灣」》（東京：富山房，1909 年）。

3.洪惟仁，《臺灣方言之旅》（臺北：前衛，1991 年）。

4.施添福，《清代在臺漢人的祖籍分布和原鄉生活方式》（南投：臺灣省文獻委員會，1999 年）。

5.廖寄彰主編，《臺灣省詔安張廖氏大族譜》（雲林：雲林縣元子公張廖姓宗親會，2010 年）。

6.廖瑞銘總纂，《太平市志》（臺中：太平市公所，2006 年）。

7.劉枝萬，《臺中彰化史話》（出版地不詳：手抄油印本，1951 年）。

8.臺灣銀行經濟研究室編，《清代臺灣大租調查書》（南投：臺灣省文獻委員會，1994 年）。

9.臺灣慣習研究會原著，臺灣省文獻委員會譯編，《臺灣慣習記事（中譯本）第一卷上》（南投：臺灣省文獻委員會，1984 年 6 月）。

10.臺灣慣習研究會原著，臺灣省文獻委員會譯編，《臺灣慣習記事（中譯本）第一卷下》（南投：臺灣省文獻委員會，1984 年 6 月）。

11.臺灣慣習研究會原著，臺灣省文獻委員會譯編，《臺灣慣習記事（中譯本）第二卷上》（南投：臺灣省文獻委員會，1986 年 6 月）。

12.臺灣總督府民政部總務局學務課，《日臺大辭典》（臺北：臺灣總督府民政部總務局學務課，1907 年）。

13.臺灣總督府總督官房統計課，《明治 38 年臨時臺灣漢譯戶口調查記述報文》，（臺北：臺灣省文獻委員會，臺灣總督府總督官房統計課，1909 年）。

14.《臺灣總督府公文類纂》（臺北：臺灣省文獻委員會，1966 年），781 冊。

15. 臺灣總督官房調查課，《臺灣在籍漢民族鄉貫別調查》（臺北：臺灣時報發行所，1928 年）。

16. 臺灣總督府臨時臺灣戶口調查部，《明治三十八年臨時臺灣戶口調查要計表（街庄社別住居及戶口等）》（臺北：臨時臺灣戶口調查部，1907 年）。

17. 臺灣總督府臨時臺灣戶口調查部，《明治三十八年臨時臺灣戶口調查集計原表（地方之部）》（臺北：臺灣總督府臨時臺灣戶口調查部，1907 年）。

18. 臺灣總督府臨時臺灣戶口調查部，《大正四年第二次臨時臺灣戶口調查集計原表（地方之部）》（臺北：臺灣總督府官房臨時戶口調查部，1917 年）。

19. 臺灣總督官房臨時國勢調查部，《大正九年十月一日第一回臺灣國勢調查（第三次臨時臺灣戶口調查）要覽表》（臺北：臺灣總督官房臨時國勢調查部，1922 年）。

20. 臺灣總督官房臨時國勢調查部，《大正十四年國勢調查結果表》（臺北：臺灣總督官房臨時國勢調查部，1927 年）。

21. 臺灣總督官房臨時國勢調查部，《昭和五年國勢調查結果表（州廳編——臺中州）》（臺北：臺灣總督官房臨時國勢調查部，1933 年）。

22. 臺灣總督官房臨時國勢調查部，《昭和十年國勢調查結果表》（臺北：臺灣總督官房臨時國勢調查部，1937 年）。

23. 鄭錦全編，《語言時空變異微觀》，《語言暨語言學》專刊系列之四十九。

24. 臨時臺灣土地調查局編，《臺灣土地慣行一斑（第一編）》（臺北：臨時臺灣土地調查局，1905 年）。

25. 豐原公學校，《豐原鄉土誌》（臺中：豐原公學校，1931 年）。

二、期刊論文

1. 李文良，〈清初臺灣方志的「客家」書寫與社會相〉，《臺大歷史學報》

31（2003 年），頁 141-168。

2.余光弘，〈澎湖移民與清代班兵〉，收錄在莊英章、潘英海編，《臺灣與福建社會文化研究論文集（二）》（臺北：中央研究院民族學研究所，1995 年），頁 25-45。

3.孟祥瀚，〈藍張興庄與清代臺中盆地的拓墾〉，《興大歷史學報》17（2006 年），頁 395-430。

4.吳中杰，〈大西螺地區閩、客語言與移民源流研究〉，《臺灣的語言方言分佈與族群遷徙工作坊論文》（臺中：國立臺中教育大學臺灣語文學系，2010 年）。

5.洪惟仁，〈漳州詔安縣的語言分佈〉，《臺灣語文研究》6：1（2011 年），頁 1-14。

6.洪麗完，《清代臺中開發之研究（1683～1874）》，（臺中：東海大學歷史所碩士論文，1985 年）。

7.洪麗完，〈清代臺中地方福客關係初探─兼以清水平原三山國王廟之興衰為例〉，《臺灣文獻》41：2（1988 年），頁 63-93。

8.洪麗完，〈大安、大肚兩溪間拓墾史研究（一六八三～一八七四）〉，《臺灣文獻》43：3（1992 年），頁 165-259。

9.施添福，〈從「客家」到客家：一個族群稱謂的歷史性與地域性分析〉、〈從「客家」到客家（二）：客家稱謂的出現、傳播與蛻變〉，《第三屆「族群、歷史與地域社會」學術研討會論文》（臺北：中央研究院臺灣史研究所，2011 年）。

10.韋煙灶，〈雲林縣崙背地區族群與語言分佈的空間關係之探討〉，「語言文化分佈與族群遷徙工作坊（2010 中教大場）」（2010.06.25），臺中教育大學臺語系。

11.許世融，〈臺灣最早的漢人祖籍別與族群分布：1901 年「關於本島發達之沿革調查」統計資料的圖像化〉，《地理研究》59 期（臺北：國立臺灣師範大學地理學系，2013 年 11 月），頁 91-126。

12.許世融，〈殖民政府的「第一客」──1897 年總督府初次客家調查與日治時期客家認識的關聯性〉，「第八屆臺灣文化國際學術研討會

（長榮大學場）」（2013.09.07），長榮大學臺灣研究所。

13.葉高華，〈再探福建－廣東與福佬－客家的關係〉，收錄在臺灣語言
　　文化與族群遷徙工作坊、臺灣師範大學地理學系主辦，《「第九屆語
　　言文化分佈與族群遷徙工作坊（2012 臺灣師大場）」會議論文集》
　　（臺北：師大地理系，2012 年），頁 4-1~4-10。

14.溫振華，〈清代臺灣中部的開發與社會變遷〉，《師大歷史學報》11
　　（1983 年），頁 43-95。

三、其他

1.中央研究院，《臺灣歷史文化地圖系統》第一版，2003 年 9 月。
　　（http://thcts.sinica.edu.tw/tctsweb/theme.php?axl=adminarea_j7.axl）

2.許世融，〈國科會「兩岸閩客交界地區移民的族群分佈與族群遷徙史
　　之調查研究」期末報告，99-2410-H-142-016-〉（2011 年 8 月，未出
　　版）。

3.《全臺臺灣堡圖》、《日治時期五萬分之一地形圖》數化檔，中央研究
　　院人社中心地圖與遙測影像數位典藏計畫室提供。

附錄

附錄1　清代臺中地區漢人開墾者祖籍及其與族群分布圖對應情形

聚落	拓墾年代	拓墾人	拓墾人祖籍	所在地（今地名）	與族群圖對應情形
大肚庄	康熙41年（1702）		閩（漳）	大肚區大肚、永和里	O
汴子頭庄	乾隆初年		閩（漳）	大肚區永順里	O
王田庄	乾隆初年	董顯謨	閩（漳）	大肚區	O
茄投、田中央、龍目井	雍正年間	林、戴、石三姓	閩	龍井區龍東龍西里、田中里、龍泉里	O
水裡港	乾隆20年	陳姓	閩	龍井區福田里	O
塗葛崛、福頭崙庄	乾隆40年間	張姓、陳某	閩（漳）	龍井區福田里	O
勝腬庄	雍正11年（1733）	楊秦盛	閩	烏日區	O
大安庄、三十甲庄九張犁庄、日南庄、大甲街鐵砧山腳庄	康熙40~45年（1701~1704）	林、張姓邱姓	閩粵	大安區頂安、永安里大甲區孟安、太白、日南里外埔區鐵山里	O
九張犁庄、下大安庄、頂大安庄、打鐵庄、日南庄、三張犁庄	康熙30年	林姓張姓邱姓	漳州澎湖廣東	大安區、大甲區	O
藍張興庄（今揀東下堡）	雍正年間	藍天秀、張嗣微	閩	大里、太平、烏日區、臺中市東西南區	O
大里杙街	乾隆初年		粵人	大里區	△
蕃仔寮、塗城	乾隆51年（1786）		粵、漳州	太平區	△

石崗仔庄、土牛庄	乾隆 40 年	劉啟東、曾安榮、何福興、巫良基	粵（潮州大埔）	石岡區金星里	O
社藔角庄、東勢角庄	乾隆 43 年	劉中立、薛華梅	粵	石岡區梅子里、東勢區東新里	O
慶西庄	乾隆 37 年（1772）	林潘磊	閩（漳）	新社區慶西里	O
水底藔	嘉慶 21 年（1816）	劉中立	粵	新社區中和里	O
大茅埔、慶東庄、慶福庄	嘉慶年間	張寧壽組二十八股佃人。	粵	東勢區慶福里、慶東里	O
匠寮	乾隆 40 年（1775）	劉啓東、曾安榮、何福興、巫良基	粵	東勢區	O
石圍牆庄、校栗埔庄	嘉慶 7 年（1802）	林時猷等五名	粵	東勢區埤頭里、興隆里	O
新伯公庄、下城庄	嘉慶 13、21 年（1808、16）	劉河滿	粵（饒平）	東勢區詒福里、下城里	O
上城庄	嘉慶 22 年（1817）	劉振文、張龍登、林時秋、林爛古	粵	東勢區上城里	O
石壁坑	嘉慶 24 年（1819）	劉秉項組三十六股。	粵	東勢區明正里	O
中科庄	道光 6 年	葉華雲	粵	東勢區中科里	O
大茅埔區、東勢角區、校栗埔區	乾隆 49 年	何福興	粵	東勢區	O
水底藔以南一帶	光緒年間	羅德義	粵	新社區福興里	O
新社仔區	嘉慶初年			新社區	O
葫蘆墩	乾隆 50 年	廖舟	閩（漳州詔安）	豐原區豐原里等	O

神崗庄、頭家厝庄、甘蔗崙庄、茄莖角庄	雍正元年（1723）	張振萬張達京六館業戶	粵、漳泉	神岡區神岡、庄前里潭子區頭家里、甘蔗里、嘉仁里	△
溪州庄（土名後壁厝）	嘉慶初年		閩人	神岡區溪洲里	O
埧雅區、林厝區	雍正元年及10年	張振萬、張承祖、廖朝孔	粵	大雅區	△
北庄	康熙50年（1711）	張達京	粵	神岡區	△
壩仔、埧雅、新庄（包括上下橫山、頂下員林、頂楓樹腳、六張犁、埔仔墘、十三寮、四塊厝、大田心、馬岡厝、西員寶庄、花眉）	雍正11年（1733）	張承祖	粵	大雅區	△
橫山庄、四張犁、上七張犁、二份埔	雍正10年（1732）	六館業戶	閩粵	臺中市北屯區同榮里、仁和里等	△
潭仔墘	雍正末年	張振萬	粵	潭子區潭陽里	△
牛罵新庄	雍正末年		閩粵	清水區清水里等	△
公館區公館庄	乾隆元年（1736）	吳瓊華	粵	清水區公明、清泉里	△
公館區楊厝藔庄	乾隆年間		泉人	清水區楊厝、海風里	O

秀水十三庄（包括秀水庄、三座庄、客庄、橋頭庄、田寮庄、後庄、社口庄、上湳庄、青埔庄、埤頭庄、山下庄、水碓庄）	雍正 11 年（1733）		閩粵	清水區	△
土城庄	康熙 45 年（1706）		閩粵	外埔區	O
同安厝	雍正初年		泉州	烏日區	O
沙轆新庄	乾隆初年		閩粵	沙鹿區	△
岸裏新庄	乾隆初年	廖舟	閩（漳）	豐原區	O
墩仔腳、月眉	乾隆 20 年（1755）	張姓	閩	后里區	O
后里	乾隆中葉	張姓黃、蘇二姓	閩粵	后里區	O
中和	乾隆年間	陳中和	閩	后里區	O
七塊厝	道光年間	張姓	粵	后里區	O
蔴糍埔、鎮平、水碓、劉厝、新庄仔、三塊厝、永定厝	乾隆初年		閩粵	臺中市南屯	△
馬龍潭、潮洋、西大墩				臺中市西屯	
張鎮庄	康熙 49 年（1710）	張國	閩	臺中市南屯	O
藍興堡	康雍之際	藍廷珍	閩	臺中市	O
柳樹湳、登臺（一名丁臺）	雍正年間	曾、何、巫三姓	粵（潮州大埔）	霧峰區	△

丁臺	乾隆15年（1750）	吳洛	閩（泉州晉江）	霧峰區	△
阿罩霧、北溝、萬斗六	乾隆末年	林姓	閩（漳）	霧峰區	O

備註：1.「O」代表大致符合、「△」代表不相符。2.對應情形以正文之「圖2」為參考標的。

資料來源：1.洪麗完，〈清代臺中地方福客關係初探──兼以清水平原三山國王廟之興衰為例〉，《臺灣文獻》41：2（1990年），頁86-89。2.孟祥瀚，〈藍張興庄與清代臺中盆地的拓墾〉，《興大歷史學報》17（2006年），頁422。3.伊能嘉矩，《大日本地名辭書續編‧第三「臺灣」》（東京：富山房，1909年）。4.臺灣銀行經濟研究室編，《清代臺灣大租調查書》（南投：臺灣省文獻委員會，1994年）。5.臨時臺灣土地調查局編，《臺灣土地慣行一斑（第一編）》（臺北：臨時臺灣土地調查局，1905年）。

日治時期臺中盆地東北角的客家土地開墾

摘要

　　本文的目的，在探究日治時期客家移民在臺中地區的土地開墾歷史。以往有關漢移民來臺後的土地開墾研究，多半集中在清朝統治時期，所使用的史料則以土地開墾契約為主。本文將以日治時期官方檔案《臺灣總督府公文類纂》中所保留的土地開墾申請資料為素材，利用地籍資料找出其相關位置所在，並透過戶政查詢系統，進一步確認開墾者的族群別，分析其住所與開墾地間的關聯性、開墾者相關職業、開墾範圍等。由於臺中盆地內的核心區域在清領時期泰半已開發完成，日治時期的土地開墾明顯集中在盆地東北角的丘陵以及山地區域，而此處自日治初期以來的調查即顯示出以客家人佔優勢，故客籍移民對此處的開墾實具有舉足輕重的地位，透過史料分析，當可更清楚本區域客籍開墾者的面貌。

　　關鍵詞：官有林野、大茅埔、地籍圖

一、前言

清領時期，漢移民大量來臺從事土地拓墾，留下不少土地買賣或租佃契約。透過相關契約的蒐集整理，得以讓特定區域的開發面貌有更為細緻的呈現。不過契約所指涉的地區，泰半集中在容易開墾成田、園的平地地區，至於相對較晚開墾的丘陵林野地帶，其土地拓墾狀況並不清楚。因此有學者便提到，以往有關臺灣拓墾史的研究，多半側重在清代前期，特別是 1874 年沈葆楨革新臺灣「理番政策」，官方展開積極移墾政策以前。[1]

總督府對於這些前朝處於地權曖昧地帶的林野之處置，雖然在領臺當年就以日令第二十六號頒布「官有林野及樟腦製造業取締規則」，決定了無主地國有的原則（第一條規定「沒有地券或其他確證可以證明所有權的山林原野，概歸官有」），[2]但在實際進行林野調查時，對於臺灣人未有地券或其他確證可以證明其所有權之林野狀態，並未完全照此項規定執行，而是採行占有事實認定，對於「費相當勞資」、「多年栽種管理」且「持續平穩占有」之土地，雖將之查定為官有，但認定原占有人之權利。[3]

如此一來，日本領臺初期，臺灣的林野狀態依其利用情況，大致可區分為三種：一是經政府核發墾照合法開墾但尚未墾成者（處於林野的狀態）；二是未經政府許可而非法占墾利用者（已墾成田、園者稱之為「無斷開墾地」）；三是完全未經政府許可或未為民間利用者（即尚處於林野狀態）。第一、二種在清代並不被視為業主，日治時代為了與已有明確業主的土地區別，特別稱之為「緣故關係地」。[4]

1908 年起，總督府針對全島「林野之現狀、將來的土地利用方法

---

[1] 李文良，〈日治時期臺灣林野整理事業之研究：以桃園大溪地區為中心〉（臺北：國立臺灣大學歷史學研究所碩士論文，1995 年），頁 1。

[2] 矢內原忠雄著、周憲文譯，《日本帝國主義下的臺灣》（臺北：帕米爾，1985），頁 18。

[3] 臺灣省總督府殖產局編，《臺灣林業史》（臺北：臺灣總督府殖產局，1917 年），頁 92。

[4] 李文良，〈日治時期臺灣總督府的林野支配與所有權——以「緣故關係」為中心〉，《臺灣史研究》5：2（臺北：中央研究院臺灣史研究所籌備處，2000 年 4 月），頁 37。

及官民有區分之預查」等方面展開調查，主要範圍以蕃界附近之土地為主，並在 1909 年度全部完成。這個為期兩年的調查事業，一般被定位為林野調查正式展開以前所進行的「預備調查」。[5]1910 年起，復展開 5 年的林野調查，以確定官有及民有。繼自 1915 年起實行官有林野整理事業，迄 1925 年完畢。此事業將官有林野分為「要保存林野」與「不要保存林野」，實行所謂區分調查。不要保存的林野，則更予以處分；經過實地調查之後，由「保管林者」、「無斷開墾者」等所謂「緣故關係者」之申請而撥給之；此外並放領預約開墾成功的土地。[6]

換言之，在林野調查與林野整理後，總督府成了最大的「地主」，官方登載的檔案，取代清領時期的契約，成為探究本時期土地拓墾最主要的線索。本研究的目的，即在整理《臺灣總督府公文類纂》中有關臺中最主要的客家聚落，也就是盆地東北角東勢地區的官有林野放領資料，歸納分析其土地開墾的情形；同時也嘗試結合當代戶政以及地政系統來進行小區域個案研究，以深入探討本地區在日治時期的族群與土地開墾面貌。

二、日治時期東勢地區的族群結構與土地開墾背景

（一）族群結構

至少在 20 世紀初之後，東勢始終是客家人佔優勢的地區。日治時期曾有兩次全島性的大規模族群祖籍調查，第一次是 1901 年的「關於本島發達之沿革調查」，[7]根據此次調查，東勢地區的漢人祖籍人口數如下：

---

5 李文良，〈日治時期臺灣林野整理事業之研究：以桃園大溪地區為中心〉（臺北：國立臺灣大學歷史學研究所碩士論文，1995 年），頁 58-59。

6 矢內原忠雄著、周憲文譯，《日本帝國主義下的臺灣》（臺北：帕米爾，1985），頁 19。

7 許世融，〈臺灣最早的漢人族籍別與族群分布：1901 年「關於本島發達之沿革調查」統計資料的圖像化〉，《地理研究》59（2013）。

表 1　1901 年東勢地區祖籍人口數及所占比例

堡名	街庄社長管轄區域名	泉州	泉州百分比	漳州	漳州百分比	廣東	廣東百分比	合計
揀東上堡	大茅埔區	12	0.33%	0	0.00%	3,648	99.67%	3,660
	東勢角區	6	0.09%	14	0.22%	6,312	99.68%	6,332
	校力（栗）埔區	21	0.70%	77	2.57%	2,901	96.73%	2,999
	總計	39	0.30%	91	0.70%	12,861	99.00%	12,991

資料來源：臺中縣，「街庄社居住民族調查表」，《臺灣總督府公文類纂》781 冊，頁 143-144。

　　第二次是 1926 年的「臺灣在籍漢民族鄉貫別調查」，當時東勢庄（即今東勢區）廣東的比例也高達 93.4%（18,600 人）。[8]

　　此外，1905 年起，臺灣展開定期的戶口調查或國勢調查，不過第一次的臨時臺灣戶口調查時並沒有留下較小單位的街庄層級種族統計資料，以行政區域最為接近的東勢角支廳（含今日東勢、石岡、新社等區全部及北屯的一部份）而言，計有 25,670 人，其中漢人有 25,574 人，廣東佔了 95% 以上（24,308），福建只有 1,263（4.94%）。[9]其後的 1915 年到 1935 年國勢調查，東勢區所屬的大茅埔、新伯公、東勢角、校栗埔、石圍牆、石壁坑等六個街庄（大字）之人口數及比例如下：

表 2　歷次國勢調查東勢地區種族別人口及百分比（1915-1935）

年代	1915				1920				1925				1930				1935			
種族	福建		廣東		福建		廣東		福建		廣東		福建		廣東		福建		廣東	
庄名	人數	%	人數	%	人數	%	人數	%	人數	%	人數	%	人數	%	人數	%	人數	%	人數	%
東勢角庄	234	3.1	7407	96.9	291	3.7	7604	96.2	353	3.9	8669	96.1	353	3.6	9565	96.4	463	4.4	10049	95.6
新伯公庄	37	1.2	2938	98.8	44	1.3	3260	98.7	43	1.2	3519	98.8	49	1.3	3752	98.7	14	0.3	3988	99.7
大茅埔庄	94	6.4	1379	93.6	147	8.0	1682	92.0	187	8.4	2043	91.6	210	9.1	2101	90.9	170	7.1	2216	92.9

8　臺灣總督官房調查課，《臺灣在籍漢民族鄉貫別調查》（臺北：臺灣時報發行所，1928），頁 14-17。

9　臨時臺灣戶口調查部，《明治三十八年臨時臺灣戶口調查集計原表地方之部(上)》（臺北：臨時臺灣戶口調查部，1907），頁 8-9。

石圍墻庄	82	4.2	1882	95.8	108	5.4	1907	94.6	127	5.5	2163	94.5	143	6.1	2189	93.9	142	5.6	2392	94.4
校栗埔庄	21	1.7	1247	98.3	5	0.4	1356	99.6	12	0.9	1335	99.1	8	0.6	1425	99.4	16	1.2	1352	98.8
石壁坑庄	23	3.6	621	96.4	4	0.6	635	99.4	21	3.2	632	96.8	30	4.7	610	95.3	44	5.8	712	94.2
總計	491	3.1	15474	96.9	599	3.5	16444	96.5	743	3.9	18361	96.1	793	3.9	19642	96.1	849	3.9	20709	96.1

資料來源：臺灣總督府臨時臺灣戶口調查部，《大正四年第二次臨時臺灣戶口調查集計原表（地方之部）》（臺北：臺灣總督府官房臨時戶口調查部，1917），頁 36-41；《大正九年十月一日第一回臺灣國勢調查（第三次臨時臺灣戶口調查）要覽表》（臺北：臺灣總督官房臨時國勢調查部，1922），頁 48-56；《大正十四年國勢調查結果表》（臺北：臺灣總督官房臨時國勢調查部，1927），頁 208-218；《昭和五年國勢調查結果表（州廳編—臺中州）》（臺北：臺灣總督官房臨時國勢調查部，1933），頁 1-39；《昭和十年國勢調查結果表》（臺北：臺灣總督官房臨時國勢調查部，1937），頁 208-218。

由於客家人在東勢地區始終居於絕對優勢，因而討論日治時期東勢地區的土地開墾，幾乎可以說就是討論日治時期客家人在東勢地區的土地開墾。

（二）開墾背景

東勢、大茅埔一帶的漢人開墾始自清領時期，前此已有不少學者論及；[10]道光年間的清代文獻已出現了「大茅埔」、「東勢角」等莊名，[11]甚至提到彰化縣「大茅埔山（中墾良田數百甲）」。[12]不過畢竟由於迫近「番界」，除了平地外，地勢較高的丘陵山區，極有可能要到清末才開始，真正穩定則要到日治以後。

清光緒 12 年（1886）巡撫劉銘傳為了刷新「理番」設施，乃倣採勇營之制，組織隘勇新制配合屯兵，在北路、中路及宜蘭、恆春內山番

---

10 參見溫振華，《清代東勢地區的土地開墾》（臺北：日知堂，1992）；溫振華，《大茅埔開發史》（臺中：臺中縣立文化中心，1999）；池永歆，〈空間、地方與鄉土：大茅埔地方的構成及其聚落的空間性〉（臺北：國立臺灣師範大學地理學系博士論文，2000）；林聖蓉，〈從番界政策看臺中東勢的拓墾與族群互動（1761~1901）〉（臺北：國立臺灣大學歷史學系碩士論文，2008）。

11 周璽，《彰化縣志》（臺北：臺灣銀行經濟研究室，臺灣文獻叢刊(以下簡稱文叢)第 156 種，1962），頁 16。

12 臺灣銀行經濟研究室編，《福建通志臺灣府》（臺北：臺灣銀行經濟研究室，文叢第 84 種，1960），頁 75。

界實施。當時中路隘勇分為大湖營（自獅潭經耀婆嘴至罩蘭）及北港溪營（自水底寮馬鞍寮經水流東北港溪至埔里社）。[13]大湖營隘勇位於今苗栗縣境，北港溪營則是從臺中迤邐入南投，不過臺中境內是沿著今新社、東勢區的邊界，換言之，大茅埔尚在官方隘勇線的保護之外。到了光緒 18 年，全臺營務總巡胡傳提到當時全臺隘勇配置情形，其中中路部分為「左哨一隊分駐獅潭，二隊、七隊駐東勢角撫墾局，三隊駐十八灣，六隊駐竹橋頭，八隊駐大茅埔」，[14]明確提到大茅埔、東勢角等地區已有官方勢力的進駐保護。不過到了日治初期，總督府無暇顧及蕃地，致清代所留官隘概歸廢撤。惟苗栗、臺中、埔里地區業主為保護其產業，仍紛紛私設隘寮防守，1897 年以後獲官方承認並予以部分經費補助，同時總督府參考清末的舊制，在全島重要山地設立撫墾署，[15]東勢角撫墾署於同年 7 月 15 日開辦，翌年（1898）1 月 25 日呈請設立大茅埔出張所，2 月 25 日開辦。[16]撫墾署制度雖在 1899 年告終，惟隘勇及隘勇線則依舊存在，迄 1900 年，東勢角支署附近配置了 15 名隘勇以保護支署。[17] 1904 年的堡圖，今東勢區的東邊即隔著「牛欄坑隘勇線」與「生蕃地」相鄰。

---

[13] 王世慶，〈臺灣隘制考〉，收錄在氏著，《清代臺灣社會經濟》（臺北：聯經，1994 年），頁 382-383。

[14] 胡傳，《臺灣日記與稟啟》（臺北：臺灣銀行經濟研究室，文叢第 71 種，1960），頁 37-38。

[15] 王世慶，〈日據初期臺灣撫墾署始末〉，收錄在氏著，《清代臺灣社會經濟》，頁 478-479。

[16] 王世慶，〈日據初期臺灣撫墾署始末〉，頁 483-486。

[17] 王世慶，〈臺灣隘制考〉，頁 387-389。

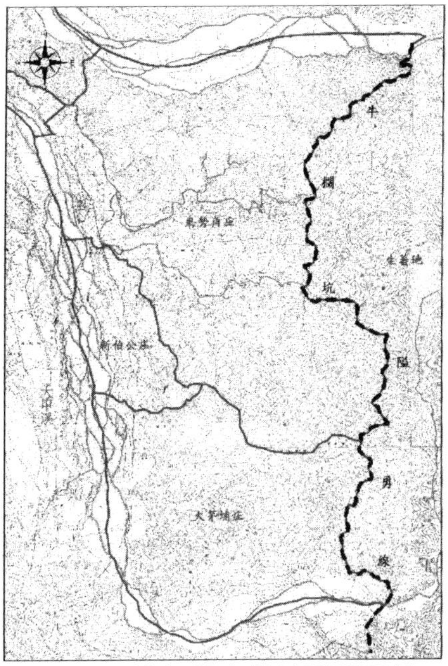

圖 1　日治初期東勢地區隘勇線

資料來源：據《臺灣堡圖》套疊重新繪製

　　隘勇線的常態化，減輕了漢人（尤其是地緣關係接近的客家人）在此從事土地拓墾的安全顧慮，加上總督府的林野政策，陸續放領預約開墾或開墾成功之地，使得本區域的土地開墾益發興盛。

三、日治時期東勢地區的土地開墾

（一）開墾資料的整理

　　日治時期臺中廳最大規模的土地放領集中在大正 6 年（1917），總督府檔案中保存了三批關於本年度的開墾申請資料，其中有兩批開墾資料與東勢相關，有一批可能是基於傳統的「緣故關係」而放領，亦即有可能在林野整理前已有開墾事實；另一批則特別說明是依據「臺灣官有森林原野及產物特別處分令」第一條八號來加以處置，並無傳統的「緣故關係」等障礙。[18]換言之，這批土地可以視為是日治時代的新墾土地，

---

[18] 《臺灣總督府公文類纂》（以下簡稱「公文類纂」）6464 冊「臺中廳管內官有林野拂下許可」，

因此以下將利用此批檔案的整理結果來進行論述。[19]根據此份檔案，臺中地區的開墾筆數為 3,613 筆、開墾件數為 2,076 筆、開墾面積為 3,101.7711 甲。其中今東勢區的筆數有 1,692，占 46.83%，件數 1,059（51.01%）、開墾面積 1,309 甲（42.2%）。無疑是當時臺中土地開墾最為興盛的地區。（參見附錄）

接著筆者將有關東勢的個人開墾資料加以整理列表。公文中登載的項目有「開墾指令番號」、「地番」、「地目」、「土地面積」、「等級」、「價格」、「開墾者姓名」、「住址」等。少部分申請者甚至附帶呈上了開墾的「理由書」、「戶籍資料」。整理結果，當時東勢 6 個庄中，校栗埔並無官有林野拂下資料，其餘 5 個庄合計開墾總人次 1,330 人，以下將分別討論其內容。

（二）開墾內容

1.開墾者住所與開墾地區的相對關係

日治時期在東勢地區從事土地開墾的人，不全然是在地者，透過開墾者住所與開墾區地番可以略窺究竟。日治前期戶籍資料中登載的最基層單位是「土名」，整個東勢區開墾者住所與開墾地區土名相符的有 47%，比例最高的是石圍牆庄的埤頭山，有 88% 的開墾者就住在埤頭山，相對的東勢角庄的中嵙僅有 34%，而與埤頭山同在石圍牆庄的土名石圍牆也僅有 37%。

表 3　東勢地區開墾者住所與開墾地區統計（土名別）

庄名	土名	開墾總人次	同庄同土名		同庄不同土名	
大茅埔庄		159	75	47%	0	0%
東勢角庄	石角	200	104	52%	48	24%
	中嵙	341	115	34%	197	58%

頁 5。
[19] 原始檔案參見《公文類纂》6464 至 6477 冊「臺中廳管內官有林野拂下許可」。

石圍牆	石圍牆	255	95	37%	1	0%
	埤頭山	50	44	88%	0	0%
石壁坑		112	68	61%	0	0%
新伯公	新伯公	109	61	56%	36	33%
	番社	38	17	45%	10	26%
	上城	66	40	61%	25	38%
總計		1,330	619	47%	317	24%

資料來源：據《公文類纂》6464 冊「臺中廳管內官有林野拂下許可」頁 42-77、107-128、278-472、511-546 統計而得。

　　如以庄的層級來觀察，開墾者住所與開墾地區庄名相符有 70%，其中以新伯公庄的比例 89% 最高，其次是東勢角庄 86%，尤其新伯公庄的上城比例高達 98.5%，東勢角庄的中嵙也有 91.5%。相對的，石圍牆庄（46%）以及大茅埔庄（47%）比例最低，都不及一半。

　　開墾者住所與開墾地區不同庄的人當中，有 24% 來自同為今東勢區的其他 5 庄，其中大茅埔庄有 51%、石圍牆庄有 45%，其他庄的比例則不超過三成。

表 4　東勢地區開墾者住所與開墾地區統計（庄別）

庄名	總人次	同庄		東勢區內其他庄		臺中廳內其他庄		其他廳	
大茅埔庄	159	75	47%	81	51%	3	2%	0	0%
東勢角庄	541	464	86%	59	11%	12	2%	6	1%
石圍牆	305	140	46%	137	45%	23	8%	5	2%
石壁坑	112	68	61%	26	23%	14	13%	4	4%
新伯公	213	189	89%	19	9%	5	2%	0	0%
總計	1,330	936	70%	322	24%	57	4%	15	1%

資料來源：同「表 3」。

　　進一步分析跨庄界的開墾者中，大茅埔庄幾乎都來自新伯公庄（77/81）、東勢角庄也以來自新伯公庄最多（52/59）、石圍牆庄以來自校栗埔庄最多（100/137）、石壁坑庄多來自石圍牆（23/26）、新伯公庄多來自東勢角庄（18/19）。

　　至於來自東勢以外地區的開墾者僅有 72 人次，約占了 5%左右。其中來自臺中（不含東勢）的開墾者有 57 位，依今日行政區域劃分如下：

表 5 　東勢地區外來開墾者住所統計（臺中市部分）

區名	開墾筆數
石岡區	22
新社區	11
后里區	9
豐原區	7
舊臺中市	4
大里區	1
大雅區	1
北屯區	1
霧峰區	1
總數	57

資料來源：據《公文類纂》6464-6477 冊「臺中廳管內官有林野拂下許可」整理列表統計而得。

　　可以見到非東勢地區的開墾者，仍以地緣關係最接近的石岡、新社兩區最重要，其次是距離稍遠的后里及豐原區，其餘地區則甚少。

　　此外，值得注意的有 15 位來自臺中以外的長程跨區開墾者來到東勢。其中屬於今日南投地區的有 5 位（埔里鎮 2、國姓鄉 3），苗栗地區有 10 位（三義鄉 1、卓蘭鎮 8、通霄鎮 1）。為瞭解這幾位長程開墾者是否具有地緣上的關係，筆者運用戶政查詢系統，得出這 15 位長程跨區開墾者的背景如下：

表 6 　東勢地區長程開墾者背景統計

開墾者	住所	開墾區域	開墾面積（甲）	種族	職業	重要記事
劉泰溪	揀東上堡罩蘭庄 401 番地	石壁坑庄 57-7、57-18	3.9035	廣	田畑作、保正	

葉金波	同庄785番地			廣	藥種商	
詹德鄰	同庄868番地			廣		揀東上堡罩蘭庄吳阿丁之弟，明治37.2.6養子緣組入戶
劉阿送				廣	苦力	明治40.10.5轉居揀東上堡東勢角庄土名東勢角35番地 明治43.6.22轉居揀東上堡罩蘭庄番外
劉阿思	揀東上堡罩蘭庄978番地	東勢角庄土名石角293-1、785	2.0600	廣	大工	揀東上堡罩蘭庄869番地劉氏阿市從兄，明治41.1.25分戶 明治43.2.2轉居揀東上堡大坪林庄10番戶 大正6.1.25寄留臺中廳蕃地老屋峩社85番戶 大正6.3.25轉寄留臺中廳蕃地老屋峩小地名烏石坑94番戶 大正6.9.18退去寄留地 昭和12.2.24轉籍大湖郡卓蘭庄卓蘭755番地
劉阿云				廣	指物大工	大正8.6.1轉居揀東上堡罩蘭庄978番地
徐阿水	埔里社堡大肚城庄897番地	東勢角庄土名石角956	1.8475	廣	田畑作	揀東上堡東勢角庄土名東勢角(劉阿傳之弟)，明治8.8.10分戶 明治43.9.18轉居揀東上堡東勢角庄土名東勢角371番地 大正1.12.25轉居揀東上堡東勢角庄土名石角510番地
羅成德	埔里社堡生蕃空庄17番地	石圍牆庄土名石圍牆1140	4.0175	廣	田畑作	大正4.10.17轉居揀東上堡石圍牆庄土名石圍牆330番地

黃木坤	北港溪堡內國姓庄 1 番地	東勢角庄土名中科 1191、1220、1105、1111	1.7175	廣 田畑作	大正 5.7.9 轉居揀東上堡東勢角庄土名中科 287 番地
吳貴德	北港溪堡墘溝庄 24 番地	石圍牆庄土名石圍牆 693、676	0.6200	不詳 無	明治 41.10.21 轉居北港溪堡內國性庄 29 番地 昭和 12.2.2 轉籍能高郡國姓庄墘溝 29 番戶
林阿蘭	揀東上堡罩蘭庄 1006 番地	石圍牆庄土名石圍牆 771	0.0300	廣 田畑作	揀東上堡罩蘭庄 1806 番地林阿昌弟，大正 5.4.18 分戶
連日春	苗栗二堡通霄街 205 番地	石圍牆庄土名石圍牆 635	0.4150	廣 煙草製造	大正 2.8.20 寄留本居地 大正 6.9.9 退去本居地
楊任	苗栗一堡拐仔湖庄 608 番地	石圍牆庄土名石圍牆 1164	0.0050	廣 田畑作	石圍牆庄土名石圍牆 326 番地游名順養子，明治 44.3.12 離緣復戶 大正 9.3.29 同居轉寄留苗栗三堡四塊厝庄 169 番地(吳火旺) 昭和 10.2.10 轉寄留豐原郡內埔庄四塊厝 165 番地
詹春來	揀東上堡罩蘭庄 918 番地	石壁坑庄 596	0.2375	廣 苦力	揀東上堡罩蘭庄 918 番地曾大平，大正 3.2.10 分戶 大正 9.8.23 同居寄留揀東上堡罩蘭庄 918 番地(曾阿添) 昭和 6.8.18 轉寄留大湖郡卓蘭庄卓蘭 394 番地 昭和 7.7.11 轉寄留豐原郡內埔庄七塊厝 10 番地 昭和 8 年 4.5 轉寄留東勢郡東勢庄東勢字 365 番地 昭和 8.10.16 退去寄番地

					昭和 9.6.11 寄留大湖郡卓蘭庄卓蘭 274 番地
鍾榮臺	北港溪堡水長流庄 181 番地	東勢角庄土名中嵙 890、896、916	1.4425	不詳	

資料來源：據「戶政查詢系統」查詢而得，感謝臺中市西區戶政事務所協助提供。

　　就族群屬性來看，除兩位「種族」欄不詳外，其餘 13 位皆是客家人。其中劉阿送、徐阿水、羅成德、黃木坤、楊任五人，或由東勢分家出去，或在 1917 年以前已經轉居東勢，故有地緣上的關係；鍾榮臺雖查無資料，但因其係與鍾阿正、鍾阿華（住在東勢角庄土名下新）共同開墾，推斷亦有地緣關係。其餘 9 位無從判別者，可視為真正的長程跨區開墾者，其中來自卓蘭有 7 位，另兩位分別來自今苗栗縣通霄鎮及南投縣國姓鄉。換言之，日治時代東勢的開墾，已出現跨縣市的長程土地開墾者，其中雖有部分具地緣關係，但也見到部分北客南來，其中又以鄰近的苗栗縣卓蘭鎮最多。其職業從農作、藥種商、苦力、木匠、菸草製造等皆有。

　　綜上所述，如果將開墾者與開墾地區同庄者視為在地開墾者，那麼日治時期東勢地區的土地開墾，仍以同庄的開墾者為主力，除了個別區域外，跨區開墾的情形並不普遍。

2.開墾面積

　　1917 年官有林野放領的人次有 1,330，其中有 197 人是重複放領多筆土地者，因而實際放領人數為 1,185 人。而前面提到當時東勢 5 個庄的開墾甲數為 1,309 甲，換算每人平均的開墾面積有 1.1 甲。不過超過半數的開墾者，其開墾面積都不及一甲，甚至有僅達 0.0015 甲者，但也不乏面積廣大的重量級開墾者，尤其有四位總開墾面積超過 20 甲者

最為令人注目。

　　開墾甲數最多的是住在東勢角庄土名中嵙 286 番地的徐阿旺，開墾了東勢角庄土名中嵙 851（31.5825 甲）、1118（0.1150 甲）兩處，合計達 31.6975 甲、土地價格 855.84 円。其次是葫蘆墩街 582 番地呂琯星與石崗仔庄土名石崗仔 278 番地的黃定國，兩人共申請兩筆，一筆位在石壁坑庄 485（1.0425 甲）、486（1.275 甲）、521（10.4275 甲）、520（3.0975 甲）、483（0.139 甲）、501（0.1525 甲），合計 16.134 甲、161.36 円；另一筆位在石圍牆庄土名石圍牆 848，有 7.675 甲、76.75 円，兩處合計 23.809 甲、238.11 円。第三名是東勢角庄土名中嵙 593-1 番地的吳灶安，開墾東勢角庄土名中嵙 818（20.2425 甲）、1119（1.5950 甲）、1123（0.1175 甲），合計達 21.955，471.33；第四名為東勢角庄土名中嵙 138 番地張清揚，開墾東勢角庄土名中嵙 656（5.4675 甲）、731（0.5525 甲）、787（3.7575 甲）、789（0.4700 甲）、1127（1.1025 甲）番地，合計 11.53 甲、297.5 円，另一筆在東勢角庄土名中嵙 805 番地，有 9.035 甲、189.74 円；兩筆合計 20.565 甲、487.24 円。

　　上述五人中，除了呂琯星住在葫蘆墩街、黃定國住在石崗仔庄之外，其餘三位都是在地人，尤其都出自中嵙，是否當地隱身了不少財力雄厚的在地資本家或地主，值得進一步探討。另就族群屬性來看，徐阿旺與張清揚為客家人，黃定國與吳灶安族群屬性不詳，呂琯星出自神岡呂家，其戶籍種族欄登記雖為「福」，但實則為福老化的詔安客，似乎日治時期東勢的大墾戶仍以客家人為主。

3.開墾者的「事業版圖」

　　日治時期在東勢地區從事土地開墾的客家人，有的並非從事傳統農作出身，例如朱錦勳是以樟腦產業累積資本轉而從事土地開墾。明治 28 年 10 月，總督府公布「官有林野及樟腦製造業取締規則」，規定在清代經政府准許從事製腦業者，應重新提出申請。翌年 3 月撫墾署官制公布後，旋即頒行「樟腦製造業取締細則」，因此製腦業者乃相繼提出

申請繼續從事製腦事業。迄 1897 年 5 月，經核准者有 76 件，其中住在
揀東上堡東勢角街的朱錦勳、劉金標即向東勢角撫墾署提出申請在大茅
埔山製腦，大小鍋數 398，期限從當年 3 月至 10 月。[20]明治 38 年 10 月
朱錦勳（東勢角庄 74 番戶）向東勢角支廳提出申請開墾位於東勢角庄
土名中嵙字大窩，面積達 17,696 坪（約 6 甲）的官有原野豫約拂下地，
當地的地質適合開墾為旱田。官方之所以同意其開墾，一來是該地沒有
所謂「緣故關係」者，二來是朱錦勳本身的財力雄厚，擁有資本五千圓
以上，支出開墾經費毫無困難。在所附的戶籍資料中，朱錦勳登記的職
業為「商」，推測其土地開墾的資金來源，應是前一階段經營樟腦業所
得，[21]其開墾事業於明治 41 年完成。[22]

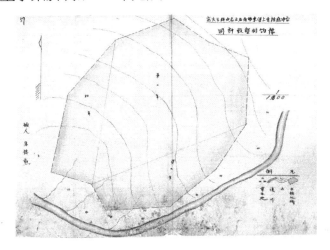

圖 2　朱錦勳申請開墾區域

資料來源：《公文類纂》1150 冊「朱錦勳出願官有原野豫約賣渡許可」，頁 57。

　　有些開墾者的事業同時跨足農、林、牧。如東勢角庄土名石角 457
番地的羅春水，其身分為保正，家庭規模高達 60 人。在 1917 年的放領
案中有兩處開墾區域，分別是東勢角庄土名石角 641（0.0225 甲）、655
（0.0200 甲）、649（1.0000 甲）、948（2.1875 甲）、815（0.2225 甲）番

20 王世慶，〈日據初期臺灣撫墾署始末〉，收錄在氏著，《清代臺灣社會經濟》（臺北：聯經，
　　1994 年），頁 525-535。
21 《公文類纂》1150 冊「朱錦勳出願官有原野豫約賣渡許可」，頁 49-59。
22 《公文類纂》5234 冊「豫約拂下地事業成功程度屆ノ件（朱錦勳）」，頁 1-2。

地，合計 3.4525 甲、83.52 元，[23]另一處是石角 800 番，0.7050 甲、14.8 元。[24]而在此之前，他早已會同其他人共同申請一處位於東勢角庄土名石角官有林 2 番之內土地調查區域外官有原野，用來作為養牛的放牧場。[25]此案開墾過程頗為漫長，先是 1914 年羅阿亮等 32 人貸渡經營牧場，預計從 1914 到 1934 共貸渡 20 年，用來作為養牛的放牧場，並訂定了「畜牛放牧場申合規約」，每年貸付料 15 円 13 錢，預計放牧 217 頭牛。[26]旋因經營困難，於同年返地；接著在 1915 年由羅阿亮（東勢角庄土名石角 457 番地）、羅春水（東勢角庄土名石角 457 番地）、蘇海龍（東勢角庄土名石角 97 番地）等三人以造林計畫的名義提出預約賣渡，面積 104.4999 甲，地價每甲 23 円，表面上由羅等三人提出，實際上為原來 30 餘人的共同事業。1925 預約賣渡官有原野 104 甲 4 分 9 厘 9 毫 9 絲，其中 2 分 9 厘 6 毫 5 絲返地，其他土地在 1932 年成功賣渡，由於當初測量有誤，經重新測量，總土地面積為 106 甲 6 分 2 厘 5 毫 5 絲。地價 2452 円 38 錢，用來進行相思樹造林，間作芭蕉。[27]另外，1917 年他還申請預約賣渡許可東勢角庄土名石角 6 番地 0.139 甲；[28] 1919 年他又申請開墾東勢角庄土名石角 0.2150 甲獲許可，1921 年賣渡成功，地代金 32 円 25 錢。而他之所以能屢次成功，正是因為「財力三千元以上，且有充分的農業經驗」。[29]

　　至於同時參加牧場開墾案的蘇海龍，本身也在 1917 年預約賣渡許可東勢角庄土名石角 15 番地 0.0850 甲（地代金 16 円 15 錢）。[30]

　　當然，也不乏「業餘」的開墾者。例如住在東勢角庄土名東勢角

23 《公文類纂》6464 冊「臺中廳管內官有林野拂下許可」，頁 463；《公文類纂》6452 冊「臺中廳管內保管林拂下許可」，頁 85。

24 《公文類纂》6464 冊「臺中廳管內官有林野拂下許可」，頁 472；《公文類纂》6472 冊「臺中廳管內官有林野拂下許可」，頁 173～175。

25 《公文類纂》2294 冊「羅春水外官有原野貸渡許可」，頁 194。

26 《公文類纂》2294 冊「羅春水外官有原野貸渡許可」，頁 194。

27 《公文類纂》4156 冊「羅春水外二名豫約賣渡許可地一部返地並成功賣渡願許可ノ件」，頁 522。

28 《公文類纂》2608 冊「羅春水官有原野豫約賣渡願許可ノ件」，頁 133。

29 《公文類纂》6979 冊「羅春水豫約開墾地成功賣渡報告」，頁 152。

30 《公文類纂》2628 冊「蘇海龍豫約開墾地成功賣渡願許可ノ件」，頁 50。

320 番地的王德基，申請開墾新伯公庄土名新伯公 410 番地的林野地 0.0225 甲，價格僅 0.61 元；[31]同時又申請開墾東勢角庄土名石角 4 番地，開墾面積為 0.0235 甲，於 1917 年預約賣渡許可，[32]而其戶籍資料登記的職業為「雜貨商」，開墾面積如此小，應與其職業非農作為主有關。

也有不少開墾家會四處找尋開墾的機會。例如前面提及開墾達 30 甲以上的徐阿旺，同年又獲得預約賣渡許可東勢角庄土名中料 27、29、26、30、31 地番的官有原野，總數有 0.564 甲，地代金 107 元 16 錢，預計開墾成田，而其家庭規模不過 6 人。[33]住在東勢角庄土名中料 135 番地的張石旺，開墾了東勢角庄土名中料 1168（0.1400 甲）、1177（0.7875 甲）、1173（0.1675 甲）、1222（0.0600 甲）、647（0.0950 甲）番地總計 1.25 甲的林野地，[34]同時也申請了中料 1、4、34、43 番地 0.2975 甲，1917 年預約賣渡許可，地代金 56 円 52 錢；[35]東勢角土名中料 599 番地（東勢庄字東勢 320 番）擔任木匠的吳阿米，申請開墾東勢角庄土名中料 1248 林野地 0.0225 甲，價格 0.47 元；[36]而前一年他已申請放領東勢角庄土名中料 597 番之 1 官有原野 1.6490 甲獲許可，賣渡代金達 362 円 78 錢。[37]根據戶籍資料登載，吳阿米的職業為「木匠」，有相當多次的遷出遷入，[38]或許正是由於四處尋找開墾的機會，遂造就了如此頻繁的遷徙紀錄。

---

[31] 《公文類纂》6464 冊「臺中廳管內官有林野拂下許可」，頁 76；《公文類纂》6466 冊「臺中廳管內官有林野拂下許可」，頁 91。

[32] 《公文類纂》2628 冊「王德基豫約開墾地成功賣渡願許可ノ件」，頁 63。

[33] 《公文類纂》2607 冊「徐阿旺官有原野豫約賣渡願許可ノ件」，頁 235。

[34] 《公文類纂》6464 冊「臺中廳管內官有林野拂下許可」，頁 386；《公文類纂》6451 冊「臺中廳管內保管林拂下許可」，頁 230。

[35] 《公文類纂》2628 冊「張石旺豫約開墾地成功賣渡願許可ノ件」，頁 42。

[36] 《公文類纂》6464 冊「臺中廳管內官有林野拂下許可」，頁 350。

[37] 《公文類纂》2735 冊「吳阿米官有林野拂下ノ件許可」，頁 227。

[38] 根據戶政查詢系統查詢得知，其遷徙紀錄如下；明治 45.05.04 寄留臺中廳揀東上堡東勢角庄土名東勢角 382 番地，大正 2.07.10 寄留臺中廳揀東上堡東勢角庄土名東勢角 320 番地；大正 3.07.09 退去寄留地；大正 8.01.24 轉居臺中廳揀東上堡東勢角庄土名中料 599 番地；大正 8.03.10 退去寄留地；大正 10.11.14 寄留新竹州竹南郡南庄田尾 8 番地。查詢日期 2016.10.20，感謝臺中市西區戶政事務所提供協助。

四、地政與戶政資料對區域開發的運用——大茅埔的個案研究

　　臺灣的地政及戶政系統，都在日治時代才完整建立，當時的資料甚至一直使用到戰後，原先公部門的行政資料，近年來已有不少學者將其運用在歷史研究上。[39]本節以東勢地區的大茅埔為例，嘗試探究地政及戶政資料所能傳遞的區域開發訊息。

（一）地籍資料

　　大茅埔的地籍圖共計有 40 幅，包含 35 幅 1/1,200 以及 5 幅 1/3,000，但由於當時的大茅埔境內包含了「要保管林野」或難以耕作的高山，因此右側山區地籍圖上為空白，須以東勢郡林野圖加以填補。[40]經過影像對位之後，大茅埔的地籍資訊如下：

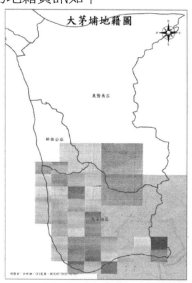

圖 3　大茅埔地籍圖與林野圖（影像對位後）

資料來源：原圖由中央研究院人社中心地圖與遙測影像數位典藏計畫室提供，筆者自行對位。

39　參見李宗信、顧雅文，〈近二十年來應用歷史地理資訊系統的回顧與展望：以臺灣區域史研究為例〉，《臺灣史研究》21：2（2014.6），頁 167-196。

40　感謝中央研究院地理資訊科學研究專題中心提供 150 磅藍晒圖及林野圖。

接著再將地籍圖中出現的地目及地番一一點出，作成大茅埔地番的
點圖層：

圖 4　大茅埔地籍圖中的地番分布

資料來源：據「圖 3」自行繪製而成

根據地籍圖統計的結果，日治時期大茅埔地區總共有 2,221 筆的資
料，絕大多數集中在人煙稠密的慶東里；其中田、畑部分有 1,388 筆、
林野部分有 402 筆，其餘則是建築用地或者道路、廟宇等。

如果套疊堡圖中的等高線，可以觀察到田、畑多分佈在高度一千六
百公尺以下，林野地則分布在一千六百公尺到兩千公尺間，或許可以約
略看出從清代到日治時代，漢人在大茅埔地區的高度推進過程，此時兩
千公尺以上的地區顯然尚未受到波及，此從地籍圖中的地目可以清楚觀
察出。以今天的行政區域而言，林野地帶主要集中在慶東里，以及慶福
里南端的一小部分地區。

接著將 1917 年官有林野放領的資料加入，當時有開墾者申請開墾
的地目共有 196 筆，放領的土地分布如下：

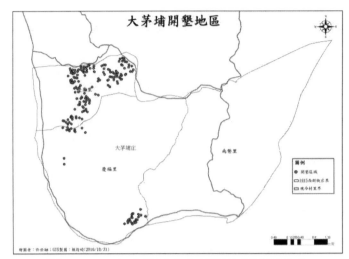

圖5　1917年大茅埔官有林野放領地番分布

資料來源：據「圖3」及《公文類纂》6464冊「臺中廳管內官有林野拂下許可」
自行繪製而成。

　　申請放領的開墾者幾乎都留下清楚的住所，如果套上其地番，又可
以發現到一個顯著的現象，大茅埔聚落所在的住民，多半就近開墾聚落
附近的林野地區，距離聚落稍遠的林野地，開墾者主要來自新伯公庄，
而七位庄外且距離較遠的開墾者（東勢角庄2、石圍牆庄2、土牛庄2、
朴子口庄1）則幾乎都集中在大茅埔庄最南端的原野地。

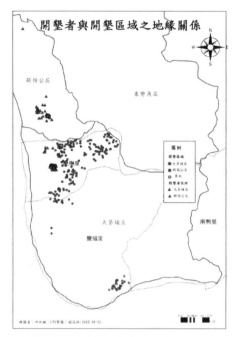

圖 6　1917 年大茅埔官有林野放領地番與申請開墾者住所分布
資料來源：同「圖4」。

（二）戶籍資料

大茅埔的開墾者共計有 159 筆，其中有 7 名開墾者在大茅埔的開墾資料不只一筆，如劉金利有三筆，黃阿賜、劉金舜、劉清海、劉發央、劉運來、鄧秋河各有兩筆。

表 7　大茅埔庄多筆開墾者統計

開墾者	住所	開墾區域	開墾面積	價格(円)	指令番號	地目
劉金利	大茅埔庄 445 番地	大茅埔庄 1238 番地	0.1875 甲	4.50	10980	林
		大茅埔庄 1400(0.8125 甲)、1379(1.6750 甲)、1394(11.7675 甲)番地	14.2550 甲	342.12	10881	林
		大茅埔庄 1377 番地	0.0100 甲	0.27	10861	林

黃阿賜	新伯公庄土名上城29番地	大茅埔庄1117(1.2425甲)、1145(0.2125甲)、1122(0.1800甲)番地	1.6350甲	36.72	10937	林
		大茅埔庄1151(0.0900甲)、1150(1.9575甲)、1110(0.3700甲)番地	2.4175甲	56.76	10939	林
劉金辨	大茅埔庄445番地	大茅埔庄1238番地	0.1875甲	4.50	10980	林
		大茅埔庄1400(0.8125甲)、1379(1.6750甲)、1394(11.7675甲)番地	14.2550甲	342.12	10881	林
劉清海	新伯公庄土名上城68-2番地	大茅埔庄1243(1.6700甲)、1234(0.1675甲)、1398(0.9625甲)番地	2.8000甲	67.20	10880	林
		大茅埔庄1325番地	0.0400甲	0.96	10858	林
劉發央	大茅埔庄445番地	大茅埔庄1400(0.8125甲)、1379(1.6750甲)、1394(11.7675甲)番地	14.2550甲	342.12	10881	林
		大茅埔庄1238番地	0.1875甲	4.50	10980	林
劉運來	新伯公庄土名下城23番地	大茅埔庄1175番地	0.1025甲	2.46	10865	林
		大茅埔庄1210番地	0.9500甲	22.80	10882	林
鄧秋河	大茅埔庄463番地	大茅埔庄1214番地	0.2350甲	5.64	10962	林
		大茅埔庄1359番地	1.1625甲	31.39	10982	林

資料來源：《公文類纂》6464冊「臺中廳管內官有林野拂下許可」。

　　扣除上述重複者後，計有151位開墾者，特過戶政系統無法查詢或族群屬性不詳的有6筆，剩下的145筆，種族欄登記為「福」的有4筆，僅占了2.8%，亦即，九成七以上的開墾者為客家人。

　　以職業別區分，大多數開墾者仍以農業勞動者為主，占了將近四分之三（108/145），其次是苦力及雜貨商，各有8人及5人。還有一些比較特別的職業，如地理師、腦丁、木匠、理髮業等。

表 8　大茅埔庄開墾者職業統計

職業別	個數
田畑作(田作、畑作)	108
苦力	8
雜貨商	5
腦丁	2
地理師	2
豆腐製造業	1
左官(木匠)	1
獸肉販賣役	1
菓物商兼日傭	1
理髮業	1
區長	1
未註記	14
總計	145

資料來源：據戶政系統查詢而得。

　　值得注意的是住在東勢角庄土名東勢角 383 番地的劉智蘭，曾擔任過揀東上堡第十區（1898-1899）、大茅埔區（1900-1901）的街庄長，以及東勢角區長（1910-1912），1917 年時他申請開墾的地方為大茅埔庄 1043-37（2.0370 甲）、1043-39（0.4845 甲）番地，屬於原野地，合計有 2.5215 甲，土地價格為 55.47 元。此外，亦有兩位開墾者身兼公職，一為保正吳枝來，當時的住所在新伯公庄土名上城 29 番地，申請開墾的地方為大茅埔庄 1130（0.2975 甲）、1198（1.3775 甲）番地，屬於林野地，合計有 1.6750 甲，土地價格為 20.92 元；另一位為甲長黃石妹，住所在新伯公庄土名上城 29 番地，申請開墾的地方為大茅埔庄 1119（0.3000 甲）、1115（0.2000 甲）番地，屬於林野地，合計有 0.5000 甲，土地價格為 12.00 元。

　　另外，透過戶政查詢系統，也可以勾勒出開墾者彼此間的親屬關係，比較容易查知的是兄弟檔，將戶籍資料中父姓名加以排序的結果，發現有 15 組的兄弟檔，合計達 35 人。

表9　大茅埔庄開墾者親屬關係統計

父姓名	兄弟名
劉阿城	劉阿申、劉阿賢、劉阿賢、劉阿秀
許石生	許老番、許細妹、許春蘭
劉吉宿	劉金粦、劉金利、劉金平
劉吉祿	劉石合、劉石鴻、劉春梅
羅三滿	羅慶臺、羅慶富、羅慶榮
朱學運	朱志方、朱阿橫
李阿咸	李阿梨、李阿旺
徐阿添	徐吳冉、徐阿德
張廖歪	張阿雅、張阿祿
陳立昌	陳學賢、陳學禮
陳油添	陳石、陳阿連
黃水清	黃阿賜、黃阿平
黃番婆	黃意、黃矮
劉昇友	劉阿福、劉阿壽
簡水旺	簡金寶、簡金才

資料來源：據戶政系統查詢而得。

五、結論

　　不同於清領時期漢人的土地拓墾泰半集中在平地或較易取得水源的低地區域，日治時期臺灣的土地拓墾轉向高海拔的山林原野地區，同時開墾者無法像清領時期各行其是，而是必須在新統治者的統一規範下進行。本文利用大正年間臺中廳官有原野放領的相關檔案，藉以探究日治時期東勢地區土地拓墾的情況。

　　以族群屬性而言，此地自日治初期以後即為客家優勢區域，且位於清領時期以來的番界邊緣，未墾地尚多，乃吸引了諸多本地或外地前來開墾的客家人。以開墾者的來源來看，東勢地區的土地開墾，仍以同庄的開墾者為主力，除了個別區域外，跨區開墾的情形並不普遍。儘管如此，依舊可以見到部份跨縣市的長程土地開墾者，其中雖不乏具地緣關

係者，但也見到部分北客南來，又以鄰近的苗栗縣卓蘭鎮最多。其職業從農作、藥種商、苦力、木匠、菸草製造等皆有。以開墾面積來看，平均每人約有 1.1 甲，不過超過半數的開墾者都不及一甲，但也有超過 20 甲、面積廣大的重量級開墾者。就開墾者的事業版圖而言，有的是先從事樟腦產業獲利之後，再投入大批的土地開墾；有的除了投入林野開墾外，也不忘情傳統的水、旱田；有的甚至合股投資設立牧場，歷 20 年始告成功；有些開墾者的背景較為特殊，例如具有區長、保正、甲長等身分。

最後，本文以大茅埔為個案，嘗試結合地政及戶政系統，得以清楚的呈現日治時期大茅埔地區新開墾地的海拔高度、分佈範圍、開墾者與開墾區域的相對關係，甚至開墾者的職業、親屬關係等。

李文良認為，林野整理的主要意義是，對於總督府先前已經釋放的林野使用權，進一步給予業主權。而總督府在兼顧林野經營的同時，基於政治穩定的考量，將林野利權做「合理」分配，邊區零細農民、本島資產家及內地系資本家同時取得林野利權。[41]由本文的初步研究來看，除了內地系資本家外，日治時期東勢地區的林野拓墾，確實是「邊區零細農民」及「本島資產家」兼有，且前者的比重似乎還較後者為多。

---

41 李文良，〈日治時期臺灣林野整理事業之研究：以桃園大溪地區為中心〉（臺北：國立臺灣大學歷史學研究所碩士論文，1995 年），頁 15。

附錄　1917 年臺中廳管內官有林野拂下許可

堡名	庄名	土名	筆數	件數	面積	代金
揀東上堡	翁仔庄		72	37	79.4695	1,539.78
	鐮仔坑口庄		36	26	31.0427	515.50
	朴仔口庄		17	17	37.0850	354.30
	聚興庄		58	28	84.6040	1,269.66
	新伯公庄	上城	69	45	46.4157	1,235.26
		番社	44	34	22.0575	512.85
		新伯公	109	77	58.7190	1,520.65
	上南坑庄		51	46	87.7320	1,594.29
	下南坑庄		97	69	136.8255	2,525.61
	石壁坑庄		177	93	178.1265	2,539.86
	仙塘坪庄		138	88	88.5110	1,705.20
	水底寮庄	上水底寮	116	56	76.1125	2,067.57
		下水底寮	89	36	32.0904	755.87
	七份庄	七份	48	27	35.6940	876.31
		水井仔	49	30	23.0845	489.50
		十份	36	21	5.4170	105.78
	新社庄	食水科	98	54	55.8032	1,254.25
		復盛	11	9	6.0780	156.43
		新社	32	19	11.7485	282.87
	大南庄	番社嶺	94	57	77.4825	1,705.97
		大南	26	19	8.5980	205.16
	石崗仔庄	金星面	223	128	212.4720	5,148.68
		九房厝	13	11	8.1930	207.20
		石崗仔	4	3	0.5669	10.25

	石圍牆庄	埤頭山	47	30	28.0915	528.81
		石圍牆	257	186	214.7191	4,546.92
	東勢角庄	中科	464	281	411.1525	9,968.75
		石角	326	181	228.3165	5,251.63
	大坑庄		181	95	391.3375	8,911.97
	大茅埔庄		199	132	121.4555	2,705.68
揀東下堡	軍功寮庄		45	26	27.8172	595.30
	部仔庄		24	11	67.8685	1,222.13
貓羅堡	阿罩霧庄	阿罩霧	13	10	5.5990	193.83
		坑口	18	2	7.7505	277.79
		北溝	7	5	14.5455	495.79
藍興堡	車籠埔庄	車籠埔	51	9	14.8845	568.17
		黃竹坑	13	1	20.5805	518.40
	三汴庄		241	61	134.8444	3,072.59
苗栗三堡	頂店庄		8	8	6.1390	91.99
	鐵砧山腳庄		12	8	2.7405	43.32

資料來源：《公文類纂》6464 冊「臺中廳管內官有林野拂下許可」。

日治初期臺南大新營地區的族群與寺廟

摘要

　　本研究所指的大新營地區，係指八掌溪以南的急水溪沿岸。以行政區域來看，涵蓋了日治初期鹽水港廳當中的下茄苳北堡、下茄苳南堡、太子宮堡、白鬚公潭堡（僅白沙墩庄）、果毅後堡、哆囉嘓西堡、哆囉嘓東下堡、哆囉嘓東頂、鐵線橋堡、鹽水港堡等地，相當於今日新營、柳營、白河、後壁、鹽水、東山等區。研究方式主要以地理資訊系統作為工具，透過文獻資料的比對，將中研院祠廟主題地圖中大新營部分一一標示清楚，同時檢視研究範圍在日治時期的寺廟分布與族群間的相互關係。

　　以族群分布情形而言，日治初期大新營地區大致是：居於西端的鹽水、新營主要為泉州優占區；後壁的東半和西半壁壘分明，西半與鹽水、新營相接之地亦為泉州優占，東半鄰近白河處則為漳州優占；急水溪南的柳營為漳泉混居，漳州雖稍占優勢，但漳泉差異不大；且上述四地的族群僅有漳、泉二系，屬性相對單純。至於東部近山的白河及東山，原則上以漳州較占優勢，亦有部分的泉州、客家優占區，而原居此地的平埔族也依舊可見到其蹤影，不論是白河的白水溪、岩前、六重溪，抑或是東山的吉貝耍、北寮仔，都還是近乎純「熟」的生活空間。

　　在宗教信仰上，本區域的神明以王爺最多，其次則是媽祖、玄天上帝、中壇元帥，具有漳泉祖籍意味的神明總計不到 10 座，且其分布不見得按照族群分布的實際狀況。以往認為漢移民「所攜奉之神像香火，依籍貫而有所不同，漳州人部落多奉祀開漳聖王，泉州之同安縣人多奉祀保生大帝，泉州之安溪縣人多奉祀清水祖師」在大新營地區顯然並不適用。之所以會有這種認知上的落差，可能原因之一是漳泉移民原鄉的宗教信仰早已打破祖籍的畛域，所以移民不見得從原鄉只會帶來特定的祖籍神；原因之二是取決於臺灣漢移民在信仰取向上的「務實」性格，

能否發展為該區的信仰，端看其是否「靈驗」。透過臺南地區北部的統計觀察，可以發現，本區域的祀神崇拜與祖籍間不必然呈現正相關。移民建立寺廟加以膜拜的因素很多，僅以其祖籍來源似乎不足以涵蓋一切。

關鍵字：地理資訊系統、寺廟、臺灣堡圖、八掌溪、急水溪

一、前言

　　早期研究臺灣閩粵族群與宗教關係的學者，普遍有一個認知，認為移民欲渡海謀生時，首先的難題是如何平安地越過重洋臺灣海峽之風險，又要防土著先住民之襲擊，彼等為祈求神佛庇佑平安、幸運，避免一切災禍，乃多從其故鄉寺廟祈求香火或攜奉神像來臺，其所攜奉之神像香火，依籍貫而有所不同，漳州人部落多奉祀開漳聖王，泉州之同安縣人多奉祀保生大帝，泉州之安溪縣人多奉祀清水祖師，客家人則多奉祀三山國王，因此往昔以其鄉村所奉祀之神明，即可判斷其祖籍。[1]這種說法，也透過教科書的傳播，成為一種根深蒂固的理論。[2]

　　真實的狀況是否如此？由於清領時期，對於漢移民來臺的相關記載，不論是族群分布概況，或者寺廟的相關統計，多半是語焉不詳，欲較為全面的了解兩者間之關聯性，稍嫌不足，故始終缺乏實際的驗證。到了 19 世紀末日本統治臺灣後，開始有全面性調查工作，對了解臺灣的族群或宗教信仰提供不少的參考資料；特別是在日治初期由於日本尚未完全掌握臺灣，傳統的社會紐帶仍未解體，人群的移動性也不如日後之大，因而當時所進行的調查，很能反映清代時期（至少是清晚期）的漢人祖籍與宗教信仰概況。

　　本文的目的，即是試圖利用日治初期有關臺南的族群與寺廟調查資料，來比對出兩者之間的關聯性。漢人前來臺灣拓墾，大致上是以臺南為中心向南向北發展，臺南可以視為是早期漢人移民的前哨站，如果真有前述的關聯性，那麼透過臺南地區早期的寺廟與族群分布情形的觀察，應當可以看出端倪。受限於時間，本文將先以臺南最北端的「大新營地區」作為研究範圍。以地理範圍來說，大致位於八掌溪以南的急水溪沿岸。以行政區域來看，涵蓋了日治初期鹽水港廳當中的下茄苳北

---

[1] 王世慶，〈民間信仰在不同祖籍移民的鄉村之歷史〉，《清代臺灣社會經濟》（臺北：聯經，1994），頁 318-320。

[2] 可參考張勝彥、吳文星、溫振華、戴寶村，《臺灣開發史》（臺北：空大，1996），頁 141-142；黃秀政、張勝彥、吳文星著，《臺灣史》（臺北：五南，2005），頁 107-108。

堡、下茄苳南堡、太子宮堡、白鬚公潭堡（僅白沙墩庄）、果毅後堡、
哆囉嘓西堡、哆囉嘓東下堡、哆囉嘓東頂、鐵線橋堡、鹽水港堡等地，
也就是 1920 年之後的新營郡所轄的新營、柳營、白河、後壁、鹽水、
番社等庄，相當於今日大臺南市的新營、柳營、白河、後壁、鹽水、東
山等區。

　　研究方法上，寺廟的數量主要以出現在 1904 年所測繪的《臺灣堡
圖》上之寺廟圖徵為主，嘗試將其與明治 31 年（1898）以來所進行的
數次宗教寺廟調查之文獻相結合，來繪出日治初期該地區的寺廟分布概
況，其次則將筆者前年所繪製的 1901 年臺南地區族群分布圖中大新營
地區的族群分布圖重新繪製，接著將兩者相比對，以觀察其間的關聯
性。[3]

　　以下將先大致介紹本文的研究資料與方法，接著透過族群分布圖及
文獻調查來描述研究區域的開發與族群分布狀況，最後再討論族群與信
仰之間的相關性。

二、研究資料及研究方法概述

　　清代的方志當中，雖有不少關於當時已存在寺廟的記載，但因所書
寫的區域過於含糊，加上其時的地圖繪製方式仍以傳統的山水畫法居
多，佔現存清代臺灣地圖總數近七成。其主要特色是在符號上多採逼真
的「寫景式」符號，由於比例控制不佳，因此其幾何形狀正確性普遍偏
低，被稱為「經驗製圖法」。[4]

---

[3] 由於主要的史料為 1898-1904 年間的寺廟、族群調查以及《臺灣堡圖》，因而本文所稱的「日
　治初期」，大致即以 1904 年為斷限。

[4] 清代的地圖繪製方式，計有屬於傳統中國式的山水畫法、計里畫方法、丈量山水畫併用法；
　中西合用的經緯度計里畫方併用法，以及純西式測繪的經緯度三角測量法等，除了山水畫
　法有 111 幅外，計里畫方法有 17 幅，侷限在清代中、末葉使用，不僅數量不多，也只出現
　在分縣地圖等三數種地圖中；丈量山水畫併用法有 70 餘幅，幾乎全是堡里庄界圖，年代上
　也僅限於光緒朝，來源主要為《簡明總括圖冊》、《淡新檔案》、《恆春縣志》等。絕大
　多數為光緒年間清賦事業的直接間接產物，只有少數為土地申告或土地糾紛時勘丈之圖；
　中西合用的經緯度計里畫方併用法有 22 幅，絕大多數集中在清末，且以分縣地圖居多；至

　　本文的書寫，主要是利用日治初期的調查資料，可分為「圖」、「文」兩部分：「圖」的部分係指《臺灣堡圖》中的寺廟圖徵。日本治臺五十年，曾先後調製六套中比例尺的臺灣實測地形圖，其中明治 31 年（1898）為實施土地調查而設立「臨時臺灣土地調查局」，並將製作地形圖列為該局實施土地調查的三大目的之一。歷經六年餘的作業，於明治 37 年完成地形測量，並調製 466 張二萬分之一地形原圖（含一張一覽圖），通稱為《臺灣堡圖》。由於經過嚴謹的作業程序，即使百年後的今天，臺灣西部廣大鄉村地帶的土地管理和基層行政區劃，仍舊未脫其所畫下的空間界線。其製作方式，大致是由臨時土地調查局人員在現地測繪原圖，再連接成聯絡圖，轉繪成一千二百分之一的庄圖，經過更細緻的測量之後，調製為堡圖原圖，因此，圖上涵蓋了當時臺灣多數地區的地形地貌，乃至行政境界等。[5]其中也涵蓋了當時調查人員所見到的寺廟，堡圖當中將其區別為神祠、寺院、祠廟三部分。祠廟及寺院，中研院曾將其編修為「日治時期臺灣祠廟分布圖」及「日治時期佛教寺院分布圖」。筆者透過 CCTS 下載，祠廟的部分全臺計有 1643 筆，位於本研究區內有 94 筆；寺院部分有 30 筆，位於本研究區有 1 筆。[6]該圖層乃依照臺灣堡圖上的圖徵所繪製，不過很可惜僅為點的標記，並未賦予各點資料，包括寺廟名、主神、建立年代等；而且筆者將中研院的祠廟圖層與臺灣堡圖套疊後，發現有部分遺漏的寺廟點，如位於臺南廳內新化南里南庄的尖山太子廟、保東里頂山腳庄的王爺廟等。換言之，即使堡圖中的寺廟圖層已被建立，但因缺少進一步註明其屬性資料，使得此圖層

於純西式測繪的經緯度三角測量法僅有 9 幅，且除了「光緒輿圖並說澎湖廳圖」外，均為全圖，又絕大多數出自內府的重要典籍之中，如《古今圖書集成》、《大清一統志》、《欽定大清會典圖》等，年代上則以康、雍、乾三朝居多，清末殊少。參見夏黎明，《清代臺灣地圖演變史》（臺北：知書房，1996），頁 41-59。

5　施添福，〈『臺灣堡圖』日本治臺的基本圖〉，收錄在遠流復刻版《臺灣堡圖》導讀（臺北：遠流，1996），頁 1-6。

6　「日治時期臺灣祠廟分布圖」（網址：http://thcts.sinica.edu.tw/themes/rd15-01013.php）、「日治時期佛教寺院分布圖」（網址：http://thcts.sinica.edu.tw/themes/rd15-01012.php），中央研究院，《臺灣歷史文化地圖系統》第一版，（臺北，中央研究院，2003 年 9 月），查詢日期及下載時間：2012.12.6。

對日後的研究存在一些使用上的困難，惟其優點則是指出寺廟所在於圖上的精確位置。

至於「文」的部分，族群方面將利用 1901 年的「關於本島發達之沿革調查」、1926 年「臺灣在籍漢民族鄉貫別調查」[7] 以及戰後本研究區所修撰的地方志來加以探討。宗教寺廟部分，筆者將利用日治時代以迄戰後的相關調查，日治時期的宗教調查主要有兩次：一次是在明治 31 年初，由臺灣總督府民政局長發函給各廳長，要求其調查各廳的社寺廟宇及其他布教相關事項，以作為將來施政參考。[8]其調查內容大致分為「社寺廟宇名稱」、「社寺廟宇建物」、「社寺廟宇敷地」、「附屬財產」、「建立年代」、「所在地名」等項目。因為是首度的大規模調查，具有相當珍貴的史料價值，當中所載的寺廟，幾乎就是漢人入臺以後以迄日本領臺以前的總整理，由寺廟建築物及財產，也可觀察推斷出當時寺廟的規模；加上所登記的地名是 1901 年街庄整併前的舊地名，比起大正及昭和年間的寺廟調查而言，更能指出精確的位置所在；不過由於當時的統治還未上軌道，本調查仍稍嫌粗略，不但缺乏主、副神的登記，有關廟名以及創建年代、所在地區等有部分書寫錯誤或語焉不詳，且各地調查結果良莠不齊，以臺南而言，本表登記寺廟約三百八十餘筆，但初步核對堡圖上的寺廟圖徵，本時期臺南的寺廟應有四百九十筆左右。其次則是大正 4 年（1915）西來庵事件爆發以後，日本政府再次注意到宗教問題的重要性，派遣丸井圭治郎負責，動員各地公學校教員、警察、宗教事務科員，對全臺各地廟宇進行實際調查，建立一套龐大的寺廟調查資料，這就是後來各州廳的《調查書》、《宗教臺帳》、《神明會祭祀公業臺帳》與《寺廟臺帳》。[9]其內容包括寺廟名、所在地、主神、創立時間等，

---

[7] 關於此兩次調查的背景敘述，請參見許世融、黃依婷、李宜娟，〈廿世紀初期臺南地區的族群分布概況—從一份未出版的統計資料談起〉，收錄在《2010-2011 臺南人文與環境文化-文化與區域研究學術研討會論文集》(臺南國立臺南大學文化與自然資源學系，2012)，頁 313-334。

[8] 「社寺廟宇調」，《臺灣總督府公文類纂》第 395 冊，頁 11。

[9] 卓克華，《從寺廟發現歷史：臺灣寺廟文獻之解讀與意涵》（臺北：揚智文化，2003），頁 29-30。

與研究範圍相關的部分計有：臺南市寺廟臺帳（一）上、（一）下、（二）、（三）上、（三）下等五本，為手寫內容，在中研院人文社會科學聯合圖書館藏有影印副本。此外，臺南的部分，還有昭和 5 年末相良吉哉依上述的祠廟臺帳（調查報告書）為基礎，派人至各地複查所得資料而出版的《臺南州祠廟名鑑》，[10]內容對祠廟有詳盡紀載，包括廟名、所在地、祭祀神、建廟時間、建廟緣由等，由於改為印刷字體，相較於寺廟臺帳更便於辨識。戰後先是在 1959 年有一次由臺灣省文獻會劉枝萬先生（後任職民族所，於 1989 年退休）所主持的全臺性宗教調查，內容包含當時全省神壇、神明會、寺院、教會、教堂等各宗教、團體；1983 年進行全國寺廟登記則較側重佛、道教的寺廟與僧團，這兩次的資料多半典藏在中央研究院民族學研究所。

　　2001 年中研院民族所與臺史所開始籌備建置「中研院宗教調查資料庫」，根據兩單位所典藏之宗教調查資料進行建置，調查記錄的時間從日治明治時期到民國 80 年代為止，其中臺史所部份以日治時期的宗教臺帳為大宗，大約可分成寺廟及宗教團體兩大類，為官方規劃進行之臺灣宗教全面性普查記錄，初始調查時間集中在大正年間，約佔總資料量的三分之一強，其後至昭和年間之資料更迭亦多於此原始資料上修改，實為記述日治時期臺灣宗教組織與活動之珍貴史料。民族所部份則以 1959、1983 年兩次全國各縣市宗教調查資料為主。[11]該資料庫當中，與臺南地區相關的部分約有三千多筆，是本文另一項重要的文獻來源。

　　再者，內政部亦設有「全國宗教資訊系統」，將依法登記於內政部之廟宇相關資訊詳列於該系統，與臺南相關之資料約有一千六百多筆，記載項目包括廟宇名、主祀神祇、地址等，皆可以與前述史料作一參照驗證。[12]其他還有由省政府民政廳等單位所出版的寺廟調查，也提供本

---

10 相良吉哉，《臺南州祠廟名鑑》（臺南：臺灣日日新報，1933，2002 年臺北大通書局復刻本），「緒言」。

11 「中研院宗教調查資料庫簡介」。網址：http://140.109.128.168:8080/religionapp/start.htm（查詢時間：2013/2/16）。

12 內政部「全國宗教資訊系統」。網址：http://religion.moi.gov.tw/web/index.aspx（查詢時間：2013/2/16）。

研究參考的資料。[13]

進行方式也分圖、文兩部分：圖的部分，首先是將前記中研院已編修的「日治時期臺灣祠廟分布圖」及「日治時期佛教寺院分布圖」寺廟圖徵標記的位置所在之堡圖地名與現在村里名標記在圖層的屬性表格當中，此部分經清查，堡圖上的寺廟點共有 96 筆；其次將其與現在地圖相套疊，查看堡圖當中有寺廟點的位置現在是否仍有寺廟存在，若有，暫時將現在的寺廟名稱標註上去；若無，則暫時書以「未明」。文的部分，「社寺廟宇調」當中屬於本區域的僅有 42 筆，未能涵蓋所有的寺廟點，不過其情形也相對單純，除極少數疑似廟名寫錯外，並不會出現重複的現象；《臺南州祠廟名鑑》由於調查時間在 1930 年，因此須將其中出現在堡圖完成之後的寺廟加以排除，再逐一將其與圖上寺廟點配對；至於「中研院宗教調查資料庫」當中本研究區域的寺廟資料總計高達 363 筆，其中不乏歷次調查一再重複資料，因而筆者先將各可能指向同一座寺廟的資料整合在一起，再按照其新舊地名與堡圖上的寺廟點加以配對。經配對結果，發現堡圖當中至少缺漏了 3 個寺廟點，這 3 個寺廟點不但在各個文獻資料庫當中一再出現，且目前依舊存在，因而參考當代的地圖將該寺廟點補上，如此，本研究區域在日治初期的寺廟約有 99 座，此即本文據以分析的寺廟點。

三、研究區域開發歷程與族群分布

本區域的漢人入墾，可以溯至鄭氏時期仿效屯田實行的軍屯制度。鄭成功為了解決軍糧問題，派官兵分駐在各地墾田，當時建立的新營、後鎮（新營）、舊營（鹽水）、查畝營、五軍營、果毅（柳營）、本協（後壁）等軍屯庄所即位於本區內。[14]其中尤以鹽水開墾拓殖的時間更早，明永曆 16 年（1662 年）鄭成功部將泉州人何積善與范文章率部隊開墾

---

[13] 臺灣省政府民政廳編印，《臺灣省各縣市寺廟概況表》（南投：臺灣省政府民政廳，1982）。

[14] 何林墾等，《新營市志》（臺南：新營市公所，1997），頁 3-5；中華綜合發展研究院應用史學研究所，《柳營鄉志》（臺南：柳營鄉公所，1999），頁 79。

於急水溪與八掌溪之三角地帶，人口漸眾；繼而陳永華次子陳漢光率泉州一百四十餘戶至此墾地務農，漸成聚落。[15]由於該地官兵民眷多來自福建漳州，為備清兵來襲，部分遷居今新營，因而鹽水稱為「舊營」，今日的新營則成為其相對稱呼。[16]此外還設有專門負責農地丈量與分配的營部，稱為「查畝營」，也就是今柳營。[17]

軍屯之外，一般百姓也相繼由原鄉前來拓墾。大致說來，這些拓墾的先驅，應當是由舊鹽水港外的「倒風內海」循著急水溪與八掌溪進入本區域。[18]

儘管當時漢人移入臺南地區的人數居冠，不過由於整體來臺的漢人人數尚不多，加上有不少在明清鼎革之際又回到中國大陸去，所以漢移民在臺南地區的分布尚非全面性。1683 年清廷攻臺後，翌年設立鳳山、臺灣、諸羅三縣，縣治咸集於今日臺南縣境，且當時合法的對渡口岸僅有鹿耳門一地，使得臺南地區的漢人移入數量驟增。到了康熙末年，亦即 18 世紀初期，由於漢人在臺南地區的開墾大致呈現飽和狀況，源於生產物資的爭奪，使得當時部分敏銳的士紳，已充分感受到臺灣內部存在著高度的緊張感，社會已經瀕臨動亂邊緣。[19]因而相關的方志開始提及本區域的族群關係。《諸羅縣志》提到：

> 諸羅自急水溪以下，距郡治不遠，俗頗與臺灣同；自下加冬至斗六門，客莊、漳泉人相半，稍失之野；然近縣故畏法。斗六以北客莊愈多，雜諸番而各自為俗，風景亦殊郵以下矣。[20]

---

15 謝宏昌等，《鹽水鎮志》（臺南：鹽水鎮公所，1998），頁 1。

16 何林墾等，《新營市志》，頁 3-4~3-5。

17 中華綜合發展研究院應用史學研究所，《柳營鄉志》，頁 89。

18 如《白河鎮志》將白河的漢人街庄分為「急水溪派」，包含：大排竹、海豐厝、客庄內、崁頭、糞箕湖，及「八掌溪派」，包含：蓮潭、北埔、崎內、馬稠後、甘宅、詔安厝兩大系統。參見張溪南等，《白河鎮志》（臺南：白河鎮公所，1998），頁 78。

19 李文良，〈清初臺灣方志的「客家」書寫與社會相〉，《臺大歷史學報》第 31 期（臺北：國立臺灣大學歷史系，2003.06），頁 162。此外，陳捷先認為臺灣府屬下的三個縣相繼趕製縣志，而且把修志當作「急務」，正反映清政府在臺南地區的統治漸漸就緒。參見陳捷先，《清代臺灣方志研究》（臺北：學生書局，1996），頁 85。

20 周鍾瑄主修，《諸羅縣志》〔臺北：臺灣銀行經濟研究室，臺灣文獻叢刊（以下簡稱《文叢》）第 14 種，1958〕，頁 136-137。

《臺灣縣志》則說：

> 臺無客莊（客莊，潮人所居之莊也。北路自諸羅山以上、南路自
> 淡水溪而下，類皆潮人聚集以耕，名曰客人，故莊亦稱客莊。每
> 莊至數百人，少者亦百餘，漳、泉之人不與焉，以其不同類也），
> 比戶而居者，非泉人、則漳人也。[21]

　　上文中的「下加冬」即今日後壁區嘉苳村附近，位於急水溪北岸，
故《諸羅縣志》作者以之與「急水溪」對稱，似乎隱含著急水溪以南主
要為漳、泉人，以北則混雜了潮人之分布情形。若果真如此，則本區域
至少從 18 世紀初起，已有漳、泉、潮（不一定是今日所謂的客家），以
及平埔族的分布，族群色彩較府城周邊地區來得豐富。不過其詳細情形
如何？由於清朝的相關志書並未詳載，無法得知。

　　一般研究臺灣漢人族群分布的學者，多半會利用到 1928 年出版
（1926 年調查）的「臺灣在籍漢民族鄉貫別調查」，隨著這份調查一起
出現的「臺灣在籍漢民族鄉貫別分布圖」中，有關大新營地區的族群概
況如下：（圖 1）

圖 1　1926 年大新營地區族群分布概況
資料來源：臺灣總督官房調查課，《臺灣在籍漢民族鄉貫別調查》（臺北：臺灣時

---

21 陳文達主修，《臺灣縣志》（臺北：臺灣銀行經濟研究室，《文叢》第 103 種，1961），頁
　57。

報發行所，1928）附圖，本圖電子檔由洪惟仁教授提供，特此致謝。圖中紅線由
筆者所繪。

　　上圖提供了一個簡單的概念：大新營地區的六個鄉鎮族群主要來自
漳、泉，大致分屬三個祖籍社群，其中鹽水為泉州三邑優占區、後壁為
泉州安溪優占區，其餘地方則是漳州優占區。為了更進一步了解其族群
屬性，筆者將調查表中有關本研究區域的族群分布情形表列如下：

表 1　1926 年大新營地區漢人祖籍調查表（單位：人）

祖籍別	泉州府	漳州府	汀州府	龍巖州	福州府	興化府	永春州	福建計	潮洲府	嘉應州	惠州府	廣東計	其他	總計
鹽水街	16,400	1,300	0	0	0	0	0	17,700	0	0	0	0	0	17,700
新營庄	6,200	7,500	0	0	0	0	0	13,700	0	0	0	0	0	13,700
柳營庄	3,500	5,700	0	0	0	0	0	9,200	0	0	0	0	0	9,200
後壁庄	12,000	2,800	0	0	0	0	0	14,800	0	0	0	0	0	14,800
白河庄	100	15,600	100	0	0	0	0	15,800	500	100	100	700	300	16,800
番社庄	4,900	3,200	1,500	500	100	200	300	10,700	200	100	500	800	1,000	12,500

資料來源：臺灣總督官房調查課，《臺灣在籍漢民族鄉貫別調查》（臺北：臺灣時
報發行所，1928），頁 20-23。

　　依照上表所列調查數字，大新營地區的漢族分布情形應為：鹽水
街、後壁庄、番社庄為泉州優勢區，新營庄、柳營庄、白河庄為漳州優

勢區；且鹽水、新營、柳營、後壁四區為純漳泉人分布區，白河及番社則參雜了福建的汀州、龍巖州、興化、永春，廣東的潮、惠、嘉應諸州，以及表上未列的「其他」地區。表和圖的矛盾，是本項資料的第一個問題，第二個問題則是整個鄉鎮的族群屬性是否會一致？換言之，以鄉鎮層級所統計或繪製出的族群分布，是否會忽略了小地方的族群特性？

筆者曾利用 1901 年總督府所進行的「關於本島發達之沿革調查」繪製成日治初期臺南地區的族群分布圖，其中有關本區域的族群統計資料如下：

表 2　1901 年大新營地區族群統計（單位：人）

鄉鎮	泉州	%	漳州	%	廣東	%	熟番	%	其他	%	合計
白河	1,669	11.58%	11,559	80.17%	412	2.86%	778	5.40%	0	0.00%	14,418
東山	3,683	29.57%	7,389	59.32%	549	4.41%	836	6.71%	0	0.00%	12,457
後壁	9,915	74.39%	3,357	25.19%	56	0.42%	0	0.00%	0	0.00%	13,328
柳營	3,819	44.37%	4,749	55.17%	24	0.28%	0	0.00%	16	0.19%	8,608
新營	6,170	50.33%	5,926	48.34%	0	0.00%	0	0.00%	164	1.34%	12,260
鹽水	14,664	83.51%	2,895	16.49%	0	0.00%	0	0.00%	0	0.00%	17,559

資料來源：據「本島發達ニ關スル沿革調查ノ件」（二冊ノ二），臺灣總督府公文類纂冊號 782，頁 185-199 統計而得。

就鄉鎮層級來看，鹽水、後壁、柳營、白河與 1926 年調查的結果，其族群屬性相當吻合，新營稍有出入，但因日治時代新營已是當地的中心城鎮，1908 年後且有縱貫鐵路經過，人口遷徙情形應較其他地區為頻繁，或可視為是日治 25 年來的變動情形；唯有東山的差異較大，值得日後進一步加以探究。

換言之， 1928 年鄉貫調查既廣為學界引用來說明臺灣的族群概況，那麼鄉鎮級統計與之大致吻合的 1901 年沿革調查當有相當的可信度。尤有進者，這分完成於 1901 年的統計表，是以當時的街庄層級為調查單位，其空間比例較今日的村里還小，透過將這些個別街庄的族群百分比換算，以地圖繪製之後，可以顯示出 1928 年鄉貫分布圖無法表現的細節部分，從圖中可以看到每個鄉鎮都非純粹一種族群的優占地

區，同時在白河、東山地區也留存有部分平埔族及廣東（日治時期認定的客家人）優占區，這毋寧是較為接近真實的族群分布概況。（圖2）。

圖 2　1901 年大新營地區族群分布概況
資料來源：同表 2。

以下筆者將以圖 2 及 1901 年的調查數據，參照本區域相關地方志中找到的開墾敘述，來說明各區的族群分布概況。

（一）新營區

入墾新營地區的漢人可說漳泉皆有：永曆 16 年（1662 年）泉州人何替仔、漳州人何光翰開墾鹽水港堡及太子宮堡；康熙初年有福建省晉江人許培元、洪濟舟、何平、周以德及李中成等攜眷東渡，於月津（鹽水）港上岸，康熙 27 年（1688 年）建小祠奉祀中壇元帥，名為太子宮，又因附近已成聚落，故以廟名為地名；[22]雍正年間（1723-1735），泉州

---

22 何林罄等，《新營市志》，頁 3-6。

安溪縣人李鳳入墾新營；[23]乾隆初年（1746 年前後）漳州詔安縣沈淑派
下沈參入墾新營，為當地沈氏開基始祖，後裔繁衍，為全縣十大望族之
一；乾隆 31 年（1763）前後，有倪池者參與重修鐵線橋（今新營境內）；
嘉慶年間（1796-1820）泉州同安縣人周易入墾；道光年間（1821-1850）
泉州南安人周清南、白坦科入墾。[24]好平里（草埔尾）多屬沈姓，祖先
由福建詔安渡海到嘉義布袋，先到蘆竹坑，後當地發生瘟疫，才移居此
地；[25]永生里也是沈氏（詔安）的大本營；[26]王公里、大宏里（王公廟）
為漳州人先入墾，其公廟王公廟即奉祀開漳聖王；[27]土庫里最大姓林姓
來自安溪寮、最早的花姓亦來自泉州；[28]太北里居民多半來自泉州；[29]舊
廍人自稱祖先自漳州渡海來臺。[30]以上所引新營個別區域的族群分布文
字資料，除舊廍與圖 2 有異之外，其餘地區皆若合符節。

　　再就 1901 年的調查來看，整體統計數字中，新營的漳泉比例雖相差
不大，但以區域觀察，仍以泉籍較占優勢，日治初期 14 個街庄當中，土
庫、卯舍、後鎮、埤蓼仔、許丑、下角帶圍、太子宮、舊廍等八個庄泉
籍都呈現超過三分之二以上的優勢，姑爺、秀才、竹仔腳、茄苳腳等庄
也是泉州人稍多，漳州人僅在鐵線橋庄比泉州人略多（55.6%）。但值得
注意的是，人數最多的新營庄，漳州人呈現了絕對優勢，人數高達 3,541，
占該庄總數的 99.41%。前面曾引地方志提到鄭氏時期官兵民眷多來自福
建漳州，為備清兵來襲，部分遷居今新營，因而鹽水稱為「舊營」，本區
則相對稱為「新營」，[31]如果此記載確實，那麼對照舊營當時幾乎都是泉
州人（1,159，占 96.83%），是否意味著漳州人幾乎悉數遷到新營來？亦
即當時漳、泉的分類意識早已出現？此有待日後進一步探究。

23 何林罌等，《新營市志》，頁 3-8。
24 何林罌等，《新營市志》，頁 3-8~3-9。
25 何林罌等，《新營市志》，頁 5-16。
26 何林罌等，《新營市志》，頁 5-21-24。
27 何林罌等，《新營市志》，頁 5-33。
28 何林罌等，《新營市志》，頁 5-37。
29 何林罌等，《新營市志》，頁 5-54。
30 何林罌等，《新營市志》，頁 5-58。
31 何林罌等，《新營市志》，頁 3-4~3-5。

總言之，本時期的新營族群與左鄰的鹽水較接近，以泉州籍較占優勢，漳州籍除了在鐵線橋庄略多之外，幾乎都集中在新營庄，而與其東鄰柳營的漳州優勢連成一片。

（二）鹽水區

鹽水地區以歷史背景差異可分為街內八里與街外十七里，[32]街內八里便是前面提到由鄭氏時期陳永華次子陳漢光所帶領的一百四十餘戶泉州人家至鹽水港開墾，居住在釋（粟）仔寺一帶（約今朝琴路牛墟附近）墾地務農，漸成聚落。[33]而到康熙年間，分別有陳高、陳有度、陳德昌等人入墾，當時名為「大奎壁庄」；到了雍正年間，鄭氏遺臣范文章、何有年等人獲准入墾，陳有慶、陳德昌也相繼獲得開墾許可；[34]乾隆年間，放寬准予大陸移民攜眷來臺，大批移民自漳州、泉州渡海來臺，鹽水港成為一大市鎮。[35]至於街外十七里則因自然環境的條件限制，聚落形成時間也相對較晚，迄倒風內海漸成沙洲，該地也才有漢民入墾。[36]

鹽水地區最初的開墾者，除了永曆 16 年鄭成功部將泉州人何積善與范文章以及陳漢光率泉州一百四十餘戶至此墾地務農外，雍正年間有晉江周聞古支派周白智、南安縣人周起挺、陳有慶先後入墾鹽水，[37]雍正、乾隆年間，泉州晉江縣人趙孟冑入墾鹽水。[38]獨漳籍開墾者少見於史冊，此當即鹽水地區幾為泉州獨佔的成因，因此整個鹽水地區，在1901 年時，只有天保厝庄的漳州比例略高於泉州（57.98%），其餘地區

---

32 臺南州新營郡役所，《新營郡特輯號》，臺北：成文出版社，據昭和十年（1935）排印本影印，1985，頁 23。轉引自趙展正，〈鹽水鎮街內街外兩區域社會變遷與信仰文化初探〉（臺南：國立臺南師範學院臺灣文化研究所碩士論文，2004），頁 23。

33 謝宏昌等，《鹽水鎮志》，頁 1。

34 臨時臺灣土地調查局，《臺灣土地慣行一斑‧第壹編》（臺北：臨時臺灣土地調查局，1905），頁 102。

35 趙展正，〈鹽水鎮街內街外兩區域社會變遷與信仰文化初探〉，頁 23-25。

36 趙展正，〈鹽水鎮街內街外兩區域社會變遷與信仰文化初探〉，頁 33。

37 何林墾等，《新營市志》，頁 3-8。

38 何林墾等，《新營市志》，頁 3-8。

泉州皆占了絕對優勢。

（三）柳營區

　　《柳營鄉志》提到柳營位於新營東側，住民多來自福建泉州，兩地宗教信仰也多有相同，[39]這個說法恐怕有待商榷。根據 1926 年的調查，柳營的漢民祖籍漳州 5,700、泉州三邑 3,500，漳泉比約為 62：38；而根據 1901 年的調查，其漳泉比為 55：45，同時屬於柳營地區的 11 個街庄中，僅有位於火燒店庄內的舊街庄「急水溪」之泉州人數超過漳州人（13：5），其餘 10 個半街庄都是漳多於泉，不過兩者比例差距僅在 10%左右。同時方志中提到的開墾者，漳、泉皆有。如柳營劉家，源於明鄭部將劉茂燕，因戰死金陵，鄭氏撫卹，遷其遺族至查畝營墾殖，劉家本籍福建漳州平和縣新安里上河社大埔鄉，[40]自清代起人才輩出，八世孫劉焜煌、劉神嶽中秀才；劉圭璋、劉灃芷中舉人，居於鐵線橋堡之一堡（今士林村），而二堡（今光福村）亦為劉家土地，為使庄頭興旺，無償提供外庄人民建屋居住，故奠下該村人口聚集的基礎；[41]陳永華駐軍之地為「五軍營」（今重溪村）仍保有一間公厝，供奉泉州人信仰「法主公」[42]。因此，本區可視為是偏漳的漳泉混居區域。

（四）後壁區

　　鄭氏時期，下茄苳東側的本協為其軍隊的屯墾區，鄭氏來臺後，泉州府同安縣林、廖兩姓先民隨之由倒風內海溯急水溪到下茄苳與本協開墾，同時鄭氏部隊開墾屯田的區域，自本協、西營延伸到茄苳村 10 鄰左右，古稱營尾。[43]清領初期，將本協營盤稍向西移至下茄苳，當地成了清初北路參將營「佳里興」的分防地，雍正元年（1723）更抽派北路

---

[39] 中華綜合發展研究院應用史學研究所，《柳營鄉志》，頁 378。

[40] 中華綜合發展研究院應用史學研究所，《柳營鄉志》，頁 303。

[41] 中華綜合發展研究院應用史學研究所，《柳營鄉志》，頁 90-91。

[42] 中華綜合發展研究院應用史學研究所，《柳營鄉志》，頁 96。

[43] 施添福等，《臺灣地名辭書‧卷七‧臺南縣》（國史館臺灣文獻館，2002），頁 151、161。

營盤一守備將軍領兵 150 名駐防下茄苳，[44]於是下茄苳從鄭氏至康熙末期，扮演了此地的行政、軍事、交通、商業中心，是整個後壁鄉的區域核心，直至清末才漸為店仔口取代。[45]此時期，來自泉州安溪等地的大規模漢人移民相繼開墾了安溪寮、新港東、竹圍後、長短樹等庄，至少在康熙中葉以前，後壁已大致開墾完成。[46]至於上茄苳在鄭氏時期雖然亦有少部分漢人溯八掌溪而上到此開墾，但大規模的開發則到康熙 28 年（1689）由漳州府南靖縣永豐里吳宅社的賴仕勇公下第八代孫賴仕積、第九代孫賴國永、賴國富、賴國福等族人住墾，聚落也才漸擴大。[47]

　　根據 1901 年的統計表，後壁地區的漳泉族群分布頗為分明，靠近白河的幾個街庄，如下茄苳、本協、新港東、烏樹林等，都是漳州優勢，且所占比重都在 70%以上，尤其特別的是土溝庄及上茄苳庄，前者係在 1901 年時由竹仔腳庄、頂土溝庄、無竹圍厝庄、漯仔庄、下土溝庄等五個舊街庄合併而成，其中靠近白河的竹仔腳庄、頂土溝庄、無竹圍厝庄三庄合計漳州人達 75.8%，漯仔庄、下土溝庄則泉州人合計達 92.1%，雖屬同庄，但漳泉涇渭分明；上茄苳庄亦然，其所合併的兩舊街庄中，後壁寮為泉州優勢（93.7%），上茄苳則是漳人獨大（94%）。至於靠近八掌溪以及與新營相接的竹圍後、長短樹、崩埤、菁寮、安溪寮、白沙墩等庄，皆是泉人獨多，且比重都超過九成（竹圍後稍低，89.1%）。換言之，後壁的總人數雖以泉人為多，但在族群分布上屬涇渭分明之鄉鎮，近八掌溪及新營鹽水地區為泉人優勢區，近白河地區則為漳州優勢區。

---

44 張溪南等，《白河鎮志》，頁 47。
45 施添福等，《臺灣地名辭書・卷七・臺南縣》，頁 151。
46 施添福等，《臺灣地名辭書・卷七・臺南縣》，頁 151。
47 《白河鎮志》則提到：「上茄苳賴姓與蓮潭里山仔腳賴姓同宗，約在清雍正初年自漳州府南靖縣移至此」。參見施添福等，《臺灣地名辭書・卷七・臺南縣》，頁 163；張溪南等，《白河鎮志》，頁 66。

（五）白河區

　　白河地區的漢人移墾，據該地方志所載，以邱姓泉州人由鹽水港外的倒風內海溯急水溪而上，來到大排竹（今大竹里）拓墾，成為漢人來此拓墾的先鋒。[48]不過幾經遷移，最早來的邱姓已剩下五戶，原係泉人開闢的大排竹聚落，現已成了漳人天下。[49]大致說來，白河的拓墾以漳州籍較占優勢，根據《白河鎮志》記載，本區至少有十處以上漳州先民拓墾的單姓聚落：

　　1.來自平和縣：外角里吳、冀箕湖（河東里）吳、楛仔林（木林里）吳、虎仔墓（虎山里）吳、仙草埔內厝、外厝吳、關仔嶺南寮、坪頂、嶺頂吳。其原籍都為福建省漳州府平和縣新安村山佈保后嗣社大塘坪尾，其來源有兩種可能：一是由同一先祖來臺後開枝散葉而成；二是在原鄉同一宗族，其後一整批或陸續渡海來臺墾殖。[50]

　　2.來自南靖縣：（1）外崎內李（草店李），據該姓祖譜記載：康熙元年（1662）由李右儀、李左仁兩位先祖由漳州府南靖縣來今外崎內定居開墾；同宗族另一房於雍正元年（1723）由李攸、李靈輾轉到內崎內開墾；[51]（2）蓮潭里山仔腳賴姓，約在清雍正初年自漳州府南靖縣移至此；[52]（3）客庄內張姓，原為廣東潮州府大埔縣客家人，明末時遷移到漳州府南靖縣永豐里，後再渡臺來此開墾；[53]（4）廣安里包姓，據包氏家祠記載先祖包五吉康熙 15 年（白河鎮志認為應為乾隆年間）自漳州府南靖縣花溪堡來此拓荒，乾隆 35 年（1770）建立公祠；[54]（5）廣安里張姓（海豐厝張），約清乾隆年間自漳州府南靖縣歸洋堡移墾來臺，後遷一支於海豐厝；[55]（6）內角魏姓（草店魏姓），據耆老說法為漳州

[48] 張溪南等，《白河鎮志》，頁47。
[49] 張溪南等，《白河鎮志》，頁64。
[50] 張溪南等，《白河鎮志》，頁65。
[51] 張溪南等，《白河鎮志》，頁66。
[52] 張溪南等，《白河鎮志》，頁66。
[53] 張溪南等，《白河鎮志》，頁67。
[54] 張溪南等，《白河鎮志》，頁67。
[55] 張溪南等，《白河鎮志》，頁67。

南靖縣遷來至此。[56]

　　3.來自詔安縣：詔安厝李姓，據詔安厝《保安宮沿革誌》記載，由李成萬於清順治 18 年（1661）攜帶供奉於詔安縣二都田寮的太子元帥隨鄭成功來臺，定居此處，庄名詔安厝。[57]

　　4.來自古田縣：外角里蘇姓，據外角《臨水宮沿革誌》記載，其先祖蘇望約於雍正年間自漳州府古田縣遷此定居。[58]

　　5.其他：關嶺半崎仔蘇姓原鄉亦為福建漳州，但何縣有待考查。[59]

　　由方志當中所錄幾乎都是漳州開墾的聚落可以得知此地的族群屬性。因而在 1901 年的調查中，僅在蓮潭庄及埤仔頭庄之內的兩個小聚落（前者為將軍、後者為溪州仔）可見到較多的泉州人分布外，幾乎都是漳州人的天下。

　　不過不同於前述四個地區，白河的族群還包含了客家以及熟蕃，顯得更為多樣。1901 年的圖中，位於馬稠後庄的崁頂、蕃仔園有一塊客家優占區，其客家人數占該地的 87.06%，根據《白河鎮志》記載，客家人到白河拓墾可分為兩階段，主要分布在馬稠後的草店李家，以及甘宅、崁頂、蕃仔園的鄭家子孫，正與圖中崁頂有客家優勢的分布不謀而合。[60]熟蕃的部分，1901 年時白水溪庄有 93.88%、六重溪庄的三、六、九重溪庄合計有 91.20%、關子嶺庄的岩前更是百分之百熟蕃，對照《白河鎮志》記載，更可確認其正確性，且《鎮志》進一步指出，白水溪及岩前的熟蕃為來自哆囉嘓社的洪雅族後裔，而六重溪則是西拉雅族支系的四社熟蕃——大武壠支系。[61]

（六）東山區

　　《東山鄉志》當中有關漢人族群前來開墾的相關事宜著墨不多，僅

---

[56] 張溪南等，《白河鎮志》，頁 67。

[57] 張溪南等，《白河鎮志》，頁 67。

[58] 張溪南等，《白河鎮志》，頁 67-68。

[59] 張溪南等，《白河鎮志》，頁 68。

[60] 張溪南等，《白河鎮志》，頁 71。

[61] 張溪南等，《白河鎮志》，頁 51-63。

提及朱一貴事件弭平後，居民增多，且多為潮籍，僅夾雜十分之一的漳、泉人，這與康熙 35 年（1696）施琅過世後，禁惠、潮之民渡臺令鬆弛有關。[62]《臺灣地名辭書》則提到部分有關漢人族群遷徙的記錄：舊社，位在今東中村北馬與吉貝耍間的村落，居民以李姓為主，祖先為福建漳州府人，但該聚落已消失，可能與日治時期嘉南大圳的興建有關；[63]頂窩，急水溪過後的第一個聚落，居民多為謝、吳、羅、李、王等姓，庄廟永威靈殿主祀池府千歲，據傳為王姓祖先自漳州迎入；[64]埤仔頭，由泉州安溪縣王姓先民拓墾，後因瘟疫問題，舉庄遷往田地西端，為今之田尾；[65]大客村，因為粵屬客家人拓墾，故名；[66]前大埔，康熙末年（1712年前後）武舉李貞鎬招募潮州府大埔縣民入墾此地，為了懷念故鄉而稱大埔，但為與嘉義大埔鄉有別，故改稱前大埔。[67]

　　根據 1901 年的調查資料顯示，東山地區的族群仍以漳州籍較占優勢，沒有一個完整的街庄屬於泉州優占區，僅在田尾庄西半部、許秀才庄、大客庄的山腳、枋仔林，以及下南勢庄的內坑、下員潭庄、崎仔頭庄南邊（二坑仔埔、鴨母堀、竹頭排）等地方其比例超過漳州系。另外，大客庄一如其名，有較高比例的客家人（61.79%）；吉貝耍庄及崎仔頭庄的北寮仔當時還是 100.00% 純熟蕃居住地區。

　　綜上所述，大新營地區在日治初期的族群概況大致如下：居於西端的鹽水、新營主要為泉州優占區；後壁的東半和西半壁壘分明，西半與鹽水、新營相接之地亦為泉州優占，東半鄰近白河處則為漳州優占；急水溪南的柳營為漳泉混居，漳州雖稍占優勢，但漳泉差異不大；且上述四地的族群僅有漳、泉二系，屬性相對單純。至於東部近山的白河及東山，原則上以漳州較占優勢，亦有部分的泉州、客家優占區，而原居此

---

[62] 戴文鋒主編，《東山鄉志》（臺南：東山鄉公所，2010），頁 88。

[63] 施添福等，《臺灣地名辭書・卷七・臺南縣》，頁 225。

[64] 施添福等，《臺灣地名辭書・卷七・臺南縣》，頁 229。

[65] 施添福等，《臺灣地名辭書・卷七・臺南縣》，頁 229。

[66] 施添福等，《臺灣地名辭書・卷七・臺南縣》，頁 231。

[67] 最後一則《東山鄉志》亦提及：康熙 61 年（1722 年）間武舉李貞鎬代番納社餉，引客民入墾東山，導致哆囉嘓番社對前大埔地區的土地支配權日益薄弱。參見施添福等，《臺灣地名辭書・卷七・臺南縣》，頁 235、戴文鋒主編，《東山鄉志》，頁 86-89。

地的平埔族也依舊可見到其蹤影，不論是白河的白水溪、岩前、六重溪、抑或是東山的吉貝耍、北寮仔，都還是近乎純「熟」的生活空間。

四、日治初期大新營地區的寺廟與族群

本文接下來要探討的是，這樣的族群概況，與當地的寺廟分布間是否有關連性？為解決此問題，筆者首先將堡圖當中 99 個寺廟點（含堡圖上已繪出 96 點以及確定堡圖漏失，由筆者補上的 3 點）加以分類，扣除 3 點難以考究，暫時列為「不詳」，[68]以及 3 點屬於孤魂崇拜或較難判定其身分與族群屬性者，[69]其餘 93 點大致可分類如下：

表 3　日治初期大新營地區的寺廟數量統計

主神名稱	寺廟數量	小計
王爺	23 座	23
媽祖、玄天上帝、中壇元帥	各 9 座	27
土地公	7 座	7
關聖帝君	5 座	5
保生大帝、觀音菩薩、伽藍尊王	各 4 座	12
神農大帝、清水祖師	各 3 座	6
岳飛	2 座	2
楊五使、楊六使、廣澤尊王、城隍、臨水夫人、趙子龍、孫太尉、良崗尊王、三官大帝、法主公、開漳聖王、田府元帥	各 1 座	12
備註：田尾媽祖宮、王爺廟重複計算	總計	94

資料來源：以《臺灣堡圖》寺廟點為主，並據《臺南州祠廟名鑑》、〈社寺廟宇調〉資料整理而成。

一如臺南的其他地區，本區域的寺廟仍以王爺居冠，高達 23 座，其次則是媽祖、玄天上帝、中壇元帥各有 9 座。至於一般認為較具漳泉祖籍神意涵的神明，計有保生大帝（同安，4 座）、清水祖師（安溪，3

---

[68] 此三點分別位在鐵線橋堡八老爺庄、太子宮堡太子宮庄、太子宮堡下角帶圍庄。

[69] 如千眾爺、萬善公廟、忠義公廟。

座）、廣澤尊王（南安，1 座）、開漳聖王（漳州，1 座）、法主公（泉州，
1 座），[70]合計僅有 10 座。換言之，以大新營地區來觀察，漢移民從原
鄉所帶來的宗教信仰，並非傳統觀念中的祖籍神。再者，若進一步加以
和族群分布比對，可以發現如下的情形：

圖 3　日治初期大新營地區的寺廟分布一：保生大帝、清水祖師、廣澤尊王、開
漳聖王、法主公。

　　這幾尊一般認知的漳泉祖籍神中，廣澤尊王「安分」的待在鹽水的
泉州優占區；法主公所在的五軍營雖屬漳州優勢，但泉州也占了 45%；
清水祖師方面，位於下茄苳南堡安溪藔庄以及下茄苳北堡長短樹庄這兩
座，雖然泉州人的比例超過 90%，但廣濟宮所在的下茄苳北堡詔安厝庄
卻是 100%的漳州優占區。至於保生大帝，更是 4 座全部分布在漳州優占
區，且漳州人的比例至少都在三分之二以上，甚至超過九成。唯一的開
漳聖王廟由於所在地王公廟庄正好缺了族群資料，無從判別起，但其為
漳州籍移民所帶來則無疑問。根據《新營市志》記載，同濟宮開基祖神

---

[70] 《柳營鄉志》提到：「陳永華駐軍之地為「五軍營」（今重溪村）仍保有一間公厝，供奉泉
　　州人信仰『法主公』」，參見中華綜合發展研究院應用史學研究所，《柳營鄉志》，頁96。

陳聖王，為乾隆年間陳杉從漳州渡臺，途經此處，見人煙稀少，乃招同鄉之人合墾，並迎開漳聖王前來膜拜，於乾隆58年（1793）發起陳聖王會，嗣住民日增乃建小廟奉祀，道光之後，擴建廟宇，合祀王爺。[71]前面提到，日治初期的新營庄是整個新營地區的漳州大本營，在其鄰近的王公廟庄出現開漳聖王應有其合理性。換言之，大新營地區的漳泉祖籍神，雖有部分分布在該族群的優占區中，但族群與祖籍神信仰並未完全相合，有些被認為原鄉偏泉的祖籍神，到了臺灣似乎不見得侷限在泉州族群中接受膜拜。

這種現象從相關的文獻記錄中多少可以看出些端倪。根據《臺南州祠廟名鑑》的記載，白河地區寺廟中，六順宮是「邱添宗從泉州移來」、臨水宮是「蘇姓從福建分香而來」、福安宮「自下茄苳泰安宮分香」、上帝廟原為「方志林家的上帝公」、重興宮乃「當地的開祖林秀姑從中國分香前來，供奉自宅」、伽藍宮為「鄭中從漳州帶來，供奉自宅」、全安宮係「黃快從漳州南靖請來，供奉自宅」、良崗廟是「北勢寮林某由泉州分靈」、顯濟宮為「吳姓於康熙年間奉請來」、保生大帝廟是「蘇姓祖先由福建分香」、關帝廟由「水師提督王得祿發起」、保安宮「原是本庄李攄所祭祀神明」、廣濟宮（清水祖師）為「包五吉從漳州奉請而來」；東山的碧軒宮為「嘉義營參府洪志高發起創立」、子龍廟和關帝廟都是「朱一貴時崎仔頭義民捐出政府賞賜所建」、王爺廟是「王姓祖先從漳州帶來」；後壁的昭安宮「最先為當地余姓祖先祭祀楊五使，配祀余尪公」、太安宮（孫太尉祠）是「感念諸羅知縣孫元衡為該庄洗刷冤屈，最初僅王姓祭祀，其後部落居民共同祭祀」、福安堂廟乃「庄民由中國分香而來」、吳府千歲廟原是「謝姓的私人廟宇」、永安堂是「蕭姓祖先蕭應由中國分香而來，各戶輪流祭祀」、靈殿宮「由中國奉祀而來，該部落居民輪流安置自宅奉祀」、仰安堂的楊六使是「楊姓八九代前祖先從中國帶來，僅楊姓族人進行祭祀」、顯濟宮廟為「賴姓祖先賴德馨由中國帶來，供奉在自宅」、泰安宮廟的天上聖母來自旅客遺忘的香火、

---

71 何林罋等，《新營市志》，頁5-33。

元帥廟（旌忠廟）　出於媽祖降旨建元帥神位、德馨宮「由嘉義內教場武廟分靈而來」；柳營鎮西宮是「當地開祖周、張姓族人向攜來此地的中國商人購得」；新營太子宮是「當地住民由故鄉中國奉請而來」、德隆宮「當地開拓之始，由鯤鯓廟奉請二王爺建立公厝」；鹽水伽藍廟為「隨鄭氏渡臺之移住者所創立」、郭聖廟是「田寮陳乞朝妹妹的養子蔡踏從中國請來，奉祀在陳乞朝的家中」、護庇宮係「祖先由對岸渡臺時所帶來」、王宮「最初是移居孫厝寮的中國人在自宅奉祀」、太子廟為「范姓由中國奉請而來在自宅奉祀」、福德祠是「移民由原鄉帶來」。[72]

　　上述所引神明來源，儘管未能涵蓋本文所有寺廟，卻提供吾人兩點印象：第一，漳泉移民的原鄉，宗教信仰早已打破祖籍的畛域，所以移民不見得從原鄉只會帶來特定的祖籍神，例如白河廣濟宮的清水祖師便是由包五吉從漳州奉請而來；第二，這些變成當地公廟的信仰，有很多原來僅限定在特定家族中祭祀，其後才發展成為全庄的信仰，能否發展為全庄信仰，端看其是否「靈驗」。至於建廟原因更是林林總總，有的是作為守護神，有的是為了祈求五穀豐收，有的為了感念某個對當地有功的人、有的是因為瘟疫、地震或其他災害之後所興起。換言之，由於移民原鄉的信仰早有融合現象，加上臺灣漢移民在信仰取向上的「務實」性格，以大新營地區而言，不但祖籍神的比例不高，信奉的族群也並未停留在傳統認知的對比上（即漳人信開漳聖王、泉人奉清水祖師、保生大帝等）。

---

[72] 相良吉哉，《臺南州祠廟名鑑》，頁 123-147。

圖 4　日治初期大新營地區的寺廟分布二：王爺

　　其次，筆者擬進一步觀察這個區域中數量最多的神祇崇祀是否有族群上的差異？首先將數量最多的王爺套疊到族群分布圖上，可以發現23座王爺廟中，位於泉州優占區或人數相對較多之地有 15 座，漳州優占區則僅有 8 座。（圖 4）

　　接著再觀察媽祖部分，9 座媽祖廟當中，有 8 座是坐落在漳州優占區，只有鹽水的護庇宮是屬於泉州優占區（圖 5）。

圖 5　日治初期大新營地區的寺廟分布三：媽祖

　　至於中壇元帥與玄天上帝似乎就沒有這麼大的差異，前者的泉漳比為 4：5，後者為 3：5（另有一座在客籍優占區）。

　　上述這些神祇本身並沒有明顯的族群取向，不過就日治初期大新營地區的寺廟與族群關係所反映出的客觀現象是：王爺信仰以泉州優占區較興盛，媽祖信仰則集中在漳州優占區。

　　何以致之？一個可以先確定的事實是：日治以前的舊街庄，如果不是類似新營庄、鹽水庄這種人口上千的規模，一個庄頭要同時奉祀兩個以上的廟宇是有其困難性的。[73]例如下茄苳北堡新港東庄，原本有神農大帝及伽藍爺兩座廟，其後庄民無力負擔兩廟，乃將其合併為「重興宮」。[74]因此，在信仰上，要同時選擇兩種或兩種以上的主神分別建廟似乎不太可能，換言之，王爺與媽祖，只能擇其一。只不過王爺偏於泉州優占區、媽祖集中在漳州優占區，這樣的分布特色，是獨存於大新營地區？或者在其他地區也可發現？漳泉移民在崇祀王爺與媽祖間的選

---

[73] 這個概念來自多年前與溫振華老師的相關討論中，特此致謝。
[74] 相良吉哉，《臺南州祠廟名鑑》，頁 135。

擇，是否真有族群傾向？這些問題，在累積更多的區域研究成果之後，應當可以得到較為周延的解答與解釋。

五、結語

本文以日治初期的族群與宗教調查資料，來探究大新營地區在 20 世紀初漢人族群分布及其與寺廟間的相關性。具體結論如下：

第一，在族群分布方面，日治初期大新營地區大致是：居於西端的鹽水、新營主要為泉州優占區；後壁的東半和西半壁壘分明，西半與鹽水、新營相接之地亦為泉州優占，東半鄰近白河處則為漳州優占；急水溪南的柳營為漳泉混居，漳州雖稍占優勢，但漳泉差異不大；且上述四地的族群僅有漳、泉二系，屬性相對單純。至於東部近山的白河及東山，原則上以漳州較占優勢，亦有部分的泉州、客家優占區，而原居此地的平埔族也依舊可見到其蹤影，不論是白河的白水溪、岩前、六重溪，抑或是東山的吉貝耍、北寮仔，都還是近乎純「熟」的生活空間。

第二，本區域的神明以王爺最多，其次則是媽祖、玄天上帝、中壇元帥，具有漳泉祖籍意味的神明總計不到 10 座，且其分布不見得按照族群分布的實際狀況。以往認為漢移民「所攜奉之神像香火，依籍貫而有所不同，漳州人部落多奉祀開漳聖王，泉州之同安縣人多奉祀保生大帝，泉州之安溪縣人多奉祀清水祖師」在大新營地區顯然並不適用。

第三，之所以會有這種認知上的落差，可能的原因之一是漳泉移民的原鄉，宗教信仰早已打破祖籍的畛域，所以移民不見得從原鄉只會帶來特定的祖籍神，例如白河廣濟宮的清水祖師便是由包五吉從漳州奉請而來；原因之二是取決於臺灣漢移民在信仰取向上的「務實」性格，有很多原來僅限定在特定家族中祭祀，其後才發展成為全庄的信仰，能否發展為全庄信仰，端看其是否「靈驗」。透過臺南地區北部的統計觀察，可以發現，本區域的祀神崇拜與祖籍間不必然呈現正相關。移民建立寺廟加以膜拜的因素很多，僅以其祖籍來源似乎不足以涵蓋一切。

最後，以本區域主神比例最高的王爺、媽祖與所在地族群相比對，

會發現一個客觀現象：王爺信仰以泉州優占區較興盛，媽祖信仰則集中在漳州優占區。這樣的分布特色，是獨存於大新營地區？或者在其他地區也可發現？漳泉移民在崇祀王爺與媽祖間的選擇，是否真有族群傾向？這些問題，有待更多的實證研究加以印證。

殖民政府的「第一客」——1897年總督府初次客家調查與日治時期客家認識的關聯性

摘要

　　日本治臺後，為更深入了解臺灣「土人」以外的其他族群，陸續進行多項種族調查，在統治進入第三年時，進行一項關於本島「喀家族」的調查。這個匯集全島各地方機構的調查表，羅列當時調查所得的客家族群戶口數、分布地區；同時有不少地方還附上文字報告，記錄其調查所得的客家源流、族群特性、閩客關係等。調查資訊並非完全正確，不過對於其後日本治臺官員或在臺知識份子撰寫有關客家族群特性時，似乎造成若干影響，此後的「廣東人」成為客家人的代名詞當與本次調查息息相關；而不少書寫於20世紀上半的書籍，提及臺灣客家的描述，與此調查所述甚為相似。

　　本文的目的有二：其一，整理此調查報告，以解明日治初期臺灣客家人大致分布概況及其所佔比例；其二：藉由報告內容來探究領臺初期日本官學對於臺灣客家族群的認知，以及其後的戶口調查何以用廣東人取代客家之因。

　　關鍵詞：喀家、客家、廣東人、土人、族群

一、前言

隨著清政權在臺灣的建立，對於同屬漢移民一支的「客」有較多元的記載。以往研究者多半會以清代方志或相關官員奏摺內容為文本加以分析，來理解「客」的本質。如李文良使用清代的方志資料，來探究清初臺灣關於客家書寫的面貌及其社會經濟背景，歸納清初被稱為「客家」之人，具有五項共同文化特徵；[1]陳南旭則認為清代文獻上的客可以歸納出相對於土著的客、基於省籍差異（閩主粵客）的客、指涉特定群體，且和漳州人、泉州人存在文化差異的客三種意涵。[2]近年來施添福為了釐清客家名稱來源，開始回溯到歷史名詞上的客家，提出了「本貫主義的『客家』」與「方言主義的客家」兩大分類方式，認為客家的名稱是漸由本貫主義轉向方言主義，同時原鄉的客家原是一個污名化的稱呼，但透過進入當地的基督教傳教士的正面記載與傳播，使其意義扭轉，並為多數操客家方言者所接受。[3]

本文並非著眼於檢討上述說法的適宜與否，但藉由現階段的研究成果，使筆者產生一個疑問：如果連廣義漢族政權的清政府對「客」之認知與記錄都如此紛雜，在後代留下那麼多疑團，則十九世紀末入主臺灣的異族日本，又是如何理解並統治這群漢移民中的「異類」？而日後正式公文書，如戶籍登記簿、臨時戶口調查內容登載的「廣東」或「廣東人」又是如何被選擇出來？

為此，筆者在《臺灣總督府公文類纂》中找到一批有關殖民政府對

---

[1] 這五項特徵是：「好事輕生、健訟樂鬥」、「聚眾而居」、「出賣勞力維生」、「無家無室」、「祖籍為廣東潮州府，特別是大埔、程鄉、鎮平等山區縣分」。他同時認為這是出自「非客」的閩南地區漳泉籍民之手，反映出康熙末年源自於土地秩序即將崩壞所造成的族群緊張關係。參見李文良，〈清初臺灣方志的「客家」書寫與社會相〉，《臺大歷史學報》第31期（2003年6月），頁141-168。

[2] 陳南旭，〈再探清代臺灣文獻中的「客」及人群指稱詞〉（桃園：中央大學客家研究所「第十屆「客家研究」研究生學術論文研討會」論文集，2010），頁235-268。

[3] 施添福，〈從「客家」到客家：一個族群稱謂的歷史性與地域性分析〉、〈從「客家」到客家（二）：客家稱謂的出現、傳播與蛻變〉，《第三屆「族群、歷史與地域社會」學術研討會論文》（臺北：中央研究院臺灣史研究所，2011）。

客家的調查，主檔案保存在明治 30 年（1897）的「本島居住喀家族ノ
戶口及住居地取調表」卷宗當中，但相關調查則可上溯到前一年的「廣
東人種取調ノ件（元臺南縣）」、「廣東人廣西人戶口等取調報告（元臺
南縣）」等。本文目的，即在分析這一系列有關早期客家的調查內容，
並結合其他日治初期的官學記載，以明瞭殖民政府對客家稱呼的流變，
以及早期治臺官員的客家觀點。以下將先分析此調查的基本內容，進而
從各地方的文字報告中探究當時日本官員的族群概念。

二、調查過程

（一）調查源起

　　根據原臺南縣保存的公文顯示，這個調查最初是由總督府學務部長
伊澤修二發起，目的在了解臺灣的住民特質，以便進行教育工作。明治
29 年（1896）11 月 27 日，伊澤以「學第六三三號」發函臺南縣知事磯
貝靜藏：

> 本島的土人有許多從中國大陸泉漳二州移居，但也有來自廣東地
> 方者。其言語風習各異，終究難施行同一教育。若廣東人在本島
> 居多數的地區，將來國語學校學生及講習員等有必要以廣東語來
> 教導之。[4]

　　學務部要求的調查內容，包含各堡里以廣東人為主要住民的街庄社
數、廣東人的戶數概略、廣東人人口數概略，[5] 同時要求調查員必須就

---

[4] 「廣東人種取調ノ件(元臺南縣)」內第 1113 號、學第 633 號，《臺灣總督府公文類纂》9733
　　冊，明治 29（1896）年 12 月 2 日。

[5] 學務部要求統一製作的表格如下：

何縣島廳（何支廳）管內廣東一覽			
堡（里）名	主トシテ廣東人ノ居住セル街庄社數	廣東人ノ戶數概略	廣東人ノ概略
何堡里	何個	何品	何人

參見「廣東人種取調ノ件(元臺南縣)」內第 1113 號、學第 633 號，《臺灣總督府公文類纂》9733
　　冊，明治 29（1896）年 12 月 2 日。

數個問題加以調查，撰寫在備考或獨立報告中。根據原臺南縣保留的「打
貓南堡事務係劉廷輝ニ就取調タル大要」，雙方的問答情形如下：

> 問：聽說廣東人當中分為福老、本地、客家三個種族，那麼移住
> 打貓南堡及打貓東下堡的屬於何種族？
> 答：悉皆客家族。
> 問：上述移住者是以屯田兵般的組織型態移住呢？還是個人隨意
> 渡臺呢？
> 答：移住者有許多是因商業目的而渡臺，並非以屯田兵般的組織
> 型態移住。
> 問：然則何以會特定居住在某些地方？
> 答：此等人渡臺後，找尋朋友知己，在其近旁構築住屋，自然而
> 然集中在特定地方居住。
> 問：與一般人民的交往情形如何？又從事何種職業？
> 答：與一般人民時相往來，並未隔絕，職業等方面也無太大差異。[6]

　　透過保留的問答文件，知道此調查並非憑空想像，而是有相當可信
度。當然也有部分僅是口頭問知無廣東人移住者，如大榤榔西堡、大榤
榔東下堡即是。

（二）調查過程

　　調查當時全臺計有三縣（臺北、臺中、臺南）、一島廳（澎湖），其
中臺北縣轄淡水、新竹、基隆、宜蘭四支廳，臺中縣轄苗栗、彰化、埔
里社、雲林四支廳，臺南縣轄安平、嘉義、鳳山、恆春、臺東五支廳，
學務部應是直接發文各縣知事及支廳長，由其下令調查。以臺南縣為
例，該縣在 12 月 2 日接獲公文後，翌日即由內務課長發函警察課長，
要求調查直轄管內的廣東移民，以備將來教務相關的種種需要；[7] 14 日

---

[6]「廣東人廣西人戶口等取調報告(元臺南縣)」，《臺灣總督府公文類纂》9758 冊，明治 30(1897)
　年 2 月 25 日。
[7]「廣東人種取調ノ件(元臺南縣)」，《臺灣總督府公文類纂》9733 冊，明治 29（1896）年 12
　月 3 日。

臺南縣警察署長警部紫藤靜回函給臺南縣警部長豐永高義，報告臺南警察署直轄之內的廣東人計 42 戶、179 人；[8]接著 12 月 16 日，安平警察分署長也回函報告安平分署管內廣東人主要分布在效忠里，計 9 戶、26 人；[9]同日關帝廟警察分署長則回函報告境內無廣東人部落；[10] 12 月 20 日，蕃薯寮警察分署長警部石井定隆回函報告該署所轄內廣東人分布在羅漢外門里，計 14 庄、455 戶、1894 人，噍吧哖分署管內則無廣東人部落；[11]警部長豐永高義彙整後，於同月 23 日回函內務課長竹下康之，[12]翌年 1 月 4 日，臺南縣內務課由庶務係主任深水草擬回稿，至此調查任務告一段落。[13]

三、調查內容分析──日治初期臺灣客家人的分布與面貌

　　前述調查結果，除安平的資料併入臺南縣外，其餘各支廳、島廳、直轄單位皆有單獨報告，總計有 16 個行政單位的資料；而各支廳及縣直轄皆以堡里鄉為統計調查單位，總計有 64 個統計單位。[14]以下將就這 64 個統計單位所呈現的客家人口與面貌加以分析。

---

8 「廣東人種取調ノ件(元臺南縣)」臺警第 2805 號，《臺灣總督府公文類纂》9733 冊，明治 29（1896）年 12 月 14 日。

9 「廣東人種取調ノ件(元臺南縣)」安警發第 812 號，《臺灣總督府公文類纂》9733 冊，明治 29（1896）年 12 月 16 日。

10 「廣東人種取調ノ件(元臺南縣)」，《臺灣總督府公文類纂》9733 冊，明治 29（1896）年 12 月 16 日。

11 「廣東人種取調ノ件(元臺南縣)」臺警第 3172 號、蕃警第 554 號，《臺灣總督府公文類纂》9733 冊，明治 29（1896）年 12 月 20 日、22 日。

12 「廣東人種取調ノ件(元臺南縣)」警發第 1880 號，《臺灣總督府公文類纂》9733 冊，明治 29（1896）年 12 月 23 日。

13 「廣東人種取調ノ件(元臺南縣)」內文第 1113 號，《臺灣總督府公文類纂》9733 冊，明治 30（1897）年 1 月 4 日。

14 雲林支廳僅有文字報告無調查表；臺東支廳南鄉、奉鄉、蓮鄉、廣鄉的資料分為兩筆，由於關於客家族的描述並不一致，視為兩個統計單位。

（一）1897 年的客家人口概略

根據各地方單位統計，1897 年時，全臺共有廣東人 54,306 戶、303,133 人；廣西人 22 戶、120 人。其中廣西人僅在基隆廳基隆堡（0 戶、8 人）、彰化支廳燕霧下堡（21 戶、105 人）、臺南城市內（1 戶、7 人）三處出現。換言之，總督府設想的客家人仍以廣東人為主。

這個統計數字佔當時臺灣人口的比例為何？由於首度臨時臺灣戶口調查始於 1905 年，前此並無精確人口數字，不過 1897 年起，《總督府統計書》已有以堡里為單位的年度人口資料。

如果利用當年底《總督府統計書》登錄的全島人口，約略可看出這些有客家人調查數據的堡里，其客家人占全島人的比例：

表 1　1897 年客家人佔本島人比例

廳名	堡里名	廣東人戶數	廣東人人口	全島戶數	全島人口	廣東人口/全島人口
臺北縣	桃澗堡	5,131	36,181	13086	90,383	40.03%
淡水支廳	八里坌堡	99	550	4,564	28,228	1.95%
淡水支廳	芝蘭三堡	37	200	5,925	29,779	0.67%
新竹支廳	竹北一堡	9,973	61,692	18,957	95,132	64.85%
新竹支廳	竹北二堡	7,844	50,511	13,689	82,470	61.25%
新竹支廳	竹南一堡	3,275	16,481	5,956	29,096	56.64%
基隆支廳	基隆堡	6	32	3,683	19,009	0.17%
宜蘭支廳	本城堡	18	62	2,777	12,380	0.50%
宜蘭支廳	羅東堡	2	4	1,727	9,311	0.04%
宜蘭支廳	頭圍堡	1	5	4,170	19,218	0.03%
宜蘭支廳	浮洲堡	1	1	826	3,901	0.03%
宜蘭支廳	員山堡	7	39	2,252	11,537	0.34%
宜蘭支廳	紅水溝堡	4	26	1,431	7,289	0.36%
宜蘭支廳	利澤簡堡	3	33	1,528	7,605	0.43%
宜蘭支廳	清水溝堡	1	2	508	2,793	0.07%
臺中縣	揀東上堡	5,290	29,553	9,673	53,742	54.99%
臺中縣	揀東下堡	16	105	6,135	31,758	0.33%
臺中縣	大肚上堡	4	6	3,646	19,776	0.03%

苗栗支廳	苗栗一堡	7,146	29,418	9,920	56,900	51.70%
彰化支廳	馬芝堡	40	105	11,733	50,916	0.21%
彰化支廳	線東堡	64	204	6,932	30,721	0.66%
彰化支廳	燕霧下堡	341	1,028	3,447	15,015	6.85%
彰化支廳	武東堡	737	3,543	5,500	28,323	12.51%
彰化支廳	武西堡	2,374	10,883	5,020	22,213	48.99%
埔里社支廳	東角堡北角堡	109	858	1,730	7,958	10.78%
埔里社支廳	北港溪堡	16	96	144	501	19.16%
埔里社支廳	五城堡	10	70	82	3,739	1.87%
埔里社支廳	集集堡	12	83	707	3,046	2.72%
臺南縣	羅漢內外門莊	450	1,894	3,180	14,199	13.34%
臺南縣	安平	9	26	1,344	6,080	0.43%
臺南縣	臺南城市內	92	443	10,642	43,924	1.01%
嘉義支廳	嘉義西堡	75	343	7,792	30,338	1.13%
嘉義支廳	打貓東下堡	70	320	2,285	8,422	3.80%
嘉義支廳	打貓南堡	647	2,497	4,526	18,651	13.39%
鳳山支廳	港西中里	1,329	5,633	7,988	37,797	14.90%
鳳山支廳	港西下里	2,195	13,711	6,189	31,341	43.75%
鳳山支廳	港東中里	1,349	7,067	5,909	28,012	25.23%
鳳山支廳	港西上里	2,717	14,797	4,418	22,372	66.14%
鳳山支廳	港東上里	1,917	10,418	3,990	19,695	52.90%
鳳山支廳	港西中里	266	1,249	7,988	37,797	3.30%
恆春支廳	宣化里	38	191	246	1,854	10.30%
恆春支廳	興文里	143	715	511	2,818	25.37%
恆春支廳	至厚里	5	34	147	676	5.03%
恆春支廳	永靖里	142	710	234	1,373	51.71%
恆春支廳	安定里	54	251	79	409	61.37%
恆春支廳	長樂里	65	369	62	314	117.52%
恆春支廳	治平里	20	101	31	175	57.71%
恆春支廳	泰慶里	8	42	68	137	30.66%
恆春支廳	咸昌里	30	180	51	389	46.27%
臺東支廳	南鄉	15	50	1,775	8,452	0.59%
臺東支廳	新鄉	20	56	556	3,617	1.55%
臺東支廳	奉鄉	34	130	2,194	11,553	1.13%
臺東支廳	蓮鄉	22	50	1,607	6,728	0.74%

臺東支廳	廣鄉	21	55	1,179	6,842	0.80%
澎湖島廳	媽宮	10	29	2,749	12,357	0.23%
澎湖島廳	西嶼	2	5	1,563	7,486	0.07%

說明：1.本表不含基隆廳基隆堡（0 戶、8 人）、彰化支廳燕霧下堡（21 戶、105
人）、臺南城市內（1 戶、7 人）三處的廣西人統計數字。2.廣東人口係 2 月份的
調查資料，本島人總數則是當年 12 月的調查資料，兩者間恐有些微落差，如長樂
里的客家人口竟比總人口多，尚待進一步查證。3.埔里社支廳的廣東調查中之東
角堡與北角堡，應係埔里社堡埔里社區與西角區之誤，故該欄係以調查表中的東
角堡北角堡數字相加與埔里社堡相比對。4.臺東支廳的奉鄉等四鄉則把相同單位
人口相加與總人口比對。

資料來源：1.「本島居住喀家族戶口及住居地取調件」內縣第 206 號，《臺灣總督
府公文類纂》11094 冊，明治 30 年 5 月 1 日。2.臺灣總督府民政部文書課編：《臺
灣總督府第一統計書》（臺北：臺灣總督府民政部，1899），頁 19-20。

　　這個統計數字容或不完全精確，如長樂里總人數還少於該里客家
人，可能源自調查時間的落差，也可能調查有誤；不過整體說來，相當
程度反映了日治初期客家人主要分布地區，其中新竹支廳竹北一、二堡
及竹南一堡、臺中縣揀東上堡、苗栗支廳苗栗一堡、鳳山支廳港西上里、
港東上里、恆春支廳永靖里、安定里、長樂里、治平里皆有過半的客家
人；而臺北縣桃澗堡、彰化支廳武西堡、鳳山支廳港西下里、港東中里、
恆春支廳興文里、泰慶里、咸昌里等地也都有四分之一以上的客家人。
進一步搭配文字報告，當更能清楚觀察日治初期客家人分布概況。

（二）分布區域

　　除了統計數字外，各縣或支廳也呈上寬嚴不一的文字報告，本小節
將以這些調查報告中的文字敘述為基礎來勾勒出當時的客家聚落所在。

1.臺北縣

　　臺北縣轄境計有直轄（桃澗堡）、淡水支廳（八里坌堡、芝蘭三堡）、
新竹支廳（竹北一堡、竹北二堡、竹南一堡）、基隆支廳（基隆堡）、宜
蘭支廳（本城堡、羅東堡、頭圍堡、浮洲堡、員山堡、紅水溝堡、利澤
簡堡、清水溝堡）等的統計資料，其中桃澗堡、竹北一、二堡、竹南一

堡是客家人的集中處。

　　桃澗堡中，埔頂林厝角庄、下庄仔、廣興村、八塊厝庄、洽溪仔庄、青埔仔庄這5庄為閩客雜居；銅鑼圈庄（庄中有少數熟蕃）、准仔埔庄、五崁店、泉水空、龍潭坡北街、龍潭坡南街、崎下庄、烏樹林庄、竹窩仔庄、黃泥塘庄、三洽水庄、○○坑尾庄、打牛崎庄、崗下庄、石謙仔庄、三角林庄、三坑仔庄、八張犁庄、九座藔庄、四方林庄、大坪庄、十一份庄、東勢庄、山頂頂庄、麻園屈、細湖仔庄、湳背庄、社仔庄、南勢庄、金雞湖庄、中壢新街、中壢舊街、三座屋庄、舊社庄、双聯碑庄、上水尾庄、下水尾庄、北勢庄、芝芭里庄、興南庄、后藔庄、石頭庄、崁頭埔頂庄、廣興庄、高山頂庄、上內壢庄、下內壢庄、安平鎮庄、霄裡庄、霄裡街、官路缺、下庄仔、南興庄、西尾庄、鎮平庄等54街庄都是廣東人。[15]

　　另外有幾個散居處所，如淡水支廳芝蘭三堡散居在各庄內，與一般人民無異；[16]散居地點大致為：芝蘭三堡中的小基隆、新庄（此兩地主要為永定客人）、石門庄；八里坌堡中的新庄、山腳庄、內店仔街庄、五股庄、崎仔腳庄、義學下庄等地。[17]基隆支廳當中金包里、三貂、石碇三堡管內沒有，而基隆堡僅有六戶，分別是：新興街二戶、潭底溪街一戶、福德街一戶、哨船頭街二戶。[18]

　　宜蘭支廳管內族群分布調查如下：

> 宜蘭剛開始時，有漳、泉、廣三籍之人移住，分界墾破，浮州堡為泉界，清水溝堡北城庄、紅水溝堡之鹿埔庄及員山堡等各處為廣界，其餘皆係漳界。大致上臺人皆稱廣東人為客人，尚未聽到有所謂喀家族者。而閩人（漳泉）與粵人（廣）爭鬥的事實雖在噶瑪蘭廳志中有記載，但由於現今粵人之數如前表所示減少，在交際上也不被認為有些許的阻隔，風俗上雖稍稍有異，但言語則

15 「本島居住喀家族戶口及住居地取調件」內縣第206號，《臺灣總督府公文類纂》11094冊，明治30年5月1日，頁232。

16 「本島居住喀家族戶口及住居地取調件」內縣第206號，頁236。

17 「本島居住喀家族戶口及住居地取調件」內縣第206號，頁234-5。

18 「本島居住喀家族戶口及住居地取調件」內縣第206號，頁243。

可說能夠互通，但廣西人則開蘭以來，一戶的移住者也沒有。[19]

　　至於客家人雖各堡皆有，但本城、頭圍、員山、紅水溝堡並未明確指出分布地；其餘則有羅東街（羅東堡）、柏腳廍庄（浮洲堡）、北方澳（利澤簡堡）、北投庄（清水溝堡），但人數與戶數皆不多。

　　新竹支廳的竹北一、二及竹南一堡是客家大本營，戶數最少的竹南一堡有 3,275、最多的竹北一堡有 9,973，總人數合計達到 12 萬人以上，所以並未細分何街庄為客家聚落。

2.臺中縣

　　主要集中在揀東上堡的東勢角庄、罩蘭庄及鄰近各庄，人數將近三萬；另外揀東下堡的楓樹腳庄、上員林庄及附近各庄，以及大肚上堡牛罵頭街有零星分布；苗栗支廳集中在苗栗一堡，人數將近三萬，二堡及三堡則無客家人統計。[20]

　　彰化支廳的馬芝堡集中在下廍庄、大廉庄，線東堡在彰化街及西門口庄、西勢仔庄、過溝仔庄；燕霧下堡散在員林街、大三角潭庄、小三角潭庄、三條圳庄，武東堡在蕃仔崙庄、大饒庄、萬年庄、廣興庄、挖仔庄、出水庄、柴頭井庄，人數多達 3,543 人；武西堡為彰化支廳客家人最集中之處，人數超過萬人，主要分布於大埔心庄、湳港西庄、瓦磘厝庄、大溝尾庄。[21]

　　埔里社支廳的報告提到，除北港溪堡和集集堡散居各地外，東角堡散居埔里社附近、北角堡集中在刣牛坑庄（水尾庄）、五城堡位於木屐囒社東端。[22]不過本支廳並無東角堡及北角堡，而是埔里社堡分為埔里社區、南角區、西角區、北角區；文中既提及東角堡散居埔里社附近，則東角堡當係埔里社堡的埔里社區；北角堡集中在刣牛坑庄，則應指西角和北角區。

---

[19] 「本島居住喀家族戶口及住居地取調件」內縣第 206 號，頁 245。

[20] 「本島居住喀家族戶口及住居地取調件」內縣第 206 號，頁 247-249。

[21] 「本島居住喀家族戶口及住居地取調件」內縣第 206 號，頁 251-252。

[22] 「本島居住喀家族戶口及住居地取調件」內縣第 206 號，頁 254。

3.臺南縣

　　臺南縣直轄的廣東人並不多，關帝廟分署、噍吧哖分署無統計數字回報，安平分署管內廣東人主要分布在效忠里，計 9 戶、26 人；[23]臺南警察署直轄的廣東人則有 42 戶、179 人。[24]至於蕃薯藔警察分署管內則有不少廣東人，分布在羅漢外門里，計 14 庄、455 戶、1894 人，[25]有不少由六堆移居而來。嘉義支廳散在嘉義西堡、打貓東下堡、打貓南堡，其中打貓南堡人數 2,497 最多。

　　鳳山支廳分布在港東及港西各里，是新竹以外的另一大本營，六堆及附堆人數加總超過五萬人；恆春支廳各里都有客家人，但人數都不多，也未特別標明住在何庄；臺東廳也是五個鄉都有，但沒有較詳細分布地。

---

[23] 「廣東人種取調ノ件(元臺南縣)」安警發第 812 號，《臺灣總督府公文類纂》9733 冊，明治 29（1896）年 12 月 16 日。

[24] 詳細分布區域如下表：

街名	戶數	人員
大塭	3	10
草湳塭	5	20
草花街	9	30
打銀街	1	2
竹仔街	2	10
武館街	1	4
觀音亭街	1	5
公界內街	1	2
總爺街	1	2
王皇街	1	2
外宮後街	3	10
南勢街	4	20
打掠街	6	52
內南河街	4	10
計	42	179

參見「廣東人種取調ノ件(元臺南縣)」臺警第 2805 號，《臺灣總督府公文類纂》9733 冊，明治 29（1896）年 12 月 14 日。

[25] 「廣東人種取調ノ件(元臺南縣)」臺警第 3172 號、蕃警第 554 號，《臺灣總督府公文類纂》9733 冊，明治 29（1896）年 12 月 20 日、22 日。

4.澎湖島廳

媽宮澳有 10 戶分布在媽宮城內,西嶼澳則僅有兩戶 5 人分布在漁翁島。

為了能更具體呈現客家人在日治初期的分布概況,筆者將上述文字敘述中的相關地名一一找出,並標示其概略族群分布情形如下:

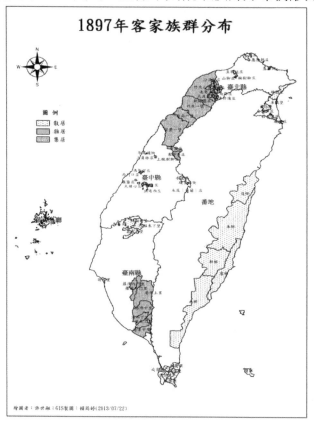

圖 1   1897 年客家族群分布

資料來源:「本島居住喀家族戶口及住居地取調件」,《臺灣總督府公文類纂》11094 冊,明治 30 年 5 月 1 日。

(三)客家人的面貌——職業與交友狀況

1.職業

根據此調查,日治初期客家人的職業與其他福佬人並無太大差異,

多數以農、商、苦力為主。特別標明不同行業的有：新竹支廳，當地客家人以務農為主，兼營樟腦、砂糖、苧麻、茶的製造；基隆客家人主業為開設商店；宜蘭廳除農、商、雇工外，利澤簡堡尚有從事漁業者；彰化支廳武東堡還有讀書人；臺南縣客家人職業頗為多樣化，羅漢內外兩門莊以農商為業，其中往往有文學之士，土地的秀才、教師等概由此中出；安平則從事漁業、商業，或擔任外國人等的雇員營生；至於臺南城市內則以商工業或傭夫為業。

2.交際情形

由於多數地區客家人是散居在福佬人中間，因此兩者間的關係不算惡劣，有些地方如臺北縣語言風俗與其他人民無異；淡水支廳的永定移民雖言語有異，但女子同樣纏足，與和老人結婚，彼此不設障壁；比較特別的是新竹支廳客家人，因為近山，所以通婚對象是高山族；而埔里社支廳東角堡社交上與一般人民無隔離之狀，唯結婚仍限於同族之中。

3.宗教信仰

學務部並未要求此項調查，不過彰化支廳特別提到這個部分。根據該廳調查，日治初期本地有不少客家人信西教：線東堡彰化街廣東人有 32 戶西教信者、燕霧下堡員林街有 8 戶、武東堡有 41 戶、武西堡有 57 戶。調查報告並未說明所謂西教為何，不過應當指天主教無疑。天主教在 1850 年代末期由郭德剛神父重新傳到臺灣，初期傳教地點多半在高屏一帶，不過到了 1872 年，傳道員阿成哥先後在彰化竹仔腳、羅厝傳教；1875 年羅厝人士涂心、黃過枝、劉鎮、劉江四人南下高雄，敦請道明會神父到羅厝傳教，天主教正式在羅厝設立傳教據點，並成為中部第一個天主教會。[26]教會成立後，本地教徒增加並不快速，累計從 1876 到 1897 年間，在教會領洗的總數有 458 人，但其中有 108 人是臨終洗，換言之，即使 1876 年開

---

[26] 楊惠娥，〈天主教在臺灣中部之傳教──以羅厝教會為例〉（臺南：國立成功大學歷史研究所碩士論文，2003），頁 45。

始以來信教的人皆未亡故或他遷，總計到 1897 年也不過 350 人（參閱表2）。而 1897 年的調查中，武西堡客家人有 57 戶西教信徒，隔鄰武東堡客家人也有 41 戶，合計兩堡客家人信奉西教者高達 98 戶，如果每戶以 3.5 人計算，即有 343 人，幾乎是當時羅厝天主教徒的總和。由此推測，羅厝天主教會的信徒，當以當地客家人為主力。

表2　1876-1897 年羅厝天主教會領洗人數

年別	一般洗					臨終洗					年度				
	成男	成女	幼男	幼女	總計	成男	成女	幼男	幼女	總計	成男	成女	幼男	幼女	總計
1876	18	10	7	22	57	3	2	1	0	6	21	12	8	22	63
1877	8	1	5	18	32	5	1	2	4	12	13	2	7	22	44
1878	9	7	3	6	25	1	0	1	2	4	10	7	4	8	29
1879	2	0	4	5	11	1	0	0	1	2	3	0	4	6	13
1880	1	0	2	1	4	2	0	2	2	6	3	0	4	3	10
1881	2	4	3	2	11	0	2	0	2	4	2	6	3	4	15
1882	1	0	6	2	9	0	1	1	1	3	1	1	7	3	12
1883	0	0	4	8	12	1	0	3	0	4	1	0	7	8	16
1884	2	3	3	2	10	0	0	0	0	0	2	3	3	2	10
1885	2	3	8	2	15	1	0	1	0	2	3	3	9	2	17
1886	3	0	4	6	13	0	1	0	1	2	3	1	4	7	15
1887	0	1	3	1	5	1	0	0	1	2	1	1	3	2	7
1888	2	0	2	4	8	1	1	1	1	4	3	1	3	5	12
1889	3	0	2	6	11	1	4	0	1	6	4	4	2	7	17
1890	0	0	3	6	9	2	0	1	0	3	2	0	4	6	12
1891	0	0	6	5	11	2	2	0	0	4	2	2	6	5	15
1892	10	2	6	12	30	3	0	1	3	7	13	2	7	15	37
1893	2	2	9	10	23	6	2	4	2	14	8	4	13	12	37
1894	3	0	1	4	8	2	1	2	2	7	5	1	3	6	15
1895	1	2	4	6	13	3	4	1	4	12	4	6	5	10	25
1896	8	1	4	3	16	0	0	3	1	4	8	1	7	4	20
1897	0	1	9	7	17	0	0	0	0	0	0	1	9	7	17
累計	77	37	98	138	350	35	21	24	28	108	112	58	122	166	458

資料來源：楊惠娥：「天主教在臺灣中部之傳教—以羅厝教會為例」（臺南：國立

成功大學歷史研究所碩士論文，2003），頁170。

4.移民方式

　　發起調查的官員想像中的喀家族是「以屯田兵般的組織型態移住」，可是實際調查結果，以此形式來臺的並不多。由文後的附表來觀察，真正提及此型態的僅有臺南縣羅漢內外兩門莊「組織六堆，以備寇賊，爾來成屯田兵之型態」；[27]鳳山支廳六堆各里以「如屯田兵般的組織移住」。[28]另外臺北縣直轄和淡水、新竹、苗栗、嘉義、恆春等支廳都明確回答是「非屯田兵型式」；[29]臺東支廳提到當地客家人是「隨吳光亮前來的兵士或百姓」；澎湖島廳是「同治13年時擔任文官護衛兵士而渡來」；[30]彰化支廳則語焉不詳的提到「原如屯田兵般的組織，在農閒時習兵，但久經年所，近時全成農、商、工、苦力或讀書人」。[31]換言之，這種屯田兵般移住模式的認知，與多數客家人移民臺灣的實況並不相符。

四、日治初期領臺學官的客家認識

（一）喀家、客家、客人、粵族與廣東人

　　總督府對臺灣客家人的認識，應當來自光緒年間駐清國日本領事館二等領事上野專一。上野先後兩次奉命從上海和福州領事館專程來臺視察，第一次於光緒7年（1881），惟旅行內容並未公開，無法得知；第二次於光緒17年前來，3年後（1894），他將報告原件重新整編，題為《臺灣視察復命書》，分為二、三、四號共三篇。[32]其中第四號〈臺島生

---

27 「本島居住喀家族戶口及住居地取調件」內縣第206號，頁259。

28 「廣東廣西人戶口表報告ノ件（元臺南縣）」，《臺灣總督府公文類纂》9774冊，明治30（1897）年3月1日，頁186。

29 「廣東人廣西人戶口等取調報告(元臺南縣)」，《臺灣總督府公文類纂》9758冊，明治30（1897）年3月1日，頁34。

30 「本島居住喀家族戶口及住居地取調件」內縣第206號，頁269-271。

31 「本島居住喀家族戶口及住居地取調件」內縣第206號，頁251。

32 楊南郡譯註，《臺灣百年花火─清末日治初期臺灣探險踏查實錄》（臺北：玉山社，2002

蕃風俗〉，在介紹パイワン、デポン、アミヤス、平埔蕃等四種蕃族外，
接著提到臺灣的客家人：

> 　　除右邊敘述的四種族外，還有稱為客家（ハカー）的支那人
> 以外的種族。此客家若從吾人的眼中看來，與支那人並無相異之
> 處，但普通支那人將其視為完全另一種族。一如其名，是從他方
> 而來的客人。然而，溯其淵源，其起源之所，此種族完全是從南
> 廣東邊遷移而來，惟何時渡臺尚不得而知。又有一說，此客家為
> 元末之人，最初從山東逐漸遷移至華南。支那人中，有不少人將
> 廣東的客家（ハカー）、四川、貴州、雲南邊的苗子、海南島的
> 李家、福建北部的狗頭蕃、浙江溫州地方的蛋家等同視為化外之
> 民。

> 　　臺灣各地方有頗多此類客家，與純粹的支那人常不相合，爭
> 鬥不絕；而客家種族的居住所在，恰好介於生蕃地和支那人居住
> 地之間，專門從事農作，支那人俗稱其為內山客人。[33]

上文中的「支那人」係指臺灣的優勢漢人族群福老人，文中交代這
些支那人是 1682 年前後從福建、廣東等地逐漸移入，奪取生蕃住處。[34]
這段話儘管不長，將客家視為「支那人」以外的另一種族也不完全正確，
卻成了日治初期統治者了解客家的重要源頭。明治 28 年 7 月參謀本部
所編輯的《臺灣誌》，有關生蕃風俗，即來自上野的第四號〈臺島生蕃
風俗〉，所以文末同樣附錄客家的說明，除客家之下附注「一稱哈喀」
之外，全部照抄上野的說明。[35]

　　明治 29 年（1896）2 月，地理學者小川琢治刊發《臺灣諸島誌》，
〈總說〉對支那人的介紹是：

> 移住本島的支那人是福建及廣東地方的人民，即閩人、粵人；閩
> 人早在鄭氏驅逐荷蘭人占領本島以前即已居住於此，為明朝遺

　　年），頁 48。

[33] 上野專一，《臺灣視察復命書・第四號》（無出版資料，1894），頁 122-3。

[34] 上野專一，《臺灣視察復命書・第四號》，頁 125。

[35] 參謀本部，《臺灣誌》（東京：八尾書店，1895），收錄在《中國方志叢書・臺灣地區》105
　　號（臺北：成文出版社，1985），頁 71-81，其中客家部分的敘述在頁 80-81。

民，風俗淳良；別有粵人，即客仔（ハッカ）Hakkas 種族，由廣東東北山地移來，拓地作田，壓制蕃人，不僅不惜與之相鬥，甚至往往興起騷動，反抗支那政府。性格剽悍勤勉，不排斥與蕃人雜婚，客仔的村落遂大大的蔓延於島內，尤以北部及南部的山地最多，現今反抗總督府命令的島民以此種族最多。[36]

到了〈住民〉一章，又闢專項討論客家：

支那移民中，有稱為客家‧Hakkas（一作客仔或哈喀）的種族，其容貌風俗，一見之下，雖與其他支那人並無異處，但其他支那人卻將其看做另一種族。此種族大多居於廣東地方，當地土著將其視為外來種族而加以排斥，客家之名肇因於此。此種族的特性為剽悍勤勉，能耐勞役、忍受困苦，因此在與粗暴的蕃民交界之處建立村落，並壓制蕃人，蠶食其地、擴張疆域。且此種族不排斥與土人結婚，因而繁衍甚快，在支那移住民中膨脹尤速。清法戰爭期間，在劉銘傳麾下博得驍勇之名的兵卒，據說即此種族。[37]

小川還進一步引述曾在支那傳教的法人ピントン之記載來探討客家之特性，有關風俗方面：

蓋稱為客家 Hakka 的種族為廣東省的住民，為該省中三種人民之一。三種族為福老（ホクロ）Hoklo、本地（ブンチ）Punti、客家（ハッカ）Hakka，此三種族當中，本地一如其名為土著的住民，福老與客家被本地人看作是賤民，同樣不屑一顧。福老是從福建省當中接近廣東省的地方移居而來的人民，客家宣稱其祖先來自寧化〈福建省西部〉石壁，現在住的地方為廣東省東北部的嘉應州，根據其口傳，移居此處已將近一千年。（中略）

現今客家全部住在嘉應州的五個縣，旁及四鄰各州，雖然也有住在廣東、廣西的其他地區，但常常視嘉應州為其故鄉。嘉應州為廣東溯東江到福建的必經之處，多山嶽，不過長樂、興寧（嘉

---

[36] 小川琢治，《臺灣諸島誌》（東京：東京地學協會，1896），頁 24。
[37] 小川琢治，《臺灣諸島誌》，頁 167-8。

應州州治所在地）等地的附近有平原，方便開墾耕田，男女皆從
事耕作勞役，女子絕不纏足。（中略）客家女子並不像其他支那
婦人一般留在家中，而是出外勞動，故體格強壯，不亞於男子，
因而其子孫亦擁有強壯體格。由於在山間的瘠田耕作，與沃野的
住民相競爭，體格更為強壯，更加能忍耐勞苦，現今不但壓倒土
著人民，占據全嘉應州，漸漸向外擴張，蠶食四鄰各縣，與本地
人住處相接，往往引起兩者間的鬥爭。[38]

在有關客家村落方面，則有如下的描述：

由客家集結而成的村落，在北部地區有許多位於臺北到新竹苗栗
的山中，南部地區有許多在臺南到鳳山的近山地區，近來對抗我
師，輕舉妄動的土匪大致上屬於此種族。此種族性好爭鬥，屢次
對清廷引此騷動，《臺灣府志》中引述《玉圃筆談》提到：「南路
淡水〈指鳳山附近〉三十三莊皆粵民墾耕，辛丑變後，客民〈閩
人呼粵人客仔〉與閩人不相和協，再功加外委、數至盈千，奸良
莫辨，習拳喜勇格鬥，倚恃護符，以武斷於鄉曲，保正里長非粵
人不得承允，而庇惡掩非，率狗隱不報，余時飭所司調劑而檢察
之，報滿擬陳請將外委多人，分發閩廣各標營差操，能者授以職，
不堪委用者斥還本籍，不惟可清冒濫，亦以殺其勢也」。由上述
可以見到鳳山附近客家的跋扈，支那官吏窮於應付之情。[39]

至於「喀家」名稱首見於臺南民政支部鳳山出張所所長兼臺灣總督
府法院鳳山支部審判官柴原龜二。明治 28 年 11 月 15 日，柴原命令雇
員上野左京、陸軍通譯井上良藏，以及臨時雇員李燿章，隨同南征枝隊
巡視河東【按：淡水河（即高屏溪）以東】。歸廳後，上野向柴原提出
一份詳細的復命書；[40]不久，這份復命書的內容便出現在〈鳳山出張所
明治二十八年十二月月報〉當中。其中有一小節「喀家二関スルコト」
提到：

---

[38] 小川琢治，《臺灣諸島誌》，頁 168-171。

[39] 小川琢治，《臺灣諸島誌》，頁 171-2。

[40] 〈明治二十八年十二月中鳳山出張所行政事務報告（臺南民政支部）〉，《臺灣總督府公文
類纂》27 冊，明治 29 年 3 月 4 日，頁 232。

所謂喀家係廣東移住民之總稱，在管下港東上、中里、港西上、中、下里之間的七十餘庄，形成不完全的屯田兵體制。其性剽悍，各庄築堡壘、設城門、掘壕溝、密植竹藪，構成要塞。平素調製丁年簿，臨事逕攜兵器而起。推其起因，係康熙 51 年【按：應為 60 年之誤】朱一貴之亂，喀家獨講義氣，自備兵糧，討伐亂賊有功，清帝褒賞之，允許在西勢庄建忠義亭，其後彼等自稱義民，相互團結，仿照屯田兵體制，以象徵六軍的前堆、後堆、中堆、左堆、右堆、先鋒堆等六堆稱呼之。各堆設總理及監事，而整體六堆再置正、副總理各一名，管理軍務，威振於他族。昔日劉永福兵敗，彼等頑冥不靈，仍稱唱義，嘯集堆民，據火燒庄抗拒我軍。11 月 26 日之戰，一敗塗地，魂飛魄散；加以得知馬關條約內容，方大夢初醒。旬日間管內肅清，不見任何反抗者。由於當時六堆正副總理，火燒庄住民邱阿六，於 12 月 3 日，親蒞南征支隊軍門，表達歸順之意，蒙司令官赦免免其罪，因而本月 10 日，率舊部下二十名地方有名望者，來司令部謝恩，本官親自接見，並說明由於馬關條約，臺島歸日統治之理由，及日本之政體，同時諭示不可讓喀家組成稱為六堆的屯田兵體制。[41]

翌（1896）年的出張所報告，柴原進一步提出他在新庄仔及新埤頭各住一宿觀察到的客家特質，諸如：「勇猛誠實、守義不畏死」、「敬業勤勉，每天自清晨開始勞動，且女子與男子同樣從事耕作、搬運等劇烈勞動」、「較愛乾淨，通常設有浴室，以桶盛水洗滌身體，屋內並設有廁所」等。因此他建議日後招募土兵，能與內地兵士同樣遵守紀律，以守護南陲者，非客家莫屬；加以客家習慣於本島氣候，是勤勉不怠惰的勞動者，故島南開拓的第一策應是贏得客家的心悅誠服，則客家對帝國的忠誠，將如以往對清朝一般。[42]

不過柴原呈給總督府的報告中，提到客家所用的名稱也不一致，在 1 月 14、15 日使用的是喀家，18 日則改用客家（16、17 日以生蕃為主，

41　〈明治二十八年十二月中鳳山出張所行政事務報告（臺南民政支部）〉，頁 229-230。

42　〈明治 29 年 1 月中鳳山出張所機密報告（臺南民政支部）〉，《臺灣總督府公文類纂》27 冊，明治 29 年 5 月 5 日，頁 286-287。

未提及客家），[43]可以推斷，「喀家」與客家應是同義的異體字。

　　換言之，不論「客家」、「哈喀」，或者「喀家」，應當都是英文 Hakka 轉為日文片假名「ハカー」或「ハッカ」的譯音，這一名詞在十九世紀下半透過在中國的傳教士使其名稱向西方世界傳播。[44]而前述三個在臺最早提出客家稱呼的官員或學者中，上野專一是駐福州與上海二等領事、小川琢治直接引述法國傳教士ピントン所記載的客家特性及稱呼（Hakka〈ハッカ〉）；至於柴原龜二在明治 21 年（1888）從日本唯一的帝國大學法科大學畢業後，再遊學英國劍橋大學及德國波昂大學、柏林大學研究法律及史學，回國後在內閣法制局任職，後來也曾擔任律師，臺灣總督府設立後，先被任命為臺南縣參事官，因各地抗日隊伍並起，未能赴任所，只能在北部監督或協助地方行政事務的推進及從事法案起草工作；及總督府改為軍事機關後，臺南縣改稱臺南民政支部，下設民政出張所，因鳳山出張所長島田祐信辭職不願赴任，乃改任命柴原龜二為鳳山出張所長，後並兼臺灣總督府法院鳳山支部法官兼院長；翌（明治 29）年 4 月，因復行民政，改名鳳山支廳，他改任鳳山支廳長，[45]由於豐富的歐洲留學經驗，有理由相信他的客家名稱及概念應當也曾受西方傳教士影響。[46]

　　綜上所述，在日本治臺初期，透過部分官員、學者的著作，「客家」或「喀家」一詞進到統治者的印象中，但相關稱呼則頗不一致。柴原龜二本身的報告日記中喀家、客家、粵族、粵民、廣東人不斷交互出現，[47]其他官方或民間文獻亦然。[48]此外，日治初期關於臺灣的著作還

---

43 〈明治 29 年 1 月中鳳山出張所機密報告（臺南民政支部）〉，頁 275-277、286-288。

44 施添福，〈從「客家」到客家（二）：客家稱謂的出現、傳播與蛻變〉，《第三屆「族群、歷史與地域社會」學術研討會論文》（臺北：中央研究院臺灣史研究所，2011），頁 3。

45 陳文添，〈川島浪速失意的臺灣歲月〉，《臺灣文獻別冊》37（2011 年 6 月），頁 13-14。

46 不過在 1897 年 8 月 18 日，連同他在內的七個人都被以監守自盜的罪嫌扣押，是日治時代官吏貪污事件的嚆矢。參見「典藏臺灣」網站，網址：http://catalog.digitalarchives.tw/item/00/29/5c/c2.html。下載時間：2013.07.19

47 如 1897 年 1 月 1 日的〈鳳山縣管內治政一班（元臺南縣）〉第四項標題為「喀家族」，但第六項「人種及人情」則將管內人種概分為閩、粵兩族，內文則全以粵民稱呼六堆地區的客家人；在明治 30 年 4 月 29 日柴原龜二函覆杉村濬代理內務部長有關其與川島浪速會面狀況時，則使用廣東人。參見「鳳山縣管內治政一班（元臺南縣）」，《臺灣總督府公文

頗流行粵族或客人的稱呼。明治 31 年（1898）石阪莊作編寫的《臺島踏查實記》將臺灣的族群分先住人，即蕃族；閩族（福建省古代有閩族之名，故稱之，其中多為泉州府、漳州府人）；粵族（廣東省古稱百越，惠州府、潮州府人特多）三類；進一步解釋粵族是「多赤貧、男女具耐勞，侵入山間無人之地從事墾稼，閩族以自己為先入者，故稱粵族為客人，其部落稱為客庄」。[49]明治 32 年村上玉吉《臺灣紀要》第三篇「人文」將臺灣的種族分為支那移住民、熟蕃人、生蕃人三類，其中支那移住民又分為閩人（福建省出身）、粵人（廣東省出身）。對粵人則有如下解釋：

> 當本島落入清國之際，懷抱一種感慨而移住者即為粵人，此屬性格剽悍勤勉，屢與蕃人相鬥，壓制並掠奪其地，且動輒反抗清政府，清國政府遂設法困之，禁止其自由渡臺。其後與蕃人雜婚，遂背上客仔（ハッカ，從內山客人之意而出）之名，此等支那移住民現今居住之地為脊髓山脈以西一帶與東海岸的部分。[50]

書中並列出一張族群分布簡圖，不過圖中標示的是「客家」而非「客仔」。

類纂》9785 冊，明治 30 年 1 月 1 日，頁 51-52、56-57；陳文添，前引文，頁 14-16。

[48] 如記載 1895 年日軍攻臺戰役的「中港日誌」9 月 3 日的記載當中便提到「尖筆山防禦線附近的村莊係由廣東人所組成」；1897 年鳳山支廳管內名望資產家調查報告中，住在港西中里火燒庄，資產一萬元的邱阿六即註明是「喀家族組織六堆的大總理，名聲最高的人物」；北部新竹支廳以「廣東、廈門人種」來稱呼臺灣的兩大漢移民族群；田代安定關於南部的調查提到「潮州庄附近環繞著精於土地開墾的廣東人部落」，「南崁坪原野的熟蕃受到閩粵兩族的勢力壓迫，漸次往內山遷徙」。以上參見「中港日誌」，《臺灣總督府公文類纂》51 冊，明治 28 年 11 月 1 日，頁 34；「鳳山支廳管內名望資產家取調報告ノ件（元臺南縣）」，《臺灣總督府公文類纂》9774 冊，明治 30 年 2 月 1 日，頁 25；「新竹支廳管內狀況報告（臺北縣）」，《臺灣總督府公文類纂》23 冊，明治 28 年 7 月 9 日，頁 208；「臺南鳳山兩縣下殖民地調查田代技師外二名報告」，《臺灣總督府公文類纂》302 冊，明治 31 年 5 月 17 日，頁 117、166。

[49] 石阪莊作，《臺島踏查實記》（臺北：株式會社臺灣日日新報社，1899），頁 192-3。

[50] 村上玉吉，《臺灣紀要》（東京：警眼社，1899），頁 93-94。

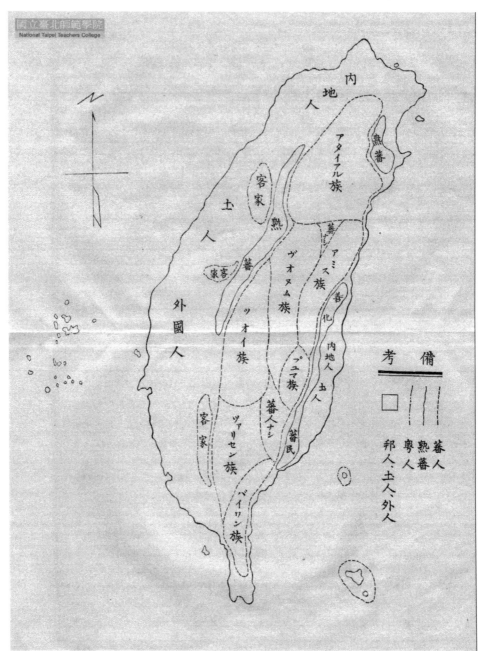

圖片出處：村上玉吉，《臺灣紀要》（東京：警眼社，1899），頁94；本圖取自原
國立臺中圖書館「日文舊籍數位典藏」服務網；下載時間：2010/6/20。

　　多種名詞交錯使用的狀況，也清楚體現在這份調查中。在公文標題
上，總督府學務部使用的是「本島居住喀家族戶口及住居地取調件」，
不過原臺南縣保存的則是「廣東人種取調ノ件」以及「廣東人廣西人戶

口等取調報告」；在調查結果方面，總督府原先設想的喀家族包含廣東
廣西人，不過實際上廣西人相當稀少，僅 22 戶 120 人；在名稱上，各
支廳回報中稱為喀家族的更是少數，明確有此稱呼的僅鳳山支廳所屬數
個里；語焉不詳，未正面肯定或否定此稱呼的有埔里社支廳東角堡（按：
當指埔里社堡）、嘉義支廳、臺東支廳、[51]恆春支廳；[52]正面否定此稱呼
的有淡水支廳八里坌堡、芝蘭三堡、基隆支廳基隆堡、宜蘭支廳羅東堡、
頭圍堡、臺中縣揀東上堡、揀東下堡、大肚上堡、苗栗支廳第一堡、雲
林支廳、澎湖島廳；進一步提出其他名稱的有新竹支廳（客家或客人）、
宜蘭支廳（客人）、苗栗支廳（客人）、彰化支廳馬芝堡、線東堡、燕霧
下堡、武東堡、武西堡（皆稱為客人）、[53]臺南縣（通常稱為客家或客人，
其稱為粵人是因為原來的粵國）。

　　透過調查反映的結果，在有關喀家名稱上有兩點可注意者：其一，
原先設定的喀家族涵蓋了廣東及廣西人，但調查結果，臺灣的廣西人如
鳳毛麟角，幾乎無足輕重；其二，喀家的稱呼，若非鳳山支廳的特有名
稱，便是柴原別出心裁從外國傳教士的 Hakka 改編而來，在島內少有聽
聞，用來稱呼這群不同於土人（福老）的漢移民，顯得相當格格不入。

　　（二）先來後到造就福老與客家的差異

　　這個調查雖是針對客家，不過淡水、新竹、恆春三支廳也同時提到
福老族群，透過對這兩個族群的描述，約略可以看出當時治臺官員對於
臺灣族群定義的認知以及何以稱為客之因。

---

[51] 臺東支廳的調查出現了兩種截然不同的說法，一說「廣東人原稱為喀家族」，另一則說「廣
　　東人並無稱為喀家族者」，是否跟調查中所提到的移民來源不同有關，前者提到廣東人由
　　前山或漳、泉州，或廣東嘉應州潮州等地移住臺東，專門從事農業，與一般人民交際；後
　　者則是臺灣總兵吳光亮開闢臺東之際，或兵或農商，隨吳光亮前來。參見註 15，頁 269。

[52] 恆春支廳提到「廣東、廣西兩省之語言亦與惠、潮、嘉同，故並稱客人，喀家族與客人，其
　　意相同」，附和了總督府的調查名稱，卻未直言恆春有無此稱呼。參見註 15，頁 266。

[53] 不過彰化支廳在其調查表下又有一段話：「管下現住廣東人及廣西人皆稱為客人，即喀家族。
　　原如屯田兵般的組織，在農閒時習兵，但久經年所，近時全成農、商、工、苦力或讀書人，
　　與其他漳州、泉州人交通無異，唯少數奉西教者異其道，依政治及生活上的需要而往來，
　　此外則與一般人民交親輯睦。又廣東人、廣西人在漳州、泉州人之後移住，言語不通，但
　　以其驍勇，漳泉人敬之，稱其為客人。」參見「本島居住喀家族戶口及住居地取調件」內
　　縣第 206 號，頁 251。

　　日治初期官方將本島住民中的優勢族群福老人認定為土人，由於來臺時間較早，遂以主人自居，視晚到的客人（喀人、廣東人）為客。根據淡水支廳報告如下：

> 喀人即客人，是較早由清國渡臺的人民對較後渡臺的清國人的指稱語，以自己為主人，稱彼等為客人之義。主人的土語為「和老」（也有寫做「父老」）人，客人的土語為「喀人」。然則和老人是指何處的人呢？原來當鄭成功割據本島時，由於附隨之人皆福建省中漳州、泉州之人，彼等是除了從來土著之人民，亦即生蕃之外，由支那本土移住本島的支那人中最古老者。鄭成功死後，其子鄭經由清朝治下本土各地遷來本島的人民漸多，前渡的人民都將此等稱之為「喀人」，自己則稱為「和老人」。而對於此等新來的清國民，不問其同省或異省，只要不是泉州、漳州的人，悉皆附上「喀人」的稱號。例如由福建省汀州縣（筆者按：應為府之誤）來的也呼之為「永定喀人」，亦即居住在小基隆、新庄其他地區的人，蓋用來稱呼汀州縣永定府（按：應為「汀州府永定縣」）之人。其它雖然有廣東喀人、照安（按：應為詔安）喀人、潮州喀人、興化喀人等種種名稱，要言之，不外是對泉州、漳州以外的新來的人民所冠上的名稱。又此等的永定喀人原是為了從事農業而渡臺的人，與其他的人民無何等的差異，唯與和老人言語有異，故言語有異時，得以將之稱為喀人，女子也同樣纏足，與和老人結婚，彼此之間不設障壁。[54]

　　上述報告可以歸納出幾個重點：1.福佬人（又稱「和老」，也有寫做「父老」）是指鄭成功時代隨之而來的漳、泉人，是漢人中來臺最早者，故以主人自居。2.客人（土語為「喀人」）是鄭經時期由清朝治下本土各地遷來者，只要非來自漳泉，一律稱為客人，所以有永定喀人，還有廣東、詔安、潮州、興化等喀人，其來臺時間較前者晚，遂被漳泉人冠上「喀人」之稱。3.較特別的是永定喀人，其言語與福佬有異，但生活習俗差別不大，彼此間可通婚。由此可見，淡水支廳用來判斷福老

---

[54] 「本島居住喀家族戶口及住居地取調件」內縣第 206 號，頁 234-5。

與客家的依據主要有二：一是來源地，二是來臺時間。福佬人來自漳泉，來臺較早，故以主人自居；客人來自漳泉以外之地，來臺稍晚，故被前者稱為客人或喀人。至於語言因素似乎沒有那麼重要，只在文末稍提及永定語言與漳泉有異。

再看新竹支廳報告：

> 管內並無廣西省人居住地，皆來自廣東省潮州府、嘉應州各縣，全係以開墾為目的而移住，迄今已歷一、二百年，專門從事農業，兼營樟腦、砂糖、苧麻、茶的製造，是一性情豪爽、富義氣之種族，較福建人稍強悍，（中略）並無屯田兵之組織。當管內的客家或客人常指廣東人，是相對於福建人自稱號老人的稱呼。
>
> 先前臺地為鄭成功渡臺後，持續招引福建同省人前來開墾，占居濱海之地，其後由廣東省移來的住民則在山邊開墾，現居於內山附近。由於移住當初已有先後之別，亦即先來的福建人，頗有主人或較古老之意，因而稱之為號老人；後到的廣東人則有新來之意，因而有客人或者客家之稱。[55]

其重點有二：1.福老人是指鄭成功時代隨之而來的福建省人，由於先來，占居濱海之地，頗有主人或較古老之意，因而稱之為號老人。2.客人皆來自廣東省潮州府、嘉應州各縣，並無廣西省人，係以開墾為目的而移住，迄今已歷一、二百年，由於後到，有新來之意，因而有客人或者客家之稱。換言之，福老與客人的稱呼有兩層不同意義：一為來源地的差別；二為時間上的先後。

至於恆春支廳調查報告如下：

> 客人：廣東惠州府、潮州府、嘉應州三處之人，有許多到福建省漳州府、泉州府二處擔任客商，其言語與漳泉人不同，因而漳泉之人稱呼惠、潮、嘉地方之人為客人；廣東、廣西兩省之語言亦與惠、潮、嘉同，故並稱客人，喀家族與客人，其意相同。

---

[55] 「本島居住喀家族戶口及住居地取調件」內縣第206號，頁239-240。

> 學老人：大凡漳、泉之土語，文字與音不同，因而來自他處者，
> 要學其話甚難，甚至到老也不能學通，即因土音難學，至老未能
> 通曉，因而稱漳泉二州之移民為學老人。[56]

恆春支廳調查中，對於福佬稱為學老，筆者於三年前前往惠州沿海一帶調查時，尚可聽到此稱呼，是否因語言較難學純屬見仁見智，不過該支廳提到一個不同於前面兩個支廳的觀察，即語言的差異是福佬與客家畫分的依據。

大致說來，根據這份報告透露的消息，日治初期的官員認為臺灣福老與客家的區別，除語言之外，先來後到是頗為明顯的決定因素。在其他報告中也可看到類似陳述：澎湖島廳報告提到廣東人多數是同治 13 年（1874）擔任文官護衛的兵丁渡海前來的；[57]彰化支廳提到：「廣東人、廣西人在漳州、泉州人之後移住，言語不通，但以其驍勇，漳泉人敬之，稱其為客人。」[58]

五、結論

總督府之所以從事客家族調查，除公文上提到的教育需求外，也可能與客家尚武特質有關。在乙未抗日中，客家人堅持到劉永福內渡之後尚未罷手，讓南進支隊印象深刻；翌（1896）年初，客家地區又出現不少流言，諸如：政府打算把全體喀家遷至日本內地島嶼、不允許土葬、嚴禁辮髮纏足等，以致當地民心動搖，[59]逼得所長柴原須親自巡視安撫。

而在進行調查之初，官方設定的客家人是以「屯田兵」模式集團移住的「喀家族」，惟調查結果似乎適得其反。初期總督府有意將上野等人習自西方傳教士建構的 Hakka（喀家、客家）名稱帶進島內，[60]用以指涉土人以外的另一漢移民族群，但實際調查顯示，此稱呼在臺幾乎很

---

56 「本島居住喀家族戶口及住居地取調件」內縣第 206 號，頁 266。
57 「本島居住喀家族戶口及住居地取調件」內縣第 206 號，頁 271。
58 「本島居住喀家族戶口及住居地取調件」內縣第 206 號，頁 251。
59 〈明治 29 年 1 月中鳳山出張所機密報告（臺南民政支部）〉，頁 275。
60 〈明治 29 年 1 月中鳳山出張所機密報告（臺南民政支部）〉，頁 275。

少被用到；同時原先認定的喀家包含廣東及廣西人，但調查結果廣西人
卻出奇的少，這帶給當時治臺官員一個印象：所謂的 Hakka（喀家、客
家）專指廣東人，民間多稱為客人。既然臺人對客家之名稱如此生疏，
實際客家人又以廣東人居多，那麼官方用語何妨就以「廣東人」名之。
因而在 1901 年一項名為「關於本島發達之沿革調查」中，所有縣廳及
辦務署，一無例外的皆以「廣東人」來取代客家人。[61] 1905 年首度的臨
時臺灣戶口調查記述報文，更明確的將兩者合而為一：

> 本島人依人種分之，得為蒙古與馬來兩種，而其蒙古人種，係即
> 三百年以前移住之民。而依其原住地大別之，可為閩族，即福建
> 住民，與粵族，即廣東住民，均係漢人，而閩族尤為最古，其數
> 甚多，分布亦廣，但至粵族，其移住年所未久，其數亦少，一名
> 謂之客人，或客家族者，蓋因是故。而前者多屬泉、漳二州之民，
> 後者多屬惠、潮二州之民。[62]

撰寫報文的人顯然將福建人＝閩族＝漳、泉之民；廣東人＝粵族＝
客家族（客人）＝惠、潮之民。這種見解在日治時代討論有關住民種族
的著作中常可見到。如：「本島人分為漢人種與蕃族，前者更依其原產
地分為閩族（福建地方住民）、粵族（廣東地方住民）」；[63]「閩族來自福
建省泉州、漳州及其附近，佔總人口的八成，粵族稱之為福老；粵族從
廣東省潮州、惠州及其附近移來，較前者為遲，現時約當總人口的一成
三，閩族稱之為客人。」；[64]「島內閩族與粵族被認為在言語、習俗、體
格、氣質上有差異」。[65] 日治初期殖民政府關於客家的幾種異體說法，包
含客家、喀家、哈喀等，經此調查後，不再使用，廣東人或粵族成為此

---

[61] 許世融，〈臺灣最早的祖籍、族群分布面貌——1901 年「關於本島發達之沿革調查」統計數
字的圖像化〉，語言與地理歷史跨領域研究工作坊，《第十屆語言與地理歷史跨領域研究
工作坊會議論文集》（臺中：語言與地理歷史跨領域研究工作坊，2013），頁 4-9。

[62] 臺灣總督府總督官房統計課，《明治 38 年臨時臺灣漢譯戶口調查記述報文》（臺北：臺灣
總督府總督官房統計課，1909），頁 55-56。

[63] 臺灣實業界社編，《臺灣常識是れは便利だ》（臺北：臺灣實業界社營業所，昭和 5 年），
頁 313。

[64] 武內貞義，《臺灣》（臺北：南天書局，1996），頁 35。

[65] 臺灣實業界社編，《臺灣常識是れは便利だ》，頁 48。

後指涉客家的普遍稱呼。

　　再者，各地調查中，提到閩客差異，除語言外，先來後到也是重要
劃分因素之一，客家因晚到被稱為客，成了日治時期官學的一個普遍認
知，伊能嘉矩即以此解釋清代漢人之所以依據祖籍居住在不同地理空間
之因素；[66]前引作品也不乏相類似的意見。

　　此外，這份報告雖非完整，也讓我們略窺日治初期客家樣貌：人口
約 30 萬人上下，集中分布在新竹支廳竹北一、二堡及竹南一堡、臺中
縣揀東上堡、苗栗支廳苗栗一堡、鳳山支廳港西上里、港東上里、恆春
支廳永靖里、安定里、長樂里、治平里等地；而臺北縣桃澗堡、彰化支
廳武西堡、鳳山支廳港西下里、港東中里、恆春支廳興文里、泰慶里、
咸昌里等也有四分之一以上的客家族群。而透過清領時期的長期混居及
通婚，客家的言語風俗、職業等早與多數福老無異。

---

[66] 李文良，〈清初臺灣方志的「客家」書寫與社會相〉，頁 142。

附錄

附錄　1897 年喀家族面貌調查表

縣廳	堡里	移民方式	職業	其他	居住型態	稱謂
臺北縣	桃澗堡	非屯田兵式	農、商、苦力	語言風俗與其他人民無異	5 庄散居；54 庄皆廣東人	
淡水支廳	八里坌堡	非屯田兵式				無喀家族稱呼
淡水支廳	芝蘭三堡				散居各庄	無喀家族稱呼
新竹支廳		非屯田兵式	專門從事農業，兼營樟腦、砂糖、苧麻、茶的製造	與蕃人結婚	設隘防蕃	客家或客人
基隆支廳	基隆堡		開設商店	無固定資產及住所	散居各庄	無喀家族稱呼
宜蘭支廳	本城堡		商業或雇役			
宜蘭支廳	羅東堡		商業		散居羅東街	
宜蘭支廳	頭圍堡		商業			
宜蘭支廳	浮洲堡		雇工		柏腳廍庄	稱廣東人為客人，尚未聽到有所謂喀家族者
宜蘭支廳	員山堡		農業		散居各庄	
宜蘭支廳	紅水溝堡		農業		散居各庄	
宜蘭支廳	利澤簡堡		漁業		北方澳	
宜蘭支廳	清水溝堡		農業		北投庄	
臺中縣	揀東上堡		農業		東勢角、罩蘭及鄰近各庄	無喀家族稱呼
臺中縣	揀東下堡		農業		楓樹腳、上員林及鄰近各庄	無喀家族稱呼
臺中縣	大肚上堡		農業		牛罵頭街	無喀家族稱呼

苗栗支廳	第一堡	非屯田兵式	農業	常與一般人交際		無喀家族稱呼，僅稱為客人
彰化支廳	馬芝堡		農業	與一般人交通無異	下廍庄、大廉庄	皆稱為客人
彰化支廳	線東堡		農、商、苦力	32 戶西教信徒	散居彰化街及西門口庄、西勢仔庄、過溝仔庄	
彰化支廳	燕霧下堡		農、商業	員林街 8 戶西教信徒	散居員林街、大三角潭庄、小三角潭庄、三條圳庄	
彰化支廳	武東堡		農、商、工及讀書人	41 戶西教信徒	蕃仔崙庄、大饒庄、萬年庄、廣興庄、挖仔庄、出水庄、柴頭井庄	
彰化支廳	武西堡		農、商業	57 戶西教信徒	大埔心庄、湳港西庄、瓦磘厝庄、大溝尾庄	
雲林支廳				與一般本島人無異		無稱為喀家族的移住民
埔里社支廳	東角堡		農業	社交上與一般人民無隔離，唯結婚仍限同族中	現住埔里社附近	未正面說有或無，只說「原稱喀家族者現住埔里社附近」
埔里社支廳	北角堡		農業	社交上與一般人民無隔離	現住刣牛坑庄	
埔里社支廳	北港溪堡		農業	同上	散居本堡各地	
埔里社支廳	五城堡		農業	同上	住在木屐囒社東端	

埔里社支廳	集集堡		農業	同上	散居本堡各地	
臺南縣	羅漢內外兩門莊	組織六堆以備寇賊爾來成屯田兵型態	農、商、秀才、教師	與福建人交際親密		通常稱為客家或客人，其稱為粵人是因為原來的粵國
臺南縣	安平		漁業、商業，或擔任外國人雇員		散居各處	
臺南縣	臺南城市內		以商工業或傭夫為業	言語、風俗與一般人民無異	散居各處	
嘉義支廳		非屯田兵式	商業	與一般人民交際，職業無異		雖是喀家族，但因商業目的隨意渡臺
鳳山支廳	港西中里港西下里港東中里港西上里港東上里	如屯田兵般的組織移住	農業			廣東人稱為喀家族
恆春支廳		非屯田兵式	農業為主、商業次之			
臺東支廳	南鄉、新鄉、奉鄉、蓮鄉、廣鄉		農業	與一般人民交際		廣東人原稱為喀家族
臺東支廳	新鄉、奉鄉、蓮鄉、廣鄉	隨吳光亮前來的兵士或百姓	農商	與一般人民交際		廣東人無喀家族稱呼
澎湖島廳	媽宮	同治13年時擔任文官護衛兵士而渡來		與一般士民無異	散居媽宮城內	廣東人無喀家族稱呼
澎湖島廳	西嶼	同上		同上	位於漁翁島	同上

資料來源：據「本島居住喀家族戶口及住居地取調件」、「廣東人種取調ノ件（元臺南縣）」、「廣東人廣西人戶口等取調報告（元臺南縣）」之調查內容整理而成。

國家圖書館出版品預行編目資料

許世融臺灣史研究名家論集 / 許世融　著者. -- 初版. –
臺北市：蘭臺, 2021.06
面；　公分. -- (臺灣史研究名家論集；3)
ISBN 978-986-06430-4-6(全套：精裝)

1.臺灣研究　2.臺灣史　3.文集

733.09　　　　　　　　　　　　　　　110007832

臺灣史研究名家論集 3

許世融臺灣史研究名家論集

著　　者：許世融
主　　編：卓克華
編　　輯：沈彥伶、陳嬿竹
封面設計：塗宇樵
出 版 者：蘭臺出版社
發　　行：蘭臺出版社
地　　址：台北市中正區重慶南路 1 段 121 號 8 樓之 14
電　　話：(02)2331-1675 或(02)2331-1691
傳　　真：(02)2382-6225
E—MAIL：books5w@gmail.com 或 books5w@yahoo.com.tw
網路書店：http://5w.com.tw/、https://www.pcstore.com.tw/yesbooks/
　　　　　https://shopee.tw/books5w
　　　　　博客來網路書店、博客思網路書店
　　　　　三民書局、金石堂書店
經　　銷：聯合發行股份有限公司
電　　話：(02) 2917-8022　　　　傳 真：(02) 2915-7212
劃撥戶名：蘭臺出版社　　　　帳號：18995335
香港代理：香港聯合零售有限公司
電　　話：(852)2150-2100　　　　傳真：(852)2356-0735
出版日期：2021 年 6 月 初版
定　　價：新臺幣 30000 元整（套書，不零售）
ISBN：978-986-06430-4-6

《臺灣史研究名家論集》

這套叢書是研究台灣史的必備文獻！

這套叢書是兩岸台灣史的權威歷史名家的著述精華，精采可期，將是臺灣史研究的一座豐功碑及里程碑，可以藏諸名山，垂範後世，開啟門徑，臺灣史的未來新方向即孕育在這套叢書中。展視書稿，披卷流連，略綴數語以說明叢刊的成書經過，及對臺灣史的一些想法，期待與焦慮。

三編

尹章義、林滿紅、林翠鳳、武之璋、孟祥瀚、洪健榮、張崑振、張勝彥、戚嘉林、許世融、連心豪、葉乃齊、趙祐志、賴志彰、闞正宗

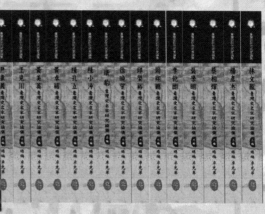

二編　ISBN：978-986-5633-70-7

臺灣史名家研究論集二編　（精裝）NT$：30000

尹章義、李乾朗、吳學明、
周翔鶴、林文龍、邱榮裕、
徐曉望、康　豹、陳小沖、
陳孔立、黃卓權、黃美英、
楊彥杰、蔡相輝、王見川

一編　ISBN：978-986-5633-47-9

臺灣史研究名家論集（套書）　定價：28000

王志宇、汪毅夫、卓克華、
周宗賢、林仁川、林國平、
韋煙灶、徐亞湘、陳支平、
陳哲三、陳進傳、鄭喜夫、
鄧孔昭、戴文鋒

100台北市重慶南路一段121號8樓之14

TEL：(8862)2331 1675　FAX：(8862)2382 6225

E-mail：books5w@gmail.com

網址：http://5w.com.tw/